耶穌靈道論語
多瑪斯福音

學生子・猶達斯・多瑪斯 記錄

妻㕛鐘 整理

譯自科普特文及希臘文

文史哲出版社印行

國家圖書館出版品預行編目資料

耶穌靈道論語：多瑪斯福音 / 猶達斯・多瑪斯
記錄；婁杏鐘整理. -- 初版. -- 臺北市：文
史哲, 民 94
　　面：　公分
參考書目：面
含索引
ISBN 957-549-624-8 (平裝)

1. 神學

243.1　　　　　　　　　　　　　　94019553

耶穌靈道論語：多瑪斯福音

記 錄 者：猶　達　斯　・　多　瑪　斯
整 理 者：婁　　　　杏　　　　鐘
出 版 者：文　史　哲　出　版　社
http://www.lapen.com.tw
登記證字號：行政院新聞局版臺業字五三三七號
發 行 人：彭　　　正　　　雄
發 行 所：文　史　哲　出　版　社
臺北市羅斯福路一段七十二巷四號
郵政劃撥帳號：一六一八〇一七五
電話 886-2-23511028・傳真 886-2-23965656
實價新臺幣五六〇元　美金十六元
中華民國九十四（2005）年十月初版

多瑪斯的口既完全無法承當師傅的宏碩
我們的口又如何能夠詳述靈命的真切

愛生命之靈　源頭早在悠流無始
為光明之子　靈道旨在揭示不明

此道永恆常　根於萬有真原的存在
你我來世間　走在返璞歸真的道路

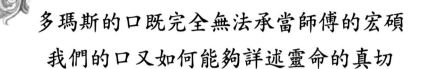

ϩⲟⲗⲱⲥ ⲛ̄ⲧⲉϥⲧⲁⲡⲣⲟ ⲛ̄ϭⲓ ⲑⲱⲙⲁⲥ ϣⲁⲡϥ ⲁⲛ ⲉⲧⲣⲉϥϣⲁⲭⲉ
ϩⲣⲁⲓ̈ ⲛ̄ϩⲏⲧϥ̄ ⲙ̄ⲡⲥⲁϩ
ⲟⲩⲇⲉ ⲛ̄ⲧⲉⲛⲧⲁⲡⲣⲟ ⲛⲁϣ ϫⲟⲟⲩ ⲁⲛ ϫⲉ ⲧⲙⲏⲉ ⲙ̄ⲡⲡ̄ⲛ̄ⲁ

ⲉϣⲁⲣⲉ ⲡⲡ̄ⲛ̄ⲁ ⲙⲉⲣⲉ ⲡⲱⲛϩ ϩⲁ ⲧⲉϩⲏ ⲉⲙⲡⲁⲧ ⲟⲩ ⲉⲓ ⲉϩⲟⲩⲛ
ⲡⲕⲟⲥⲙⲟⲥ
ⲉⲧⲃⲉ ⲡϣⲏⲣⲉ ⲙ̄ⲡⲟⲩⲟⲉⲓⲛ ⲥⲉϭⲟⲗⲡ ⲧⲏⲣⲟⲩ ⲉⲃⲟⲗ ⲙ̄ⲡⲉⲙⲧⲟ
ⲉⲃⲟⲗ ⲛ̄ⲧⲉϥϩⲉ ⲛ̄ϭⲓ ⲭⲣⲓⲥⲧⲟⲥ

ⲑⲉ ⲛ̄ⲧⲁⲥⲁ ⲉⲛⲉϩ ⲉⲧϣⲟⲟⲡ ϩⲣⲁⲓ̈ ⲛ̄ϩⲏⲧϥ̄ ⲙ̄ⲡⲉⲓⲱⲧ
ⲛ̄ⲧⲁⲛϣⲱⲡⲉ ⲉⲧⲣⲉⲛⲙⲟⲟⲩϣⲉ ϩⲓ ⲧⲉϩⲓⲏ ⲁⲩⲱ ⲃⲱⲕ ϣⲁ ⲛ̄ⲧⲁⲣⲭⲏ

札玻・阿塔立夫(Jabal Al-Tarif)懸崖及坡地上穴洞

納格・哈瑪地藏書第一卷的皮外套封(左：羊皮書套，右：翻開空白內頁)

納格・哈瑪地藏書第七卷　　　　　　埃及開羅科普特博物館

序

　　二十世紀乃古籍發現之盛世。在中國文化傳統方面，有一九七三年之湖南長沙馬王堆漢墓帛書，包括西漢老子《道德經》甲乙寫本；一九七二年之山東臨沂銀雀山漢墓孫臏兵法，以及一九九三年之湖北荊門郭店楚簡，包括老子道德經戰國寫本。在猶太基督宗教方面，主要發現有一九四五年在以色列死海附近所發現之《死海經卷》和一九四五年埃及納格‧哈瑪地所發現之五十二卷科普特文寫本，其中包括《多瑪斯福音》。此類出土經典雖屬不同文化與宗教傳統之遺產，但所含書卷多為不見於世之佚籍。這些佚籍之發現，補強了傳統經書的精神，豐富了通行正典之內含，證實了古文件成書之年代，開闊了學者對古典經書之視野，糾正了疑古學風之偏見與武斷。在國際學術及宗教界引起熱烈的討論。

　　我於一九九二年接觸到馬文‧梅業所著科普特文與英文對照之《多瑪斯福音》，發現該書不含耶穌行傳，如出生、奇蹟、受難、死亡與復活等事蹟，卻只含震撼人心的耶穌語錄。諸如：「任何人找到這些話的真意，就不會嚐到死亡。」[多 1]「倘若引導你們的對你們說：看呀，這國度是在天上，那麼，飛鳥則行於你們之前。倘若他們告訴你們：是在這海裏，那麼，游魚則行於你們之前。」[多 3]「拿起石頭，你們將發現我在那裡。劈開木材，我就在那裡。」[多 30] 我心中自問，此類機鋒相對之語錄豈非與禪公案相映相符？與「明心見性」，「直指人心」，「以心傳心」之禪道意趣相通？但《多瑪斯福音》成書之年卻遠早於禪宗。

　　於是與同道婁世鐘教授研讀此經。婁教授乃篤學之士，任職美國首府華盛頓之喬治城大學，在教學及主持研究與實驗工作之餘，鑽研基督宗教早期之傳統與經典。未料及，此舉播下了中文譯註之種子。數年來，婁君廣集資料與專家學者研討推敲，從事希臘文與科普特文《多瑪斯福音》之翻譯與注釋，深知「著書難、譯書亦難、注書尤難」之理，採逐字翻譯之法，自希臘

i

與科普特原文譯成中文；又採「以經注經」之法，旁徵曲引正典福音、教父論著、及佛陀與道儒經典加以注解，近已完成書稿，囑我作序，我欣然為之，以祝其治學之精審與求道之毅力。且科普特文記載之福音書業已譯成多種文字，但譯自原文之中文版尚無，婁君此作堪稱創舉。

《多瑪斯福音》原為希臘文，也可能是阿剌美文。按目前的史料，學者推測其成書年代最晚為公元 150 年前後。也有學者推測可能是在公元 50 年左右。納格‧哈瑪地之科普特文蒲草紙寫本約成書於公元 350 年。在科普特文原稿的編排上，該福音書與《菲利浦福音》裝訂在同一書冊內，《多瑪斯福音》起於第 32 頁第 10 行止於第 51 頁第 28 行，而《菲利浦福音》起於第 51 頁第 29 行止於第 86 頁第 19 行，在納格‧哈瑪地藏書五十二部經卷中最受學界所重視。遺失近一千六百年之納格‧哈瑪地藏書為早期自命正統的基督教會所排除，並稱之為「異端」文件，古代的學者稱這類書為「密經」或「旁經」(apocryphal)。近人稱其徒眾為「靈知宗基督徒」(Gnostic Christians)。該宗強調「靈知」(gnosis)，它與理性知識不同，是「正覺」，是「禪慧」，是「明心見性」。人類不能單靠耶穌受難死於十字架而得救，但須對基督所啟示之「永恆之道」獲得「覺悟」始可。耶穌云：「天國之精義妙理，惟授於爾等。於外人則一以喻出之。」(吳經熊譯《新經全集》[谷 4：11])。《多瑪斯福音》之語錄莫非即不見於「正典福音」之「密示福音」？吾人是否可稱「正典福音書」為「顯經」，而《多瑪斯福音》等為「密經」？就在各方呼籲重振基督宗教信仰的聲浪中，納格‧哈瑪地藏書被發現出來，基督徒們應該如何運用這份先人的遺產呢？是復古守舊？還是開誠革新？許多人已不能單靠「正典福音書」去體會耶穌教導之「永恆之道」，新發現的另類福音是否可以作為補強讀物？冀望讀者以開放的胸懷與「得其詞，通其義」之態度，研讀此經，或許能對耶穌之真傳獲致更精深之體驗。願諸位同道共勉之。

魏欽一　2005 年 5 月

耶穌靈道論語‧多瑪斯福音

目錄

引用聖經書目及簡字

天主教會新約書目	本書採用簡字	基督教會新約書目
瑪竇福音	瑪	馬太福音
馬爾谷福音	谷	馬可福音
路加福音	路	路加福音
若望福音	若	約翰福音
宗徒大事錄	宗	使徒行傳
羅馬書	羅	羅馬書
格林多前書	格前	哥林多前書
格林多後書	格後	哥林多後書
迦拉達書	迦	加拉太書
厄弗所書	弗	以弗所書
斐理伯書	斐	腓力比書
哥羅森書	哥	哥羅西書
得撒洛尼前書	得前	帖撒羅尼迦前書
得撒洛尼後書	得後	帖撒羅尼迦後書
弟茂德前書	弟前	提摩太前書
弟茂德後書	弟後	提摩太後書
弟鐸書	鐸	提多書
費肋孟書	費	腓利門書
希伯來書	希	希伯來書
雅各伯書	雅	雅各書
伯多祿前書	伯前	彼得前書
伯多祿後書	伯後	彼得後書
若望一書	若一	約翰一書
若望二書	若二	約翰二書
若望三書	若三	約翰三書
猶達書	猶	猶大書
(若望)默示錄	默	(約翰)啓示錄

舊約－**創**：創世記。**出**：出谷(埃及)記。**申**：申命記。**德**：德訓篇。**歌**：雅歌。
　　　　詠：聖詠(詩篇)。　**依**：依撒意亞 (以賽亞)。　**耶**：耶肋米亞(耶利米)。
其他－**多**：多瑪斯福音。　**多行**：多瑪斯行傳。　　**菲**：菲利浦(腓力)福音。

iv

致謝文

感謝我的同事 Dr. Erini Makariou 校訂了希臘文部份的逐字翻譯，她畢業於雅典大學醫學院，目前是華府喬治城大學醫學院的教授兼醫師。巧的是 Makariou 希臘文是 μακαριου，科普特文是 ⲙⲁⲕⲁⲣⲓⲟⲥ；意思是「上主所祝福而得到極其快樂之境的(人們)」。在福音中，耶穌常用這話做起頭語來祝福與鼓勵人們，《多瑪斯福音》裏更不例外。

感謝香港漢語基督教文化研究所的學術委員會對譯文初稿的肯定，該會並認為「現時漢語學界需要對《多瑪斯福音》的文獻作出詳盡研究和註解」，促使筆者對本文件進行多方位的探究，部分成果展現在本書的第三部份。希望以此文字整理和初步探討能拋磚引玉，以饗同道。

魏欽一教授收集了許多福音書和佛學的資料，他常把有關的參考書籍讓筆者參閱，指導筆者諸多有待研究之處，並審閱初稿。舍妹婁古麗也花了很多時間改正譯稿中的許多錯別字，她也提供了好幾段較通順的中文翻譯。劉愛蘭女士在百忙中，認真的校訂書稿。主修英文和法律的婁家長女天韻校訂了英文部份的翻譯。范毅舜先生對文字編輯的建議加強了本書的易讀性。在定稿之前，專攻新約聖經學的張文西神父對書稿作最後的把關。他以多年研究聖經學的學養對書稿提供了諸多建議，改善並加強多處的文句和表述。在此特別謝謝他們對這份譯文和初步探討的襄助。

筆者也要感謝我的妻子李鳳麟。她常提醒筆者：「靈性的文字須要和讀者的文化背景相連結，才能引起讀者的共鳴」，激發筆者決意將中國先人有關靈性啓發的文字與這份文件作交互比對和探討，俾能契合這份靈道論語一再強調的合一共融精神。

本書的封面及第一及第三部份之前的插圖乃摘自中世紀的爾彼諾聖經 (Urbino Bible, 1478)，這些彩色圖畫是由多明尼哥及大衛‧葛蘭底(Demenico and David Ghirlandaio)所繪。

導　言

　　除了福音四書之外，近百年來發現的有關耶穌基督的資料中，要以失蹤已久的《多瑪斯福音》最為學術界所重視。由於《多瑪斯福音》僅記錄了一百一十四則耶穌的談話，而且幾乎每一則都以「耶穌說」作開頭語，因此本書便稱它為《耶穌靈道論語・多瑪斯福音》，《耶穌靈道論語》，或者《多瑪斯福音》。早在四十餘年前，當完整的科普特文版《多瑪斯福音》被公布之後，學界便興起了研究的風潮。目前有相當多的學者是把《多瑪斯福音》當作第五部福音看待的，解釋與討論《多瑪斯福音》的著作比比皆是。不但學界研究，基督徒們研究探討的人也不少。雖然如此，我們（包括專門研究的學者們）仍然對《多瑪斯福音》中許多的話並不完全了解。其實《多瑪斯福音》所記載的這百餘則耶穌語錄，與四部正典福音並沒有衝突之處；有趣的是，這份記載的靈論十分接近東方文化對靈性的思維。由於《多瑪斯福音》在中文方面的資料至今仍然絕無僅有，筆者就越俎代庖地為讀者們引薦這份值得閱讀與思考的靈性文件。

　　科普特文是公元前三百年到公元後八百餘年間在北非所使用的主要文字和語言。由於埃及離當初耶穌傳道的地方只有一水之隔而已，福音的傳揚在埃及當地發展極為迅速。在公元第二世紀初，埃及教會已是重點基督教會之一，而亞歷山大城更是初期教會神學發展的搖籃。埃及教會(又稱科普特教會)在後來的歷史中有戲劇性的演變，在第五世紀竟被排除在所謂的主流教會之外。在第七世紀之後，埃及全境的政治宗教環境丕變，科普特教會的發展從此便滯礙難行，甚且陷入困境。雖然如此，科普特教會現今仍然有近一千萬的基督徒。除了科普特文版《多瑪斯福音》之外，數份以希臘文寫的《多瑪斯福音》殘卷，早在十九世紀末在埃及北部被考古學者發現。茲將這兩種經卷發現的經過和大體的情況簡介如下。

一・《多瑪斯福音》希臘文殘卷的發現

在一八九六到一八九七年間，牛津大學女皇學院兩位年輕的學者，名叫伯納・格林福(Bernard Grenfell)和阿瑟・杭特(Arthur Hunt)在埃及北部，離開羅西南方約一百六十公里的歐西倫庫斯城(Oxyrhynchus，意思是尖嘴魚之城)附近找到一處藏有許多古文件的地方。其中有幾張殘破的蒲草紙上，記載了一些可能是耶穌曾經所說過的話。挖掘工程繼續不斷，後來又發現了兩份稿件，也陸續地在一八九七年到一九零三年間發表出來。這三份蒲草紙稿，在五十多年之後，才被確認是《多瑪斯福音》中的文句。這三份稿件並不是出自同一本文稿，它們各有出處，說明如下：

歐西倫庫斯蒲草紙稿 (Papyrus Oxyrhynchus) 1 號

發現年份：1886/1887

這份稿件寫在書頁形式的蒲草紙上，包含了希臘文版《多瑪斯福音》的第二十六段到第三十二段，及一小部份的第三十三段。據學者考證，它的年代應該是第二世紀末到第三世紀初的文稿，因為那時候的基督徒比其他的人常用書頁形式的蒲紙草。

歐西倫庫斯蒲草紙稿 (Papyrus Oxyrhynchus) 654 號

發現年份：1903

這份稿件寫在書卷形式的蒲草紙上，包含了希臘文版《多瑪斯福音》的前言及第一段到第六段(第七段只能認出幾個字來)。據學者考證，這份文件大約是公元三百多年的手抄本。

歐西倫庫斯蒲草紙稿 (Papyrus Oxyrhynchus) 655 號

發現年份：1903

這份稿件寫在經卷形式的蒲紙草上，與 654 號的蒲草紙稿是分開的。它包含了希臘文版《多瑪斯福音》的第三十六段到第三十九段，以及第二十四段的幾個字。據學者考證，這卷軸的年代應該是第三世紀初。

二·《多瑪斯福音》科普特文版的發現

　　一九四五年十二月，在埃及北部的納格·哈瑪地(Nag Hammadi，意思是讚美之村)區域，有兩個農夫弟兄，他們是阿沙緬氏的穆罕默德·阿里和哈里法·阿里，領著他們的駱駝，蹣跚地走在札玻·阿塔立夫(Jabal Al-Tarif)懸崖北麓，岩石嶙峋的坡地上。穆罕默德·阿里停了下來，在一個光禿的大石頭邊挖掘，並搬運可作肥料含硝酸鹽的土壤 (sabakh)，突然間發現了一個約一公尺長的土紅色大陶罐。起先他有些害怕，深恐罐中有精靈鬼怪，但立刻就想到這罐裡可能有金銀財寶，就鼓足了勇氣，拿起丁字鎬，使勁地敲破了大陶罐，嚇然冒出金光閃閃的灰沙。等塵埃落定，竟發現裏頭藏了十三卷以皮革為外封，裝訂頗為完好的蒲草紙書冊。(學者們認為，那陣金色的灰塵，可能是蒲草紙灰和紙上的鍍金。)他便脫下了大衣，把書卷包了起來，背在背上，帶著他的駱駝，回到在阿盆沙村莊的茅屋家中。

　　經過一連串曲折的故事，除了第十二卷的一大部份書被穆罕默德和哈里法的娘當柴火給燒掉了，其他的文件都在一九五零年代初被埃及政府收回到開羅的科普特博物館。第一卷的一部份，在一九五二年流落到榮格協會(Jung Institute of Zurich)，後來也斷斷續續地全部歸還到科普特博物館。目前的納格·哈瑪地藏書(Nag Hammadi Library)總數是十二冊加八頁，共計一千一百五十餘頁。這份藏書包括五十二卷科普特文寫的古書，但其中有六卷書重復。《多瑪斯福音》是被排列在第二冊抄本的第二卷書中，從第三十二頁到五十一頁。因為古文的書寫沒有標點也沒有段落，經過學者們的研究之後，認為這份科普特文版的《多瑪斯福音》包括了一百一十四則耶穌論語，並且其中的文字可以和格林福及杭特在歐西倫庫斯城所挖掘出來的三份希臘文殘卷相互對照。最可喜的是，科普特文版的《多瑪斯福音》保存的相當完整。在一九五九年，有幾位納格·哈瑪地藏書的國際委員會成員，領先發表了眾所矚目的科普特版《多瑪斯福音》。後來布里爾出版社(E.J. Brill)代表國際委員會，在一九七二年到一九八四年間出版了十二冊納格·哈瑪地抄本的仿本。之後法文、英文(1977)、和德文等的譯本，相繼在一九八零年代出版。

關於整個納格・哈瑪地藏書的狀況，請讀者參考有關書籍，英文翻譯版的網站在 "http://www.gnosis.org/naghamm/nhl.html"。

　　這些書冊抄本前後的裝訂頁，是由紙板所強化。這些紙板是將用過的蒲紙草黏合成的。這些用過的蒲紙草上寫了希臘文和科普特文的信和商業文件，上面還有人名、地名和日期。比如在第七抄本裝訂邊的紙板上就發現有日期的字樣可推算是 341, 346, 348 C.E。因此不難判斷藏書的日期應該就是在公元 350 年代或之後不久。按學者們的推測，這份藏書可能是當初把摳謬斯(Pachomius)修道院裡的修道者所為。目的在保存這份藏書，不致於在鏟除異端的風潮之中給糟蹋。發現陶罐的現場距離把摳謬斯修道院在把包(Pabau)的總會院大約有八點七公里，而離他們在青娜玻希凱亞(Chenoboskia)的第三會院只有五點三公里。就近觀察懸崖邊現場的地勢，可以爬登之處，便是一些古埃及第六王朝(公元前 2345 - 2181 年) 佩比一世(Pepi I)和佩比二世(Pepi II)時代的墓穴，這些墓穴早就被掏空。可以看到十字架標示，用科普特文寫的聖詠的開頭經句，以及對神秘宇宙神(Zeus Sarapis)的希臘文禱文等，漆畫在洞穴的牆上；顯示出這些洞穴是有人曾經使用過的。史料上記載，當初在第三、四世紀的時候，有不少修行者依這些空穴而居，過他們的隱修生涯。這份藏書有可能就是這些隱修者所為。

三・《多瑪斯福音》的作者及可能來自的傳統

　　按目前聖經學的研究，推論出來的福音四書的作者，沒有一位是完全可靠的；同樣地我們也沒有證據來確認這文件的原著作者是多瑪斯宗徒本人，或是他的門徒。然而《多瑪斯福音》希臘文版的前言指出：這些{祕傳}話集{是}活於生命中的耶穌所說的，{由猶達斯}也就是多瑪斯所{記錄}。而科普特文版的前言則說：這些祕傳話集是活於生命中的耶穌時所傳達的，由狄狄摩・猶達斯・多瑪斯所記錄。其實這希臘文版只能讀到「也是多瑪」，根據學者對殘破的蒲草紙稿缺口的長短，再與科普特文版比較之後，這缺口的地方應該只有猶達斯這個名字，而沒有狄狄摩這個名字。在科普特

文版的最後並寫道「(以上是)根據<u>多瑪斯</u>的好消息」，因而稱之為《多瑪斯福音》。在後頭寫道「根據某某所記錄的好消息」在其他的福音外傳是有的；然而縱觀所有的福音資料包括正典福音四書，幾乎沒有一部作者很確切地具名，《多瑪斯福音》是惟一的例外，在一開始就明確地表明這文件的由來。讀者自己可以研判一下，能夠記錄下這麼深刻的靈性文字而會冒名頂替的作者可能性大嗎？況且在這文件的第六段中，<u>耶穌</u>說：不要扯謊，不要做任何你們（靈性上）悔恨的事。因為，這真理（天堂）會使得所有的事都顯現出來。沒有任何事情被隱藏，而不顯現出來的；沒有任何事情被遮蓋會持續，而不被揭露的。

　　另外值得注意的是，書中找不到像「救世主、<u>耶穌基督</u>、基督徒」這種後來才發展出來的稱呼。在所有的福音外傳中，只有《多瑪斯福音》所記載的<u>耶穌</u>語錄與正典福音有近三分之一的重疊部份，也只有《多瑪斯福音》常出現<u>耶穌</u>訓勉的語氣和特殊用語；比如：

　　有四處「…不會嚐到死亡」，

　　有十處「天主所祝福的（人）是…」，

　　有六處「…任何人有耳（聆聽）的，願他聆聽」(並與正典福音一樣用在
　　　　　宣講比喻的前後)，

　　有三處「…這個世界對他就沒有什麼價值了」，

　　有兩處「…對…是不值得的」，

　　有兩處「提到聖靈」(其中一處間接地稱祂為媽)，

　　有三處「談愛兄弟之道」，

　　有兩段「談如何成為<u>耶穌</u>真正的門徒」，

　　有七段「講天國的比喻」(有一段比喻與諺語結合的相得益彰 [多76])，

　　有十段「談論天國的事」。

另外有四段諺語在文句上的對應顯得比正典福音完整 [多31，多32，多33，多47前半段]，有一段比喻的邏輯比正典福音清楚些 [多47後半段]，有一段答話 [多79]

是由正典福音中的兩段話所組成而有特殊的涵義，另外有一段答話 [多 21] 是以舊約的歷史故事來警惕門徒們。正典福音中，耶穌教導門徒偶爾會以正反面交織的講道方式來說明，有的乍讀起來邏輯混淆，像極了許多禪公案；《多瑪斯福音》所記載的耶穌論語則有相當多段是用這種正反面交織的方式來論述。由於這份文件充滿了福音書的特殊句法，再加上其中深刻的靈性道理，而卻有三分之二的文字不在正典當中，因此這份耶穌論語的重要性就不言而諭了。

在對觀福音中，只有當在介紹十二位宗徒的時候才會提到多瑪斯的名字 [瑪 10:3, 谷 3:18, 路 6:15]，然而在《若望(約翰)福音》中卻有七次使用多瑪斯這個名字，其中三次用「號稱狄狄摩(孿生子)的多瑪斯」來稱呼這位宗徒；在福音四書中是僅次於伯多祿(彼得)被提到最多次的宗徒。《若望(約翰)福音》記載，耶穌啟示人們說：「我是道路、真理、和生命，…。」是回答多瑪斯所問：「主！我們不知道你往那裏去，怎麼會知道那條路呢？[若 14:5-6]」當耶穌要往伯達尼(伯大尼)和耶路撒冷的方向去，多瑪斯知道那是非常危險的，因為猶太人正積極地要逮捕耶穌，他便向同伴們說：「我們也去，同他一起死罷！[若 11:15-17]」最戲劇性的一段，是多瑪斯宗徒說要用手探耶穌的釘孔，才願意相信耶穌的復活，後來經過耶穌的訓誨，便幡然大悟 [若 20:20-29]。其實當初對耶穌的復活的理解，其他的門徒也沒有好到那裡去；當瑪利亞‧瑪德蘭(抹大拉)向門徒們報告主復活的時候，也是沒有人相信的 [谷 16:10-14；路 24:10-12]。《若望(約翰)福音》以「在起初已有聖言，聖言與天主同在，聖言就是天主」開頭，卻是以多瑪斯宗徒大悟之後向耶穌說「我的主子！我的天主！」結尾，有其特殊的安排和啟發；因為多瑪斯宗徒大悟之後對耶穌的這種稱呼，除了愧疚自己原先的愚昧之外，也表明從此門徒們對耶穌的瞭解有了更深一層的認識 —— 與天主合一的基督。

教會初期，眾宗徒及門徒分散到各處宣傳基督的福音。據傳說多瑪斯、巴爾多祿茂(巴多羅買)、和達陡(達太)往東傳道，信徒很快地就遍佈在敘利亞和兩伊地區。多瑪斯更經由海路到印度傳道，最後在印度殉道。在所有的古

文件中，只有從敘利亞地區流傳出來的文件稱呼多瑪斯爲猶達斯‧多瑪斯。科普特文《多瑪斯福音》的前言在猶達斯‧多瑪斯的名號之前加狄狄摩，可能是原譯者要讀者清楚地瞭解這位是《若望(約翰)福音》中所稱的那位狄狄摩‧多瑪斯而不是出賣耶穌的猶達斯，只是多瑪斯的本名也是猶達斯而已；希伯來文猶達斯的字意是「讚美」的意思，是十分普遍的名字。因此大底可以推論：這份《多瑪斯福音》應該是由東敘利亞所傳開來的。有別號的宗徒要不是耶穌爲他們取的，就是當時門徒們對他們的尊稱。福音中耶穌爲西滿(西門)取別號爲刻法(伯多祿或彼得)，是「磐石」的意思；爲載伯德(西庇太)的兩個兒子雅各伯和若望(約翰)取的別號是波納爾革，那是「雷霆之子」的意思。另外一位雅各伯，在古文件中是以主的弟兄‧公義者‧雅各伯受尊稱的，按推理他也許是耶穌的兄弟 [谷 6:3]。這位猶達斯被稱爲狄狄摩‧多瑪斯可能是一種尊稱，因爲阿刺美文發音多瑪斯是「孿生」的意思，狄狄摩只是希臘文「孿生」的發音。沒有人確實瞭解這「孿生」是指什麼特別的意思。但是敘利亞的傳統認爲：這位猶達斯與耶穌在靈性上是孿生。如果瞭解《多瑪斯福音》第一百零八段和第十三段的背景，尊稱這位猶達斯是耶穌在靈性上的孿生，並不是不可能的。這似乎也在提示所有「天主之子」全是「天主所生的孿生子」。

　　另外一種說法是說，在外貌上多瑪斯很像耶穌。當多瑪斯向其他的同伴說：「我們也去，同他一起死罷！」他的言下之意是(只是沒有直接說出)：「如果師傅被捕的時候，他願意代耶穌而死。」當多瑪斯聽到耶穌復活時，由於他自己貌像耶穌；他很自然地會做另一種考量：「是否，兄弟們所看到的耶穌是另外一個像貌上相似的人呢？」雖然目前沒有足夠的資料讓我們來肯定哪種說法是正確的，筆者只是要提出來讓讀者參考。當人們有更多的史料的時候，不至於遺漏可能的研究方向。就以二十世紀初在敦煌所發現的七份景教文典來研究，其中的《志玄安樂經》及《一神論》就有多處的論述和這份靈道論語極爲吻合 (請參考本書第三部份「探討與參考文件」)；然而景教初傳入中土時，先人所翻譯的文件都與當時敘利亞的基督宗教傳統有關。

任何人只要對閃族語系和希臘語系有所瞭解，都可以觀察得到科普特文版《多瑪斯福音》的譯者是一個在文字和文法上有造詣的人，但是這位譯者卻常省略連接詞(asyndeton)，那是不合科普特文(希臘語系)的文法；然而閃族語系(希伯來文、阿剌美文、敘利亞文)在句子之間卻常是省略連接詞的。除此之外，這份文件也保留了許多猶太文化的說法和起初耶路撒冷母教會的傳統 [多12、27、32、56、80、100]；在在顯示出《多瑪斯福音》的原文應該是流通在巴勒斯坦地區的阿剌美文*。

四・《多瑪斯福音》的特質

《多瑪斯福音》的發現對新約聖經學而言是一件重要的研究資料。哈佛大學教授喬治・馬瑞(George MacRae S.J.，天主教耶穌會士)是研究《多瑪斯福音》的前輩；靈性心理學大師榮格(Carl G. Jung) 也極為重視《多瑪斯福音》和靈知宗派的靈理。《多瑪斯福音》有近三分之一的段落與對觀福音的記載相當接近，只不過這些相似的記載中有些字眼用得不一樣，體會上是會有些小差別。讀者可能也會發現，《多瑪斯福音》在某些關鍵字句的使用、語氣強調的方式、段落的安排，是與福音四書有所不同的。仔細讀的人很容易就發現，即使在福音四書接近的字句中，《多瑪斯福音》不斷地在啟發靈性的修煉。與福音四書不同的段落中，更是靈思重重。其實對觀福音書裏也提到過耶穌對門徒們私下解釋了許多道理(或稱之為秘傳)，祇不過並沒有記載內容。不論如何分析這份福音，可以斷定的一件事是，《多瑪斯福音》極為注重自我面對天主的內修；或可稱之為「神修之道」。對讀過「四書五經」的人，以「耶穌靈道論語」稱之或許更能入木三分。

在當初認定這份記錄的時候，由於種種的緣故，這份文件沒有被當局所接受。如今事隔近兩千年，這種種緣故也已經很難完全考證得清楚，不過有幾點是值得重新反省的：(一) 所有不在西方教會發展出來文件及傳統全然被

---

*參考 Nicholas Perrin, 'The Gospel of Thomas: Witness to the Historical Jesus?' Annual Meetings of the Society of Biblical Literature, 2002.

排除在所謂「正典」之外，(二)《多瑪斯福音》受初期教會中靈知宗派的青睞，(三)《多瑪斯福音》中有幾則男女平等的講話，提到女性也可以成爲生活的靈，(四)對多瑪斯的談話有較高的隱喻，但對伯多祿(彼得)的談話有較低的暗評。其實那個時候門徒們都還在學習，耶穌順情況施教，當初哪個門徒說了什麼話實在不要緊。至於男女平等的觀念對現代的人來說，是再應該不過的事了。在這方面，我們也應該回頭看看福音書裏耶穌是如何開釋和讚賞婦女的。可是以第三、四世紀的政教背景，有這幾個被認定的問題，再好的文件也沒有辦法被接受的。如果讀者再多研究一下，耶穌的學習環境與生活背景，那麼對耶穌所傳的整個福音應該會有更客觀的了解。除此之外，這兩份《多瑪斯福音》對上個世紀以來陸續被提出的福音資料，也有相當份量的辦證作用。比如，不在正典福音書的七十多段論語中，至少有近十段的記載與《十二聖徒福音》(在 1892 年由 Rev. G.J.R. Ouseley 所發表) 的記載是極爲相近的。這種多重交集與不交集的關係，是值得任何一個現代基督徒所應正視的。由於《多瑪斯福音》是目前主要的認證工具，研究新約福音，就不能不把它當做重要的資料了。另外《十二聖徒福音》第九十章，記載了耶穌回答多瑪斯所問「什麼是真理？」的一段話，不管是否是杜撰的，其中的道理實在值得深入探討。

　　在新約書卷中不乏靈知的論述，特別是《若望(約翰)福音》和諸多保祿(保羅)書信；爲了與教父們批判的「靈知主義(Gnostism)」區分，學者們稱前者爲「基督教的靈知論述(Christian Gnosis)」。愈是具啓示性的靈道論述愈是不容易區分它們，只有從談論的內容作學術分析或批判。當時基督宗教的「靈知宗派」是受到「靈知主義」不少的影響；近代的學者也因此不得不從這個老觀點來評論納格‧哈瑪地藏書，《多瑪斯福音》當然也不能幸免。按原本的「靈知主義」說法，他們是不承認「道成人身(physical reality of Christ incarnate)」，然而「道成人身」的基督是幾部納格‧哈瑪地藏書重要的論述，因此要一竿子將它們打成「靈知主義」所發展出來的文件是太武斷的。希臘文版和科普特文版的記載中，仍然有一些小的差別。仔細研究，不難發

現有限的希臘文版《多瑪斯福音》的文句是比較接近對觀福音的說法，學者們也因此認為希臘文版「靈知主義」的口氣比較少些，舉數段做討論如下：

第四段「因為有許多在{先的成為最後的，}# *並且最後的成為最先的。*

但是，#*他們*{將合為相同的一個}。」

第三十六段「<u>耶穌</u>說：不要從早到晚從晚到早地擔心#*你們吃什麼？*#*你們要穿什麼？*#*你們比百合花高貴得多，它們既不梳理也不紡織。沒有衣服時，你們穿什麼？誰是能夠添加你們的壽命的那位，他將給你們這衣服。*#」

以上斜體字部份是<u>希臘</u>文版多出來的話而<u>科普特</u>文版沒有的，讀起來較為接近對觀福音。

　　從文句的結構來說，《多瑪斯福音》是原作者收錄的一份<u>耶穌</u>的靈道言論集。除了前言的兩句話之外，幾乎沒有任何敘述和說明，與<u>孔子</u>弟子所記錄的《論語》在文章的結構上是極為相似的。《多瑪斯福音》的特點在於重啟發、修頑性、致本性，尋找合一共融的上主之子們，並達到平安之境；不提信誰，不提道德規範，不提誰受委屈，更沒有意識形態。這一份靈道論語主要在教化人們體驗自身的光明並追尋生命之道；由認識自己真我的存在，而彰顯其豐富的內涵，是《多瑪斯福音》所要揭示的靈性運作。讀者也不難發現《多瑪斯福音》中的靈性導師雖然不斷地警惕人們，但對於人們最終的歸途總是給予正面的鼓勵。如下：

7.　　不過終究獅獸之性將會轉變為人性。

19.　　因為樂園裏有五棵樹是給你們的；它們不論冬夏總是茂盛常青，從不落葉。

24.　　光明是存在於光明者的心中，它照亮寰宇。

28.　　他們現在已醉倒。當他們酒醒之後，他們即刻就會轉為明悟。

29.　　靈性來到人生，是一件奇蹟中的奇蹟。

37.　你們將看到這具生命者之子，並且你們將變為不懼怕。

49.　因為，你們由這國度之中出來，你們將再度回到那地方。

50.　天父在我們內的標記是『一運行與一平安。』

53.　然而，在靈性上真正地割損，已被發現惠及萬事萬物 。

70.　當你們能活出「在你們自己之內的」，「你們所擁有的」將會拯救你們自己。

83.　藉著他的光明他的形像將被隱藏下去，他將被顯露出來而大放光明。

90.　我以主人情懷（的待人之道就像）是一個良善君子。並且你們將找到那會臨於你們一世的平安。

101.　然而我真正的母親給予我這生命。

103.　他很早就會振作起來，集中他的心神，奮鬥不懈。

108.　我自己也如同他進入世間，並且顯示給他那些隱藏的事（道）。

113.　然而這父親的國度到處散在這地堂上，祇是人們看不到。

114.　我自己將引導她，以致於我將使她成為男子。因此她將來到世間也是一個的靈，他活於生命，他相似你們的男性。

五‧《多瑪斯福音》引發的省思

　　長久以來，人們以位格化的思考模式為主來摸索；有人反省過它會帶領我們往何處去嗎？根據多瑪斯的記載，師傅要我們走的是共融的道路。二十世紀中葉，就在《多瑪斯福音》重現於世的同時，人們也驚異地發現這物質世界居然規範在「量子統計力學」(Quantum Mechanics) 的自然律下。由波動統計的量子化行為，能量與元素微粒子混然形成宇宙。可惜，這個世界觀，尚未被學道的人士完全體會。在時空環境的允許之下，要超弦運作、要量子化、要能量化、要波動統計、要在能量及暗能量中推拉星系環宇，悉聽尊便。但是波動統計的量子化現象，具統計形態的生命規範，以及能量和暗能量在宇宙中的較勁，已使人們在認識萬有的過程當中警覺到個體性的意義愈

來愈渺小，混然一體的大行止才能見到一點端倪。人們在靈性生命的步調上常走得緩慢而辛苦，僅僅在體會「認識」這個字眼上就花了大半個文明。《多瑪斯福音》的作者要人們先認識自我，找到並學習那位天主所造的初生嬰兒，其他的自然會各就其位，依其軌道運行。如果讀者能直搗心靈本體，那麼形像和模式就不是那麼重要；參極明之明，領一道齊歸而已。

　　正如《若望(約翰)福音》在最後的感言中提到，「**如果要把耶穌所行的全部寫下來，祇怕這個世界都容不下。**」這句話中所指的「世界」，其涵義可能是指我們人腦所能接受的限度。《多瑪斯福音》第八十七段，耶穌說：「**這身體依賴在一個身體上是一件令人遺憾的事。這靈魂依賴在這兩個上也是另一件令人遺憾的事。**」這兩則警人之語都在提醒我們：耶穌的「道」是超越身體的作用和感覺及人腦的界定和推演的，耶穌的「道」根本不曾將身體加上腦的活動定義為生命，頂多是稱為「過日子」而已 (參第四、十一及九十一段)。但是它們可以是找回真生命的工具。對許多研究生命科學的人而言，這方面的瞭解是越來越清楚。因為既使是再高級的意識也不過是一絡神經系統千頭萬緒的訊號歸結，最多只是一個生化性的細緻機械過程而已。怪不得有許多前輩都說：這皮囊用完就丟吧！

　　近年來有許多基督徒研究並運用佛禪和老莊的修行。《多瑪斯福音》裏有相當多的資料可以和佛禪的靈修及老莊的領悟相互引證。要是把《福音四書》比作基督宗教的淨土宗，那麼《多瑪斯福音》就是基督宗教的禪宗。這樣的比喻對研究過這份靈道的人來說是一點也不為過，祇不過《多瑪斯福音》比佛門禪宗始祖早問世近五百年罷了。讀者若將福音四書中的話和這百餘則靈道論語當成耶穌對門徒們所說的「公案」也無不可。所不同的是，《多瑪斯福音》強調天父所賜的原本一體的靈性、光明和平安*。

---

*「光明」：第十一、二十四、三十三、五十、六十一、七十七、及八十三段；「靈性」：十四、二十八、二十九、五十三、六十九、八十四、八十七、及一百一十四段；「平安與合一」：第二、二十九、五十、五十一、六十二、九十、四、二十二、二十三、四十八、四十九、七十五、及七十六段。

　　進一步地說，如果我們能參考「佛禪、老莊的背景」來發展「耶穌的靈道」，對東方民族的靈性修養可能可以開創出另外一片天來。目前可考的景教文獻(七經一碑)是先人的明睍遺物，可資學習與借鏡的地方應該不少。筆者也要提醒諸君，在跨入第三個千年的門檻之際，人們也要反省一下西方先人訂定硬式聖經或聖旨之流的規範。這種持管制性的模式，硬要冠上聖靈啓示的美號，只能牽強個幾千年，既不高明又僵化，須要重新反省這種教具的真理性與實用性。因爲，只有富裕並具創造性的天道才配得上「上主之子的自由靈性」，不是嗎？能悟行天道，還須要提信不信嗎？留著讓那些須要跨越的人去跨越吧！某師傅一定要是耶穌嗎？某師傅是那七天大的嬰孩吧！這也是這份靈道論語所苦口婆心的重點。(參第四、十八、一百零一段等。)然而，從廣闊地角度來看，書中的靈道深意、文脈關聯、主旨異同，並與其他有關的文件比較，瞭解相關的可能性，則仍是值得努力研究的；人們也要有耐心等待更多的證據，慢慢地澄清歷史的沉積。莫要強求他人相信你所相信的所謂正統論點，甚或是透過自己假設才得到的含糊論據。願與所有的讀者共勉之：切莫落入此一誤再誤的「老窠臼」！

　　遺憾的是，這個世界有不少人總是想要在有限中求無限，在缺陷中找圓滿；擺上無數個天文望遠鏡，能認識宇宙嗎？把古往今來人類的認知統合起來，能瞭解真理嗎？因此，任何人以管窺天或以蠡測海，都只能自娛而已。我們不能強調《多瑪斯福音》比其他的福音如何，也不能去「扣帽子」，更不能去推論沒有把握的論點來硬搞論戰；一定要把不知道的事當成好像完全知道一樣，玩摻泥於混水的遊戲。「去執」乃是靈性修養上必須要學習的第一課，但常被其他的目的所漠視；至少前述種種都不是師傅要教導的精神。

六・願統一的靈性江河貫通於人間

　　如果人類文明當中真地碰觸過真理的影子，那要算是自然科學的發展了。自然科學能測量，能推導，只要不是單一事件，也大都能重現而得到實證；因此所有的認知都可以昭大信。除非有更寬廣的總體理路能包含個別的

理路，新的系統理路才能被人們的認知所接受。統一力場論便是對人們所發現的四種作用力的研究，超弦理論是統一力場論中當紅的理論，可惜目前它還不夠成熟到完全能將四種作用力統合於一說。科學家們之所以認為所有的物質能量出於一源一理，是基於觀察宇宙中種種的現象所歸納出來的一種假設。在這種假設的前提之下，人們收集一切可能的資料，運用各種可以理解並能證實的方法。在這個認識的過程當中，科學家們也常出乎意料之外地發現新資料，而得修改原先的認知。每一個人都把智慧和心力貢獻出來，即使有暫時的執著，很快地又匯合出集體智慧的洪流。這當中也有不少大師級的人物，領導開啟物質世界的真相。除非整個人類的文明被消滅在這太陽系中，這份智慧的文明將可綿延不斷、世代傳薪。

　　人類靈性智慧的匯集在公元前六百年到第一世紀可說極盛一時。東方文明興起了釋迦佛學、老莊道學、及孔孟儒學；西方文明主要的代表宗師有蘇格拉底、柏拉圖等；中東則出現了耶穌。一時之間各文明在靈性上的領悟高潮迭起、宗派林立，矗立了人類在靈性智識上的幾個大高峰。有相當長的一段時間，東方文明算是比較幸運的，在大環境上沒有遭受到太大的擠壓；先賢們生活在靈性自由的環境中，並將「佛」與「道」融合發展出了禪宗、心學等。西方及中近東人民則遭受到政治宗教規條的束縛，長久以來當道者要求信徒們執著於一些奇怪的信念，賦與天啟之名，使得人們無法在靈智上有所開展。千餘年來受古今政治影響的宗教集團，假牧靈之名，以武力及社會力量排除異說，箝制了人們靈智上的互動與溝通，直到近幾世紀才有所變革。這幾宗文化傳承固然都高舉著和平的旗幟，但是在每一時代都有一些穿著所謂正義外衣的投機者，帶來了不斷的爭戰；雖然我們也不時地看到由它們原本的仁愛之道所發出來的靈性火花；但從總體來看，它們靈性的本質已被層層的表相裹得緊，實在難以再被初學者所理解。無怪乎，目前這些變體的教理不管如何包裝，都很難進入大多數東方人民的心靈深處。

　　這代的論道及傳道者必須跳出教條性的規範和為了自圓其說而不知所云的所謂「神學」，代之以最基本而共通的心性來認識每個人的天賦靈命。權

威傳統所訂定的「天啓神道」或「正統信理」的一些說法也許可以當參考；如果硬說它們是「真理」，老祖先們只會笑我們這些子孫們癡得可以，因為那些「道理」顯然是為了穩定當時君權政治及宗教心理的「暫時產物」。

　　《耶穌靈道論語》是一份靈性智慧的結晶。這文件的重現於世，可以原原本本的讓東方人民對「一神信道」在靈性智慧上的重點有所瞭解，並與福音對照研習；也可以讓人們發現，原來人類不論身在何處，所領悟到的基本靈性思維是不謀而合的。希望因此我們能對耶穌的福音有更深一層的認識，對佛禪的道理勇於開發。靈性的文字和文化可以是人們交流的障礙，也可以是溝通的渠道，端看起心如何。對大多數的人們而言，現在已是心性和身體上都享有自由的世代，咱們已經浪費了兩千年的光陰，如果大家都還在看戲作夢，是怎麼都說不過去的。請聽，活在靈性氛圍的心靈已經在吶喊，還給「合一的靈性道場」本來的面目吧！

七・靈性的頻道，心靈的曲譜

　　這份文件的一開始就提醒讀者，任何人找到這些話集的真意，將不會嚐到死亡；要不斷的尋找，才能進入堂奧，達到平安之境。的確，任何讀者如果只是想要瀏覽這份文件，只會空手而回。因為這份耶穌靈道論語有好幾個層次，光是推敲科普特文和希臘文所隱含的意思就得大費周章。文句與文句之間，段落與段落之間都有其深度和廣度。沒有研究清楚基本的文意，而要瞭解它、討論它，只會落個荒腔走板。英文翻譯就不只二十多種，中文翻譯才剛開始。即便文意通暢了，每一句話所影射的深意和含蓋的幅度，在靈性的領會上，也要下工夫，進而身體力行，要不然到頭來只會臨淵羨魚而已。

　　這份論語一直環繞著幾個靈道課題講論，包括深度的認識自我、修煉小我、轉心明悟、及超性合一。由於這幾個主題關係密切，道理相互因循。因此，認真體會的讀者自然地會感受到《多瑪斯福音》一句接一句的論語就像一陣陣溫馨的春風，絲絲入扣，暢快心魂，雖作過南柯之夢，卻寧懷清醒之

明。又像一波波洶湧的靈潮，波波催告，震撼心谷，即使搗上了肉耳，卻暢通了靈耳。

　　耶穌這位心靈的導師，教導的不只是一道哲學，而是一門上乘的靈性藝術。在這份文件的第十三段中，耶穌曾幽默地提示，他所特別調製的是一潭滾滾湧泉(氣泡清泉)，只有陶醉在這酒泉中的人才能說得出具有這清泉特質的醉話來，多瑪斯宗徒本人便是當時能說這種醉話的門徒之一。醉翁之意不在酒的多瑪斯在耶穌的面受機誼之後，又對弟兄們吟了一段醉詩：「如果我告訴你們他對我所說的其中一段話，你們將會拿石頭砸我；但是會有一團火從這石頭中出來，並燒向你們。」根據《多瑪斯行傳》的解釋，那是因為他已進到耶穌那熱火之道中。耶穌不是說過嗎？「我已撒出了一把烈火 [多10]」，「近我者近火也，離我者遠離天國也 [多82]」。

　　在同一段論語中 [多13]，多瑪斯回答耶穌的問話時說：「師傅，我的嘴完全無法承當我所要表達的，關於你像(是)誰。」何況筆者只是一個資料整理者，頂多只能盡力做點介紹的工作。這裡提供給讀者的，包括原始的文字和可能相關的參考資料。寫出科普特文和希臘文的原貌，是讓讀者自己去體會原文的旋律。逐字翻譯，也許能方便讀者敲打彈奏。討論的部份是筆者本人的野人獻曝，只能算是初步探討，與讀者切磋麗澤。除了聖經中文句的引證，大部份的參考文件是初期教會學者們的引述及論證，雖不能算是以經解經，至少給需要的讀者一些廣度；祇是有些段落的參考文件非常的豐富，無法一一例舉。這些文件段落與正文的關係有的極為吻合，有的只是稍有關連，有些資料須要讀者自己再去研讀其上下文，才能有全盤的了解，讀者得自行斟酌。除此之外，讀者也須要涉獵一些當時的人文、習俗和背景，這樣才能琢磨出原來作者的文意。比如福音文件中的許多的比喻就和猶太人的《塔木德(Talmud)》、歷史、當代希臘文化流傳的哲理和寓言《伊索寓言 (620-560 BC) 》、以及地方俗諺的關係十分密切。猶太各宗派 (特別是醫身心宗派 ── Essene Sect)，在福音文件中也是有跡可尋。排除宗教隔閡的意識形態，許多學者也發現，福音的道理與東方聖哲的教誨有相當多的啟示是極為近似的，

筆者也例舉了一些資料作爲參考，包括景教經書、佛學經典、道德經、禪公案和禪詩；進一步旁徵博引的工作則有待後起之秀來發揚。

　　爲了幫助部分的讀者，他們很希望讀到像福音四書般的編排。筆者也嘗試將這份靈道論語所有的文句連串起來，放在第二部份，稱之爲《耶穌靈道論語・平述篇》。這平述篇是筆者對整份《耶穌靈道論語》的連貫性作出另一種形式的整理，只做爲參考用。筆者不建議只讀平述篇而忽略了整體的正文。

　　讀翻譯的文章是要有一點耐性，更何況它源自一份談靈性的古代北菲文字。讀者若希望能從這些生澀的字句裏找出原作者所要揭示的深意，並不須要字字求解。其實讀者若能抓住每一段的主旨和關鍵字句，再求全書的精神貫通，就應該離原作者所要啓發的靈道不遠矣！容筆者也打一個比喻：靈性的感應場與無線電話及電視公司所播放的電磁頻道感應場是相似的，只是頻譜寬廣得多，播送者不同而已。不管如何，必須要有能與之共鳴的接收機才能接通。希望多瑪斯的這份記錄能帶給讀者在靈性道上行走時有一機在手的方便，也希望上主之子們能在與某師傅的相通中得到那份啓發，找到這份話集的真意。最後讓筆者摘錄一段靈道論語與讀者共勉 [多50]：

我們來自光明之所，來自那已進入世界的光明本體；這世界原是祂自己所創造的，祂已親臨觀照，並已顯現在他們的形像之中。【阿門！】

婁古鐘
於美國華府喬治城大學
二零零四年七月三日

中文譯文結構簡介

　　本書第一部份的譯文採段落式的結構，每一個段落是一則耶穌語錄，也都有一道主題。在每一段落裏，譯者以標準楷體寫出中文譯文在左頁的左側。同頁右側則是英文翻譯，是譯者參考幾份流通的英文譯文所編寫。寫出英文譯文的目的是為了讓有英文基礎的讀者多一層參考。右頁的左側是科普特文和逐字中文翻譯的併排書寫，希臘文部分也是如此。右頁的右側是註解。這種逐字翻譯與整段翻譯排列在一起的方式能讓讀者體會耶穌語錄的原貌。有些情況譯者沒有能力翻譯出很通順的中文，祇好生硬地先翻譯出一份中文，然後再翻一份較通順一點的。前一份翻譯的目的是要保留原文的字意，後一份翻譯則較重口語及連貫。但是不管如何，以任何一種語言來表達的靈性談話，是非常難再用另一種語言來開釋的，特別是翻譯古老的文字。

　　讀者可能會發現，若祇研讀通順的英文譯文，是無法完全掌握原文的意思。然而中文翻譯卻對古代文字的詮釋頗有獨到之處，所以中文讀者也許會有更深刻的領略。但讀者也必須瞭解科普特文受希臘文極大的影響，而希臘文則屬印歐語系。讀者更必須知道科普特文中同字異意的用法，否定語氣的含蓋處，部份文法倒裝的結構，以及古今科普特文的區別和支別，才不致對耶穌語錄的原意有誤解。

　　在逐字翻譯的右側，譯者有時例舉了一些供辨證的字句，它們不一定是重要字眼，提出來作為試驗。如果對讀者有幫助，再版的時候譯者準備再加強。

弧號示意：

<… >：沒有按次序逐字翻譯。

(…)　　：同意或解釋。

[…]　　：改字或插字使文字更正確(採取學者們的共識)。

{…} 　：學者們猜測的部份文字(由於蒲草紙上的<u>科普特</u>文或<u>希臘</u>文已破損)。

．　　：原文模糊的文字(常出現在原文破損的邊緣)。

|　　：原文行末。

-|　　：原文行末，字母相連接。

＊　　：原文頁末。

#…#　：<u>希臘</u>文有而<u>科普特</u>文沒有的或者不一樣的片段。

&…&　：<u>科普特</u>文有而<u>希臘</u>文沒有的片段。

|…|　：筆者對英文翻譯的另解。

<u>發音很近的科普特文簡字</u>：

ⲑ… 開頭的字　　　　　：ⲧ ⲅ…

ⲫ… 開頭的字　　　　　：ⲡ ⲅ…

ϯ　開頭或結尾的字　　：ⲧ ⲓ

Ⲩ　作定冠詞　　　　　：ⲟⲩ

<u>科普特文簡字舉例</u>：

ⲓⲥ̅：ⲓ̈ⲏⲥⲟⲩⲥ ＝<u>耶穌</u>

ⲓⲏⲥ ⲡⲭⲥ：ⲓ̈ⲏⲥⲟⲩⲥ ⲡ̄ⲓ ⲭⲣⲓⲥⲧⲟⲥ ＝<u>耶穌</u> <u>基督</u>

中文譯文但書

　　任何一個翻譯者即使願意很忠實地翻譯出原作者所要表達的意思，由於生活與教育的背景、文化的差異，所翻譯出的文句是可能會離原意有些距離的。尤其是翻譯表達靈性的含糊文字，不同的用字可能表達不同的影射。就拿第六段來說<u>科普特</u>文翻譯為「*所有的事都會在這天堂的面前顯露出來*」；<u>希臘</u>文的翻譯為「*這**真理**會使得所有的事都顯現出來*」。也許是文化背景的不同，這一句話翻得有些不同，但意思大體是相似的。

　　在整部<u>科普特</u>文的《多瑪斯福音》中，有一類句法出現的次數極為頻繁，翻譯上也有一些蹊蹺，值得提出請讀者注意，這類句法的<u>科普特</u>文，中文翻譯，及出現的次數列表如下：

科普特文	中文翻譯	次數	其他事項
ϩⲟⲧⲁⲛ ⲉ(+代名詞) ⲱⲁⲛ	不論何時當…，每當，當…時，隨時	18	有時接 ⲧⲟⲧⲉ(然後就會)
ⲉ(+代名詞) ⲱⲁⲛ	當…時，如果	16	
ⲉ(+代名詞) ⲧⲙ	當…不時，如果不	2	

按<u>科普特</u>文文法及字意，第一種句法的英文翻譯應翻成 whenever(不論何時當…)，抑或 when(當…時)；第二種句法應翻成 when(當…時)，抑或 if (如果)。但目前諸多流通的英文翻譯版中，第一種句法全翻成了 when。這並沒有什麼錯，但是讀者就必須警覺一些來體會其中「不論何時」的意思。

　　仔細觀察<u>科普特</u>文譯者所用的字眼是十分細膩的。比如他很明顯地區分 ⲙⲉⲥⲧⲉ 和 ⲙⲟⲥⲧⲉ；前者為「少愛」，後者為「憎恨」。當用在關於人的時候，他用 ⲙⲉⲥⲧⲉ 和 ⲙ̄ⲣ̄ⲣⲉ (愛) 做比對。<u>德樂莎姆姆</u>不也有相近的體會：「愛

的反面是冷漠」。從第六十八段的描述中，讀者也可以體會到「行迫害(p̄ Ⲇⲓⲱⲕⲉ)」是比「少愛 ⲘⲈⲤⲧⲈ」更加厲害的意思。科普特文譯者用 ⲞⲨⲰⲦ 來表達「合一」或「單一而相同」。但是譯者也可以翻譯 ⲞⲨⲰⲦ 這字的意思是「單獨」。由於科普特文中還有其它的字眼可以代表「單獨」而原譯者採用 ⲞⲨⲰⲦ 應該是有其特殊用意。在另外三處，ⲘⲞⲚⲀⲬⲞⲤ 是用作「單一」的意思，也可以當「合一」解。科普特文中 ⲘⲚ̄ⲦⲢⲘ̄ⲘⲀⲞ (富裕之境)，ⲘⲚ̄ⲦⲈ̄ⲏⲔⲈ (貧乏之境) 與不用 ⲘⲚ̄Ⲧ (之境) 只寫 ⲢⲘ̄ⲘⲀⲞ (富裕)，Ⲉ̄ⲏⲔⲈ (貧乏) 在境界上的體會也是不相同的。而在希臘文抄本有限的文字當中並沒有發現這樣微妙的用字區分。由於科普特文譯者用字常有弦外之音，筆者就不得不特別小心，但也可能是神經敏感，所以在這裏提出來做交代，讓讀者自己去辨識。又比如，在第九十八段裏 ⲈⲈ̄ⲞⲨⲚ 翻成「往內進入」或者「進入」均可。實在是因為動詞之前 Ⲉ- 是往、進的意思，而 Ⲉ̄ⲞⲨⲚ 是內部的意思。ⲈⲈ̄ⲞⲨⲚ 翻為「往內進入 (inwardly)」應該極為恰當。這樣一來，這關鍵字在第九十八段所引申出來的弦外之音就耐人尋味了。

　　第四十四段裏說「任何人對神聖之靈褻瀆，不論是在地上或是在天上，他將不會被寬容」；中文的福音書裏翻成「不被赦免」。大體的意思是一樣的，祇是唸起來的感受不一樣。另外值得一提的是第一百零一段：「任何人不少愛他的父親和他的母親以我之道，他不能夠跟隨我為門徒。任何人不愛他的父親和他的母親以我之道，他不能夠跟隨我為門徒。」這裏的 ⲚⲦⲀⲈ̄Ⲉ 可以翻成「以我之道」、「如我所為」抑或「在我的道路上」，但其涵義是不完全一樣的。

　　值得商榷的地方還很多，希望讀者舉一反三。要消除那文字障、文化結談何容易，請包涵這人世的有限度吧！師傅說的話只是提示，師兄們傳述師傅說的話也只是經過他們瞭解的提示摘要，往心裏頭揣度揣度，找出那與人們共享的光明就可以。若將此光明，融合在你我的幹細胞中會更有意義。

耶穌靈道論語・多瑪斯福音

第一部分・正文

耶穌靈道論語・多瑪斯福音
第一部分(甲)・正文 —— 譯自科普特原文

開卷語

這些祕傳話集是活於生命中的耶穌所傳達的，由孿生子猶達斯・多瑪斯所記錄。

These are the secret words that the living Jesus spoke and Didymos Judas Thomas recorded.

一・

並且他說：任何人找到這些話的真意，他將不會嚐到死亡。

1.
And he said, "He who discovers the interpretation of these words will not taste death."

二・

耶穌說：任何人在尋找中，不要讓他停止尋找，直到找到為止。當他找到時，他將會遭受困惑(磨難)。當他遭到困惑(磨難)時，他將轉為驚異，並且他將統御一切。

2.
Jesus said, "He who seeks should not cease seeking until he finds. When he finds, he will be disturbed (troubled). When he is disturbed (troubled), he will marvel, and will reign over the All."

[另譯]

耶穌說：任何人正在尋找，不要讓他終止尋找，而要讓他不斷地找，直到找到為止。當他找到時，他將會遭受困惑(磨難)。當他遭逢困惑(磨難)時，他將轉為驚喜，並且他將會從道而治。

三・

耶穌說：倘若引導你們自己的那些(意念)告訴你們：看呀！這國度是在天空中，那麼飛鳥將在空中優先行於你們之前。

3.
Jesus said, "If those who guide you say unto you, 'Behold, the Kingdom is in the sky,' then the birds of the sky will precede you.

耶穌靈道論語・多瑪斯福音
第一部分(甲)・正文 —— 科普特原文

[T ⳍ]

ⲚⲀⲈⲒ ⲚⲈ Ⲛ̄ⲰⲀⲬⲈ Ⲉ ⲐⲎⲠ ⲈⲚⲦⲀ Ⲓ̄Ⲥ̄ ⲈⲦ ⲞⲚⲤ |
這些 是 這話集 祕傳 那曾是 耶穌 (那位) 活於生命的

ⲬⲞⲞⲨ ⲀⲨⲰ ⲀϤ ⲤⲈⲀⲒ̈ ⲤⲞⲨ Ⲛ̄ϬⲒ ⲆⲒⲆⲨⲘⲞⲤ | Ⲓ̈ⲞⲨⲆⲀⲤ ⲐⲰⲘⲀⲤ
所傳達 並且 他已 記錄 它們 (指) 學生子 猶達斯 多瑪斯

一・

[T ⳍ]

ⲀⲨⲰ ⲠⲈⲬⲀ ϥ ⲬⲈ ⲠⲈ-|ⲦⲀ ⲤⲈ Ⲉ ⲐⲈⲢⲘⲎⲚⲈⲒⲀ Ⲛ̄ ⲚⲈⲈⲒ
並且 說他 這話 任何人 找著 這 真意 這些

ⲰⲀⲬⲈ ϥ ⲚⲀ | ⲬⲒ ⲦⲠⲈ ⲀⲚ Ⲙ̄ Ⲡ ⲘⲞⲨ
話集 他將 得 嚐 不 這 死亡

二・

ⲠⲈⲬⲈ Ⲓ̄Ⲥ̄ ⲘⲚ̄ⲦⲢⲈ ϥ | ⲖⲞ Ⲛ̄ϬⲒ ⲠⲈⲦ ⲰⲒⲚⲈ ⲈϤ ⲰⲒⲚⲈ ⲰⲀⲚⲦⲈ ϥ |
說 耶穌 不要讓 他停止 (指)任何人 尋找 當他 尋找 直到他

ϬⲒⲚⲈ ⲀⲨⲰ ⲤⲞⲦⲀⲚ ⲈϤ ⲰⲀⲚ ϬⲒⲚⲈ ϥ ⲚⲀ | ⲰⲦⲢ̄ⲦⲢ̄ ⲀⲨⲰ
找到 並且 不論何時 當他 找到 他將 受困惑 且

ⲈϤ ⲰⲀⲚ ⲰⲦⲞⲢⲦⲢ̄ ϥ ⲚⲀ Ⲣ̄ | (註：在此處有半行空白，見 123 頁左側原件)
每當他 受困惑 他將 轉為

ⲰⲠⲎⲢⲈ ⲀⲨⲰ ϥ ⲚⲀ Ⲣ̄ | Ⲣ̄ⲢⲞ ⲈⲬⲘ̄ Ⲡ ⲦⲎⲢ ϥ
驚異 並且 他將 行 統御 凌駕在 這 萬事萬物

三・

ⲠⲈⲬⲈ Ⲓ̄Ⲥ̄ ⲬⲈ ⲈⲨ ⲰⲀ[Ⲛ] |ⲬⲞⲞⲤ ⲚⲎ ⲦⲚ̄ Ⲛ̄ϬⲒ ⲚⲈⲦ ⲤⲰⲔ
說 耶穌 這話 倘若他(它)們 告訴 對你們 (指) 這些 引導

ⲤⲎⲦ ⲐⲎⲨⲦⲚ̄ | ⲬⲈ ⲈⲒⲤⲤⲎⲎⲦⲈ ⲈⲦ ⲘⲚ̄ⲦⲈⲢⲞ ⲤⲚ̄ Ⲧ ⲠⲈ
前於 你們自己 這話 看呀 是這 國度 在 這 天空
(或->你們的心)

Ⲉ-|ⲈⲒⲈ Ⲛ̄ ⲤⲀⲖⲎⲦ ⲚⲀ Ⲣ̄ ⲰⲞⲢⲠ ⲈⲢⲰ ⲦⲚ̄ Ⲛ̄ⲦⲈ | Ⲧ ⲠⲈ
那麼 這群 飛鳥 將行 先(第一) 於 你們 <這天空中的>

ⲤⲎⲠ = 秘密，祕傳；

ⲞⲚⲤ，ⲰⲚⲤ = 活於生命，具生命，生活；

ⲈⲦ ⲞⲚⲤ = 那位是活於生命的(who is living)；

ⲆⲒⲆⲨⲘⲞⲤ (原希臘文) = 孿生子；

Ⲓ̈ⲞⲨⲆⲀⲤ (原希伯來文) = 讚美；

ⲐⲰⲘⲀⲤ(原阿剌美文) = 孿生子。

ⲤⲈⲢⲘⲎⲚⲈⲒⲀ = 解釋，正解，真意。

ϬⲒⲚⲈ = 找到；

ⲤⲈ Ⲉ (+受詞)，ⲤⲈ Ⲁ (+受詞)，ⲤⲈ ⲈⲢⲞ (+受詞) = 找到〔東西〕；

ⲰⲦⲢ̄ⲦⲢ̄，ⲰⲦⲞⲢⲦⲢ̄ = 受困惑，遭磨難；

希臘文版第二段的結尾多了一句話，見第 108-109 頁。

ⲘⲚ̄Ⲧ = (adjective forming abstracts)=之境(表達概念性的狀態)；

ⲘⲚ̄ⲦⲈⲢⲞ = 國度，天國。

倘若他們告訴你們：是在這海裏，那麼魚將優先行於你們之前。但是，這國度是在你們內也在你們[#之外#]。只要你們認識你們自己，&然後別人就會認識你們&。並且你們將瞭解這事：『你們是這位生命之父之子。』然而，如果你們不認識你們自己，那麼你們便生存在一種貧困的狀態，並且你們就是這貧困之境。

If they say unto you, 'It is in the sea,' then the fish will precede you. Rather, the Kingdom is inside of you, and it is [#outside#] of you. When |Whenever| you know yourselves, &then shall you be known&, and you will realize that you are the sons of the Living Father. But if you do not come to know yourselves, then you exist in poverty, and you are poverty itself."

四·

耶穌說：有位長者在他的歲月裏，毫不遲疑地去詢問一個七天大的嬰孩，關於這生命之所；他將活於生命。因為有許多在先的將成為最後的，並且他們來到人間變成合一的一體。

〔另譯〕

耶穌說：為了(瞭解)這生命之所，有位年長者毫不遲疑地去請教一個七天大的嬰孩，他將活在真生命之內。因為在先的將與落後的在一起，合而為一。

4.
Jesus said, "The man old in days will not hesitate to ask an infant seven days old about the place of life, and he will live.
For many who are first will become last, and they will become one and the same."

五·

耶穌說：認識那在你面前臨在的，那對你隱藏的將會顯示給你。因為沒有任何事情會被掩蓋，而不顯露出來的。

5.
Jesus said, "Recognize what is in front of your face, and what is hidden from you will be disclosed to you. For there is nothing hidden that will not become manifest."

[Ｔ ϩ]

ⲉⲩ ϣⲁⲛ ⲭⲟⲟⲥ ⲛⲏ ⲧⲛ̄ ϫⲉ ⲥ ϩⲛ̄ ⲑⲁ-|ⲗⲁⲥⲥⲁ ⲉⲉⲓⲉ ⲛ̄ ⲧⲃⲧ
倘若他們 告訴 對你們 這話 她 在 這 海裏　那麼 這群魚

　　　　　　　　　　　　　　　　　　　　　Ｔ[Ⴆ]Ｔ

ⲛⲁ ⲣ̄ ϣⲟⲣⲡ ⲉⲣⲱ ⲧⲛ̄ | ⲁⲗⲗⲁ ⲧ ⲙⲛ̄ⲧⲉⲣⲟ ⲥ ⲙ̄ ⲡⲉⲧⲛ̄ ϩⲟⲩⲛ
將 行 先(第一) 於你們　但是 這 國度 她 在你們的 內部

[ＢＯλ] (←學者們認爲是 ＢＯλ 之誤)

ⲁⲩⲱ | ⲥ ⲙ̄ ⲡⲉⲧⲛ̄ ⲃⲁⲗ ϩⲟⲧⲁⲛ ⲉⲧⲉⲧⲛ̄ ϣⲁⲛ |ⲥⲟⲩⲱⲛ
並且　她 在你們的 眼[外面] 無論何時 當 你們　　　認識

ⲑⲩⲧⲛ̄ ⲧⲟⲧⲉ ⲥⲉ ⲛⲁ ⲥⲟⲩⲱ[ⲛ] * ⲑⲛⲉ ⲁⲩⲱ ⲧⲉⲧⲛⲁ
你們自己 然後(即刻) 他們 將　認識　　你們 並且 你們將

ⲉⲓⲙⲉ ϫⲉ ⲛ̄ⲧⲱⲧⲛ̄ ⲡⲉ | ⲛ̄ϣⲏⲣⲉ ⲙ̄ ⲡ ⲉⲓⲱⲧ ⲉⲧ ⲟⲛϩ ⲉϣⲱⲡⲉ
瞭解 這事 你們　是 兒子們 這父親的 是那 生命的 如果

ⲇⲉ | ⲧⲉⲧⲛⲁ ⲥⲟⲩⲱⲛ ⲑⲩⲧⲛ̄ ⲁⲛ ⲉⲉⲓⲉ ⲧⲉⲧⲛ̄ | ϣⲟⲟⲡ
然而 你們將 認識 你們自己 不 那麼 你們　存在

ϩⲛ̄ ⲟⲩ ⲙⲛ̄ⲧ ϩⲏⲕⲉ ⲁⲩⲱ ⲛ̄ⲧⲱⲧⲛ̄ | ⲡⲉ ⲧ ⲙⲛ̄ⲧ ϩⲏⲕⲉ
於 一種 境界 貧困 並且 你們　　就是 這 境界 貧困

四 ·

ⲡⲉϫⲉ ⲓⲥ̄ ϥ ⲛⲁ ⲭⲛⲁⲩ ⲁⲛ | ⲛ̄ϭⲓ ⲡ ⲣⲱⲙⲉ ⲛ̄ ϩⲗⲗⲟ ϩⲛ̄ ⲛⲉϥ ϩⲟⲟⲩ
說 耶穌 他 將 遲疑 不 (指) 這 人 長者(耆老) 在 他的 日子(複)

ⲉ ⲭⲛⲉ | ⲟⲩ ⲕⲟⲩⲉⲓ ⲛ̄ ϣⲏⲣⲉ ϣⲏⲙ ⲉϥ ϩⲛ̄ ⲥⲁϣϥ̄ | ⲛ̄ ϩⲟⲟⲩ
去 問 一個 小的 ＜小 孩兒＞　他有 七　　天 大

　ⲉⲧⲃⲉ ⲡ ⲧⲟⲡⲟⲥ ⲙ̄ ⲡ ⲱⲛϩ ⲁⲩⲱ |ϥ ⲛⲁ ⲱⲛϩ ϫⲉ ⲟⲩⲛ̄ ϩⲁϩ
關於(爲了) 這 境地　這 生命的 並且 他將生活 因爲 有 許多

ⲛ̄ ϣⲟⲣⲡ ⲛⲁ ⲣ̄ ϩⲁ-|ⲉ ⲁⲩⲱ ⲛ̄ⲥⲉ ϣⲱⲡⲉ ⲟⲩⲁ ⲟⲩⲱⲧ
最先的 將 成爲 最後的 而且 他們 變成 一個 合一(單獨而相同)

五 ·

ⲡⲉϫⲉ ⲓⲥ̄ | ⲥⲟⲩⲱⲛ ⲡⲉⲧ ⲙ̄ ⲡ ⲙ̄ⲧⲟ ⲙ̄ ⲡⲉⲕ ϩⲟ ⲉⲃⲟⲗ | ⲁⲩⲱ
說 耶穌 認識　那 這臨在 在 你的 臉 出來　並且

[Ｔ ϩ]

ⲡⲉ ⲑⲏⲡ ⲉⲣⲟ ⲕ ϥ ⲛⲁ ϭⲱⲗⲡ ⲉⲃⲟⲗ |ⲛⲁ ⲕ ⲙⲛ̄ ⲗⲁⲁⲩ ⲅⲁⲣ
那 隱藏 於你 它 將 被揭發 出來 對你 沒有 任何事 因爲

ⲉϥ ϩⲏⲡ ⲉϥ ⲛⲁ ⲟⲩⲱⲛϩ | ⲉⲃⲟⲗ ⲁⲛ
它 被隱藏 它 將 公開　出來 不

ⲉⲉⲓⲉ ＝ 那麼，然則；

ϩⲟⲧⲁⲛ ⲉ(+代名詞)
ϣⲁⲛ ＝ 不論何時，每當，隨時。

ϩⲏⲕⲉ ＝ 一勺糧 [引申 窮困]。

ϩⲗⲗⲟ，ϭⲉⲗⲗⲟ ＝ 長者；

ⲧⲟⲡⲟⲥ ＝ 境地(非具體 之處；

希臘文版第四段的後段多了一句話，見第110-111頁。

「ⲡⲉⲧ ⲙ̄ⲡ ⲙ̄ⲧⲟ ⲙ̄ ⲡⲉⲕ ϩⲟ ⲉⲃⲟⲗ＝在你面前臨在的」是本文件的主題之一 (參考第6, 52, 91, 和 111 段)；

ϩⲱⲡ，ϩⲏⲡ ＝ 隱藏。

六·

他的門徒們問他說：你希望我們節食守齋嗎？我們該如何祈禱？我們該如何布施呢？並且我們該節制什麼食物嗎？

耶穌說：不可扯謊，不可做任何你們悔恨的事。因為，所有的事都會在這&天堂的&臨現處顯露出來。沒有任何事情被隱藏，而不顯現出來的；沒有任何事情被遮蓋，會持續而不被揭露的。

七·

耶穌說：這獅性將被人性所吃（化解），如此這頭獅子會轉變成人，這樣的事是上主受所祝福的。可是這人該當受責斥，（因為）他就將要被這頭獅子所吞噬了，但是終究這頭獅子將會轉變成為人性。

〔另譯〕

耶穌說：上主祝福人性度化獅獸之性，並祝福獅獸之性轉變為人性。雖然獅獸之性吞噬了人性是多麼遺憾的事，但是終究獅獸之性將會轉變為人性。

八·

並且他說：這個人好比一個聰明的漁夫，他撒出他的網子到海裏。他又從海裏把網子拉到岸上來，網子裏滿滿的裝了一些小

6.

His disciples asked him, and they said to him, "Do you want us to fast? How should we pray and give alms? What diet should we observe?"

Jesus said, "Do not tell lies, and do not do what you hate, because all things are disclosed before & heaven &. For there is nothing hidden that will not be revealed. And there is nothing covered up that will remain undisclosed."

7.

Jesus said, "Blessed is the lion that a person (human) will eat and the lion becomes human. And cursed is the man (human) whom a lion will eat, and the lion will become human."

8.

And he said, "The man is like a wise fisherman who cast his net into the sea and drew it up from the sea filled with little fish.

六·

ⲀⲨ ⲬⲚⲞⲨ ϥ ⲚϬⲒ ⲚⲈϥ ⲘⲀⲐⲎⲦⲎⲤ | ⲠⲈⲬⲀ ⲩ ⲚⲀϥ ⲬⲈ ⲕ ⲞⲨⲱϣ
他們 問 他 (指)他的 門徒們　說 他們 對他 這話 你 希望

| ⲈⲚⲀ(+動詞) = 我們將；

[Ⲁϣ]　　　[ⲧ ⲉ]
ⲈⲦⲢⲚ̄ Ⲣ̄ ⲚⲎⲤⲦⲈⲨⲈ ⲀⲨⲱ Ⲉϣ ⲦⲈ ⲐⲈ ⲈⲚⲀ ϣⲗⲎⲗ ⲈⲚⲀ ✝
我們 行 節食守齋嗎 且 什麼 是 這方法 我們將 祈禱 我們將 給予

| Ⲣ̄ (+動詞) = 做，變成，制作；

ⲈⲖⲈ-|ⲎⲘⲞⲤⲨⲚⲎ ⲀⲨⲱ ⲈⲚⲀ Ⲣ̄ ⲠⲀⲢⲀⲦⲎⲢⲈⲒ Ⲉ ⲞⲨ|ⲚϬⲒ ⲞⲨⲰⲘ
賙濟呢？　　並且 我們將 行 節制　　什麼 (指) 食物嗎？

ⲠⲈⲬⲈ Ⲓ̄Ⲥ̄ ⲬⲈ Ⲙ̄Ⲡ̄Ⲣ̄ ⲬⲈ ϬⲞⲖ ⲀⲨ-|ⲱ ⲠⲈⲦⲈⲦⲘ̄ ⲘⲞⲤⲦⲈ Ⲙ̄ⲘⲞϥ
說 耶穌 這話 不可 說 謊 並且 任何 你們 憎恨 對它

| Ⲙ̄Ⲡ̄Ⲣ̄ = 不可(命令語法)；
| ⲘⲚ̄ (當連接詞) = 和；
| ⲘⲚ̄ (當副詞) = 沒有，不會有；

Ⲙ̄Ⲡ̄Ⲣ̄ ⲁ ⲁϥ ⲬⲈ | ⲤⲈ ϬⲞⲖⲠ ⲦⲎⲢ ⲞⲨ ⲈⲂⲞⲖ Ⲙ̄ⲠⲈ ⲘⲦⲞ ⲈⲂⲞⲖ |
不可 做 它 因為 它們 被顯露 全部 它們 出來 在這 臨在 出現

Ⲛ̄ Ⲧ ⲠⲈ ⲘⲚ̄ ⲖⲀⲀⲨ ⲄⲀⲢ Ⲉϥ ⲈⲎⲠ Ⲉϥ ⲚⲀ ⲞⲨ-|ⲰⲚⲈ ⲈⲂⲞⲖ
這天堂的 沒有任何事 因為 它被隱藏 它將 顯 現 出來

| ⲞⲨⲰⲚⲈ ⲈⲂⲞⲖ，ⲞⲨⲞⲚⲈ ⲈⲂⲞⲖ = 顯現出來(有「ⲞⲚⲈ ⲈⲂⲞⲖ 生活出來」的字根)。

ⲀⲚ ⲀⲨⲱ ⲘⲚ̄ ⲖⲀⲀⲨ Ⲉϥ ⲈⲞⲂⲤ̄ Ⲉⲩ|ⲚⲀ ϬⲰ ⲞⲨⲈϣⲚ̄ ϬⲞⲖⲠ ϥ
不 且 沒有任何事 它被遮蓋 它們將 繼續 維持 而不 被顯露

七·

ⲠⲈⲬⲈ Ⲓ̄Ⲥ̄ ⲞⲨ | ⲘⲀⲔⲀⲢⲒⲞⲤ ⲠⲈ Ⲡ ⲘⲞⲨⲈⲒ ⲠⲀⲈⲒ ⲈⲦⲈ |
說 耶穌 一個 受上主祝福的 是 這 獅子 這一個 那

| ⲘⲀⲔⲀⲢⲒⲞⲤ (原希臘文) = 上主所降福的，上主所賜予歡樂的；
| ⲘⲞⲨⲒ，ⲘⲞⲨⲈⲒ = 獅子；
| ⲢⲱⲘⲈ，Ⲣ̄Ⲙ = 人；
| Ⲣ̄ ⲢⲱⲘⲈ = 人性，人類。

Ⲡ ⲢⲱⲘⲈ ⲚⲀ ⲞⲨⲞⲘ ϥ ⲀⲨⲱ Ⲛ̄ⲦⲈ Ⲡ ⲘⲞⲨⲈⲒ |ϣⲰⲠⲈ Ⲣ̄ ⲢⲱⲘⲈ
這 人 將 吃 牠 並且 會有 這 獅子 轉變 為人性

ⲀⲨⲱ ϥ ⲂⲎⲦ Ⲛ̄ϬⲒ Ⲡ Ⲣⲱ-|ⲘⲈ ⲠⲀⲈⲒ ⲈⲦⲈ Ⲡ ⲘⲞⲨⲈⲒ ⲚⲀ
可是 他受責斥 (指)這人 這一個 那 這 獅子 將

ⲞⲨⲞⲘ ϥ ⲀⲨ-|ⲱ Ⲡ ⲘⲞⲨⲈⲒ ⲚⲀ ϣⲰⲠⲈ Ⲣ̄ ⲢⲱⲘⲈ
吃 他 但是 這 獅子 將 轉變 為人性

八·　　　　　　　　　[ⲞⲨ]

ⲀⲨⲱ ⲠⲈ-|ⲬⲀ ϥ ⲬⲈ ⲈⲠ ⲢⲱⲘⲈ ⲦⲚ̄ⲦⲰⲚ ⲁ ⲩ ⲞⲨⲰϩⲈ | Ⲣ̄ ⲢⲘⲚ̄ⲈⲎⲦ
並且 說 他 這話 這人 好比 一個 漁夫 為 聰明的人

| ⲢⲘⲚ̄ⲈⲎⲦ = 具慧心之人；

[ⲧ ⲉ]
ⲠⲀⲈⲒ Ⲛ̄ⲦⲀϩ ⲚⲞⲨⲬⲈ Ⲛ̄ ⲦⲈϥ ⲁ-|ⲂⲰ Ⲉ ⲐⲀⲖⲀⲤⲤⲀ Ⲁϥ ⲤⲰⲔ Ⲙ̄ⲘⲞ Ⲥ
這個 他已 撒 他的 網子 到海裏 他 拉起 她

| (Ⲛ̄)ⲈⲢⲀⲒ̈ Ⲛ̄ⲈⲎⲦ(+代名詞) = 在…之內 (參考第四十五段註解)；

[ⲧ ⲉ]　　　　　ⲧ[Ⲃ]ⲧ
ⲈⲈⲢⲀⲒ̈ ⲈⲚ̄ ⲐⲀⲖⲀⲤⲤⲀ ⲈⲤ ⲘⲈⲈ Ⲛ̄ ⲦⲂⲦ Ⲛ̄ ⲔⲞⲨⲈⲒ Ⲛ̄ ⲈⲢⲀⲒ̈ Ⲛ̄ ⲈⲎⲦ ⲞⲨ
上來 從 這 海裏 她 盛滿著 魚 一些 小的 < 在它們中間 >

魚。在它們中間他發現一條肥美的大魚。這聰明的漁夫把所有的小魚都扔下海裏，他便毫無困難地挑揀出這條大魚來。任何人有耳朵聽的，願他聆聽！

九・

耶穌說：看呀！那播種的人出去，他用手抓起一大把（種子）撒種。有一些掉落在路上的，鳥來了，就拾掇了它們。有一些掉落在岩石上，沒有長入土裏生根，更沒有往上長出麥桿（隨風）搖曳於空中。另外一些掉落在荊棘裏，這些種子被窒息了，蟲子吃了它們。另外一些掉落在好的土壤上，往上長出果實。好的（麥）有每穗六十粒的，也有每穗一百二十粒的。

十・

耶穌說：我曾拋擲一把火在這世界上。看呀！我正看守著它，直到它烈焰燃燒。

Among them the wise fishman found a fine large fish. He threw all the little fish back into the sea, and picked the large fish without difficulty. He who has ears to hear, let him hear!"

9.
Jesus said, "Behold, the sower went out. He filled his hands and scattered (seeds). Some fell on the road, and the birds came and pecked them up. Others fell on the rock, and did not take root in the soil, nor did they spout ears up to the sky. Others fell on the thorns, and they choked the seeds, and the worm ate them. And others fell on good soil, and brought forth good crop, and yielded sixty per measure and one hundred twenty per measure."

10.
Jesus said, "I have cast fire upon the world, and behold, I am guarding it until it blazes."

[ΟΥ]
ΑϤ ϩΕ Α Υ ΝΟϬ Ν ΤΒΤ Ε ΝΑ-|ΝΟΥ Ϥ Νϭι Π ΟΥΩϩΕ Ρ ΡΜ Νϩ̄ΗΤ
他發現 一條大的 魚 標緻的它 (指) 這漁夫 聰明的

[ΤΒ̄Τ]
ΑϤ ΝΟΥ-|ΧΕ Ν Ν ΚΟΥΕΙ ΤΗΡ ΟΥ Ν ΤΒΤ ΕΒΟΛ Ε{Π Ε-}*ϹΗΤ
他 拋擲 那些小的 全部的它們 魚 出去 底 下

[Τ ϩ]
Ε ΘΑΛΑϹϹΑ ΑϤ ϹΩΤΠ Μ̄ Π ΝΟϬ Ν |ΤΒ̄Τ ΧΩΡΙϹ ϩΙϹΕ ΠΕΤΕ
到 這 海裏 他 挑選 這大的 魚 沒有 困難 任何人

ΟΥΝ̄ ΜΑΑΧΕ Μ̄ΜΟ Ϥ |Ε ϹΩΤΜ̄ ΜΑΡΕϤ ϹΩΤΜ̄
有 耳朵 的他 去 聽 願他聆聽

九 ·

ΠΕΧΕ ΙϹ̄ ΧΕ ΕΙϹϩΗ-|ΤΗΕ ΑϤ ΕΙ ΕΒΟΛ Νϭι ΠΕΤ ϹΙΤΕ Ϥ ΜΕϩ
說 耶穌 這話 看 呀 他出 去 (指) 那播種者 他抓滿

ΤΟΟΤϤ̄ |ΑϤ ΝΟΥΧΕ Α ϩΟΕΙΝΕ ΜΕΝ ϩΕ ΕΧΝ̄ ΤΕ ϩΙΗ |ΑΥ ΕΙ
他的手 他 撒種 一些 確實是 掉 在 這 路上 它們來

Νϭι Ν ϩΑΛΑΤΕ ΑΥ ΚΑΤϤ ΟΥ ϩΝ ΚΟΟΥΕ |ΑΥ ϩΕ ΕΧΝ̄ Τ ΠΕΤΡΑ
(指)那些 鳥 它們拾掇了它們一些 另外它們掉 在 這 岩石

ΑΥΩ Μ̄ΠΟΥ ΧΕ ΝΟΥΝΕ |ΕΠ ΕϹΗΤ ΕΠ ΚΑϩ ΑΥΩ Μ̄ΠΟΥ ΤΕΥΕ
且 它們沒有 紮 根 到…之下 這土地 且 它們沒有 長出

ϩΜ̄Ϲ Εϩ-|ΡΑΪ ΕΤ ΠΕ ΑΥΩ ϩΝ ΚΟΟΥΕ ΑΥ ϩΕ ΕΧΝ̄ Ν ϣΟ[Ν]-|ΤΕ
麥桿 搖曳 在空中 且 一些 另外它們掉 在 叢叢 荊棘裏

ΑΥ ΩϬΤ Μ̄ ΠΕ ϬΡΟϬ ΑΥΩ ΑΠ ϤΝΤ ΟΥΟΜ ΟΥ |ΑΥΩ Α ϩΝ ΚΟΟΥΕ
它們窒息 這些 種子 且 這 蟲 吃它們 並且 一些 另外

ΕΧ[Μ̄]
ϩΕ ΕΧΝ̄ Π ΚΑϩ ΕΤ ΝΑΝΟΥ Ϥ |ΑΥΩ ΑϤ † ΚΑΡΠΟϹ ΕϩΡΑΪ ΕΤ
掉 在 這土地 那是 好的它 且 它產生 果實 往上 在這

ΠΕ ΕΝΑΝΟΥϤ ΑϤ |ΕΙ Ν̄ϹΕ Ε ϹΟΤΕ ΑΥΩ ϣΕ ΧΟΥΩΤ Ε ϹΟΤΕ
空中 好的它 它長出 六十 每穗 並且 一百二十 每穗

十 ·

[ΚΩϩΤ ΕΧΜ̄]
ΠΕΧΕ ΙϹ̄ ΧΕ ΑΕΙ ΝΟΥΧΕ Ν̄ΟΥ ΚΩϩΤ ΕΧΝ̄ Π ΚΟϹΜΟϹ ΑΥΩ
說 耶穌 這話 我曾 扔擲 一把 火 在 這 世界 並且

ΕΙϹϩΗΗΤΕ † ΑΡΕϩ ΕΡΟ Ϥ ϣΑΝΤΕ Ϥ ΧΕΡΟ
看呀 我守護 對它 直到 它 烈焰燃燒

ΝΑΝΟΥ = 標緻的，肥美的；

ΧΩΡΙϹ = 沒有，不會；

ϩΙϹΕ = 困難艱苦，辛勤工作。

Μ̄Π (+名詞) = 這個(名詞)；

Μ̄Π (+代名詞) = (代名詞)不；

ΕϹΗΤ = 地上，底部；

ΕΠ ΕϹΗΤ = 到…之下；

ϩΑ Π ΕϹΗΤ = 下面；

ϩΜ̄Ϲ = 麥桿；

ϹΟΤΕ = 量度。

ΚΩϩΤ，ΚΡΩΜ = 火(陽性)。

十一‧

耶穌說：這蒼天將要逝去，那在這天之上的也將會過去。那已死去的，他們不會活於生命；那活於生命的，他們將不死。在這些日子裏你們素來就吃著死的東西，你們也一直造就著它來過活；每當你們來到光明裏，你們要做什麼呢？在這個日子裏你們是一個，你們卻造出了兩個；然而每當你們來到世間成為兩個，你們又要做什麼呢？

十二‧

這些門徒們問耶穌說：我們知道你將離開我們。誰將成為我們的領導來帶領我們呢？

耶穌對他們說：你們已經來過這地方，那也是你們將要走去的 ── 這位正義的雅各伯 ── 因為他的緣故天和地已經都來到了世間。

十三‧

耶穌對他的門徒們說：拿我當個比對吧！你們告訴我，我好比誰呢？

西滿‧伯多祿（西門‧彼得）對他說：

11.

Jesus said, "This heaven (sky) will pass away, and that which above it will pass away. The dead are not alive, and the living will not die. In the days when you were consuming what is dead, you were making it what is alive. When |Whenever| you come to live in the light, what will you do? On the day when you were one, you became two. But when |whenever| you become two, what will you do?"

12.

The disciples said to Jesus, "We know that you will depart from us. Who will be leading us?"
Jesus said to them, "In the place to which you come, you are to go to James the Just, for whose sake heaven and earth came into being."

13.

Jesus said to his disciples, "Make a comparison with me and tell me whom I am like."
Simon Peter said to him,

十一·

ⲠⲈϪⲈ ⲓⲥ ϪⲈ ⲦⲈⲈⲒ ⲠⲈ ⲚⲀ Ⲣ̄ ⲠⲀ-|ⲢⲀⲄⲈ ⲀⲨⲰ ⲦⲈⲦ Ⲛ̄ ⲦⲠⲈ
說 耶穌 這話 這個 天堂 將 變爲 逝去 且 那在這天之上(的)

ⲘⲘⲞⳝ ⲚⲀ Ⲣ̄ ⲠⲀⲢⲀⲄⲈ ⲀⲨⲰ ⲚⲈⲦ ⲘⲞⲞⲨⲦ ⳝⲈ ⲞⲚⲄ ⲀⲚ ⲀⲨⲰ ⲚⲈⲦ
她 將 變爲 逝去 且 那些 死的 他們 活的 不是 且 那些

ⲞⲚⲄ |ⳝⲈ ⲚⲀ ⲘⲞⲨ ⲀⲚ Ⲛ̄ Ⲅ̄ⲞⲞⲨ ⲚⲈ ⲦⲈⲦⲚ̄ ⲞⲨⲰⲘ |Ⲙ̄ ⲠⲈⲦ ⲘⲞⲞⲨⲦ
活的 他們 將 死 不 這些日子 素來 你們 吃著 那種種 死的

ⲚⲈ ⲦⲈⲦⲚ̄ ⲈⲒⲢⲈ ⲘⲘⲞⳝ Ⲙ̄ ⲠⲈ-|Ⲧ ⲞⲚⲄ Ⲅ̄ⲞⲦⲀⲚ ⲈⲦⲈⲦⲚ̄ ⳜⲀⲚ
素來 你們 製作 他(受詞) 那種種 活的 不論何時 當 你們

ⳜⲰⲠⲈ Ⲅ̄Ⲙ̄ Ⲡ̄ ⲞⲨ-|ⲞⲈⲒⲚ ⲞⲨ ⲠⲈ ⲦⲈⲦⲚⲀ Ⲁ ⳝ Ⲅ̄Ⲙ̄ ϤⲞⲞⲨ ⲈⲦⲈⲦⲚ̄ |
來到(世間) 在 這 光明 什麼是 你們將 做它? 在 這日子 當 你們

ⲟ Ⲛ̄ ⲞⲨⲀ ⲀⲦⲈⲦⲚ̄ ⲈⲒⲢⲈ Ⲙ̄Ⲡ ⳝⲚⲀⲨ Ⲅ̄ⲞⲦⲀⲚ ⲆⲈ | ⲈⲦⲈⲦⲚ̄
是 一個 你們已造成 這 兩個 不論何時 然而 當 你們

ⳜⲀ[Ⲛ] ⳜⲰⲠⲈ Ⲛ̄ ⳝⲚⲀⲨ ⲞⲨ ⲠⲈ ⲈⲦⲈ-|ⲦⲚ̄ ⲚⲀ Ⲁ ⳝ
來到(世間) 爲 兩個 什麼是 你們 將 做它?

十二·

ⲠⲈϪⲈ Ⲙ̄ ⲘⲀⲐⲎⲦⲎⳝ Ⲛ̄ ⲓⲥ ϪⲈ ⲦⲚ̄ |ⳝⲞⲞⲨⲚ ϪⲈ Ⲕ ⲚⲀ ⲂⲰⲔ
說 這些 門徒們 對 耶穌 這話 我們 知道 關於 你 將 離開

Ⲛ̄ ⲦⲞⲞⲦ Ⲛ̄ ⲚⲒⲘ ⲠⲈ |ⲈⲦ ⲚⲀ Ⲣ̄ ⲚⲞϬ Ⲉⲅ̄ⲢⲀⲒ̈ ⲈϪⲰ Ⲛ̄ ⲠⲈϪⲈ ⲓⲥ
從我們的手 誰 是 (那位)將 作 首席 ＜帶領我們 ＞ 說 耶穌

ⲚⲀⲨ | ϪⲈ Ⲡ ⲘⲀ Ⲛ̄ⲦⲀ ⲦⲈⲦⲚ̄ ⲈⲒ Ⲙ̄ ⲘⲀⲨ ⲈⲦⲈⲦ ⲚⲀ | ⲂⲰⲔ ⳜⲀ
對他們 這地方 ＜你們已＞ 來到 那兒 你們 將 走 向

Ⲓ̈ⲀⲔⲰⲂⲞⳝ Ⲡ ⲆⲒⲔⲀⲒⲞⳝ ⲠⲀⲈⲒ Ⲛ̄ⲦⲀ | Ⲧ ⲠⲈ Ⲙ̄Ⲛ̄ Ⲡ ⲔⲀⲅ̄ ⳜⲰⲠⲈ
雅各伯斯 這正義的 這位 已經 這天上 和 這地下 來到(世間)

ⲈⲦⲂⲎⲦ ϥ̄
是爲了他

十三·

ⲠⲈϪⲈ ⲓⲥ |Ⲛ̄ ⲚⲈϥ ⲘⲀⲐⲎⲦⲎⳝ ϪⲈ ⲦⲚ̄ⲦⲰⲚ Ⲧ Ⲛ̄ⲦⲈⲦⲚ̄ | ϪⲞⲞⳝ ⲚⲀⲈⲒ
說 耶穌 對 他的 門徒們 比擬一下我 你們 告訴 對我

ϪⲈ Ⲉ ⲈⲒⲚⲈ Ⲛ̄ ⲚⲒⲘ ⲠⲈϪⲀ ϥ̄ ⲚⲀ ϥ̄ |Ⲛ̄Ϭⲓ ⳝⲒⲘⲰⲚ ⲠⲈⲦⲢⲞⳝ ϪⲈ
關於我 像 誰呢 說 他 對他 (指)西滿 伯多祿(彼得) 這話

ⲚⲈ (+代名詞+動詞)，
ⲚⲈⲢⲈ (+名詞+動詞)：
過去進行式；

ⲈⲒⲢⲈ = 製作，產
生，花時間；

ⲈⲒⲢⲈ ⲘⲘⲞϥ Ⲙ̄ ⲠⲈⲦ
ⲞⲚⲄ = 過活的生命
(make living)；

ⲞⲨ = 什麼，他們，
一個；
(Ⲛ̄)ⲞⲨⲀ = 一個。

Ⲉⲅ̄ⲢⲀⲒ̈ = 往上，提
振；
Ⲅ̄ⲢⲀⲒ̈ = 下至，及於；
ⲈϪⲰ = 之上，超
過；
ⳜⲀ，ⳜⲀⲢⲞ = 去，
到。

ⲠⲈⲦⲢⲞⳝ = 伯多祿
(彼得)；

ⲠⲈⲦⲢⲀ = 岩石；

你就像一個正義的天使。

瑪竇（馬太）對他說：你就像一個有哲學智慧的人。

多瑪斯對他說：師傅，我的嘴完全無法承受我所要表達的，關於你像（是）誰。

耶穌說：我不是你的師傅。因為你喝醉了，你已經陶醉在我所特別製作的氣泡清泉當中。

他便帶他離席，並告訴他三段話。當多瑪斯回到他的夥伴那裏時，他們問他說：耶穌有告訴你什麼嗎？

多瑪斯對他們說：如果我告訴你們他對我所說的其中一段話，你們將會拿石頭砸我，但是會有一團火從這石頭中噴出來，並燃燒你們。

十四·

耶穌對他們說：如果你們從事齋戒，你們將帶給自己一份罪。如果你們祈禱，它們將轉而詛咒你們。如果你們行布施，你們將對你們的靈性製造一個暗魔。

"You are like a righteous angel."
Matthew said to him, "You are like a wise philosopher."
Thomas said to him, "Master, my mouth is utterly incapable of saying whom you are like."
Jesus said, "I am not your teacher. Because you have drunk, you have become intoxicated from the bubbling spring which I have measured out."
And he took him and withdrew, and spoke three words to him. When Thomas came back to his companions, they asked him, "What did Jesus say unto you?"
Thomas said to them, "If I tell you one of the words which he told me, you will take up rocks and stone me, and fire will come out of the rocks and burn you up."

14.
Jesus said to them, "If you fast, you will bring sin upon yourselves. And if you pray, you will be condemned. And if you give alms, you will harm your spirits.

ⲈⲔ ⲈⲒⲚⲈ Ⲛ̄ ⲞⲨ ⲀⲄ-|ⲄⲈⲖⲞⲤ Ⲛ̄ ⲆⲒⲔⲀⲒⲞⲤ ⲠⲈⳊⲀ ϥ ⲚⲀϥ Ⲛ̄Ϭⲓ
你就像　一個　　天使　　　正義的　　　說 他 對他　(指)

ⲘⲀⲐ-*ⲐⲀⲒⲞⲤ ⳊⲈ ⲈⲔ ⲈⲒⲚⲈ Ⲛ̄ ⲞⲨ ⲢⲰⲘⲈ Ⲙ̄ ⲪⲒⲖⲞⲤⲞ-|ⲪⲞⲤ
瑪竇(馬太)　這話　你就像　一個 人　具有　哲學

Ⲛ̄ ⲢⲘ̄Ⲛ̄ϨⲎⲦ ⲠⲈⳊⲀ ϥ ⲚⲀϥ Ⲛ̄Ϭⲓ ⲐⲰⲘⲀⲤ | ⳊⲈ Ⲡ ⲤⲀϨ ϨⲞⲖⲰⲤ
智慧者　　說 他 對他　(指) 多瑪斯 這話 師傅 完全

ⲦⲀ ⲦⲀⲠⲢⲞ ⲚⲀ ⳎⲀⲠ ϥ ⲀⲚ |ⲈⲦⲢⲀ ⳊⲞⲞⲤ ⳊⲈ ⲈⲔ ⲈⲒⲚⲈ Ⲛ̄ ⲚⲒⲘ
我的 嘴　將 承受它 不　那我 說　關於　你 像　　誰

ⲠⲈⳊⲈ ⲒⲎⲤ̄ |ⳊⲈ ⲀⲚⲞⲔ ⲠⲈⲔ ⲤⲀϨ ⲀⲚ ⲈⲠⲈⲒ ⲀⲔ ⲤⲰ ⲀⲔ ⲦϨⲈ |
說 耶穌　　我是 你的 師傅 不 因為 你(已)喝酒 你(已)醉

ⲈⲂⲞⲖ ϨⲚ̄ Ⲧ ⲠⲎⲄⲎ ⲈⲦ Ⲃ̄Ⲣ̄Ⲃ̄ⲢⲈ ⲦⲀⲈⲒ ⲀⲚⲞⲔ | Ⲛ̄ⲦⲀⲈⲒ ⳎⲒⲦ Ⲥ̄ ⲀⲨⲰ
< 從 > 這泉水 那 氣泡 這一個 我 我已 縝密製作她 且

Ⲁϥ ⳊⲒⲦ ϥ̄ Ⲁϥ ⲀⲚⲀⳢⲰⲢⲈⲒ | Ⲁϥ ⳊⲰ ⲚⲀϥ Ⲛ̄ ⳎⲞⲘⲦ Ⲛ̄ ⳎⲀⳊⲈ
他 帶 他 他 離席　　他 告訴 對他 三 段　　話

Ⲛ̄ⲦⲀⲢⲈ ⲐⲰ-|ⲘⲀⲤ ⲆⲈ ⲈⲒ ⳎⲀ ⲚⲈϥ ⳎⲂⲈⲈⲢ ⲀⲨ ⳊⲚⲞⲨ ϥ ⳊⲈ |
當..後 多瑪 斯 然而 來到 他的 夥伴　他們 問 他 這話

Ⲛ̄ⲦⲀ ⲒⲤ̄ ⳊⲞⲞⲤ ⳊⲈ ⲞⲨ ⲚⲀⲔ ⲠⲈⳊⲀ ϥ ⲚⲀⲨ Ⲛ̄Ϭⲓ | ⲐⲰⲘⲀⲤ ⳊⲈ
曾經 耶穌 告訴　什麼 對你 說 他 對他們 (指) 多瑪斯 這話

[ⲈⲈⲒ]　　　　　　[Ⲛ̄ⲞⲨⲀ]
ⲈⲒ ⳎⲀⲚ ⳊⲰ ⲚⲎ ⲦⲚ̄ ⲞⲨⲀ ϨⲚ̄ Ⲛ̄ ⳎⲀ-|ⳊⲈ Ⲛ̄ⲦⲀ ϥ ⳊⲞⲞⲨ ⲚⲀⲈⲒ
如果我 要是 告訴 你們 一段 其中的話　他已 傳達 對我

ⲦⲈⲦⲚⲀ ϥⲒ ⲰⲚⲈ Ⲛ̄ⲦⲈ-|ⲦⲚ̄ ⲚⲞⲨⳊⲈ ⲈⲢⲞ ⲈⲒ ⲀⲨⲰ Ⲛ̄ⲦⲈ
你們將 拿石頭 你們 投擲　　於我　且 會有

[ⲢⲰⲔϨ]
ⲞⲨ ⲔⲰϨⲦ ⲈⲒ Ⲉ-|ⲂⲞⲖ ϨⲚ̄ Ⲛ̄ ⲰⲚⲈ Ⲛ̄Ⲥ ⲢⲰϨⲔ Ⲙ̄ ⲘⲰⲦⲚ̄
一團 火 < 從出 來 ><這石頭中> 並 焚燒　你們

十四 ·

ⲠⲈⳊⲈ |ⲒⲤ̄ ⲚⲀⲨ ⳊⲈ ⲈⲦⲈⲦⲚ̄ ⳎⲀⲚ Ⲣ̄ ⲚⲎⲤⲦⲈⲨⲈ ⲦⲈⲦⲚⲀ |ⳊⲠⲞ
說 耶穌 對他們 如果你們　行 齋戒　　你們將 帶給

[Ⲛ̄ⲞⲨ]
ⲚⲎ ⲦⲚ̄ Ⲛ̄ⲚⲞⲨ ⲚⲞⲂⲈ ⲀⲨⲰ ⲈⲦⲈⲦⲚ̄ ⳎⲀ{Ⲛ̄} | ⳎⲖⲎⲖ ⲤⲈ ⲚⲀ Ⲣ̄
對你們 一份 罪 並且 如果你們　　　祈禱 它們將 轉為

Ⲃ̄Ⲣ̄Ⲃ̄ⲢⲈ = 氣泡，翻湧滾動；

Ⲧ ⲠⲎⲄⲎ ⲈⲦ Ⲃ̄Ⲣ̄Ⲃ̄ⲢⲈ = 滾滾清泉(the bubbling spring)；

ⳎⲞⲘⲚⲦ，ⳎⲞⲘⲦ̄ = 三；

Ⲛ̄ⲦⲀⲢⲈ = 當..之後(過去完成式)；

ⳊⲞⲞⲨ = 傳達(send)；

ⲈⲂⲞⲖ ϨⲚ̄ = 從，出自；

ⲢⲰⲔϨ，ⲢⲞⲔϨ = 燒毀，焚燒。

當你們走進任何地界，你們行走在鄉村裏，如果人們來接待你們，把東西擺在你們面前，你們就吃。治癒他們中的每位病患。因為那進入你們的口中的，它將不污損你們自己。然而那正要出自你們的口的，它將污損你們自己。

〔另譯〕

耶穌告訴他們說：你們刻意去修功德，那會適得其反 -- 禁食齋戒將帶來罪咎，祈禱將招致責難，行善布施會傷靈。當你們進入任何地界，走在鄉野村道，如果有人招待你們，擺在你們面前的就吃；而你們所行的只是救治他們的病患。終究進入你們口的不會污損你們；反倒是那正要出自你們口的會污損你們自己。

When you enter any land and walk about in the districts, if they receive you, eat what they serve you and heal the sick among them. After all, what goes into your mouth will not defile you; rather, that which comes forth from your mouth – it is that which will defile you."

十五 ·

耶穌說：不論何時當你們看見任何人不是婦女所生，伏倒你們自己在你們的臉上，你們朝拜祂吧！在那兒的那位就是你們的父親。

〔另譯〕

耶穌說：當你們看見任何人不是婦女所生，以你們臉面向祂，俯首至地朝拜祂吧！那位就是你們的父親。

15.
Jesus said, "When |Whenever| you see one who was not born of woman, fall on your faces and worship him. That one is your Father."

十六 ·

耶穌說：也許人們在想我來到這世界上來締造和平。他們不瞭解，我已在這地上

16.
Jesus said, "Perhaps people think that I have come to cast peace upon the world. They do not know that I have come to cast divisions upon

ΚΑΤΑΚΡΙΝΕ Μ̄ ΜΩΤΝ̄ ΑΥΩ | ΕΤΕΤΝ̄ ϢΑΝ † ΕΛΕΗΜΟCΥΝΗ
詛咒　　　　　 你們　並且　如果你們　　給　布施

NΕΤ[Ν̄]
ΕΤΕΤΝΑ ΕΙ-|ΡΕ Ν̄ ΟΥ ΚΑΚΟΝ Ν̄ ΝΕΤΜ̄ Π̄Ν̄Α ΑΥΩ ΕΤΕΤΝ̄ |
你們　將 製 造 一個 暗魔 對你們的靈性 但 當你們

Ν̄ΤΕΤ[Ν̄]
ϢΑΝ ΒΩΚ ΕϨΟΥΝ Ε ΚΑϨ ΝΙΜ ΑΥΩ Ν̄ΤΕΤΜ̄ | ΜΟΟϢΕ
走　 進　 去地界任何 並且 你們　　 行走

ϢΑ[Ν]
ϨΝ̄ Ν̄ ΧΩΡΑ ΕΥ ϢΑ Ρ̄ ΠΑΡΑΔΕΧΕ |Μ̄ ΜΩΤΝ̄ ΠΕΤ ΟΥ ΝΑ ΚΑΑϤ
在 這 鄉村 當他們 做 接待　 你們　任何他們將 放它

ϨΑΡΩ ΤΝ̄ ΟΥΟΜ ϥ̄ |ΝΕΤ ϢΩΝΕ Ν̄ ϨΗΤ ΟΥ ΕΡΙ ΘΕΡΑΠΕΥΕ
在之前 你們　吃 它 那些 病患 ＜在他們之中＞　治 癒

Μ̄ΜΟ-|ΟΥ ΠΕΤ ΝΑ ΒΩΚ ΓΑΡ ΕϨΟΥΝ ϨΝ̄ ΤΕΤΝ̄ ΤΑ-|ΠΡΟ
他們 那東西 將 走 因為 進入於 內 你們的 口中

ϥ ΝΑ ΧΩϨΜ̄ ΤΗΥΤΝ̄ ΑΝ ΑΛΛΑ ΠΕΤ Ν̄-|ΝΗΥ ΕΒΟΛ ϨΝ̄ ΤΕΤΝ̄
它 將 污損 你們自己 不 然而 那東西 正要來 ＜出自 ＞ 你們的

ΤΑΠΡΟ Ν̄ΤΟϥ ΠΕ-|Τ ΝΑ ΧΑϨΜ̄ ΤΗΥΤΝ̄
口　然而 那東西 將 污損 你們自己

十五·

ΠΕΧΕ ῙC̄ ΧΕ ϨΟΤΑΝ | ΕΤΕΤΝ̄ ϢΑΝ ΝΑΥ ΕΠΕΤΕ Μ̄ΠΟΥ
說 耶穌 這話 ＜不論何時 當你們＞　看見 任何人 他們不

ΧΠΟ ϥ | ΕΒΟΛ ϨΝ̄ Τ CϨΙΜΕ ΠΕϨΤ ΤΗΥΤΝ̄ ΕΧΜ̄ | ΠΕΤΝ̄ ϨΟ
生　 ＜出自＞ 這女子 伏倒 你們自己 在..上 你們的 臉

Ν̄ΤΕΤΝ̄ ΟΥΩϢΤ ΝΑϥ ΠΕΤ Μ̄ |ΜΑΥ ΠΕ ΠΕΤΝ̄ ΕΙΩΤ
你們　朝拜　對他 那位 在那兒 是 你們的 父親

十六·

ΠΕΧΕ ῙC̄ ΧΕ ΤΑΧΑ ΕΥ ΜΕΕΥΕ Ν̄ϬΙ Ρ̄ ΡΩΜΕ ΧΕ Ν̄ΤΑΕΙ ΕΙ
說 耶穌 這話 也許 他們在想 (指) 人們　這事 我已 來

Ε ΝΟΥ-|ϪΕ Ν̄ΟΥ ΕΙΡΗΝΗ ΕΧΜ̄ Π ΚΟCΜΟC ΑΥΩ | CΕ COOΥΝ
締造(散播) 一椿 和平　在 這 世界 並且 他們 瞭解

ΕΧ[Μ̄]
ΑΝ ΧΕ Ν̄ΤΑΕΙ ΕΙ Α ΝΟΥϪΕ Ν̄ ϨΝ̄ | ΠΩΡΧ ΕΧΝ̄ Π ΚΑϨ
不 這事 我已 來 散播出 一些 分裂　 於 這地上

Π̄Ν̄Ᾱ, ΠΙΠΝΑ= 靈性；
ϨΑΡΩ = 在…之下(前)；
ϨΟΥΝ = 內部，內心；
ΕϨΟΥΝ = 往內進入；

關於 ϨΗΤ 的用法請參考第四十五段註解；

ΘΕΡΑΠΕΥΕ (原希臘文) = 治癒(極爲廣泛的治癒)；

ΝΗΥ = 正在來，正要來；

ΧΩϨΜ̄, ΧΑϨΜ̄ = 污損，沾染污穢，因罪弄髒。

ΝΑΥ = 看見；
ΝΑ Υ = 對他們；
ΠΕΤ(Ε) = 任何(人)，那(人)(he who, which)。

散播了種種的分裂：一把火、一把劍、一場戰爭。因為，有五個人在一棟房子裏，便會有三個與兩個產生衝突，也會有兩個與三個產生衝突，父親與兒子有衝突，兒子與父親有衝突。並且他們將聳然而立，他們均是一個的。

the earth: a fire, a sword, a war. For there will be five in a house: there will be three against two and two against three, father against son and son against father. And they will stand as solitary ones."

十七‧

耶穌說：我將給你們那沒有任何眼睛所看過的，沒有任何耳朵所聽過的，沒有任何手所觸摸過的；並且（給你們）那從來沒有來到過人們心魂之上的。

〔另譯一〕

…並且給你們那從來沒有過的東西，來提振人們的心魂。

〔另譯二〕

…並且沒有任何人的心神所料想得到的。

17.

Jesus said, "I will give you what no eye has seen, what no ear has heard, what no hand has touched, what has never risen in the human heart."

十八‧

門徒們問耶穌說：告訴我們關於我們的終結，它將經過世間的哪條道路呢？

耶穌說：你們難道已找到了元始，所以才會要追問終結嗎？其實，這裏便是元始之處，那也是終了將要來到的地方。任何一個受上主祝福的人會超然聳立在元始之處，他也將明悟終了，而且他將不會嚐到死亡。

18.

The disciples said to Jesus, "Tell us how our end will be." Jesus said, "Have you already discovered the beginning, so that now you look for the end? For where the beginning is, there will the end be. Blessed is he who will stand at the beginning, he will know the end and will not taste death."

ΟΥ ΚΩϩΤ ΟΥ ϹΗϤΕ ｜ΟΥ ΠΟΛΕΜΟϹ ΟΥⲚ †ΟΥ ΓΑΡ ΝΑ *ϢⲰΠΕ* *
一把 火　一把 劍　一場 戰爭　　有 五個 因爲 將 來到(世間)

ϩⲚ ΟΥ ΗΕΙ　ΟΥⲚ ϢΟΜΤ ΝΑ ϢⲰΠΕ ΕΧⲚ｜ϹΝΑΥ ΑΥⲰ ϹΝΑΥ
在 一房子(裏) 會有 三個　將 來到(世間) 衝突 兩個 並且 兩個

ΕΧⲚ ϢΟΜΤ Π ΕΙⲰΤ ｜ΕΧⲘ Π ϢΗΡΕ ΑΥⲰ Π ϢΗΡΕ ΕΧⲘ Π ΕΙⲰΤ｜
衝突 三個 這 父親 衝突 這 兒子 並且 這 兒子 衝突 這 父親

ΑΥⲰ ϹΕ ΝΑ ⲰϩΕ ΕΡΑΤ ΟΥ　　　ΕΥ Ο ⲘΜΟΝΑ-｜ΧΟϹ
且 他們 將 站立 腳上 他們的　他們是 單 一的

十七·

ΠΕΧΕ ⲒⲤ ΧΕ †ΝΑ† ΝΗ ΤⲚ Ⲙ ΠΕΤΕ｜ⲘΠΕ ΒΑΛ ΝΑΥ ΕΡΟ Ϥ
說 耶穌 這話 我將 給予 你們 任何人 未曾有 眼 看到 過它

ΑΥⲰ　ΠΕΤΕ ⲘΠΕ ΜΑ-｜ⲀΧΕ ϹΟΤⲘ ΕϤ ΑΥⲰ ΠΕΤΕ ⲘΠΕ ϬΙΧ
並且 任何人 未曾有 耳朵　聽到過 它 並且 任何人 未曾有 手

[Π ϩ]ΗΤ

ϬⲘ-｜ϬⲰⲘ Ϥ　ΑΥⲰ　ⲘΠΕ Ϥ ΕΙ　ΕϩΡΑΪ　ϩΙ　ΦΗΤ｜ Ⲣ ΡⲰΜΕ
觸摸過 它　並且 未曾有它 來 上面　在..上 這心魂 人們(性)的

十八·

ΠΕΧΕ Ⲙ ΜΑΘΗΤⲘϹ Ⲛ ⲒⲤ ΧΕ ΧΟ｜ΟϹ ΕΡΟ Ν ΧΕ　ΤⲚ ϩΑΗ
　說 這些 門徒們 對耶穌 這話 告 訴 我們 關於 我們的 終了

ΕϹ ΝΑ ϢⲰΠΕ　Ⲛ｜ΑⲰ Ⲛ ϩΕ ΠΕΧΕ ⲒⲤ ΑΤΕΤⲚ ϬⲰΛΠ ΓΑΡ
她 將 來到(世間) 在 哪條 路 說 耶穌 <你們可曾> 發現 因爲

[Τ ϩΑΗ]

ΕΒΟΛ｜ⲚΤ ΑΡΧΗ ΧΕΚΑΑϹ ΕΤΕΤΝΑ ϢΙΝΕ ⲚϹΑ｜ΘΑϩΗ ΧΕ
出來　這 元始　所以　你們 將 尋找 追求 這終了 因爲

[Τ ϩΑΗ]

ϩⲘ Π ΜΑ　ΕΤΕ Τ ΑΡΧΗ　Ⲙ ΜΑΥ Ε｜ΘΑϩΗ ΝΑ ϢⲰΠΕ Ⲙ ΜΑΥ
在 這地方 那是 這元始　那兒 這終了 將 來到 那地方

　ΟΥ ΜΑΚΑΡΙΟϹ｜ΠΕΤ ΝΑ ⲰϩΕ ΕΡΑΤ Ϥ　ϩⲚ Τ ΑΡΧΗ ΑΥⲰ｜
一個受上主祝福者 任誰 將 站 腳上(高超於) 在 這 元始 並且

[Τ]

Ϥ ΝΑ ϹΟΥⲰΝ Θ ϩΑΗ　ΑΥⲰ Ϥ ΝΑ ΧΙ †ΠΕ｜ΑΝ ⲘΜΟΥ
他將 瞭悟 這終了 而且 他將領嚐　不 死亡

ⲰϩΕ ΕΡΑΤ ＝ 站立 腳
上，高超於(come to a
superior)；「站立 高 超
於」是一種境界，在
本文件中常與「合一
」的覺識(涅槃之識)相
提並論。

ΕϩΡΑΙ ＝ 往上，之上；
ΕΙ ΕϩΡΑΪ ϩΙ… ＝ 來到…
之上。

ϩΑΕ，ϩΑΗ ＝ 終結；
ΑΡΧΗ (原希臘文) ＝ 元
始，最先的開始；

ΜΑ，ΜΑΥ ＝ 地方，那
處；
ΜΑ(當副詞)，ΜⲚΤΑ-，
ΜⲚ(ΤΕ-) ＝ 沒有，不。

十九·

耶穌說：那早已存在而來到世間的人是受
天主所祝福的。如果你們成為我的門徒而
且注意聆聽我所說的話，連這些石頭都會
聽你們的使喚。因為，樂園裏有五棵樹是
給你們的；它們不論冬夏總是茂盛常青，
從不落葉。任何人認識它們，將不會嚐到
死亡。

二十·

門徒們對耶穌說：告訴我們有關天國的事
吧。它像什麼呢？

他對他們說：它好比一粒芥子，比所有的
種子都小，然而不論何時當它一掉在已被
耕作過的土壤上，它就會長出茂盛的枝
（葉）來，並且成為天空中飛鳥的棲息處。

二十一·

瑪利亞問耶穌：你的門徒們像誰呢？

他說：他們好比一群孩子們住在一個不屬
於他們的田地上。

19.

Jesus said, "Blessed is he who came into being before he came into being. If you become my disciples and listen to my words, these stones will serve you. For you have five trees in Paradise. They do not change during summer and winter, and their leaves do not fall. Whoever comes to know them will not taste death."

20.

The disciples said to Jesus, "Tell us what the Kingdom of Heaven is like."
He said to them, "It is like a mustard seed, the smallest of all seeds. But when |whenever| it falls on tilled soil, it puts forth a great branch and becomes shelter for birds of the sky."

21.

Mary said to Jesus, "Whom do your disciples resemble?"
He said, "They are like little children living in a field that is not theirs.

十九·

ΠΕΧΕ ΙC̄   ΧΕ   ΟΥ ΜΑΚΑΡΙΟC | ΠΕ Ν̄ΤΑϩ ϢѠΠΕ   ϩΑ Τ ΕϩΗ
說　耶穌　　一個 受上主祝福的人是 那已 來到(世間) 從 這 開始

ΕΜΠΑΤΕ ϥ ϢѠ-|ΠΕ ΕΤΕΤΝ̄ ϢΑΝ ϢѠΠΕ ΝΑ ΕΙ Μ̄ ΜΑΘΗ-|ΤΗC
在..之前 他 來到(世間)　當 你們　來到(世間)跟 我 爲 門徒們

Ν̄ΤΕΤΝ̄ CѠΤΜ̄ Α ΝΑ ϢΑΧΕ ΝΕΕΙ Ѡ-|ΝΕ ΝΑ Ρ̄ ΔΙΑΚΟΝΕΙ
你們　　聽從　 於我的 話　 這些 石頭　將 成爲　僕人

ΝΗ ΤΝ̄ ΟΥΝ̄ ΤΗΤΝ̄ |ΓΑΡ Μ̄ ΜΑΥ Ν̄ ϮΟΥ Ν̄ ϢΗΝ ϩΜ̄ ΠΑΡΑ-|ΔΙCΟC
爲你們 <你們擁有> 因爲 那兒 五棵　樹　在 樂　園

Ε CΕ ΚΙΜ ΑΝ Ν̄ ϢѠΜ Μ̄ ΠΡѠ | ΑΥѠ   ΜΑΡΕ ΝΟΥ ϬѠΒΕ
它們 改變 不 夏季　 冬季　 且　絕不會 它們的 葉子

ϩΕ   ΕΒΟΛ   ΠΕΤ |ΝΑ COΥѠΝ ΟΥ ϥ ΝΑ ΧΙ ϮΠΕ ΑΝ Μ̄ ΜΟΥ
<掉落下來> 任何人將　認識 它們 他 將 領 嚐　不 死亡

> ϩΕ ΕΒΟΛ ＝ 掉落，枯萎，腐壞。

二十·

ΠΕΧΕ Μ̄ ΜΑΘΗΤΗC Ν̄ ΙC̄   ΧΕ ΧΟΟC |ΕΡΟ Ν   ΧΕ
　說 這些 門徒們　對耶穌 這話 告訴　對 我們 關於

Τ ΜΝ̄ΤΕΡΟ ΝΜ̄ ΠΗΥΕ ΕC |ΤΝ̄ΤѠΝ Ε ΝΙΜ ΠΕΤΑ ϥ ΝΑΥ
這 國度　 這眾天堂的 她　好比　 什麼？ 說 他 對他們

> ΝΜ̄ ΠΗΥΕ，ΝΙΦΗΟΥΙ ＝ 這眾天堂；

　　　　　[ΟΥ]
ΧΕ ΕC ΤΝ̄-|ΤѠΝ Α Υ ΒᾹΒΙΛΕ Ν̄ ϢᾹΤΑΜ COΒΚ̄ ΠΑ-|ΡΑ
這話 她 好比　一 粒　 芥菜子　 小的　 過於

　　　　　　　　　　ϢΑ[Ν]
Ν̄ ϬΡΟϬ ΤΗΡ ΟΥ   ϩΟΤΑΝ ΔΕ ΕC ϢΑ |ϩΕ ΕΧΜ̄ Π ΚΑϩ
各種子 所有的它們 不論何時 然而 當她 會 掉到 於上 這 土

ΕΤ ΟΥ Ρ̄ ϩѠΒ ΕΡΟϥ ϢΑϥ |ΤΕΥΟ ΕΒΟΛ Ν̄ Ν̄ΟΥ ΝΟϬ
那 他們 做工 於它 它就會　長　 出來　 一些　大的

Ν̄ ΤΑΡ Ν̄ϥ ϢѠ-|ΠΕ Ν̄ CΚΕΠΗ Ν̄ ϩΑΛΑΤΕ Ν̄ Τ ΠΕ
樹枝　並且 變成 爲　帳蓬　　飛鳥(複)的　這天空的

> Ν̄ϥ：(共軛連接詞)；
> CΚΕΠΗ ＝ 帳蓬，蔭處。

二十一·

ΠΕ-|ΧΕ ΜΑΡΙϩΑΜ Ν̄ ΙC̄   ΧΕ Ε ΝΕΚ ΜΑΘΗ-|ΤΗC ΕΙΝΕ Ν̄ ΝΙΜ
　說 瑪利亞　 對耶穌 這話 你的　門徒們　 像　誰呢？

　　　　　　　　　　　　　[Ϭ]ΕΛΙΤ Α [Ο]Υ
ΠΕΧΑ ϥ ΧΕ ΕΥ ΕΙΝΕ *Ν̄ ϩΝ̄ ϢΗΡΕ ϢΗΜ ΕΥ ϬΛΙΤ ΑΥ CѠϢΕ
說 他 這話 他們 就像 那些 <小孩們> 他們 住在 一塊 田地

隨時那田地的主人們就要回來，便會說：『把我們田還給我們。』孩子們就在他們的（臨現處）面前脫得精光，好把它交給他們，且把他們的田地還給了他們。所以我說：如果房子的主人知道盜賊就要來了，他將會在盜賊來之前警戒守護，不讓盜賊闖進他的房子竊取他的財物。至於你們要警戒守護，從這個世界的一開始，你們就要以一種極大的力量來奮鬥不懈，免得這些盜賊有機可乘找上你們。因為在遇見他們之前，這樣做法會幫助你們有先見之明。並希望在你們當中有明智的人，當莊稼成熟時，他會趕快地拿起他的鐮刀來收割。任何人有耳朵聽的，願他聆聽！

When the owners of the field come, they will say, 'Let us have our field back.' They undress in their presence in order to let them have it, and they return their field to them. For this reason I say, if the master of the house know that the robber is coming, he should be on guard before the robber arrives and shall not let him break into his house and carry away his possessions. As for you, then, be vigilant from the beginning of the world. Gird your loins with great strength lest the bandits will find a way to get to you. Because it would be a great help for you to see that they are coming. Let there be among you a person of understanding. When the grain ripened, he came quickly carrying a sickle and harvested it. He who has ears to hear, let him hear!"

ⲉⲧⲱ-ⲟⲩ ⲁⲛ ⲧⲉ ϩⲟⲧⲁⲛ ⲉⲩ ϣⲁ[ⲛ] ⲉⲓ ⲛ̄ϭⲓ ⲛ̄ ⲭⲟⲉⲓⲥ ⲛ̄ ⲧ ⲥⲱϣⲉ
他們的　不 是 隨時 當他們　　來 (指) 這些 主人　這 田地的

ⲥⲉ ⲛⲁ ⲭⲟⲟⲥ ⲭⲉ ⲕⲉ ⲧⲛ̄ ⲥⲱϣⲉ ⲉⲃⲟⲗ ⲛⲁⲛ ⲛ̄ⲧⲟ ⲟⲩ ⲥⲉ
他們將 說 這話 讓 我們的 田地 出來 給我們 他們 他們就

ⲕⲁⲕ ⲁ ϩⲏⲩ ⲙ̄ ⲡⲟⲩ ⲙ̄-ⲧⲟ ⲉⲃⲟⲗ ⲉⲧⲣⲟⲩ ⲕⲁⲁ ⲥ ⲉⲃⲟⲗ ⲛⲁⲩ
脫光身子 在他們的 面前 出來 以便他們 拿 她 出來 給他們

ⲛ̄ⲥⲉ † ⲧⲟⲩ ⲥⲱϣⲉ ⲛⲁⲩ Δⲓⲁ ⲧⲟⲩⲧⲟ † ⲭⲱ ⲙ̄ⲙⲟⲥ ⲭⲉ ⲉϥ
且他們把他們的 田地 給他們 所以　我 說 這話 倘若他

[ϣⲁⲛ]
ϣⲁ ⲉⲓⲙⲉ ⲛ̄ϭⲓ ⲡ ⲭⲉⲥ ϩⲛ̄ ⲏⲉⲓ ⲭⲉ ϥ ⲛⲏⲩ ⲛ̄ϭⲓ ⲡ ⲣⲉϥ ⲭⲓⲟⲩⲉ
知道 (指) 這<屋的主人> 這事 他正要來 (指) 這 偷盜者

ϥ ⲛⲁ ⲣⲟⲉⲓⲥ ⲉⲙⲡⲁⲧⲉ ϥ ⲉⲓ ⲛ̄ϥ ⲧⲙ̄ ⲕⲁⲁ ϥ ⲉ ϣⲟⲭⲧ ⲉϩⲟⲩⲛ
他將 保持警覺 在之前 他來 且 不會 允許 他 闖洞門　進入

ⲉ ⲡⲉϥ ⲏⲉⲓ ⲛ̄ⲧⲉ ⲧⲉϥ ⲙ̄ⲛ̄ⲧⲉⲣⲟ ⲉⲧⲣⲉϥ ϥⲓ ⲛ̄ ⲛⲉϥ ⲥⲕⲉⲩⲟⲥ
到他的房屋 這兒有他的 國度　以致 他 拿去 他的 財物

ⲛ̄ ⲧⲱⲧⲛ̄ Δⲉ ⲣⲟⲉⲓⲥ ϩⲁ ⲧ ⲉϩⲏ ⲙ̄ⲡ ⲕⲟⲥⲙⲟⲥ ⲙⲟⲩⲣ ⲙ̄ ⲙⲱⲧⲛ̄
你們 然而 保持警覺 從這開始 這 世界的　綁住　你們

ⲉⲭⲛ̄ ⲛⲉⲧⲛ̄ † ⲡⲉ ϩⲛ̄ ⲛ̄ⲟⲩ ⲛⲟϭ ⲛ̄ Δⲩ-ⲛⲁⲙⲓⲥ ϣⲓⲛⲁ ⲭⲉ
靠在 你們的 腰(複數) 以一種 極大的　力 量　　以致於

ⲛⲉ ⲛ ⲗⲏⲥⲧⲏⲥ ϩⲉ ⲉ ϩⲓⲏ ⲉ ⲉⲓ ϣⲁⲣⲱ ⲧⲛ̄ ⲉⲡⲉⲓ ⲧⲉ ⲭⲣⲉⲓⲁ
不會這 竊賊們 找 出 路子 來 到 你們 因為 這 幫助(陰性)

ⲉⲧⲉⲧⲛ̄ ϭⲱϣⲧ ⲉⲃⲟⲗ ϩⲏⲧ ⲥ̄ ⲥⲉ ⲛⲁ ϩⲉ ⲉⲣⲟ ⲥ ⲙⲁⲣⲉϥ
那你們 渴望看 出來 之前她 他們將 遇 到她　願他

ϣⲱⲡⲉ ϩⲛ̄ ⲧⲉⲧⲛ̄ ⲙⲏⲧⲉ ⲛ̄ϭⲓ ⲟⲩ ⲣⲱⲙⲉ ⲛ̄ ⲉⲡⲓⲥⲧⲏ-ⲙⲱⲛ
來(世間) 在 你們 之中　(指) 一個 人　　明智的

ⲛ̄ⲧⲁⲣⲉ ⲡ ⲕⲁⲣⲡⲟⲥ ⲡⲱϩ ⲁϥ ⲉⲓ ϩⲛ̄ ⲛ̄ⲟⲩ ϭⲉⲡⲏ
當..後 這 果子 熟透 他會來 在 一個 趕快

ⲉ ⲡⲉϥ ⲁⲥϩ ϩⲛ̄ ⲧⲉϥ ϭⲓⲭ ⲁϥ ϩⲁⲥ ϥ ⲡⲉ-ⲧⲉ ⲟⲩⲛ̄ ⲙⲁⲁⲭⲉ
提他的 鐮刀 在他的 手上 他收割它 那些人 有　耳朵

ⲙ̄ⲙⲟ ϥ ⲉ ⲥⲱⲧⲙ̄ ⲙⲁⲣⲉϥ ⲥⲱⲧⲙ̄
的他 去聽到 願他 聆聽

ⲡⲟⲩ ⲙ̄ⲧⲟ ⲉⲃⲟⲗ = 他們
的面前，他們的臨現
處；

ⲣⲉϥ- = - 者；

[註：在當時幾乎所有
的農地(葡萄園等)及羊
棧都建有瞭望台，用
來觀測盜賊的活動，
好即時做好盜賊來犯
的準備。]

† ⲡⲉ = 腰(複數)；
† ⲡⲉ，ⲭⲓ † ⲡⲉ = 嚐
到；

ϭⲱϣⲧ ⲉⲃⲟⲗ，ⲉⲃⲟⲗ
ϩⲏⲧ = 預見，預期(look
toward, expect)；

ϩⲛ̄ ⲟⲩ ϭⲉⲡⲏ = 趕緊(in
a hurry)。

二十二·

耶穌曾看見幾個嬰孩，他們正在吃奶。他對他的門徒們說：他們就像那些進入這國度的人。

他們對他說：那麼如果我們成為嬰孩，我們就會進入這國度是嗎？

耶穌對他們說：不論何時當你們會轉變兩個為一個，不論何時當你們會轉變裏面如同外面，外面如同裏面，上面如同下面。如此，你們將使男性和女性合而為一，以致於這男性不變為男性，這女性不變為女性。並且不論何時當你們會以多雙眼睛而不用一隻眼睛，會以一隻手去取代一隻手，一條腿去取代一條腿，一個形影去取代一個形影；之後，你們就會進入{這國度}。

二十三·

耶穌說：我將由成千的你們中選出一個，由上萬的人中選出兩個。並且他們將超然聳立，他們是合一的一個。

22.
Jesus saw some infants nursing. He said to his disciples, "These nursing infants are like those who enter the Kingdom." They said to him, "Then shall we enter the Kingdom as little ones?" Jesus said to them, "When |Whenever| you make the two into one, and when |whenever| you make the inside like the outer and the outer like the inside, and the upper side like the lower, and when |whenever| you make the male and the female into a single one, so that the male will not be male nor the female be female, when you make eyes instead of an eye, a hand instead of a hand, a foot instead of a foot, an image instead of an image, then you will enter {the Kingdom}."

23.
Jesus said, "I will choose you one from thousand and two from ten thousand; they will stand on their feet. They are one and the same."

二十二·

ⲁ ⲓⲥ ⲛⲁⲩ ⲁ ϩⲛ̄ ⲕⲟⲩⲉⲓ ⲉⲩ ⲭⲓ ⲉⲣⲱⲧⲉ ⲡⲉⲭⲁ ϥ ⲛ̄ | ⲛⲉϥ ⲙⲁⲑⲏⲧⲏⲥ
耶穌 看見 幾個 嬰兒 他們 在吃 奶　說　他 對 他的　門徒們

ⲭⲉ ⲛⲉⲉⲓ ⲕⲟⲩⲉⲓ ⲉⲧ ⲭⲓ ⲉⲣⲱ-|ⲧⲉ ⲉⲩ ⲧⲛ̄ⲧⲱⲛ ⲁ ⲛⲉⲧ ⲃⲏⲕ ⲉϩⲟⲩⲛ
這話 這些 嬰兒 那 正在 吃奶 他們 如同 那些人 已 走　進入

　　　　　　　　　　　　　　　[ⲉ]ⲛ
ⲁ ⲧ ⲙⲛ̄-|ⲧⲣⲉⲟ ⲡⲉⲭⲁ ⲩ ⲛⲁϥ ⲭⲉ ⲉⲉⲓⲉ 　ⲛ ⲟ ⲛ̄ⲕⲟⲩⲉⲓ ⲧⲛ̄ | ⲛⲁ
這 國度　說 他們 對他　那麼 若我們是 嬰兒　我們 將

ⲃⲱⲕ ⲉϩⲟⲩⲛ ⲉ ⲧ ⲙⲛ̄ⲧⲉⲣⲟ ⲡⲉⲭⲉ ⲓⲏ̄ⲥ ⲛⲁⲩ | ⲭⲉ ϩⲟⲧⲁⲛ ⲉⲧⲉⲧⲛ̄
走　進入　　這 國度　說 耶穌 對他們　不論何時 當你們

ⲱⲁ[ⲛ]　　　　　　　　　　ⲱⲁ[ⲛ]
ⲱⲁ ⲣ̄ ⲡ ⲥⲛⲁⲩ ⲟⲩⲁ ⲁⲩⲱ ⲉ-|ⲧⲉⲧⲛ̄ ⲱⲁ ⲣ̄ ⲡ ⲥⲁⲛ ϩⲟⲩⲛ ⲛ̄ⲑⲉ
會變 這二(為)　一　且 每當你們　變 這 <裏 面> 就如同

ⲙ̄ⲡ ⲥⲁⲛ ⲃⲟⲗ | ⲁⲩⲱ ⲡ ⲥⲁⲛ ⲃⲟⲗ ⲛ̄ⲑⲉ ⲙ̄ⲡ ⲥⲁⲛ ϩⲟⲩⲛ ⲁⲩⲱ
這 <外 面>　並且 這<外面> 就如同 這< 裏 面 >　並且

ⲥⲁ[ⲛ]
ⲡ ⲥⲁ | ⲧ ⲡⲉ ⲛ̄ⲑⲉ ⲙ̄ ⲡ ⲥⲁ ⲙ ⲡ ⲓⲧⲛ̄ ⲁⲩⲱ ⲱⲓⲛⲁ ⲉⲧⲉ-|ⲧ ⲛⲁ ⲉⲓⲣⲉ
這 <上面> 就如同 這 <下 面>　並且 如此 當 你們將 使得

　　　　　　　　　　　　　　　　　　　　　　[ⲡ ϩ]
ⲙ̄ ϥⲟⲟⲩⲧ ⲙⲛ̄ ⲧ ⲥϩⲓⲙⲉ ⲙ̄ ⲡⲓ ⲟⲩⲁ|ⲟⲩⲱⲧ ⲭⲉⲕⲁⲁⲥ ⲛⲉ ϥⲟⲟⲩⲧ ⲣ̄
這男性 和 這 女性 為 一個 合一 以致於 不會 這男性 為

　　　　　　　　　　　　　　　　ⲱⲁ[ⲛ]
ϩⲟⲟⲩⲧ ⲛ̄ⲧⲉ | ⲧ ⲥϩⲓⲙⲉ ⲣ̄ ⲥϩⲓⲙⲉ ϩⲟⲧⲁⲛ ⲉⲧⲉⲧⲛ̄ ⲱⲁ ⲉⲓⲣⲉ |
男性 也不 這 女性 為女性 <不論何時當你們會> 使得

　　　　　　　　　　　　　　　　　　　[-ⲛ]
ⲛ̄ ϩⲛ̄ ⲃⲁⲗ ⲉ ⲡ ⲙⲁ ⲛ̄ ⲟⲩ ⲃⲁⲗ ⲁⲩⲱ ⲟⲩ ϭⲓⲭ | ⲉ ⲡ ⲙⲁ ⲛ̄ⲛ̄ ⲟⲩ ϭⲓⲭ
一些 眼睛 代替 一隻眼 並且 一隻手 代替　一隻 手

ⲁⲩⲱ ⲟⲩ ⲉⲣⲏⲧⲉ ⲉ ⲡ ⲙⲁ | ⲛ̄ⲟⲩ ⲉⲡⲏⲧⲉ ⲟⲩ ϩⲓⲕⲱⲛ ⲉ ⲡ ⲙⲁ
並且 一條腿　代替 一條 腿　一個 影像 代替

ⲛ̄ⲟⲩ ϩⲓⲕⲱ[ⲛ] | ⲧⲟⲧⲉ ⲧⲉⲧⲛⲁ ⲃⲱⲕ ⲉϩⲟⲩⲛ ⲉ{ⲧ} ⲙⲛ̄{ⲧⲉⲣ}ⲟ *
一個影像 然後(即刻) 你們將 走　進入　到 這 國度

二十三·

ⲡⲉⲭⲉ ⲓⲥ̄ ⲭⲉ ⲧ̄ ⲛⲁ ⲥⲉⲧ̄ⲡ ⲧⲏⲛⲉ ⲟⲩⲁ ⲉⲃⲟⲗ ϩⲛ̄ ⲱⲟ ⲁⲩⲱ ⲥⲛⲁⲩ
說 耶穌 這話 我 將 選出 你們 一個 <從>千人 且 兩個

ⲉⲃⲟⲗ ϩⲛ̄ ⲧⲃⲁ ⲁⲩⲱ ⲥⲉ ⲛⲁ ⲱϩⲉ ⲉⲣⲁⲧ ⲟⲩ 　ⲉⲩ ⲟ ⲟⲩⲁ ⲟⲩⲱⲧ
< 從 > 萬人且 他們將 站立 腳上 他們 他們是 一個 合一

注釋（右側欄）：

ⲭⲓ = 取；

ⲧⲛ̄ⲧⲱⲛ = 如同，好比；

ⲙ̄ⲫⲡⲏ† = 如同；

ⲛ̄ⲑⲉ = 就如同；

ⲛ̄ⲧⲉ = 也不(連接詞)；

(名詞+) ⲉ ⲡⲙⲁ (+名詞) = 以前者代替後者，做前者而不做後者；
(動詞+) ⲉ ⲡⲙⲁ = 去這地方。

ⲥⲉⲧⲡ，ⲥⲱⲧⲡ，ⲥⲱⲟⲡ = 選擇。

二十四 ‧

門徒們問道：請指導我們如何找到你所在的地方吧！因為我們一定要追尋並找到那個地方。

他告訴他們：任何有耳朵的人，願他聆聽！光明是存在於一位光明者的內涵中，他照亮寰宇。如果他不發光，那就是黑暗。

二十五 ‧

耶穌說：愛你的兄弟如同你的靈魂，保護他如同你眼睛的瞳仁。

二十六 ‧

耶穌說：你看見在你兄弟眼睛裏的木屑。然而，你卻看不見在你的眼睛裏這根大樑。只要你由你的眼中扔掉這根大樑之後，你立刻就會看得清楚，並從你的兄弟的眼中取出這片木屑來。

二十七 ‧

如果你們不從這個世界中節制，你們將找不著天國。如果你們不執行安息日（一週七天）為安息之日（一週七天），你們將見不到天父。

24.
His disciples said, "Show us the place where you are, for we must seek after it." He said to them, "He who has ears, let him hear! There is light within a man of light, and he shines on the whole world. If he does not shine, he is darkness."

25.
Jesus said: "Love you brother as your own soul. Protect him as the pupil of your own eye."

26.
Jesus said, "You see the mote in your brother's eye, but you do not see the beam in your own eye. When |Whenever| you take the beam out of your eye, then you will see clearly to cast out the mote from your brother's eye."

27.
If you do not fast from the world, you will not find the Kingdom. If you do not observe the sabbath as a sabbath you will not see the Father.

二十四·

ⲡⲉ-|ϫⲉ ⲛⲉϥ ⲙⲁⲑⲏⲧⲏⲥ ϫⲉ ⲙⲁ ⲧⲥⲉⲃⲟ ⲛ　ⲉⲡ ⲧⲟ-|ⲡⲟⲥ ⲉⲧ ⲕ
　說　他的　門徒們　(祈使語氣)顯示給我們 去這地 方　那你

ⲙ̄ ⲙⲁⲩ ⲉⲡⲉⲓ ⲧⲁⲛⲁⲅⲕⲏ ⲉⲣⲟ ⲛ ⲧⲉ |ⲉⲧⲣ ⲛ̄　ϣⲓⲛⲉ ⲛ̄ⲥⲱ ϥ ⲡⲉϫⲁ
所在的　因爲　必須　對 我們 是 那我們 尋找 追求它　說

ϥ ⲛⲁⲩ　ϫⲉ ⲡⲉⲧ ⲉⲩ-ⲛ̄ ⲙⲁⲁϫⲉ　ⲙ̄ⲙⲟ ϥ ⲙⲁⲣⲉϥ ⲥⲱⲧⲙ̄ ⲟⲩⲛ̄
他 對他們 那 任何人 有　耳朵　的 他　願他 聆聽　有

　　　　　　　[ⲡ ϩ]　　[-ⲛ]
ⲟⲩ-|ⲟⲉⲓⲛ ϣⲟⲟⲡ ⲙ̄ ϥⲟⲩⲛ ⲛ̄ⲛ ⲟⲩ ⲣⲙ̄ ⲟⲩⲟⲉⲓⲛ |ⲁⲩⲱ ϥ ⲣ̄
　光　明　存在 在這 內　一個 人　光明　並且 他成爲

ⲟⲩⲟⲉⲓⲛ ⲉⲡ ⲕⲟⲥⲙⲟⲥ ⲧⲏⲣϥ ⲉϥ ⲧⲙ̄ |ⲣ̄ ⲟⲩⲟⲉⲓⲛ　ⲟⲩ ⲕⲁⲕⲉ　ⲡⲉ
光　明　到這 世 界　全部 倘使他 不 放(成爲) 光明　一個 黑暗 是

二十五·

ⲡⲉϫⲉ ⲓ̄ⲥ̄　ϫⲉ　ⲙⲉⲣⲉ |ⲡⲉⲕ ⲥⲟⲛ ⲛ̄ⲑⲉ ⲛ̄ⲧⲉⲕ ⲯⲩⲭⲏ
　說 耶穌　這話　愛　你的 兄弟 就如同 你的　靈魂

ⲉⲣⲓ ⲧⲏⲣⲉⲓ　ⲙ̄ⲙⲟ ϥ |　ⲛ̄ⲑⲉ　ⲛ̄ ⲧ ⲉⲗⲟⲩ ⲙ̄ ⲡⲉⲕ ⲃⲁⲗ
　保護　　他 　就如同　這 瞳仁　你的 眼的

二十六·

ⲡⲉϫⲉ ⲓ̄ⲥ̄　ϫⲉ ⲡ ϫⲏ |ⲉⲧ ϩⲙ̄ ⲡ ⲃⲁⲗ ⲙ̄ ⲡⲉⲕ ⲥⲟⲛ　ⲕ ⲛⲁⲩ ⲉⲣⲟϥ
　說 耶穌　這木屑 那在 這眼 <你的 兄弟的> 你看 到它

ⲡ ⲥⲟⲉⲓ |ⲇⲉ　ⲉⲧ ϩⲙ̄ ⲡⲉⲕ ⲃⲁⲗ ⲕ ⲛⲁⲩ ⲁⲛ ⲉⲣⲟϥ ϩⲟⲧⲁⲛ |ⲉⲕ
這大樑 然而 那是在 你的 眼 你看 不 到它 不論何時 當你

ϣⲁⲛ ⲛⲟⲩϫⲉ ⲙ̄ ⲡ ⲥⲟⲉⲓ ⲉⲃⲟⲗ ϩⲙ̄ ⲡⲉⲕ |ⲃⲁⲗ ⲧⲟⲧⲉ　ⲕ ⲛⲁ
　　扔掉　這大樑 < 從 > 你的 眼 然後(即刻) 你將

ⲛⲁⲩ ⲉⲃⲟⲗ ⲉ ⲛⲟⲩϫⲉ ⲙ̄ ⲡ ϫⲏ |ⲉⲃⲟⲗ ϩⲙ̄ ⲡ ⲃⲁⲗ　ⲙ̄ ⲡⲉⲕ ⲥⲟⲛ
看得 到 去 扔掉　這木屑 < 從 >這眼中 <你的 兄弟的>

二十七·

ⲉⲧⲉ[ⲧⲛ̄]　ⲧⲙ̄ ⲣ̄ ⲛⲏ-|ⲥⲧⲉⲩⲉ ⲉⲡ ⲕⲟⲥⲙⲟⲥ　ⲧⲉⲧⲛⲁ ϩⲉ ⲁⲛ
如果 你們 不 做 禁食(節制)　由這 世界　你們將 找 不

　　　　　　　　　　　　[-ⲙ]
ⲉ ⲧ ⲙⲛ̄ⲧⲉ-|ⲣⲟ ⲉⲧⲉⲧⲛ̄ ⲧⲙ̄ ⲉⲓⲣⲉ　ⲙ̄ⲡ ⲥⲁ[ⲃ]ⲙⲃⲁⲧⲟⲛ
到 這 國度　如果 你們 不 執行(作) 這 安息日(一週七天)

ⲙⲁⲣⲉ (+受詞) ＝ 讓，祈願；

ⲙⲛ̄ … ⲙⲁⲣⲉ ＝ 不會有…也絕不會；

ⲙ̄ⲡⲣ̄ⲧⲣⲉ，ⲙⲛ̄ⲧⲣⲉ，ⲙⲡⲉⲣⲉ (+受詞) ＝ 勿讓，希望不要；

ⲙⲁ (ⲧ- 起頭的動詞) ＝ 讓，祈願)。

〔另譯〕

如果你們不從這個世界中超脫出來，你們將找不到天國。如果你們不視這份安憩為安憩，你們將見不到天父。

二十八·

耶穌說：我曾親臨站立在這世界之中，並以血肉之身顯現給他們。我曾遇見他們，但他們全部都已醉倒；在他們之中，我未曾遇見過任何人感到口渴的。我的靈魂傷痛這些人(性)的子孫們。因為，他們的心魂瞎了，看不見了。他們以虛無來到這世界，(雖然)他們也曾尋找，但離開這個世界的時候仍帶著(悵惘的)虛無。然而，他們現在醉倒了。當他們掙脫了酒力之後，就會轉為明悟。

28.
Jesus said, "I stood in the midst of the world, and I appeared to them in fresh. I found them all intoxicated, and I found none of them thirsty. My soul ached for the sons of mens, because they are blind in their hearts and they do not see, for empty they came into the world, and empty too they seek to depart from the world. But for the moment they are intoxicated. When they shake off their wine, then they will repent |perform transformations of the mind|."

〔另譯〕

耶穌說：我曾親臨觀照這世界，並化於血肉之身與他們相識。我曾遇見他們，但他們全部都已醉倒；在他們之中，我未曾遇見過任何一個人(對於靈性)感到飢渴的。我的靈魂傷痛這些人類的子孫們，他們的心魂瞎了，看不見了。他們茫然地以虛無來到這世界，雖然他們也曾尋找(這份靈性)，但仍茫然地以虛無離開了這世界。他們現在都已醉倒了，只要他們酒醒之後，即刻就會轉心而明悟。

二十九·

耶穌說：如果血肉之身來到人世間是為了靈性，那是一件奇蹟。靈性毅然來到

29.
Jesus said, "If the flesh came into being for the sake of the spirit, that is a marvel. But if spirit came into

Ⲛ ⲤⲀⲂ-|ⲂⲀⲦⲞⲚ　　Ⲛ̄ⲦⲈⲦⲚⲀ ⲚⲀⲨ ⲀⲚ Ⲉ Ⲡ ⲈⲒⲰⲦ
爲 安息日(一週七天)　你們將 看見 不 到 這 父親

二十八・

ⲠⲈⲬⲈ |Ⲓ̄Ⲥ̄ ⲬⲈ ⲀⲈⲒ ⲰϨⲈ ⲈⲢⲀⲦ ϨⲚ Ⲧ ⲘⲎⲦⲈ Ⲙ̄Ⲡ ⲔⲞⲤ-|ⲘⲞⲤ ⲀⲨⲰ
說 耶穌 我(曾)站立腳上 在 這之中 這 世界 的 並且

ⲀⲈⲒ ⲞⲨⲰⲚϨ ⲈⲂⲞⲖ ⲚⲀⲨ ϨⲚ ⲤⲀⲢⲌ| ⲀⲈⲒ ϨⲈ ⲈⲢⲞ ⲞⲨ ⲦⲎⲢ ⲞⲨ
我曾 公開 出來 給他們 以血肉之身 我曾 遇到 他們 全部

> ϨⲈ ⲈⲢⲞ = 遇見，找到；

ⲈⲨ ⲦⲀϨⲈ　Ⲙ̄ⲠⲒ ϨⲈ Ⲉ ⲖⲀ-|ⲀⲨ Ⲛ̄ ϨⲎⲦ ⲞⲨ　ⲈϤ ⲞⲂⲈ ⲀⲨⲰ Ⲁ ⲦⲀ
他們已醉倒 我未曾遇 任何人在他們(心)中 他 口渴 且 我的

> Ⲙ̄ⲠⲒ = 我不曾；
> Ⲙ̄ ⲠⲒ = 那；

ⲪⲨⲬⲎ Ⲧ̄ ⲦⲔⲀⲤ |ⲈⲬⲚ̄ Ⲛ̄ ϢⲎⲢⲈ Ⲛ̄ Ⲣ̄ ⲢⲰⲘⲈ ⲬⲈ ϨⲚ ⲂⲀ̄ⲖⲈⲈⲨ-|Ⲉ
靈魂 發出 傷痛 於 這些兒子們 人們的 因爲在..內 盲了

ⲚⲈ ϨⲘ̄ ⲠⲞⲨ ϨⲎⲦ ⲀⲨⲰ ⲤⲈ ⲚⲀⲨ ⲈⲂⲞⲖ ⲀⲚ | ⲬⲈ Ⲛ̄ⲦⲀⲨ ⲈⲒ
是 在 他們的 心 且 他們 看到 不 因爲 他們已 來

ⲈⲠ ⲔⲞⲤⲘⲞⲤ ⲈⲨ ϢⲞⲨⲈⲒⲦ ⲈⲨ |ϢⲒⲚⲈ ⲞⲚ ⲈⲦⲢ ⲞⲨ ⲈⲒ　ⲈⲂⲞⲖ|
這 世界 他們 空白 他們 尋找 也 那 他們 離開 ＜從

> ϢⲞⲨⲈⲒⲦ = 空白，虛無；

> ⲚⲈϨ = 擺脫，離開，胖，厚；

ϨⲘ̄ Ⲡ ⲔⲞⲤⲘⲞⲤ ⲈⲨ ϢⲞⲨⲈⲒⲦ ⲠⲖⲎⲚ ⲦⲈⲚⲞⲨ ⲤⲈ ⲦⲞϨⲈ ϨⲞ-|ⲦⲀⲚ
＞ 這 世界 他們 空白 然而 現在 他們已醉倒 不論何時

ⲎⲢ[Ⲡ̄]

ⲈⲨ ϢⲀⲚ ⲚⲈϨ　ⲠⲞⲨ ⲎⲢⲠ　ⲦⲞⲦⲈ　ⲤⲈ ⲚⲀ Ⲣ̄| ⲘⲈⲦⲀⲚⲞⲈⲒ
當他們 擺脫 他們的 酒 然後(即刻)他們將 轉變爲明悟

> ⲘⲈⲦⲀⲚⲞⲈⲒ = 轉變心態來明悟(參考本書探討部分)。

二十九・

ⲠⲈⲬⲈ Ⲓ̄Ⲥ̄　ⲈϢⲬⲈ Ⲛ̄ⲦⲀ Ⲧ ⲤⲀⲢⲌ　ϢⲰⲠⲈ　ⲈⲦⲂⲈ ⲠⲚ̄Ⲁ̄
說 耶穌 如果(竟然)已有 這 血肉之身 來到(人生) 爲..緣故 靈性

ⲞⲨ ϢⲠⲎⲢⲈ ⲦⲈ ⲈϢ-|ⲬⲈ ⲠⲚ̄Ⲁ̄ ⲆⲈ　　ⲈⲦⲂⲈ Ⲡ ⲤⲰⲘⲀ
一件 奇蹟 是 如果(竟然) 靈性 換成是(However) 爲..緣故 這 肉體

> ⲈⲦⲂ，ⲈⲦⲂⲈ，ⲈⲦⲂⲎⲦ，ⲈⲦⲂⲎⲎⲦ = 因爲，爲了，關於；

ⲞⲨ ϢⲠⲎⲢⲈ |Ⲛ̄ ϢⲠⲎⲢⲈ ⲠⲈ ⲀⲖⲖⲀ ⲀⲚⲞⲔ Ⲧ̄ Ⲣ̄ ϢⲠⲎⲢⲈ ＊
一件 奇蹟 奇蹟的 是 然而 我 我 發出 驚奇讚歎

> ϢⲠⲎⲢⲈ(當名詞) = 奇蹟；
> ϢⲠⲎⲢⲈ(當動詞) = 驚奇讚歎。

Ⲙ̄ⲠⲀⲒ ⲬⲈ ⲠⲰϨ ⲀⲦϨⲈⲒ ⲚⲞϬ Ⲙ̄ Ⲙ̄ⲚⲦ ⲢⲘ̄ⲘⲀ-|Ⲟ ⲀⲤ ⲞⲨⲰϨ
這 事 那 怎麼 這個 偉大 之境 富裕 她已 居住

ϨⲚ̄ ⲦⲈⲈⲒ Ⲙ̄ⲚⲦ ϨⲎⲔⲈ
在 這個 之境 貧乏

人世間是為了肉體，那是一件奇蹟中的奇蹟。然而我自己驚奇讚歎這樣的事：怎麼有{這}樣偉大而富裕的境界會來居住在這貧乏的境界之中！

being for the sake of the body, that is a marvel of marvels. As for me, I marvel at how this great wealth has settled in this poverty."

三十．

耶穌說 ：那裡有三神，是在上主之內。那裏有兩個或一個，我自己便（親身）臨在與他在一起。

30.
Jesus said: "Where there are three gods, they are gods. Where there are two or one, I am with him."

三十一．

耶穌說：沒有先知在他的家鄉會被接受的，也沒有醫生會治好那些熟識他的人。

31.
Jesus said, "No prophet is honored in his village; no physician heals those who know him."

三十二．

耶穌說：他們建造一座城市在一座屹立不搖的山上，它被鞏固得極為堅實。那麼它既不會倒塌，也無法被隱藏。

32.
Jesus said, "A city built on a mountain and well fortified cannot fall, nor can it be hidden."

三十三．

耶穌說：到你們的房頂上大聲地宣講那些你就要聽進你的耳朵裏和這另一耳朵（心耳）裏的吧！因為，沒有人會點亮著燈而把它放在升斗下，也不會把它藏起來。然而，他會一直把它放在燈檯上。因此，每一個人走進走出，都將看到它的光明。

33.
Jesus said, "Preach from your housetops what you will hear in your ear (and) in the other ear. Nobody lights a lamp and puts it under a bushel, nor does one put it in a hidden place. Rather, he sets it upon a lampstand so that everyone who enters and leaves would see its light."

三十·

ΠΕΧΕ ΙC | ΧΕ Π ΜΑ ΕΥΝ ϢΟΜΤ ΝΝΟΥΤΕ Μ ΜΑΥ ϨΝ | ΝΟΥΤΕ
說 耶穌　這地方 那兒有 三　神　在那兒 在內 上主

ΝΕ Π ΜΑ　ΕΥΝ CΝΑΥ　Η ΟΥΑ ΑΝΟΚ |† ϢΟΟΠ ΝΜΜΑ Ϥ
是 這地方　那兒有 兩個 或 一個 我　我 臨在　與(一起) 他

三十一·

ΠΕΧΕ ΙC　ΜΝ　ΠΡΟΦΗ-|ΤΗC ϢΗΠ ϨΜ ΠΕϤ †ΜΕ　ΜΑΡΕ
說 耶穌　沒有　先 知　被接受 在 他的 家鄉　總是沒有

COΕΙΝ Ρ̄ ΘΕ-|ΡΑΠΕΥΕ Ν ΝΕΤ COOΥΝ ΜΜΟ Ϥ
醫生 成就 治癒　那些任何人 認識　　他

ϢΑΠ，ϢΗΠ = 結婚贈禮，承受，被接受。

三十二·

ΠΕΧΕ ΙC | ΧΕ ΟΥ ΠΟΛΙC ΕΥ ΚΩΤ ΜΜΟC ϨΙΧΝ ΟΥ ΤΟ-|ΟΥ
說 耶穌　這話 一座 城市 他們 建造 她　在..上 一座　山

ΕϤ ΧΟCΕ　ΕC ΤΑΧΡΗΥ ΜΝ ϬΟΜ ΝC ϨΕ |ΟΥΔΕ C ΝΑϢ ϨΩΠ ΑΝ
它 屹立不搖 她被強固 沒有能力 她 倒塌 也　她 能 被隱藏 不

ΝΑϢ = 能夠；
ΝΑϢϢ = 很多；
ϬΟΜ = 能力，方法；
ΠΟΛΙC (原希臘文)：(發音) "polis" = 城市。

三十三·

ΠΕΧΕ ΙC　ΠΕΤ Κ ΝΑ CΩΤΜ ΕΡΟ Ϥ ϨΜ ΠΕΚ ΜΑΑΧΕ ϨΜ Π ΚΕ
說 耶穌 把任何 你 將 聽　到 它 在 你的 耳朵 ＜在另一＞

ΜΑ-|ΑΧΕ ΤΑϢΕ ΟΕΙϢ　ΜΜΟ Ϥ ϨΙΧΝ ΝΕΤΝ ΧΕ-|ΝΕΠΩΡ ΜΑΡΕ
耳朵　宣講 大聲　　它 在...上 你們的 房頂 不會一直

ΛΑΑΥ　ΓΑΡ ΧΕΡΕ ϨΗΒ̄C̄　ΝϤ | ΚΑΑ Ϥ ϨΑ ΜΑΑΧΕ ΟΥΔΕ
任何人 因為 點燃 燈 並(連接詞) 放它 在..下 升斗　也

ΜΑϤ　ΚΑΑ Ϥ ϨΜ ΜΑ | ΕϤ ϨΗΠ　ΑΛΛΑ ΕϢΑΡΕ Ϥ ΚΑΑ Ϥ
不會一直 放它 在地方 它 被隱藏 然而　總是 他 放它

ϨΙΧΝ Τ ΛΥ-|ΧΝΙΑ ΧΕΚΑΑC ΟΥΟΝ ΝΙΜ　ΕΤ ΒΗΚ ΕϨΟΥΝ |
在...上 這燈 檯　以致於 那些人 每一個 誰(他) 走 進入

ΑΥΩ　ΕΤ ΝΝΗΥ ΕΒΟΛ　ΕΥ ΝΑ ΝΑΥ Α ΠΕϤ　ΟΥ-|ΟΕΙΝ
並且 誰 正要來 出去 他們 將 看到 他的　　光

Π ΚΕ = 也…另；
(Ε)ϢΑΡΕ = 慣常地，不斷地；
其相反詞為 ΜΑΡΕ，
ΜΕΡΕ，ΜΑ(·) = 不會一直，總不，絕不；
ΜΑΡΕ …ΟΥΔΕ ΜΑϤ = 總不…也不；

ΜΑΑΧΕ = 耳，量斗，罐把。(升斗，耳朵與心耳用同一字 ΜΑΑΧΕ，意味三重相關。)

三十四·

[-Ν]

ΠΕΧΕ ΙC ΧΕ　ΟΥ ΒⲀΛΕ　ΕϤ ϢΑΝ CΩΚ | ϨΗΤ Ϥ ΝΝ ΟΥ ΒⲀΛΕ
說 耶穌 這話 一個 瞎子　當他　領路　於前 他 一個 瞎子

三十四‧

耶穌說：如果一個瞎子帶領著（另外）一個瞎子走路，這兩個人會不停地跌倒，並掉到一個坑洞底下。

三十五‧

耶穌說：沒有一個人有能力走進這大力士的房子，並以武力制服他。除非他綁住他的雙手，然後他將離開他的房子。

三十六‧

耶穌說：不要從早到晚並從晚到早地擔心掛慮你們要穿什麼在你們自己身上。

三十七‧

他的門徒們問道：哪天你將會顯現給我們呢？哪天將會看到你呢？

耶穌說：無論何時當你們脫去你們自己的衣服，光著身子而不會覺得害羞；並且你們拿起你們的外衣，放在你們的腳下，你們戲耍著，如同那一些小孩。那麼{你們}即刻就會{看到}這生命之子，並且你們就不會害怕。

34.
Jesus said, "If a blind person leads a bind person, both of them will fall into a pit."

35.
Jesus said, "One cannot enter the house of a strong man and seize him by force, unless he ties his hands. Then he will move out of his house."

36.
Jesus said, "Be not anxious from morning until evening and from evening until morning about what you shall put on."

37.
His disciples said, "When will you become revealed to us, and when will we see you?"
Jesus said, "When |Whenever| you strip without being ashamed, and you take your clothes, place them on the ground, trample them under your feet like little children, then [you] will see the Son of the Living One, and you will not be afraid."

[ⲟⲩ]
ϣⲁⲩ ϩⲉ ⲙ̄ ⲡⲉ ⲥⲛⲁⲩ | ⲉⲡ ⲉⲥⲏⲧ ⲉ ⲩ ϩⲓⲉⲓⲧ
他們不斷地 跌倒 這 兩個人 (掉)到… 之下 一個 坑洞

三十五・

ⲡⲉϫⲉ ⲓ̅ⲥ̅ ⲙⲛ̄ ϭⲟⲙ | ⲛ̄ⲧⲉ ⲟⲩⲁ ⲃⲱⲕ ⲉϩⲟⲩⲛ ⲉ ⲡ ⲏⲉⲓ
說 耶穌 沒有 能力 <會有一個人> 走 進 去 這房子

ⲙ̄ ⲡ ϫⲱ-|ⲱⲣⲉ ⲛ̄ϥ ϫⲓⲧ ϥ ⲛ̄ ϫⲛⲁϩ ⲉⲓⲙⲏⲧⲓ ⲛ̄ϥ ⲙⲟⲩⲣ |
這 大力士的 且 制服 他 以 武力 除非 且他 綁住

ⲛ̄ ⲛⲉϥ ϭⲓϫ ⲧⲟⲧⲉ ϥ ⲛⲁ ⲡⲱⲱⲛⲉ ⲉⲃⲟⲗ | ⲙ̄ ⲡⲉϥ ⲏⲉⲓ
他的 手(複數) 然後 他 將 <離開 出去> 他的 房子

三十六・

ⲡⲉϫⲉ ⲓ̅ⲥ̅ ⲙⲛ̄ ϥⲓ ⲣⲟⲟⲩϣ ϫⲓ[ⲛ] | ϩⲧⲟⲟⲩⲉ ϣⲁ ⲣⲟⲩϩⲉ ⲁⲩⲱ ϫⲓⲛ
說 耶穌 不要 擔心(掛慮) 從 早晨 到 晚上 也 從

[ⲉⲧⲛ̄]
ϩⲓ ⲣⲟⲩϩⲉ| ϣⲁ ϩⲧⲟⲟⲩⲉ ϫⲉ ⲟⲩ ⲡⲉ ⲉⲧ ⲛⲁ ⲧⲁⲁ ϥ ϩⲓⲱⲧ | ⲧⲏⲩⲧⲛ̄
在 晚上 到 早晨 爲了什麼 是 你們 將 穿 它 <在你們自己>

ϥⲓ ⲣⲟⲟⲩϣ = 擔心，掛慮；

希臘文版所記載的第三十六段要長得多(參閱本書第 118 – 119 頁)。

三十七・

ⲡⲉϫⲉ ⲛⲉϥ ⲙⲁⲑⲏⲧⲏⲥ ϫⲉ ⲁϣ ⲛ̄ | ϩⲟⲟⲩ ⲉⲕ ⲛⲁ ⲟⲩⲱⲛϩ ⲉⲃⲟⲗ
說 他的 門徒們 這話 哪 些 日子 你 將 顯現 出來

ⲛⲁⲛ ⲁⲩⲱ ⲁϣ |ⲛ̄ ϩⲟⲟⲩ ⲉⲛⲁ ⲛⲁⲩ ⲉⲣⲟ ⲕ ⲡⲉϫⲉ ⲓ̅ⲥ̅ ϫⲉ ϩⲟ-|ⲧⲁⲛ
對我們 且 哪 些 日子 我們將 看 到你 說 耶穌 不論何時

ⲉⲧⲉⲧⲛ̄ ϣⲁ[ⲛ] ⲕⲉⲕ ⲧⲏⲩⲧⲛ̄ ⲉ ϩⲏⲩ ⲙ̄ⲡⲉ-|ⲧⲛ̄ ϣⲓⲡⲉ
當你們 脫衣服 你們自己 光著身子 你們不會 害羞

ⲁⲩⲱ ⲛ̄ⲧⲉⲧⲛ̄ ϥⲓ ⲛ̄ ⲛⲉⲧⲛ̄ ϣⲧⲏⲛ |ⲛ̄ⲧⲉⲧⲛ̄ ⲕⲁⲁ ⲩ ϩⲁ ⲡ ⲉⲥⲏⲧ
並且 你們 拿起 你們的 外衣 你們 放 它們 在 下面

ⲛ̄ ⲛⲉⲧⲛ̄ ⲟⲩⲉⲣⲏ-|ⲧⲉ ⲛ̄ⲑⲉ ⲛ̄ ⲛⲓ ⲕⲟⲩⲉⲓ ⲛ̄ ϣⲏⲣⲉ ϣⲏⲙ
你們的 腳 就如同 那一些 小的 < 小孩子 們 >

ⲛ̄ⲧⲉ-|ⲧⲛ̄ ϫⲟⲡϫⲡ̄ ⲙ̄ⲙⲟ ⲟⲩ ⲧⲟⲧⲉ {ⲧⲉⲧ}ⲛⲁ ⲛⲁⲩ * ⲉ ⲡ ϣⲏⲣⲉ
你 們 戲耍 它們 然後(即刻) 你們將 看 到這 孩子

ⲙ̄ ⲡⲉⲧ ⲟⲛϩ ⲁⲩⲱ ⲧⲉⲧⲛⲁ ⲣ̄ | ϩⲟⲧⲉ ⲁⲛ
<那具生命者的> 並且 你們將 變爲 懼怕 不

ⲕⲱⲕ，ⲕⲟⲕ，ⲕⲉⲕ，ⲕⲁ(ⲁ)ⲕ，ⲕⲏⲕ = 脫衣服；

ⲕⲁⲕⲁϩⲏⲩ，ⲕⲏⲕⲁϩⲏⲩ = 脫光衣服。

三十八·

耶穌說：有許多時候，你們曾經很渴望聽到這些我對你們所說的話，那是你們無法從其他的人那裡聽得到的。會有些日子就要來到，你們尋求跟隨我，（但）你們將找不到我。

三十九·

耶穌說：這些法利賽黨人和經師（文士）們曾拿了知識的這串鑰匙；他們卻把鑰匙藏起來，他們自己不走進去。可是那些人渴望要走進去，他們卻不准許他們進去。即便如此，你們來到世間（當要）機警如同這些蛇，並且純潔如同這些鴿子。

四十·

耶穌說：有一棵葡萄樹，它被種植在這父親的外邊。但是，它不強壯。他們將它連根拔起，它就枯萎了。

38.
Jesus said, "You have often desired to hear these words which I speak unto you, and you have no one else from whom to hear them. There will be days when you will look for me and you will not find me."

39.
Jesus said, "The Pharisees and the scribes have taken the keys of knowledge and hidden them. They have not entered nor have they allowed those who wish to enter.
You, however, be as wise as serpents and as innocent as doves"

40.
Jesus said, "A grapevine was planted apart from the Father, but being unsound, it will be pulled up by its root. And it will perish."

三十八·

ⲡⲉϫⲉ ⲓ̅ⲥ̅ ϫⲉ ϩⲁϩ Ⲛ̅ ⲥⲟⲡ　ⲀⲧⲉⲧⲚ̅ | Ⲣ̅ ⲉⲡⲓⲑⲩⲙⲉⲓ ⲉ ⲥⲱⲧⲘ̅
說 耶穌　許多 時候(次) 你們曾　變得 極爲渴望　要 聽

[Ⲧ Ⲓ]

ⲁ Ⲛⲉⲉⲓ ϣⲁϫⲉ ⲚⲀⲉⲓ |ⲉ † ϫⲱ Ⲙ̅Ⲙⲟ ⲞⲨ ⲚⲏⲧⲚ̅　ⲀⲨⲱ ⲘⲚ̅ ⲐⲎⲧⲚ̅ |
到 這些 話　這些 我 所說的 它們 對你們 且 <你們沒有>

ⲕⲉ ⲞⲨⲀ　ⲉ ⲥⲱⲧⲘ ⲞⲨ Ⲛ̅ ⲦⲞⲞⲦϥ ⲞⲨⲚ̅ ϨⲚ̅ Ϩⲟ-|ⲞⲨ ⲚⲀ ϣⲱⲡⲉ
另外 一位　去 聽 它們 從他的手 會有 些 日子　將 來到

Ⲛ̅ⲦⲉⲧⲚ̅ ϢⲓⲚⲉ Ⲛ̅Ⲥⲱ ⲉⲓ　Ⲧⲉ-|ⲦⲚⲀ Ϩⲉ ⲀⲚ ⲉⲣⲟ ⲉⲓ
你們　尋求 跟隨我 你們將　找 不 到我

三十九·

ⲡⲉϫⲉ ⲓ̅ⲥ̅ ϫⲉ　Ⲙ̅ ⲪⲀⲢⲒⲤⲀⲒ-|ⲞⲤ　ⲘⲚ̅ Ⲛ̅ ⲄⲢⲀⲘⲘⲀⲦⲉⲨⲤ ⲀⲨ ϪⲒ
說 耶穌 這話 這些 法利賽黨人們 和 這些 經師們　他們曾 拿

Ⲛ̅ ϢⲀϢⲦ |　Ⲛ̅ Ⲧ ⲄⲚⲱⲤⲒⲤ　ⲀⲨ Ϩⲟⲡ ⲞⲨ　ⲞⲨⲦⲉ Ⲙ̅ⲠⲞⲨ ⲂⲰⲔ |
這些 鑰匙　這 知識的　他們已 藏匿它們 但(也) 不 他們 走

ⲉϨⲞⲨⲚ ⲀⲨⲱ　Ⲛⲉⲧ ⲞⲨⲱϢ ⲉ ⲂⲰⲔ ⲉϨⲞⲨⲚ　Ⲙ̅-|ⲠⲞⲨ ⲔⲀⲀ Ⲩ
進去　並且 那些人 渴望 要 走　進去　不 他們 准許他們

Ⲛ̅ⲦⲱⲦⲚ̅ Ⲇⲉ　ϢⲰⲠⲉ Ⲙ̅ ⲪⲢⲟⲚⲒⲘⲞⲤ |Ⲛ̅Ⲑⲉ　[Ⲛ̅Ⲛ̅] Ϩⲟϥ ⲀⲨⲱ
你們 然而 來到(世間)　機警　就如同 這些 蛇　並且

Ⲛ̅ ⲀⲔⲉⲢⲀⲒⲟⲥ Ⲛ̅Ⲑⲉ　Ⲛ̅Ⲛ̅ |ϬⲢⲟⲘⲠⲉ
純潔　就如同 這些 鴿子

四十·

ⲡⲉϫⲉ ⲓ̅ⲥ̅ ⲞⲨ Ⲃⲉ Ⲛ Ⲉⲗⲟⲟⲗⲉ　ⲀⲨ |ⲦⲟϬ Ⲥ　Ⲙ̅ Ⲡ ⲤⲀⲚ Ⲃⲟⲗ
說 耶穌 一棵 (蔓) 葡萄樹　他們曾 種植 她　在這 <外邊>

Ⲙ̅ Ⲡ ⲈⲒⲱⲦ ⲀⲨⲱ ⲉⲤ ⲦⲀ-|ϪⲢⲎⲨ ⲀⲚ Ⲥⲉ ⲚⲀ ⲠⲟⲢⲔ Ⲥ̅　Ϩⲁ Ⲧⲉⲥ
這父親的 但是　她 強壯　不 他們將 拔除她　由 她的

ⲚⲞⲨⲚⲉ Ⲛ̅Ⲥ |　ⲦⲀⲔⲟ
根底下 且她　枯萎(損壞)

ⲞⲨⲚ̅ ϩⲁϩ = 有許多；

ⲞⲨⲚ̅ ϩⲚ̅ = 有一些。

四十一．

耶穌說：任何人把握住他所擁有的，將給他更多。反之，沒有的人，連他所有的那一點點也將會從他的手中奪走。

四十二．

耶穌說：當你們來到世間就變為消逝吧！

〔另譯〕

耶穌說：你們來到世間就當它是過眼雲煙吧！

四十三．

他的門徒們對他說：你是誰憑什麼對我們說這些話呀？

從我對你們所說過的這些話中你們居然不瞭解我是誰！你們呀！你們寧願來到世間如同那些猶太人們。（我如此說是）因為他們喜愛這樹卻憎恨它的果實，並且他們喜愛這果實卻憎恨這樹。

四十四．

耶穌說：任何人對這父親褻瀆，他將會被包容。任何人對這兒子褻瀆，他也將會被包容。然而任何人對這神聖之靈褻瀆，他將不會被包容；既不被寬容在地上，也不被寬容在天上。

41.
Jesus said, "He who has in his hand, to him will be given more, and he who has nothing, from him shall be taken even the little he has."

42.
Jesus said, "Be passersby."

43.
His disciples said to him, "Who are you to say these things to us?" "You do not understand who I am from what I say to you. Rather, you have become like the Jews who love the tree but loathe its fruit, or they love the fruit but loathe the tree."

44.
Jesus said, "He who blasphemes against the Father will be forgiven, and he who blasphemes against the son will be forgiven, but he who blasphemes against the Holy Spirit will not be forgiven, neither on earth nor in heaven."

四十一．

ⲡⲉϫⲉ ⲓ̄ⲥ̄ ϫⲉ ⲡⲉⲧ ⲉⲩⲛ̄ ⲧⲁϥ ϩⲛ̄ ⲧⲉϥ ϭⲓϫ　ⲥⲉ ⲛⲁ ϯ ⲛⲁ ϥ
說 耶穌 這話 任何人 <他擁有> 在 他的 手中　它們 將 給予 他

ⲁⲩⲱ ⲡⲉⲧⲉ ⲙⲛ̄ ⲧⲁϥ ⲡ ⲕⲉ ϣⲏⲙ ⲉⲧ ⲟⲩⲛ̄ ⲧⲁϥ　ⲥⲉ ⲛⲁ ϥⲓⲧ ϥ̄
且　任何人 他沒有　這其它一點點 那 他擁有的　它們將 拿走 它

ⲛ̄ ⲧⲟⲟⲧ ϥ
從他的手

ⲟⲩⲛ̄ = 有；
ⲟⲩⲛ̄ ⲧⲁ (+代名詞) = (某)擁有；
ⲙⲛ̄ ⲧⲁ (+代名詞) = (某)不擁有。

四十二．

ⲡⲉϫⲉ ⲓ̄ⲥ̄ ϫⲉ ϣⲱⲡⲉ　ⲉⲧⲉⲧⲛ̄ ⲣ̄ ⲡⲁⲣⲁⲅⲉ
　說 耶穌　來到世間　當你們 變為 消逝而去

第十一段也說：這蒼天將逝去，那在這天之上的也將逝去。用的是相同的字眼「ⲡⲁⲣⲁⲅⲉ 消逝」。

四十三．

ⲡⲉϫⲁ ⲩ ⲛⲁϥ ⲛ̄ϭⲓ ⲛⲉϥ ⲙⲁⲑⲏⲧⲏⲥ ϫⲉ ⲛ̄ⲧⲁ ⲕ ⲛⲓⲙ ⲉⲕ ϫⲱ
　說 他們 對他　(指)他的 門徒們　這話　你是 誰(什麼) 你 說
　　　　　　　　　　　　[ⲧ ⲓ]

ⲛ̄ ⲛⲁⲓ̈ ⲛⲁⲛ　ϩⲛ̄ ⲛⲉ ϯ ϫⲱ ⲙ̄ ⲙⲟⲟⲩ ⲛⲏⲧⲛ̄ ⲛ̄ⲧⲉⲧⲛ̄ ⲉⲓⲛⲉ ⲁⲛ
這些 對我們？從 那些我所 說過 這些 對你們　你們 瞭解 不

ϫⲉ ⲁⲛⲟⲕ ⲛⲓⲙ ⲁⲗⲗⲁ ⲛ̄ⲧⲱⲧⲛ̄ ⲁⲧⲉⲧⲛ̄ ϣⲱⲡⲉ　ⲛ̄ⲑⲉ ⲛ̄ ⲛⲓ
關於 我是 誰　寧可　你們 你們已 來到(世間) 就如同 那些

ⲓ̈ⲟⲩⲇⲁⲓⲟⲥ ϫⲉ ⲥⲉ ⲙⲉ ⲙ̄ ⲡ ϣⲏⲛ ⲥⲉ ⲙⲟⲥ ⲧⲉ ⲙ̄ ⲡⲉϥ ⲕⲁⲣⲡⲟⲥ
猶太人 因為 他們 愛　這 樹　他們 憎恨　　它的 果實

ⲁⲩⲱ ⲥⲉ ⲙⲉ ⲙ̄ ⲡ ⲕⲁⲣⲡⲟⲥ ⲥⲉ ⲙⲟⲥⲧⲉ ⲙ̄ ⲡ ϣⲏⲛ
且　他們 愛　這 果實　　他們 憎恨　　這 樹

ⲙⲟⲥⲧⲉ = 憎恨；
ⲙⲉ (動詞) = (喜)愛；
ⲙⲉⲛⲣⲉ = (仁)愛；
ϣⲏⲛ = 樹；
ⲕⲁⲣⲡⲟⲥ = 果實，收成。

四十四．

ⲡⲉϫⲉ ⲓ̄ⲥ̄ ϫⲉ ⲡⲉⲧⲁ ϫⲉ ⲟⲩⲁ ⲁⲡ ⲉⲓⲱⲧ ⲥⲉ ⲛⲁ ⲕⲱ ⲉⲃⲟⲗ ⲛⲁϥ
說 耶穌 這話 任何人 褻瀆 對這父親 他們將 讓(忽視) 過去 對他

ⲁⲩⲱ ⲡⲉⲧⲁ ϫⲉⲟⲩⲁ ⲉ ⲡ ϣⲏⲣⲉ　ⲥⲉ ⲛⲁ ⲕⲱ ⲉⲃⲟⲗ ⲛⲁϥ ⲡⲉⲧⲁ
並且任何人 褻瀆　對這 兒子　他們 將 讓(忽視) 過去 對他 任何人

ϫⲉⲟⲩⲁ ⲇⲉ　ⲁ ⲡ ⲡ̄ⲛ̄ⲁ̄ ⲉⲧ ⲟⲩⲁⲁⲃ ⲥⲉ ⲛⲁ ⲕⲱ ⲁⲛ ⲉⲃⲟⲗ ⲛⲁϥ
褻瀆 然而　對這靈 那是 神聖的 他們將 讓 不 過去 對他

ⲟⲩⲧⲉ　ϩⲙ̄ ⲡ ⲕⲁϩ　ⲟⲩⲧⲉ　ϩⲛ̄ ⲧ ⲡⲉ
也 (包括) 在 這 地上 也(包括) 在 這 天上

ⲟⲩⲁ = 一個；
ϫⲉⲟⲩⲁ = 褻瀆；
ⲕⲱ ⲉⲃⲟⲗ = 忽視過去，被寬恕，被包容；
ⲟⲩⲧⲉ，ⲟⲩⲇⲉ = 也(不)，包括。

四十五‧

耶穌說：從荊棘中絕對收不到葡萄，由從不結果子的薊草中也必然採不到無花果。因為一個好人由他的寶藏中，他會帶來好事；一個壞人由他心內的邪惡窩藏中，他會帶來壞事；並且他會說出一些不好的話來。因為由這極為貪婪的心中，他會生出一件件的惡事來。

四十六‧

耶穌說：從亞當到施洗者若翰（約翰），女子所生出來的（人）當中，沒有任何人會被高舉超過於施洗者若翰（約翰）以致於損傷了他的雙眼。然而，我曾說過這話：任何人來到世間，如果他在你們自己當中是居小的，他將明悟這國度，並且他將被高舉過於若翰（約翰）。

四十七‧

耶穌說：沒有一個人可以（同時）騎兩匹馬

45.
Jesus said, "They do not harvest grapes from thorn trees, nor do they gather figs from thistles, for they yield no fruit.
A good man brings forth good from his treasure. A bad man brings forth evil from the wickedness that he stored up in his heart, and he says bad things. For from the overflow of his heart, he brings forth bad things."

46.
Jesus said, "From Adam to John the Baptist, among those born of women, no one is greater than John the Baptist so that his eyes might be broken. But I have said that Whoever among you as a little one will recognize the Kingdom and will be exalted above John."

47.
Jesus said, "A man cannot mount two horses at once

四十五.

ⲡⲉⲝⲉ ⲓ̅ⲥ̅　ⲙⲁⲩ ϫⲉⲗⲉ ⲉⲗⲟⲟ-|ⲗⲉ ⲉⲃⲟⲗ ϩ̅ⲛ ϣⲟⲛⲧⲉ ⲟⲩⲧⲉ
說 耶穌 <他們絕收不到> 葡萄 < 從 > 荊棘 也

　ⲙⲁⲩ ⲕⲱⲧϥ |　ⲕ̅ⲛ̅ⲧⲉ ⲉⲃⲟⲗ ϩ̅ⲛ ⲥⲣ̅ϭⲁⲙⲟⲩⲗ ⲙⲁⲩ ϯ ⲕⲁⲣⲡⲟⲥ |
<他們絕採不到> 無花果 < 從 > 薊草 <他們從不結> 果子

　ⲅⲁⲣ. ⲟⲩ ⲁⲅⲁⲑⲟⲥ ⲣ̅ ⲣⲱⲙⲉ ϣⲁϥ ⲉⲓⲛⲉ ⲛ̅ *ⲟⲩ ⲁⲅⲁⲑⲟⲛ ⲉⲃⲟⲗ
因為 一個 好的 人 他會 帶來 一件 好事 < 從 >

ϩ̅ⲙ ⲡⲉϥ ⲉϩⲟ ⲟⲩ ⲕⲁⲕ{ⲟⲥ} |ⲣ̅ ⲣⲱⲙⲉ ϣⲁϥ ⲉⲓⲛⲉ ⲛ̅ ϩ̅ⲛ
> 他的 寶藏 一個 惡的 人 他會 帶來 一些

　　　　　　　　　　[ⲧ ϩ]
ⲡⲟⲛⲏⲣⲟⲛ ⲉⲃⲟⲗ |ϩ̅ⲙ ⲡⲉϥ ⲉϩⲟ ⲉ ⲑⲟⲟⲩ ⲉⲧ ϩ̅ⲛ ⲡⲉϥ ϩⲏⲧ
壞(惡)事 < 從 > 他的 寶藏中 那是邪惡的 那是在 他的 心內

ⲁⲩ-|ⲱ ⲛ̅ϥ ϫⲱ ⲛ̅ ϩ̅ⲛ ⲡⲟⲛⲏⲣⲟⲛ ⲉⲃⲟⲗ ⲅⲁⲣ ϩ̅ⲙ | ⲫⲟⲅⲟ
並 且 說 一些 壞(惡)事 出來 因為 在 這過(大)量

[ⲡ ϩ]
ⲙ̅ ⲫⲏⲧ ϣⲁϥ ⲉⲓⲛⲉ ⲉⲃⲟⲗ ⲛ̅ ϩ̅ⲛ ⲡⲟ-|ⲛⲏⲣⲟⲛ
這心的 他會 帶 出來 一些 壞(惡)事

四十六.

ⲡⲉϫⲉ ⲓ̅ⲥ̅ ϫⲉ ϫⲓⲛ ⲁⲇⲁⲙ ϣⲁ ⲓ̈ⲱϩⲁ[ⲛ]-ⲛⲏⲥ ⲡ ⲃⲁⲡⲧⲓⲥⲧⲏⲥ ϩ̅ⲛ
說 耶穌 這話 自從 亞當 到 若 翰(約翰) 這 施洗禮者 在..中

ⲛ̅ ϫⲡⲟ ⲛ̅ⲛ ϩⲓⲟⲙⲉ ⲙ̅ⲛ ⲡⲉⲧ ϫⲟⲥⲉ ⲁ ⲓ̈ⲱϩⲁⲛⲛⲏⲥ ⲡ ⲃⲁⲡⲧⲓ-|ⲥⲧⲏⲥ
生出者 女子們 沒有任何人 被舉 過於 若翰(約翰) 這 施洗者

ϣⲓⲛⲁ ϫⲉ ⲛ ⲟⲩϣⲟⲡ ⲛ̅ϭⲓ ⲛⲉϥ ⲃⲁⲗ |ⲁⲉⲓ ϫⲟⲟⲥ ⲇⲉ ϫⲉ ⲡⲉⲧ
以致於 弄破 (指) 他的 眼(複) 我曾說過 然而 這話 任誰

ⲛⲁ ϣⲱⲡⲉ ϩ̅ⲛ ⲧⲏⲩ-|ⲧⲛ ⲉϥ ⲟ ⲛ̅ ⲕⲟⲩⲉⲓ ϥ ⲛⲁ ⲥⲟⲩⲱⲛ
將 來到(世間) 在..中 你們自己 如果他是 個小的 他將 明悟

ⲧ ⲙ̅ⲛ̅ⲧⲉ-|ⲣⲟ ⲁⲩⲱ ϥ ⲛⲁ ϫⲓⲥⲉ ⲁ ⲓ̈ⲱϩⲁⲛⲛⲏⲥ
這 國 度 並且 他將 被高舉 過於 若翰(約翰)

四十七.

ⲡⲉϫⲉ ⲓ̅ⲥ̅ |ϫⲉ ⲙ̅ⲛ ϭⲟⲙ ⲛ̅ⲧⲉ ⲟⲩ ⲣⲱⲙⲉ ⲧⲉⲗⲟ ⲁ ϩⲧⲟ |ⲥⲛⲁⲩ
說 耶穌 這個 沒有 能力 會有 一個人 騎 上 馬 兩匹

（右側欄注解）

(動詞+) ϩⲏⲧ (+受詞) ＝ 之前；

ⲛ̅ ϩⲏⲧ (+受詞) ＝ (某)之中；

ⲛ̅ ϩⲏⲧ ＝ 我內；

(代名詞+) ϩⲏⲧ ＝ 內心；

ϩⲏⲧ，ϩⲧⲏ ＝ 心。

ϫⲡⲟ ＝ 帶來，生出，所生出者；

ⲟⲩϣⲟϭⲡ ＝ 東西壞了。

或拉開兩張弓的。沒有一個人可以（同時）服侍兩個主人，他或將禮敬這一個而輕忽另一個。絕對沒有人會喝了陳年老酒而立刻想要去喝新酒的。並且，絕對不會把新酒裝到舊的酒囊裏，這樣酒囊才不致於爆裂開來；也必然不會把陳年老酒裝到新的酒囊裏，以致於弄壞了它。他們更不會縫舊的補綻到新的外袍上，因為那將會造成一條裂縫。

nor stretch two bows. And a servant cannot serve two masters, for he would respect one and despise the other. Nobody drinks aged wine and immediately desires to drink fresh wine. Nor is fresh wine poured into old wineskins, or they might break, and aged wine is not poured into a new wineskin, or it might spoil. And they do not sew an old patch onto a new garment, for it would create a tear."

四十八·

耶穌說：如果有兩個會彼此和平相處，並在這房子裏合而為一，他們對這山說：『移轉開去』。它就會移開。

48.

Jesus said, "If two make peace with one another in a house, they say to the mountain, 'Move away!' and it will move."

四十九·

耶穌說：那些受上主祝福的人們是這些合一且被揀選的。因為你們將找到這國度。你們由它的（天）心中出來，你們將再度走到那地方。

49.

Jesus said, "Blessed are those who are solitary and elect, for you will find the Kingdom. Because you have come from it, and you will return there again."

〔另譯〕

耶穌說：那些合一並被揀選的人們是受上主祝福的。因為你們將遇上這國度。你們由這國度之中出來，你們將再度回歸到那裏去。

ХѠΛ[Ⲕ]

Ⲛ̄ϥ ХѠΛⲔ Ⲙ̄ ⲠⲒⲦⲈ ⲤⲚ̄ⲦⲈ ⲀⲨѠ ⲘⲚ̄ | ϬⲞⲘ Ⲛ̄ⲦⲈ ⲞⲨ Ⲉ̇ⲘⲌ̄ⲀⲖ ⲰⲘⲰⲈ
並 拉開　　弓　兩張　且　沒有　能力　會有　一個　僕人　服侍

ⲬⲞⲈⲒⲤ ⲤⲚⲀⲨ | Ⲏ ϥ ⲚⲀ Ⲣ̄ ⲦⲒⲘⲀ Ⲙ̄ Ⲡ ⲞⲨⲀ ⲀⲨѠ　Ⲡ ⲔⲈ ⲞⲨⲀ ϥ ⲚⲀ |
主人　兩個　或　他將　敬重　這一個　並且　這另一個　他將

Ⲣ̄ ⲈⲨⲂⲢⲒⳖⲈ Ⲙ̄ⲘⲞ ϥ ⲘⲀⲢⲈ ⲢѠⲘⲈ ⲤⲈ Ⲣ̄Ⲡ ⲀⲤ | ⲀⲨѠ Ⲛ̄ⲦⲈⲨⲚⲞⲨ
做　輕忽　　他　絕沒有　人　喝酒老的　並且　　立刻

[Ⲛ ⲎⲢ̄Ⲡ̄ Ⲃ̄ ⲂⲢ̄ⲢⲈ]　　　　　[ⲚⲈⳖ] ⲎⲢ[Ⲡ̄]
Ⲛ̄ϥ ⲈⲠⲒⲐⲨⲘⲈⲒ Ⲁ ⲤѠ ⲎⲢⲠ | Ⲃ̄ ⲂⲢ̄ⲢⲈ ⲀⲨѠ ⲘⲀⲨ ⲚⲞⲨⳖ ⲎⲢⲠ
他　渴望　去喝　酒　新的　且他們絕不會　裝　　酒

Ⲃ̄ ⲂⲢ̄ⲢⲈ Ⲉ ⲀⲤ-|ⲔⲞⲤ Ⲛ̄ⲀⲤ ⲬⲈⲔⲀⲀⲤ Ⲛ̄ⲚⲞⲨ ⲠѠⲈ ⲀⲨѠ ⲘⲀⲨ |
新的　到酒囊　舊的　所以　他們不　裂開來　且　他們絕不會

ⲎⲢ[Ⲡ̄]
ⲚⲈⳖ ⲎⲢⲠ Ⲛ̄ ⲀⲤ Ⲉ ⲀⲤⲔⲞⲤ Ⲃ̄ ⲂⲢ̄ⲢⲈ ⲰⲒⲚⲀ ⲬⲈ | ⲚⲈϥ ⲦⲈⲔⲀ ϥ
　裝　酒老的　到酒囊　新的　　以致於　　它弄壞了它

ⲘⲀⲨ　ⲬⲀ̄Ϭ ⲦⲞⲈⲒⲤ Ⲛ̄ ⲀⲤ Ⲁ ⲰⲦⲎ[Ⲛ] | Ⲛ̄ ⲰⲀⲈⲒ ⲈⲠⲈⲒ
他們絕不縫　補綻　舊的　到 外袍　新的　　因為

[Ⲛ̄]
ⲞⲨⲚ ⲞⲨ ⲠѠⲈ ⲚⲀ ⲰѠⲠⲈ
有　一裂縫　將會　發生

四十八．

ⲠⲈⲬⲈ Ⲓ̄Ⲥ̄ ⲬⲈ ⲈⲢⲰⲀ[Ⲛ] ⲤⲚⲀⲨ Ⲣ̄ ⲈⲒⲢⲎⲚⲎ ⲘⲚ̄ | Ⲛ ⲞⲨ ⲈⲢⲎⲨ
說 耶穌 這話 假使會　兩個(人)達成　和平　與　他們　彼此

[ⲠⲈⲈⲒ]　　　　　　　　[ⲦⲞⲞⲨ]
Ⲉ̄Ⲙ̄ ⲠⲈⲒ ⲎⲈⲒ　ⲞⲨѠⲦ ⲤⲈ ⲚⲀ ⲬⲞⲞⲤ | Ⲙ̄ Ⲡ ⲦⲀⲨ　ⲬⲈ
<在這房子裏> 合一　他們 將 告訴　這 山　這話

ⲠⲰѠⲚⲈ ⲈⲂⲞⲖ ⲀⲨѠ　ϥ ⲚⲀ ⲠѠ-|ѠⲚⲈ
<移轉 開去>　並且　它將　移開

四十九．

ⲠⲈⲬⲈ Ⲓ̄Ⲥ̄ ⲬⲈ　Ⲉ̄Ⲛ ⲘⲀⲔⲀⲢⲒⲞⲤ　ⲚⲈ Ⲛ |ⲘⲞⲚⲀⲬⲞⲤ ⲀⲨѠ
說 耶穌 這話 那些 受上主祝福者　是 這些 單一(的)　並且

ⲈⲦ ⲤⲞⲦⲠ̄ ⲬⲈ　ⲦⲈⲦⲚⲀ | Ⲉ Ⲁ Ⲧ Ⲙ̄Ⲛ̄ⲦⲈⲢⲞ ⲬⲈ Ⲛ̄ ⲦⲰⲦⲚ̄
那 被揀選 因為　你們 將 找到(遇上)這 國度　因為　　你們

Ⲉ̄Ⲛ̄ ⲈⲂⲞⲖ | Ⲛ̄ Ⲉ̄ⲎⲦ Ⲥ̄　ⲠⲀⲖⲒⲚ ⲈⲦⲈⲦⲚⲀ ⲂѠⲔ Ⲉ ⲘⲀⲨ
由 出來<她之(心)中>再度　你們 將 走 到 那地方

ⲬⲈⲖⲔ ，ⲬѠⲖⲔ = 伸展，拉張；

Ⲛ̄ⲦⲈⲨⲚⲞⲨ = 立刻；
ⲞⲨⲚ ⲞⲨ = 會有一 (近「立刻」之意)；

ⲚⲈⳖ = 派遣，裝入，給予；

ⲚⲞⲨⳖⲈ，ⲚⲞⳖ- = 拋擲，丟棄；

ⲚⲈ(+代名詞+動詞)：過去進行式；
ⲚⲈ(+代名詞+複數名詞)：複數所有格；

ⲬⲀ̄Ϭ = 縫製。

ⲤⲚⲀⲨ = 兩個；
ⲢⲰⲘⲈ ⲤⲚⲀⲨ = 兩個人。

五十‧

耶穌說：如果他們問你們：『你們從何處
而來？』告訴他們：『我們來自光明之
所，（來自）那已進入世界的光明本體；這
世界原是祂自己所創造的，祂已親臨觀
照，並已顯現在他們的形像之中。』如果
他們問你們：『那是你們嗎？』告訴他
們：『我們是祂的孩子，我們是那生命之
父所揀選的。』如果他們再問你們：『你
們的父親在你們自己內的標記是什麼？』
告訴他們：『是一運行與一靜空。』

〔另譯一〕…『是一世的運行變化與一世
的平靜安泰。』

〔另譯二〕…『是運行不止並有永恆的安
息。』

50.
Jesus said, "If they ask you, 'Where have you come from?' say to them, 'We have come from the light, from the place where the light came into being by its own esse, established {itself}, and became manifest through their images.'

If they ask you, 'Is it you?' say, 'We are His Sons, and we are the chosen ones of the Living Father.'

If they ask you, 'What is the evidence of your Father in you?' say to them, 'It is a motion and a rest.'"

五十一‧

他的門徒們對他說：哪天那些死者會得到
安息？哪天這新的世界會來臨？

他對他們說：在你們渴望看見它出現之
前，它已來臨了。然而你們呀！你們！不
認識它。

51.
His disciples said to him "When will the repose of the dead come into being, and when will the new world come?"

He said to them, "What you look forward to has come, but you do not recognize it."

五十‧

ⲡⲉ-|ⲭⲉ ⲓ̅ⲥ̅ ⲭⲉ ⲉⲩ ⲱⲁⲛ ⲭⲟⲟⲥ ⲛⲏⲧⲛ̅　ⲭⲉ ⲛ̅ⲧⲁ |ⲧⲉⲧⲛ̅ ⲱⲱⲡⲉ
說　耶穌　如果他們　告訴　對你們　　已　你們　來到(世間)

ⲉⲃⲟⲗ ⲧⲱⲛ ⲭⲟⲟⲥ ⲛⲁ ⲩ |ⲭⲉ ⲛ̅ⲧⲁⲛ ⲉⲓ　ⲉⲃⲟⲗ ⲅⲙ̅ ⲡ ⲟⲩⲟⲉⲓⲛ
從　哪裡？告訴　對他們這話 我們已　<從…出來> 這 光明

ⲡ ⲙⲁ |ⲉⲛⲧⲁ ⲡ ⲟⲩⲟⲉⲓⲛ ⲱⲱⲡⲉ ⲙ̅ ⲙⲁⲩ ⲉⲃⲟⲗ |ⲅⲓ ⲧⲟⲟⲧ ϥ
這地方 那…已 這 光明 來到(世間) 這裏 <出 自> 他的手

ⲟⲩⲁⲁⲧϥ　ⲁϥ ⲱⲅ{ⲉ ⲉⲣⲁⲧ ϥ̅} * ⲁⲩⲱ ⲁϥ ⲟⲩⲱⲛⲅ ⲉ{ⲃ}ⲟⲗ
他自己 他已 站立 腳上(高超於) 他　並且　他　顯現 出來

ⲅⲛ̅ ⲧⲟⲩ ⲅⲓⲕⲱⲛ　　ⲉⲩ |ⲱⲁ[ⲛ] ⲭⲟⲟⲥ ⲛⲏⲧⲛ̅　ⲭⲉ ⲛ̅ⲧⲱⲧⲛ̅ ⲡⲉ
從他們的形像中 如果他們會　說　對你們 這話 你們 是？

ⲭⲟⲟⲥ |ⲭⲉ ⲁⲛⲟⲛ　ⲛⲉϥ ⲱⲏⲣⲉ ⲁⲩⲱ ⲁⲛⲟⲛ　ⲛ̅ ⲥⲱⲧⲡ |ⲙ̅ ⲡ ⲉⲓⲱⲧ
告訴　　我們(是) 他的 兒子們 且 我們(是) 這些被選的 這父親

ⲉⲧ ⲟⲛⲅ　　ⲉⲩ ⲱⲁⲛ ⲭⲛⲉ ⲑⲩⲧⲛ̅ |ⲭⲉ ⲟⲩ ⲡⲉ
那位 具生命 如他們　　詢問 你們自己 這話 什麼 是

ⲡ ⲙⲁⲉⲓⲛ　ⲙ̅ ⲡⲉⲧⲛ̅ ⲉⲓⲱⲧ　ⲉⲧ ⲅⲛ̅ |ⲑⲩⲧⲛ̅　ⲭⲟⲟⲥ
這 標記　你們的 父親的 (那位)在內 你們自己 告訴

ⲉⲣⲟ ⲟⲩ ⲭⲉ　ⲟⲩ ⲕⲓⲙ　ⲡⲉ ⲙⲛ̅ |ⲟⲩ ⲁⲛⲁⲡⲁⲩⲥⲓⲥ
對他們 這話 一 運行 是 和 　一 安息

五十一‧

ⲡⲉⲭⲁ ⲩ ⲛⲁϥ　ⲛ̅ϭⲓ ⲛⲉϥ ⲙⲁ-|ⲑⲏⲧⲏⲥ　ⲭⲉ　ⲁⲱ ⲛ̅ ⲅⲟⲟⲩ
說 他們 對他 (指)他的 門 徒們 這話 哪　天

ⲉ ⲧ ⲁⲛⲁⲡⲁⲩⲥⲓⲥ ⲛ̅ |ⲛⲉⲧ ⲙⲟⲟⲩⲧ ⲛⲁ ⲱⲱⲡⲉ ⲁⲩⲱ ⲁⲱ ⲛ̅ ⲅⲟⲟⲩ |
是 這 得 安息 那些 死者的 將 來到 並且 哪　天

ⲉ ⲡ ⲕⲟⲥⲙⲟⲥ ⲃ̅ ⲃⲣ̅ⲣⲉ ⲛⲏⲩ ⲡⲉⲭⲁ ϥ　ⲛⲁⲩ　ⲭⲉ |ⲧⲏ ⲉⲧⲉⲧⲛ̅
是 這 世界 新的 將來臨 說 他 對他們這話 那　當你們

ϭⲱⲱⲧ ⲉⲃⲟⲗ ⲅⲏⲧ ⲥ̅　ⲁⲥ ⲉⲓ　ⲁⲗⲗⲁ |ⲛ̅ ⲧⲱⲧⲛ̅ ⲧⲉⲧⲛ̅ ⲥⲟⲟⲩⲛ
想看‥出來 之前 她 她已來到 然而　你們　 你們 認識

ⲁⲛ ⲙ̅ⲙⲟ ⲥ
不　她

ⲉⲃⲟⲗ ⲅⲓ ⲧⲟⲟⲧϥ (+名
詞)，ⲉⲃⲟⲗ ⲅⲓ ⲧⲛ̅ (+名詞)
＝ 經由，受他所派遣
[成語]，出自他的手[字
意]；

ⲕⲓⲙ ＝ 變化，運行；

ⲁⲛⲁⲡⲁⲩⲥⲓⲥ ＝ 安憩，
平靜。

「然而你們呀你們」
或「你們呀你們寧
願」這種語法參見第
四十三段。

五十二·

他的門徒們對他說：二十四位先知曾在以色列宣講，他們每一位都深入地談論關於你。

他對他們說：你們已漠視生活於你們的臨在並能顯現的那位，你們卻談論關於那些死的（逝去的）。

五十三·

他的門徒們對他說：這割損禮有沒有好處呢？

他對他們說：如果那是有益處的，他們的父親會從他們的母親生出他們的時候，就使他們被割損過的了。然而，在靈性內真正地割損已被發現惠及萬事萬物。

五十四·

耶穌說：貧窮的人們是受上主祝福的，因為你們的就是這眾天堂的國度。

五十五·

耶穌說：任何人不少愛他的父親和他的母親（以我之道），他不能跟隨我為門徒。任何人不少愛他的兄弟和他的姊妹，不拿起他的十字架以我之道，他來到世間對我而言是不值得的。(參 [多 101])

52.
His disciples said to him, "Twenty-four prophets have spoken in Israel, and they all spoke of you." He said to them, "You have disregarded the living one who is in your presence, and have spoken of the dead."

53.
His disciples said to him, "Is circumcision beneficial or not?"
He said to them, "If it were beneficial, their father would beget them already circumcised from their mother. Rather, the true circumcision in spirit has become profitable in all respects."

54.
Jesus said, "Blessed are the poor, for yours is the Kingdom of Heaven."

55.
Jesus said, "He who does not loathe father and mother cannot be my disciple, and he who does not loathe brothers and sisters, and bear his cross in my way, will not be worthy of me."

五十二·

ⲡⲉϫⲁ ⲩ | ⲛⲁϥ ⲛ̄ϭⲓ ⲛⲉϥ ⲙⲁⲑⲏⲧⲏⲥ ϫⲉ ϫⲟⲩⲧ ⲁϥⲧⲉ |
說 他們 對他 (指) 他的 門徒們 這話 二十四位

ⲙ̄ ⲡⲣⲟⲫⲏⲧⲏⲥ ⲁⲩ ϣⲁϫⲉ ϩⲙ̄ ⲡ ⲓⲥⲣⲁⲏⲗ | ⲁⲩⲱ ⲁⲩ ϣⲁϫⲉ ⲧⲏⲣ ⲟⲩ
先知 他們曾 說 在 以色列 且 他們曾談論 全部他們

ϩⲣⲁï ⲛ̄ ϩⲏⲧⲕ ⲡⲉ-|ϫⲁ ϥ ⲛⲁⲩ ϫⲉ ⲁⲧⲉⲧⲛ̄ ⲕⲱ ⲙ̄ ⲡⲉⲧ ⲟⲛϩ
下及於 <你內> 說 他 對他們 你們已 漠視 那位 生命者

ⲙ̄ ⲡⲉ-|ⲧⲛ̄ ⲙ̄ⲧⲟ ⲉⲃⲟⲗ ⲁⲩⲱ ⲁⲧⲉⲧⲛ̄ ϣⲁϫⲉ ϩⲁ ⲛⲉⲧ | ⲙⲟⲟⲩⲧ
在你們的 <臨在 顯現> 但是 你們 談論 關於 那些 死的

五十三·

ⲡⲉϫⲁ ⲩ ⲛⲁϥ ⲛ̄ϭⲓ ⲛⲉϥ ⲙⲁⲑⲏⲧⲏⲥ | ϫⲉ ⲡ ⲥⲃ̄ⲃⲉ ⲣ̄ ⲱⲫⲉⲗⲉⲓ
說 他們 對他 (指) 他的 門徒們 這 割損 成爲 利益

ⲏ ⲙ̄ⲙⲟⲛ ⲡⲉϫⲁ ϥ | ⲛⲁⲩ ϫⲉ ⲛⲉ ϥ ⲣ̄ ⲱⲫⲉⲗⲉⲓ ⲛⲉⲡⲟⲩ ⲉⲓⲱⲧ
或是 或不是 說 他 對他們 如果它 成爲 利益 他們的 父親

ⲛⲁ | ϫⲡⲟ ⲟⲩ ⲉⲃⲟⲗ ϩⲛ̄ ⲧⲟⲩ ⲙⲁⲁⲩ ⲉⲩ ⲥⲃ̄ⲃⲏⲩ | ⲁⲗⲗⲁ
就會 生 他們 出來 從 他們的 媽 他們 已被割損 然而

ⲡ ⲥⲃ̄ⲃⲉ ⲙ̄ ⲙⲉ ϩⲙ̄ ⲡ̄ⲛ̄ⲁ̄ ⲁϥ ϭⲛ̄ ϩⲏⲩ | ⲧⲏⲣϥ
這割損 真正的 在 靈性 他已被發現 惠及 萬事萬物

ⲙ̄ⲙⲟⲛ(當受詞代名詞) =(對)我們；
ⲙ̄ⲙⲟⲛ(當副詞) = 不，或不；

ϭⲛ̄ ϩⲏⲩ = 賺得，獲益 (find profit, gain)；
ϭⲛ̄ ϩⲏⲩ ⲧⲏⲣϥ = 被發現有無窮的益處。

五十四·

ⲡⲉϫⲉ ⲓ̄ⲥ̄ ϫⲉ ϩⲛ̄ ⲙⲁⲕⲁⲣⲓⲟⲥ ⲛⲉ ⲛ ϩⲏ-|ⲕⲉ ϫⲉ
說 耶穌 這些 受上主祝福的 是 這些 貧窮的 因爲

ⲧⲱⲧⲛ̄ ⲧⲉ ⲧ ⲙⲛ̄ⲧⲉⲣⲟ ⲛ ⲙ̄ ⲡⲏⲩⲉ
你們的 是 這 國度 眾天堂的

ⲛ̄ⲧⲱⲧⲛ̄ = 你們；
ⲧⲱⲧⲛ̄ = 你們的。

五十五·

ⲡⲉϫⲉ ⲓ̄ⲥ̄ ϫⲉ ⲡⲉⲧⲁ ⲙⲉⲥⲧⲉ ⲡⲉϥ ⲉⲓⲱⲧ | ⲁⲛ ⲙⲛ̄ ⲧⲉϥ ⲙⲁⲁⲩ ϥ
說 耶穌 任何人 少愛 他的 爸爸 不 和 他的 媽媽 他

ⲛⲁϣ ⲣ̄ ⲙⲁⲑⲏⲧⲏⲥ ⲁⲛ | ⲛⲁ ⲉⲓ ⲁⲩⲱ ⲛ̄ϥ ⲙⲉⲥⲧⲉ ⲛⲉϥ ⲥⲛⲏⲩ
能 成爲 門徒 不 對(跟)我 且 (否定共軛連接詞) 少愛 他的 兄弟們

[ϥⲓ]
ⲙⲛ̄ | ⲛⲉϥ ⲥⲱⲛⲉ ⲛ̄ϥ ϥⲉⲓ ⲙ̄ ⲡⲉϥ ⲥⲣⲟⲥ ⲛ̄ ⲧⲁ ϩⲉ | ϥ ⲛⲁ ϣⲱⲡⲉ
和 他的 姊妹們 且 拿起 他的 十字架 以我之道 他將 來到(世間)

ⲙⲉⲥⲧⲉ = 少愛 (源自希臘文 μισος)，在這裏可解釋爲更宏大的真理而不從世俗之愛；憎恨在此文件的字眼是 ⲙⲟⲥⲧⲉ (參 [多 *68*] 的用法)；

ⲛⲁ ⲉⲓ = 跟隨我 (參第 19 段)；

五十五‧〔另譯〕(若不把 ñq 當作否定共軛連接詞看待)

耶穌說：任何人不少愛他的父親和他的母親，他不能跟隨我為門徒。任何人少愛他的兄弟和他的姊妹，並拿起他的十字架以我之道，他來到世間對我而言是不值得的。

五十六‧

耶穌說：任何人已認識這個世界，他已找到了一具肉體。任何人已找到了一具肉體，對他而言這世界是不值得的。

〔另譯〕

耶穌說：任何人著眼於這世界，他找到的是一具肉體。任何人在這世界中找到的是一具肉體，這世界實在不值得他來。

56.
Jesus said, "He who has come to know the world has found the corpse, and he who has found the corpse, the world is not worthy of him."

五十七‧

耶穌說：天父的國度就如同一個人有一些{好的}種子，他的仇家在晚上來散播了一些野草子在這好的種子當中。他對他們說：不相干的人都不要去拔這些野草子，以免你們將這些野草子和麥子一起拔掉。因為，當收成的這一天，這些野草子將會冒出來，他們會拔掉它們並燒毀它們。

57.
Jesus said, "The Kingdom of Father is like a man who has {good} seed. One night, his enemy came and sowed weeds among the good seed. The man did not allow them to pull up the weeds. He said to them, 'Lest perhaps you go to pull up the weed, and pull up the wheat with it.' For on the day of the harvest the weeds will appear; they will be pulled up and burned."

五十八‧

耶穌說：一個已遭逢艱難(辛勤工作)的人是受上主祝福的，他已找到了這生命。

58.
Jesus said, "Blessed is the man who has suffered (toiled) and has found life."

ⲁⲛ ⲉϥ ⲟ ⲛ̄ ⲁⲝⲓⲟⲥ ⲛⲁ ⲉⲓ
不 他 是 配值得 對我

五十六．

[ⲟⲩ]
ⲡⲉ-|ϫⲉ ⲓ̅ⲥ̅ ϫⲉ ⲡⲉⲧⲁϩ ⲥⲟⲩⲱⲛ ⲡ ⲕⲟⲥⲙⲟⲥ ⲁϥ | ϩⲉ ⲉ ⲩ ⲡⲧⲱⲙⲁ
說 耶穌 任何人已 認識 這 世界 他已 找到 一具 肉體
[ⲟⲩ]
ⲁⲩⲱ ⲡⲉⲛⲧⲁϩ ϩⲉ ⲉ ⲁ ⲡⲧⲱ-|ⲙⲁ ⲡ ⲕⲟⲥⲙⲟⲥ ⲙ̄ⲡϣⲁ ⲙ̄ⲙⲟ ϥ ⲁⲛ
且 任何人已 找到 一具 肉 體 這 世界 值得 對 他 不

ⲁⲝⲓⲟⲥ = 配的，值得的。

ⲡⲧⲱⲙⲁ (原希臘文 πτωμα) = 肉體，屍體；

ⲥⲱⲙⲁ(原希臘文 σωμα) = 身體軀殼(見第 80 段。

五十七．

[ⲟⲩ]
ⲡⲉ-|ϫⲉ ⲓ̅ⲥ̅ ϫⲉ ⲧ ⲙⲛ̄ⲧⲉⲣⲟ ⲙ̄ ⲡ ⲉⲓⲱⲧ ⲉⲥ ⲧⲛ̄ⲧⲱ[ⲛ] | ⲁ ⲩ ⲣⲱⲙⲉ
說 耶穌 這 國度 這 父親的 她 就如同 曾有一個 人

ⲉⲩⲛ̄ ⲧⲁϥ ⲙ̄ ⲙⲁⲩ ⲛ̄ⲛ̄ ⲟⲩ ϭⲣⲟϭ | ⲉ̣ⲛ̣{ⲁⲛⲟ}ⲩϥ ⲁ ⲡⲉϥ ϫⲁϫⲉ ⲉⲓ
<他曾擁有> 那兒 一些 種子 好的 他的 敵人 來了

[ⲙ̄]
ⲛ̄ ⲧ ⲟⲩϣⲙ * ⲁϥ ⲥⲓⲧⲉ ⲛ̄ ⲟⲩ ⲍⲓⲍⲁⲛⲓ{ⲟ}ⲛ̣ ⲉ̣ϫⲛ̄ ⲡⲉ ϭⲣⲟ{ϭ ⲉ-|ⲧ
在 晚上 他 散播了 一些 野草子 於當中 這 種子 那是

ⲛⲁⲛⲟⲩ} ϥ ⲙ̄ⲡⲉ ⲡ ⲣⲱⲙⲉ ⲕⲟⲟⲩⲉ ϩⲱⲗⲉ | ⲙ̄ ⲡ ⲍⲓⲍⲁⲛⲓⲟⲛ ⲡⲉϫⲉ
好的 不可 這 <其他的人們> 拔 這些 野草子 說

ϥ ⲛⲁⲩ ϫⲉ ⲙⲏⲡⲱⲥ | ⲛ̄ⲧⲉⲧⲛ̄ ⲃⲱⲕ ϫⲉ ⲉⲛⲁ ϩⲱⲗⲉ
他 對他們 這話 以免 你們 走 將去 拔

ⲙ̄ ⲡ ⲍⲓⲍⲁⲛⲓⲟ[ⲛ] | ⲛ̄ⲧⲉⲧⲛ̄ ϩⲱⲗⲉ ⲙ̄ ⲡ ⲥⲟⲩⲟ ⲛ̄ⲙ̄ⲙⲁ ϥ
這些 野草子 你們 拔 這 麥子 一起和 它

[ⲡ ϩ] [ⲱϩⲥ̄]
ϩⲙ̄ ⲫⲟ-|ⲟⲩ ⲅⲁⲣ ⲙ̄ ⲡ ⲱϩ̄ⲥ̄ ⲛ̄ ⲍⲓⲍⲁⲛⲓⲟⲛ ⲛⲁ ⲟⲩⲱⲛϩ | ⲉⲃⲟⲗ
當 這一天 因為 這 收成 這些 野草子 將 顯現 出來

ⲥⲉ ϩⲟⲗ ⲟⲩ ⲛ̄ⲥⲉ ⲣⲟⲕϩ ⲟⲩ
他們 拔 它們 他們並 燒毀 它們

ⲛ̄ ⲧⲁ (+代名詞) = (某)有，(某)已；

ⲧⲁ (+名詞) = 我的(東西)；

ⲙⲏⲡⲱⲥ = 以免，避免一切的可能性。

五十八．

ⲡⲉϫⲉ ⲓ̅ⲥ̅ | ϫⲉ ⲟⲩ ⲙⲁⲕⲁⲣⲓⲟⲥ ⲡⲉ ⲡ ⲣⲱⲙⲉ ⲛ̄ⲧⲁϩ ϩⲓⲥⲉ |
說 耶穌 一個 受上主祝福者 是 這 人 他已 遭逢艱難
(辛勤工作)

ⲁϥ ϩⲉ ⲁ ⲡ ⲱⲛϩ
他已 遇 著 這 生命

ϩⲓⲥⲉ 有兩種意思：其一是「困苦艱難」，其二是「辛勤工作」的意思。

五十九·

耶穌說：當你們活著的時候，觀摩追尋那位活於生命者，免得你們死亡，也免得你們想尋求看見他，但你們沒有能力找到他。

〔另譯〕

耶穌說：當你們活著的時候，仔細觀摩並追尋那位活於生命者，以免淪喪！到那時，即使你們想去追尋他，可是你們已無法找到他了。

六十·

（他們）看到一個撒瑪利亞人帶著一隻羊走入猶太地境。

他對他的門徒們說：那隻羊被蜷曲著。

他們對他說：如此做法，他就可以殺死牠並吃牠。（另譯：他準備殺牠來吃。）

他對他們說：當牠活著的時候，他不吃牠。但是當他殺了牠，牠就成為一具肉體。

他們便說：否則他就沒法吃牠。

他對他們說：同樣地，你們也要為你們自己尋獲一席之地，使你們進入到一處安息之所。如此，你們就不會來到世間變成肉體，而讓你們自己被吞噬了。

59.
Jesus said, "Look upon the living one as long as you live, lest you die and seek to see him, but you will be unable to see."

60.
He saw a Samaritan carrying a lamb and going to Judea.
He said to his disciples, "That man is round about the lamb."
They said to him, "So that he may kill it and eat it."
He said to them, "While it is alive he will not eat it, but only after he has killed it and it has become a corpse."
They said, "Otherwise he cannot do so."
He said to them, "You, too, seek for yourselves a place for repose, lest you become a corpse and be eaten."

五十九．

ΠΕΧΕ Ⲓ̅Ⲥ̅ ΧΕ ϬⲰϢⲦ Ⲛ̄ⲤⲀ ΠⲈ-|Ⲧ ΟΝϨ　　ϨⲰⲤ ΕΤΕΤⲚ̄ ΟΝϨ
說 耶穌 這話 <觀察 追尋> 那位 生命者 當...時 你們 活著

ϨⲒΝⲀ ΧⲈ ΝⲈⲦⲘ̄ ΜΟⲨ|ⲀⲨⲰ Ⲛ̄ⲦⲈⲦⲚ̄ ϢⲒΝⲈ ⲈΝⲀⲨ ⲈΡⲞ Ϥ ⲀⲨⲰ
以免 你們 死去 並且 你們 尋找 去看 到 他 但是

ⲦⲈⲦΝⲀϢ | ϬⲘ̄ ϬⲞⲘ ⲀΝ
你們 能夠 找到 能力 不

ϬⲰϢⲦ Ⲛ̄ⲤⲀ = 觀摩追尋，渴望看到並追尋 (look after)；

ϨⲒΝⲀ ΧⲈ… ⲀⲨⲰ = 以免(否則)會 …並且會 …。

六十．

　　　　[ⲈⲨ]　　　[ΟⲨ]　　　　　　　　　　　　[-Ⲛ̄]
　　Ⲉ ΝⲀⲨ Ⲁ Ⲩ ⲤⲀΜⲀΡⲈⲒⲦⲎⲤ　ⲈϤ ϤⲒ Ⲛ̄ | Ⲛ̄ ΟⲨ ϨⲒⲈⲒⲂ
　　他們 看 到 一個 撒瑪利亞人 他 帶著 一 隻 羊
　　　　　　　　　　　[Ⲧ Ⲓ]
ⲈϤ ⲂⲎⲔ ⲈϨΟⲨΝ Ⲉ ⳦ΟⲨⲆⲀⲒⲀ ΠⲈ-|ΧⲀ Ϥ Ⲛ̄ ΝⲈϤ ΜⲀΘⲎⲦⲎⲤ ΧⲈ
他 走 進入 到 猶太地區 說 他 對他的 門徒們 這話

ΠⲎ Ⲙ̄ Π ⲔⲰⲦⲈ |Ⲙ̄ ΠⲈ ϨⲒⲈⲒⲂ ΠⲈΧⲀ Ⲩ ΝⲀϤ　ΧⲈⲔⲀⲀⲤ ⲈϤ ΝⲀ |
那隻 <被蜷曲> 這 羊 說 他們 對他 如此(做) 他將

ΜΟΟⲨⲦ Ϥ Ⲛ̄Ϥ ΟⲨΟΜ Ϥ ΠⲈΧⲀ Ϥ ΝⲀⲨ　ϨⲰⲤ Ⲉ-|Ϥ ΟΝϨ
殺 牠 並 吃 牠 說 他 對他們 當...時 他 活著

Ϥ ΝⲀ ΟⲨΟΜ Ϥ ⲀΝ ⲀⲖⲖⲀ ⲈϤ ϢⲀ[Ν] ΜΟ-|ΟⲨⲦ Ϥ Ⲛ̄Ϥ ϢⲰΠⲈ
他將 吃 牠 不 然而 當他 殺了 牠 並且牠 變成

Ⲛ̄ ΟⲨ ΠⲦⲰΜⲀ ΠⲈΧⲀ Ⲩ | ΧⲈ　Ⲛ̄ ⲔⲈ ⲤΜΟⲦ Ϥ ΝⲀϢ Ⲁ Ⲥ ⲀΝ
一具 肉體 說 他們 這話 其他 方式 他能 吃 她 不

ΠⲈΧⲀ Ϥ ΝⲀⲨ | ΧⲈ　Ⲛ̄ ⲦⲰⲦⲚ̄ ϨⲰⲦ ⲦⲎⲨⲦⲚ̄　ϢⲒΝⲈ Ⲛ̄ⲤⲀ ΟⲨ |
說 他 對他們 你們 也要 你們自己 尋找 追求 一個
　　　　　　　　　　　　　[ΟⲨ]
ⲦΟΠΟⲤ ΝⲎⲦⲚ̄ ⲈϨΟⲨΝ |Ⲉ Ⲩ ⲀΝⲀΠⲀⲨⲤⲒⲤ ΧⲈⲔⲀⲀⲤ　Ⲛ̄ΝⲈⲦⲚ̄
境地 給你們 進入 到 一個 安息 以致於 你們就不會

ϢⲰΠⲈ Ⲙ̄ ΠⲦⲰΜⲀ Ⲛ̄ⲤⲈ| ΟⲨⲰΜ ⲦⲎⲨⲦⲚ̄
來到(世間) 這 肉體 且它們 吃 你們自己

ϤⲒ(+名詞)，ϤⲒⲦ (+代名詞) = 拿，帶；

ⲔⲈ = 其他，另一，讓給，不同，也；
ⲔΟΟⲨⲈ = 其他(複數)；
ⲤΜΟⲦ = 方式，性質，通則；

Ⲛ̄ⲦⲰⲦⲚ̄ ϨⲰⲦ ⲦⲎⲨⲦⲚ̄… = (按此模式)你們也要驅使你們自己… (參第七十六及第八十八段)；

Ⲛ̄Ⲛ (+代名詞) =不該，就不會。

六十一·

耶穌說：有兩個將要在一張床上休息；這一個將死去，這一個將生活著。

撒羅美（莎樂美）說：你是誰啊？你這人有如從『一』而來。而你曾在我的床上坐過，你曾在我的桌上吃過。

耶穌對她說：我是由這位全義圓滿者而得以實存的，是由我父親所賜的。

我是你的門徒。

因為這樣，我說：只要他來到世間行事公義圓滿，他就會充滿光明。然而，如果他來到世間分裂了，他將充斥著黑暗。

〔另譯〕

耶穌說：有兩個要休息；這一個將死去，另一個將活著。

撒羅美（莎樂美）說：這人，你憑什麼這樣說啊？當時，你曾用過我所預備的，吃過我所做的東西。

耶穌對她說：我是由這位公義圓滿者所出而臨在於此；由我父親那兒，他們已賜給了我。

我是你的門徒。

因為這樣，我說：無論何時當他來到世間行事公義圓滿，他將會充滿光明。然而，當他來到世間分裂了，他將會充斥著黑暗。

六十二·

耶穌說：我告訴我的祕訣給{那些值得我的}祕訣的人。你的右手所做的（事），不要讓你的左手知道它做了什麼。

61.
Jesus said, "Two will recline on a couch; one will die, one will live." Salome said, "Who are you, the man, as though from the One? You have come upon my bed and eaten from my table?"
Jesus said to her, "I am he who comes from the whole. From my Father I was granted."
"I am your disciple."
"Therefore I say, 'If |whenever| one is whole, one will be filled with light, but if |whenever| one is divided, one will be filled with darkness."

62.
Jesus said, "I disclose my mysteries to those {who are worthy of my} mysteries. What your right hand shall do, let not your left hand know what it does."

六十一·

ΠΕΧΕ ΙC̄ ΟΥN̄ CΝΑΥ ΝΑ M̄-|ΤΟΝ M̄ΜΑΥ ϩΙ ΟΥ ϬΛΟϬ Π ΟΥΑ ΝΑ
說 耶穌 有 兩個 將會 休息 　那兒 在一張 床 這一個將

ΜΟΥ Π ΟΥ-|Α ΝΑ ΩΝϩ ΠΕΧΕ CΑΛΩΜΗ N̄ΤΑ Κ ΝΙΜ |Π ΡΩΜΕ
死去 這一個將 生活 　說 撒羅美 　你是 誰 這 人

ϩΩC ΕΒΟΛ ϩN̄ ΟΥΑ ΑΚ ΤΕΛΟ ΕΧM̄ |ΠΑ ϬΛΟϬ ΑΥΩ ΑΚ ΟΥΩΜ
有如 ＜ 從 ＞一個 你曾 坐躺 在 我的 床上 並且 你曾 吃

ΕΒΟΛ ϩN̄ ΤΑ |ΤΡΑΠΕΖΑ ΠΕΧΕ ΙC̄ ΝΑC ΧΕ ΑΝΟΚ ΠΕ |ΠΕΤ
＜ 從 ＞ 我的 桌子 　說 耶穌 對她 這話 我 是 那位

ϢΟΟΠ ΕΒΟΛ ϩM̄ ΠΕΤ ϢΗϢ ΑΥ † |ΝΑ ΕΙ ΕΒΟΛ ϩN̄ ΝΑ
存在 ＜ 從 ＞ 那位 全義者 他們已 給予 我 ＜ 從 ＞那

ΠΑ ΕΙΩΤ ΑΝΟΚ ΤΕΚ |ΜΑΘΗΤΗC ΕΤΒΕ ΠΑΕΙ † ΧΩ M̄ΜΟ C ΧΕ |
我父親的 我是 你的 門徒 　因爲 如此 我 告訴 　這話

（可能是[ϢΗϢ 行公義] 的誤寫→）[ϢΗϢ]

ϩΟΤΑΝ ΕϤ ϢΑ[Ν] ϢΩΠΕ ΕϤ ϢΗϢ ϤΝΑ ΜΟΥϩ |ΟΥΟΕΙΝ
不論何時當他 　來到(世間) 他 招破壞 它將 充滿 光明

ϩΟΤΑΝ ΔΕ ΕϤ ϢΑΝ ϢΩΠΕ ΕϤ |ΠΗϢ Ϥ ΝΑ ΜΟΥϩ N̄ ΚΑΚΕ
不論何時 然而 當他 　來到(世間) 他 分裂 他將 充滿 黑暗

六十二·

ΠΕΧΕ ΙC̄ ΧΕ ΕΙ |ΧΩ N̄ ΝΑ ΜΥCΤΗΡΙΟΝ 　N̄ ΝΕ{Τ M̄ΠϢΑ}
說 耶穌 這話 我 告訴 我的 　祕訣 　給那些人 值得

N̄ *{ΝΑ Μ}ΥCΤΗΡΙΟΝ 　ΠΕ{Τ}Ε ΤΕΚ ΟΥΝΑΜ ΝΑ Α Ϥ |
我的 祕訣的 　任何事 你的 右手 將 做它

[Ρ̄]

ΜN̄ΤΡΕ ΤΕΚ ϩΒΟΥΡ ΕΙΜΕ ΧΕ ΕC Ρ ΟΥ
不要讓 你的 左手 知道 那 她 做了 什麼

ϬΛΟϬ 是沙海迪克科普特文(Sahidic Coptic) 惟一的「床」字,靠椅有另外一字 ΜΑ Ν· ΝΚΟΤΚ;

ϩΩC = 當..時,有如;

ΠΩϢ = 分裂,分割; ΠΗϢ = ?; ϢΗϢ,ϢΩϢ = 使成平等,行事公義; ϢΗϤ,ϢΩϤ = 被遺棄,破壞。有些學者認爲這裏的 ϢΗϤ 是 ϢΗϢ 之誤寫,並且前一句才剛提到 ϢΗϢ。

六十三‧

耶穌說：從前有一個富有的人，他有許多錢財。他說：我將利用我的錢財；因此我播種了，就會有收成；栽種了，我的倉庫就會充滿糧食。如此，我就不需要任何東西了。他正在心裏盤算著這些想法。出乎意料地，在這晚上也就在那兒，他死了。任何有耳朵的人，願他聆聽。

63.

Jesus said, "There was a rich man who had many possessions. He said, 'I will use my possessions so that I may sow, reap, plant, and fill my barns with produce. As a result, I may need of nothing.' These were the thoughts in his heart. But that very night he died. He who has ears, let him hear! "

六十四‧

耶穌說：從前有一個人，他已經準備好了盛大的宴會，就差遣他的僕人去邀請客人們。(這僕人)他走到這第一個客人那裏對他說：我的主人邀請你。他回答說：我有一些錢要給那些商家，他們就要到我這裏來了；晚上我得去向他們定貨，因此我婉謝這場宴席。他走到另外一個客人那裏對他說：我的主人邀請你。他回答說：我已買了一棟房子，他們會讓我忙上一整天，

64.

Jesus said, "A man was having some guests. When he had prepared the banquet, he sent his servant to invite the guests. The servant went to the first and said to him, 'My master invites you.' He replied, 'Some merchants are coming to me in the evening. I have some money and I will go and meet them to place the orders. I ask to be excused from the banquet.' He went to another and said to him, 'My master has invited you.' He replied, 'I have bought a house, and they require me to spend one day.

六十三·

ⲡⲉⲝⲉ ⲓ̅ⲥ̅ |ⲝⲉ ⲛⲉⲩⲛ̄ ⲟⲩ ⲣⲱⲙⲉ ⲙ̄ ⲡⲗⲟⲩⲥⲓⲟⲥ ⲉⲩⲛ̄ ⲧⲁϥ ⲙ̄ |ⲙⲁⲩ
說 耶穌 這話 曾經有 一個人　富有的　<他曾擁有>　那兒

ⲛ̄ ϩⲁϩ ⲛ̄ⲭⲣⲏⲙⲁ ⲡⲉⲭⲁ ϥ ⲝⲉ ⲧ̄ⲛⲁ ⲣ̄ ⲭⲣⲱ ⲛ̄ |ⲛⲁ ⲭⲣⲏⲙⲁ ⲝⲉⲕⲁⲁⲥ
許多　錢財　說 他 我將 利用 我的 錢財　因此

ⲉ ⲉⲓ ⲛⲁ ⲭⲟ ⲛ̄ⲧⲁ ⲱϭϩ |ⲛ̄ⲧⲁ ⲧⲱϭⲉ ⲛ̄ⲧⲁ ⲙⲟⲩϩ ⲛ̄ ⲛⲁ ⲉϩⲱⲣ
我 將 播種 會有 收成 會有 種植 會有 充滿　我的 倉庫

ⲛ̄ ⲕⲁⲣ-|ⲡⲟⲥ ϣⲓⲛⲁ ⲝⲉ ⲛ ⲓ ⲣ̄ ϭⲣⲱϩ ⲗ̄ⲗⲁⲁⲩ ⲛⲁⲉⲓ ⲛⲉ |ⲛⲉϥ
　果 實　以致於 不 我 需要 任何東西 這些 是　他的

ⲙⲉⲉⲩⲉ ⲉⲣⲟ ⲟⲩ ϩⲙ̄ ⲡⲉϥ ϩⲏⲧ ⲁⲩⲱ ϩⲛ̄ |ⲧ ⲟⲩϣⲏ ⲉⲧ ⲙ̄ ⲙⲁⲩ
　想法 關於它們 在 他的 心裏 但是　在 這晚上 就在 那兒

ⲁϥ ⲙⲟⲩ ⲡⲉⲧ ⲉⲩⲙ̄ ⲙⲁ[ⲁ]ⲝⲉ |ⲙ̄ⲙⲟ ϥ ⲙⲁⲣⲉϥ ⲥⲱⲧⲙ̄
他 死了 任何人 有　耳朵　的他　願他 聆聽

六十四·

ⲡⲉⲭⲉ ⲓ̅ⲥ̅ ⲝⲉ ⲟⲩ ⲣⲱ-|ⲙⲉ ⲛⲉⲩⲛ̄　ⲧⲁϥ ϩⲛ̄ ϣⲙ̄ⲙⲟ ⲁⲩⲱ ⲛ̄ⲧⲁⲣⲉ ϥ
說 耶穌 這話 一個人 曾經有 他要有 一些客人 且 當他..後

ⲥⲟⲃ-|ⲧⲉ ⲙ̄ ⲡ ⲇⲓⲡⲛⲟⲛ ⲁϥ ⲝⲟⲟⲩ ⲙ̄ ⲡⲉϥ ϩⲙ̄ϩⲁⲗ ϣⲓ-|ⲛⲁ ⲉϥ ⲛⲁ
準備好　這 宴席　　他 差遣　他的　　僕人 如 此 他將

ⲧⲱϩⲙ ⲛ̄ⲛ̄ ϣⲙ̄ⲙⲟⲉⲓ ⲁϥ ⲃⲱⲕ ⲙ̄ |ⲡ ϣⲟⲣⲡ ⲡⲉⲭⲁ ϥ ⲛⲁϥ ⲝⲉ
邀請 這些 客人們 他 走去 這第一個　說 他 對他 這話

ⲡⲁ ⲭⲟⲉⲓⲥ ⲧⲱϩⲙ |ⲙ̄ⲙⲟ ⲕ ⲡⲉⲭⲁ ϥ ⲝⲉ ⲟⲩⲛ̄ ⲧⲁ ⲉⲓ ϩⲛ̄ ϩⲟⲙⲧ |
我的 主人 邀請　你 說 他 <我擁有> 一些 錢

ⲁ ϩⲉⲛ ⲉⲙⲡⲟⲣⲟⲥ ⲥⲉ ⲛ̄ⲛⲏⲩ ϣⲁⲣⲟ ⲉⲓ ⲉ ⲣⲟⲩϩⲉ |ⲧ̄ ⲛⲁ ⲃⲱⲕ ⲛ̄ⲧⲁ
要給那些 商家 他們 正要來 向 我(這兒) 晚上 我 將 去 已

ⲟⲩⲉϩⲥⲁϩⲛⲉ ⲛⲁⲩ ⲧ̄ ⲣ̄ ⲡⲁⲣⲁⲓ-|ⲧⲉⲓ ⲙ̄ ⲡ ⲇⲓⲡⲛⲟⲛ ⲁϥ ⲃⲱⲕ ϣⲁ
　定貨　向他們 我　婉　謝　這 宴席　他 走 到

ⲕⲉ ⲟⲩⲁ　ⲡⲉ-|ⲭⲁ ϥ ⲛⲁϥ　ⲝⲉ ⲁⲡⲁ ⲭⲟⲉⲓⲥ ⲧⲱϩⲙ ⲙ̄ⲙⲟ ⲕ |
另外一個　說 他 對他 這話 我的 主人 邀請　你

ⲡⲉⲭⲁ ϥ ⲛⲁϥ ⲝⲉ ⲁⲉⲓ ⲧⲟⲟⲩ ⲟⲩ ⲏⲉⲓ ⲁⲩⲱ ⲥⲉ |ⲣ̄ ⲁⲓⲧⲉⲓ ⲙ̄ⲙⲟ ⲉⲓ |
說 他 對他 我 已 買了一棟房子 並且 他們 須要　我

ⲛⲉⲩⲛ̄ ’ ⲛⲉ ⲟⲩⲛ̄ =
那兒曾經有 (there was)；

ⲉⲩⲛ̄ = 曾擁有；

ⲟⲩⲛ̄ ‥ⲙ̄ⲙⲟ- = (某)有；

ⲧⲟⲟⲩ (當動詞) = 買；
ⲣⲉϥ ⲧⲟⲟⲩ = 買者；
ⲧⲟⲟⲩ (當名詞) = 山。

我沒有空閒。他來到另外 一個客人那裏對他說：我的主人邀請你。他回答說：我的朋友將要結婚，而我忙著準備那席婚宴，我不能來，因此我婉謝這場宴席。他走到另外一個客人那裏對他說：我的主人邀請你。他回答說：我已買了一個農場，我就要去收佃租，我不能來，因此我婉謝這場宴席。這僕人回稟他的主人說：那些你所邀請的客人全都婉拒來赴這場宴席。這主人對他的僕人說：到外邊去，將你在路上所遇到的每一個人帶進來，招待他們享用宴席。至於那些買主和那些生意人，{他們將}進入不到我父親的境界。

六十五·

他說：從前有一個高義卓絕（聖善）的人，{他擁有}一個葡萄園。他把園子交給了幾個園戶，讓他們種植經營，好從他們那裡得到些產物。（時期一到）他派遣他的僕人

I shall not have any spare time.' He went to another and said to that one, 'My master invites you.' He replied, 'My friend is to be married, and I am to prepare the (wedding) banquet. I shall not be able to come. I ask to be excused from the banquet.' He went to another and said to him, 'My master invites you.' He replied, 'I have bought a farm, and I am going to collect the rent. I shall not be able to come. I ask to be excused.' The servant returned and said to his master, 'Those whom you invited to the banquet have asked to be excused.' The master said to his servant, "Go outside to the streets and bring back whomever you meet so that they may dine.' Buyers and merchants {will} not enter the places of my Father."

65.

He said, "There was a gre{at} man who owned a vineyard and rented it to some tenant farmers, so they could work it and he could collect its produce from them. He sent his servant

Ⲛ ⲟⲩ ⲅ︮ⲏⲙⲉⲣⲁ   ⲧ︦ⲛⲁ ⲥ︦ⲣ︦ϥⲉ ⲁ[ⲛ] | ⲁϥ ⲉⲓ   ⲱⲁ ⲕⲉ ⲟⲩⲁ ⲡⲉⲭⲁ ϥ
一整天的時間 我將 空閒 不得   他 來 到 另外一個 說 他

ⲛⲁϥ ⲭⲉ ⲡⲁ ⲭⲟ-|ⲉⲓⲥ ⲧⲱϩ︦ⲙ ⲙ︦ⲙⲟⲕ ⲡⲉⲭⲁ ϥ ⲛⲁϥ ⲭⲉ ⲡⲁ ⲱⲃⲏⲣ |
對他   我的 主人 邀請 你   說 他 對他 我的 朋友

ⲛⲁ ⲣ︦ ⲱⲉⲗⲉⲉⲧ ⲁⲩⲱ ⲁⲛⲟⲕ ⲉⲧ ⲛⲁ ⲣ︦ ⲇⲓⲡⲛⲟⲛ | ⲧ︦ ⲛⲁⲱ [ⲉ]ⲓ̈ ⲁⲛ
將要 結婚 而 我 (who) 將備 宴席 我 能 來 不

ⲧ︦ ⲣ︦ ⲡⲁⲣⲁⲓⲧⲉⲓ ⲙ︦ⲡ ⲇⲓⲡⲛⲟⲛ ⲁϥ |ⲃⲱⲕ ⲱⲁ ⲕⲉ ⲟⲩⲁ ⲡⲉⲭⲁ ϥ
我要 婉謝   這 宴席 他 走 到 另外一個 說 他

ⲛⲁϥ ⲭⲉ ⲡⲁ ⲭⲟⲉⲓⲥ |ⲧⲱϩ︦ⲙ ⲙ︦ⲙⲟⲕ ⲡⲉⲭⲁ ϥ   ⲛⲁϥ   ⲭⲉ   ⲁⲉⲓ
對他   我的 主人 邀請 你   說 他 對他 這話 我已

ⲧⲟⲟⲩ ⲛ︦ |ⲟⲩ ⲕⲱⲙⲏ ⲉⲉⲓ ⲃⲏⲕ ⲁ ⲭⲓ ⲛ︦ⲱⲱⲙ ⲧ︦ ⲛⲁⲱ [ⲉ]ⲓ̈ ⲁⲛ
買了 一個 農場 我 要 去 收取 這佃租 我 能 來 不

ⲧ︦ ⲣ︦ ⲡⲁⲣⲁⲓⲧⲉⲓ ⲁϥ ⲉⲓ ⲛ︦ϭⲓ ⲡ ϩⲙ︦ϩⲁ︤ⲗ︥ ⲁϥ ⲭⲟ| ⲟⲥ ⲁ ⲡⲉϥ ⲭⲟⲉⲓⲥ
我 婉謝   他 來 (指)這僕人 他 告訴 他的 主人

ⲭⲉ   ⲛⲉⲛⲧⲁⲕ ⲧⲁϩⲙ ⲟⲩ ⲁ | ⲡ ⲇⲓⲡⲛⲟⲛ   ⲁⲩ ⲡⲁⲣⲁⲓⲧⲉⲓ   ⲡⲉⲭⲉ
那些你已 邀請 他們來 這 宴席   他們 婉謝   說

ⲡ ⲭⲟⲉⲓⲥ ⲙ︦ | ⲡⲉϥ ϩⲙ︦ϩⲁ︤ⲗ︥ ⲭⲉ ⲃⲱⲕ ⲉⲡ ⲥⲁⲛ ⲃⲟⲗ ⲁ | ⲛ ϩⲓⲟ-|ⲟⲩⲉ
這 主人 對他的 僕人 這話 走到 這 <外邊> 去 這些 路上

ⲛⲉⲧ ⲕ ⲛⲁ ϩⲉ ⲉⲣⲟ ⲟⲩ ⲉⲛⲓ ⲟⲩ   ⲭⲉⲕⲁⲁⲥ |ⲉⲩ ⲛⲁ ⲣ︦ ⲇⲓⲡⲛⲉⲓ
那些人你將 遇到 他們帶··來 他們 如此 他們將入 宴席

ⲛ︦ ⲣⲉϥ ⲧⲟⲟⲩ ⲙ︦ⲛ ⲛ ⲉϣⲟ-|ⲧ̣{ⲉ ⲥⲉ ⲛⲁ ⲃ}ⲱⲕ ⲁⲛ ⲉϩⲟⲩⲛ
<買 家>(複) 和 生意人 (複) 他們將 走 不 進入

ⲉ ⲛ ⲧⲟⲡⲟⲥ   ⲙ︦ⲡⲁ ⲓ̈ⲱⲧ   *
到 這些 境地   我 父親的

六十五·

ⲡⲉⲭⲁ ϥ ⲭⲉ   ⲟⲩ ⲣⲱⲙⲉ ⲛ︦ ⲭⲣⲏ{ⲥⲧⲟ}ⲥ ⲛⲉⲩⲛ̣ⲧ̣{ⲁϥ} | ⲛ︦ ⲟⲩ ⲙⲁ
說 他   一個人 卓越高義的 曾經 他擁有 一個 地方

ⲛ︦ ⲉⲗⲟⲟⲗⲉ ⲁϥ ⲧⲁⲁ ϥ ⲛ︦ϩ︦ⲛ ⲟⲩⲟⲉⲓⲉ |ⲱⲓⲛⲁ ⲉⲩⲛⲁ ⲣ︦ ϩⲱⲃ ⲉⲣⲟϥ
(產)葡萄的 他已 給它 一些 佃農 如此 他們將 做 工作 於它

ⲛ︦ϥ ⲭⲓ {ⲙ︦}ⲡⲉϥ ⲕⲁⲣ-|ⲡⲟⲥ ⲛ︦ ⲧⲟⲟⲧ ⲟⲩ ⲁϥ ⲭⲟⲟⲩ ⲙ︦ⲡⲉϥ ϩⲙ︦ϩⲁ︤ⲗ︥
並 收取它的   成果 <從他們的手> 他 派遣 他的 僕人

在當時，人們要花好
多時間準備婚宴和大
宴席，婚宴常要慶祝
一周。

向這些園戶索取這葡萄園的收成。他們抓住他的僕人並毆打了他，差一點點就把他打死。這僕人逃開了，他向他的主人稟報（事情的經過）。他的主人說：也許他不認識他們。他便派遣了另一個僕人去，這些園戶又毆打了這另一個。之後，這主人派遣他的兒子去。他說：也許他們會對我的兒子有所愧疚。在那裏的園戶，因為知道他是這葡萄園產業的繼承者，他們逮捕了他並殺了他。任何有耳朵的人，願他聆聽。

六十六‧

耶穌說：展示給我看看這塊石頭吧！這一塊就是那匠人們丟棄的，然而它卻是這屋牆下的基石。

六十七‧

耶穌說：即使有人瞭解這萬事萬物，但如果他渴望得到他自己，就是渴望得到這萬事萬物之所。

so that the tenants would give him the produce of vineyard. They seized him, beat him, and all but killed him, and the servant returned and told his master. His master said, "Perhaps he did not know them." He sent another servant, and the tenants beat this one as well. Then the master sent his son and said, "Perhaps they will pay respect to my son." Because the tenants knew that he was the heir to the vineyard, they seized him and killed him. He who has ears, let him hear!"

66.
Jesus said, "Show me the stone which the builders have rejected, it is the cornerstone."

67.
Jesus said, "He who knows the all but (still) needs himself, he needs the place of all."

ⲭⲉ-|ⲕⲁⲁⲥ ⲉ ⲛ ⲟⲩⲟⲉⲓⲉ ⲛⲁ ⲧⲛⲁ ϥ ⲙ̄ ⲡ ⲕⲁⲣⲡⲟⲥ ⲙ̄ |ⲡ ⲙⲁ
如 此 這些 佃農 將會 給予 他 這 收成 這 地方

ⲛ̄ ⲉⲗⲟⲟⲗⲉ ⲁⲩ ⲉⲙⲁϩⲧⲉ ⲙ̄ ⲡⲉϥ ϩⲙ̄ϩⲁⲗ̄ | ⲁⲩ ϩⲓⲟⲩⲉ ⲉⲣⲟ ϥ
(產)葡萄的 他們 抓住 他的 僕人 他們 毆打 對他

ⲛⲉⲕⲉ ⲕⲟⲩⲉⲓ ⲡⲉ ⲥⲉ ⲙⲟⲟⲩⲧ ϥ ⲁ ⲡ ϩⲙ̄ϩⲁⲗ̄ ⲃⲱⲕ ⲁϥ ⲭⲟⲟⲥ
就差 一點點 是 他們 殺死他 這 僕人 離開 他 告訴

ⲉⲡⲉϥ ⲭⲟⲉⲓⲥ ⲡⲉ-|ⲭⲉ ⲡⲉϥ ⲭⲟⲉⲓⲥ ⲭⲉ ⲙⲉⲱⲁⲕ ⲙ̄ⲡ ⲉϥ
他的 主人 說 他的 主人 這話 也許 <他不>

ⲥⲟⲩⲱ-|ⲛ ⲟⲩ ⲁϥ ⲭⲟⲟⲩ ⲛ̄ ⲕⲉ ϩⲙ̄ϩⲁⲗ̄ ⲁ ⲛ ⲟⲩⲟⲉⲓⲉ ϩⲓ-|ⲟⲩⲉ
認識 他們 他 派遣 另一個 僕人 這些 佃農 毆打

ⲉ ⲡ ⲕⲉ ⲟⲩⲁ ⲧⲟⲧⲉ ⲁ ⲡ ⲭⲟⲉⲓⲥ ⲭⲟⲟⲩ ⲙ̄ | ⲡⲉϥ ⲱⲏⲣⲉ ⲡⲉⲭⲁ ϥ
對這 另一個 然後 這 主人 派遣 他的 兒子 說 他

ⲭⲉ ⲙⲉⲱⲁⲕ ⲥⲉ ⲛⲁ ⲱⲓⲡⲉ | ϩⲏⲧ ϥ ⲙ̄ ⲡⲁ ⲱⲏⲣⲉ ⲁ ⲛ ⲟⲩⲟⲉⲓⲉ
這話 也許 他們 將 愧疚 之前他 我的 兒子 這些 佃農

ⲉⲧ ⲙ̄ ⲙⲁⲩ ⲉⲡⲉⲓ |ⲥⲉ ⲥⲟⲟⲩⲛ ⲭⲉ ⲛ̄ⲧⲟ ϥ ⲡⲉ ⲡⲉ ⲕⲁⲏⲣⲟⲛⲟⲙⲟⲥ |
在那裏的 因為 他們 知道 關於 他 就是 這 繼承者

[ⲛ̄]
ⲙ̄ ⲡ ⲙⲁ ⲛ̄ ⲉⲗⲟⲟⲗⲉ ⲁⲩ ϭⲟⲡ ϥ ⲁⲩ ⲙⲟⲟⲩⲧ ϥ |ⲡⲉⲧ ⲉⲩⲙ̄ ⲙⲁⲁⲭⲉ
這地方 (產)葡萄的 他們逮捕他 他們 殺了他 任何人 有 耳朵

ⲙ̄ⲙⲟ ϥ ⲙⲁⲣⲉϥ ⲥⲱⲧⲙ̄
的他 願他 聆聽

六十六.

ⲡⲉ-|ⲭⲉ ⲓ̄ⲥ̄ ⲭⲉ ⲙⲁ ⲧⲥⲉⲃⲟ ⲉⲓ ⲉⲡ ⲱⲛⲉ ⲡⲁⲉⲓ ⲛ̄ⲧⲁⲩ | ⲥⲧⲟ ϥ
說 耶穌 (祈使語氣)顯示給我 這石頭 這個 他們已 遺棄它

[-ⲱ]
ⲉⲃⲟⲗ ⲛ̄ϭⲓ ⲛⲉⲧ ⲕⲱⲧ ⲛ̄ⲧⲟ ϥ ⲡⲉ ⲡ ⲱⲱ-|ⲛⲉ ⲛ̄ ⲕⲱϩ
出去 (指)那些人建造 然而 它是 這石 頭 在牆腳的

六十七.

ⲡⲉⲭⲉ ⲓ̄ⲥ̄ ⲭⲉ ⲡⲉⲧ ⲥⲟⲟⲩⲛ ⲙ̄ ⲡ ⲧⲏⲣ ϥ ⲉϥ ⲣ̄ ϭⲣⲱϩ
說 耶穌 這話 任何人 知道 這 萬事萬物 如果他 渴求

[ϥ ⲣ̄]
ⲟⲩⲁⲁϥ ⲣ̄ ϭⲣⲱϩ ⲙ̄ ⲡ ⲙⲁ ⲧⲏⲣ ϥ
他自己 [他]便渴求 這 地方 萬事萬物

ϭⲣⲱϩ = 渴望得到，需要，變弱小了。

六十八 ·

耶穌說：你們是受上主祝福的呀，不論何時儘管他們不甚愛你們自己，甚至迫害你們，但是他們卻找不到那你們受過迫害的心靈深處。

〔另譯〕

耶穌說：每當他們不但不怎麼愛你們，甚且還迫害你們，然而他們並沒有發現你們受過迫害的內心深處之烙痕。但是你們是上主所祝福的。

68.
Jesus said, "Blessed are you when |whenever| you are not only hated but also persecuted. And wherever you have been persecuted, they will find no place."

六十九 ·

耶穌說：心靈深處遭受迫害的人們是受上主祝福的；就在那兒，那些人已在真理之內認識了這位父親。饑餓的人們是受上主祝福的，因為他們的肚腹會得到那每一個人所渴望的飽裕。

69.
Jesus said, "Blessed are those who have been persecuted in their hearts. They are the ones who have come to know the Father in truth.
Blessed are those who get hungry, so those whose bellies in want may be filled."

七十 ·

耶穌說：不論何時當你們生出那「在你們自己之內」的，這個「你們所擁有的」，他將拯救你們自己。然而如果你們沒有那「在你們自己之內」的，這個「你們沒有的」在你們內，他將置你們於死地。

〔另譯〕

耶穌說：不論何時當你們能活出那「在你們自己之內的」，「你們所擁有的」將會拯救你們自己。如果你們不擁有那「在你們自己之內的」，這個「你們內在沒有的」將會使你們死亡。

70.
Jesus said, "When |Whenever| you bring forth what is within yourselves, what you have will save you. If you do not have that within yourselves, what you do not have in you {will} kill you."

六十八‧

ⲡⲉϫⲉ ⲓ̅ⲥ̅ ϫⲉ ⲛ̅ⲧⲱⲧⲛ̅ ϩⲙ̅ ⲙⲁⲕⲁⲣⲓⲟⲥ ϩⲟⲧⲁ[ⲛ] | ⲉⲩ ϣⲁⲛ
說 耶穌 這話 你們　　受上主祝福的　不論何時　當他們

ⲙⲉⲥⲧⲉ ⲧⲏⲩⲧⲛ̅　　　ⲛ̅ⲥⲉ ⲣ̅ ⲇⲓⲱⲕⲉ ⲙ̅ | ⲙⲱⲧⲛ̅ ⲁⲩⲱ ⲥⲉ ⲛⲁ
少愛　你們自己　甚至他們 行 迫害 對 | 你們　但 他們 將

ϩⲉ ⲁⲛ ⲉ ⲧⲟⲡⲟⲥ ϩⲙ̅ ⲡ ⲙⲁ | ⲉⲛⲧⲁⲩ ⲇⲓⲱⲕⲉ ⲙ̅ ⲙⲱⲧⲛ̅ ϩⲣⲁⲓ̈
找 不 到 境地　在 這處 | 那裏他們已 迫害 對 你們 (下至)及於

ⲛ̅ ϩⲏⲧϥ
內心(他的)

六十九‧

ⲡⲉ-|ϫⲉ ⲓ̅ⲥ̅ ϩⲙ̅ ⲙⲁⲕⲁⲣⲓⲟⲥ ⲛⲉ ⲛⲁⲉⲓ ⲛ̅ⲧⲁⲩ　ⲇⲓⲱⲕⲉ | ⲙ̅ⲙⲟ ⲟⲩ
　說 耶穌 受上主祝福者 是 這些 他們已　迫害　| 他們

ϩⲣⲁⲓ̈　　　ϩⲙ̅ ⲡⲟⲩ ϩⲏⲧ　ⲛⲉⲧ ⲙ̅ ⲙⲁⲩ | ⲛⲉⲛⲧⲁϩ ⲥⲟⲩⲱⲛ ⲡ ⲉⲓⲱⲧ
(下至)及於 到 他們的心 那些人在那兒 他們 已 認識了 這父親

ϩⲛ̅ ⲟⲩ ⲙⲉ　ϩⲙ̅ |ⲙⲁⲕⲁⲣⲓⲟⲥ　ⲛⲉⲧ ϩⲕⲁⲉⲓⲧ　ϣⲓⲛⲁ　ⲉⲩ ⲛⲁ |
＜真正地＞ 受上主祝福者 那些人饑餓　如此　他們 將 |

　　　　　[ⲧ]ϩⲏ
ⲧⲥⲓⲟ ⲛ̅ ⲑⲉ ϩ ⲙ̅ ⲡⲉⲧ ⲟⲩⲱϣ
飽裕　這 肚腹　任何人 渴望的

七十‧

ⲡⲉϫⲉ ⲓ̅ⲥ̅ ϩⲟ-|ⲧⲁⲛ ⲉⲧⲉⲧⲛ̅ ϣⲁ[ⲛ] ϫⲡⲉ ⲡⲏ ϩⲛ̅ ⲑⲏⲩⲧⲛ̅　ⲡⲁⲓ̈ |
說 耶穌 不論何時 當你們 會 生出 那位 在內 你們自己 這 |

ⲉⲧ ⲉⲩⲛ̅ ⲑⲏⲧⲛ̅ ϥ̅ ϥ ⲛⲁ ⲧⲟⲩϫⲉ ⲧⲏⲩⲧⲛ̅ ⲉϣⲱ-|ⲡⲉ ⲙⲛ̅ ⲑⲏⲧⲛ̅
那 已有 你們他 他將 拯救 你們自己 如果　沒有 你們

ⲡⲏ　ϩⲛ̅ ⲧ̣.{ⲏ}ⲩⲧⲛ̅　ⲡⲁⲉⲓ ⲉⲧⲉ |ⲙⲛ̅ ⲑⲏⲧⲛ̅ ϥ̅ ϩⲛ̅ ⲑⲏⲛⲉ
那位 在內 你們自己　這個 那 | 沒有 你們他 在內 你們

ϥ{ⲛⲁ} ⲙⲟⲩⲧ ⲑⲏⲛⲉ
他將　致死　你們

這一段「少愛 ⲙⲉⲥⲧⲉ」與「行迫害 ⲣ̅ ⲇⲓⲱⲕⲉ」有所比對(參 [多5]及[多101])。

ⲟⲩ ⲙⲉ = 真理，真實 (truth)；

ϩⲛ̅ ⲟⲩ ⲙⲉ = 確實地，真正地(成語)；在真理中(字意)；

ⲙ̅ ⲙⲉ = 真的。

七十一·

耶穌說：我將翻毀{這棟}房子。{不管是任何時候}，沒有任何人能夠重建它。

七十二·

{有一個人對他}說：告訴我的兄弟們，讓他們將我父親的財產分配給我。

他對他說：這人啊！是誰使我成為分割者的？

他回頭向他的門徒們，並對他們說：我生來真是為了做個分裂者嗎？

七十三·

耶穌說：這莊稼實在很多，但是工人們卻很少。懇求這主人吧！那麼他將會派遣工人們出來收成。

七十四·

他說：主人啊！有許多（人）在這口水泉的外圍，然而沒有任何東西（人）在這井裏。

七十五·

耶穌說：有許多（人）站在（通往）這門的走道上。但是合而為一的那些（人），將走進這結婚禮堂。

71.
Jesus said, "I shall destroy {this} house, and no one will be able to rebuild it {again}."

72.
A {man said} to him, "Tell my brothers to divide my father's possessions with me."
He said to the man, "O man, who made me a divider?" He turned to his disciples and said to them, "I am not a divider, am I?"

73.
Jesus said, "The harvest is great but the workers are few. Beseech the Lord to dispatch workers for the harvest."

74.
He said, "O Lord, there are many around the drinking trough, but there is nothing in the well."

75.
Jesus said, "There are many standing at the door, but those who are solitaries will enter the bridal chamber."

七十一·

ⲡⲉϫⲉ ⲓ̅ⲥ̅ ϫⲉ ϯ ⲛⲁ ⲱⲟⲣ{ⲱⲣ̅} ⲙ̄ⲡⲉⲉⲓ ⲏⲉⲓ | ⲁⲩⲱ
說 耶穌 這話 我 將 翻毀(毀壞) 這棟 房子 並且

　　ⲙ̄ⲛ ⲗⲁⲁⲩ ⲛⲁⲱ ⲕⲟⲧ ϥ {ⲁⲛ ⲛ̄ ⲕⲉ ⲥⲟⲡ} *
　　沒有 任何人 能夠 重建它 不 其他 時候

ⲕⲟⲧ，ⲕⲉⲧ，ⲕⲏⲧ ＝ 回
轉，恢復，訪問。

七十二·

{ⲡⲉ}ϫⲉ ⲟ̅ⲩ̅ ⲣ̅{ⲱⲙ}ⲉ ⲛⲁϥ ϫⲉ ϫⲟⲟⲥ ⲛ̄ ⲛⲁ ⲥⲛⲏⲩ | ⲱⲓⲛⲁ ⲉⲩ ⲛⲁ
說 一個 人 對他 這話 告訴 我的 弟兄們 如此 他們 將

ⲡⲱⲱⲉ ⲛ̄ⲛ̄ ⲅⲛⲁⲁⲩ ⲙ̄ ⲡⲁ ⲉⲓⲱⲧ | ⲛⲙ̄ⲙⲁ ⲉⲓ ⲡⲉϫⲁ ϥ ⲛⲁϥ ϫⲉ ⲱ
分配 這些 財產 我的 父親的 與我 說 他 對他 啊

ⲡ ⲣⲱⲙⲉ ⲛⲓⲙ | ⲡⲉ ⲛ̄ⲧⲁ ϩ ⲁⲧ ⲛ̄ ⲣ̄ϥ ⲡⲱⲱⲉ ⲁϥ ⲕⲟⲧ ϥ̄ ⲁ ⲛⲉϥ
這 人 誰 是(他) 已 使我 爲 一<分割者> 他 回頭 向 他的

ⲙⲁⲑⲏⲧⲏⲥ ⲡⲉϫⲁ ϥ ⲛⲁⲩ ϫⲉ ⲙⲏ ⲉ ⲉⲓ | ⲱⲟⲟⲡ ⲛ̄ ⲣ̄ϥ ⲡⲱⲱⲉ
門徒們 　說他 對他們 真是我? 存在 成爲 一<分割者>?

七十三·　　[ⲱϩⲥ̄]

ⲡⲉϫⲉ ⲓ̅ⲥ̅ ϫⲉ ⲡ ⲱϩⲥ| ⲙⲉⲛ ⲛⲁⲱ ϥ ⲛ̄ ⲉⲣⲅⲁⲧⲏⲥ ⲇⲉ ⲥⲟⲃⲕ ⲥⲟⲡⲥ̄
說 耶穌 這莊稼 實在 很多 工人們 但是 少 請求

ⲥⲟⲡⲥ̄，ⲥⲟⲡⲥⲡ̄，
ⲥⲁⲡⲥⲡ ＝ 請求，要
求，安撫。

　　　　　　　　　　[ⲱϩⲥ̄]
| ⲇⲉ ⲙ̄ ⲡ ϫⲟⲉⲓⲥ ⲱⲓⲛⲁ ⲉϥ ⲛⲁ ⲛⲉϫ ⲉⲣⲅⲁⲧⲏⲥ |ⲉⲃⲟⲗ ⲉ ⲡ ⲱϩⲥ̄
然而 這主人 如此 他將 派遣 工人們 出來 去 收成

七十四·

ⲡⲉϫⲁ ϥ ϫⲉ ⲡ ϫⲟⲉⲓⲥ ⲟⲩⲛ̄ | ϩⲁϩ ⲙ̄ ⲡ ⲕⲱⲧⲉ ⲛ̄ ⲧ ϫⲱⲧⲉ
　說他 這話 主人 有 許多(人) 這外圍 這水泉的

ⲕⲱⲧⲉ ＝ 圍繞，捲曲，
外圍；
ⲗⲁⲁⲩ ＝ 任何東西，任
何人。

　　　　　　　　　　[ⲱⲱⲧⲉ]
　　ⲙ̄ⲛ ⲗⲁⲁⲩ ⲇⲉ ϩⲛ̄ | ⲧ ⲱⲱⲛⲉ
　　沒有 東西(人) 然而 在 這井裏

七十五·

ⲡⲉϫⲉ ⲓ̅ⲥ̅ ⲟⲩⲛ̄ ϩⲁϩ ⲁϩⲉⲣⲁⲧ ⲟⲩ| ϩⲓⲣ ⲙ̄ⲡ ⲣⲟ ⲁⲗⲗⲁ
說 耶穌 有 許多(人) <他們 以腳 站在> 走道 這門的 但是

ⲙ̄ ⲙⲟⲛⲁⲭⲟⲥ ⲛⲉⲧ ⲛⲁ ⲃⲱⲕ | ⲉϩⲟⲩⲛ ⲉ ⲡ ⲙⲁ ⲛ̄ ⲱⲉⲗⲉⲉⲧ
這單一的 那些(人) 將 走 進入 到 這地方 結婚的

ϩⲓⲣ ＝ 走道，四分一；
ⲡ ⲙⲁ ⲛ̄ ⲱⲉⲗⲉⲉⲧ ＝
結婚禮堂 (bridal
chamber)。

七十六·

耶穌說：天父的國度就像一個做生意的人。他曾擁有一件值錢的商品，（有一天）他找到了一顆珍珠。這聰明的商人賣掉了這件商品，為了他自己，他買了那惟一的這顆珍珠。同樣地，你們也要驅使你們自己尋獲那持久絕不會朽壞的寶貝。在那地方，絕對沒有蠹蛾會飛來吃，也沒有蟲子會來損壞。

七十七·

耶穌說：我是廣照寰宇的真光。我是萬事萬物之化：萬事萬物已從我內（心）發出，以我（為中心）萬事萬物已歸向。劈開一塊木材，我在那裡。拿起這塊石頭，你們將遇見我也在那裡。

七十八·

耶穌說：為什麼你們要到田地裏去看一枝蘆葦隨風搖曳呢？並且要去看一個人穿著細柔的外袍呢？他{就如同你們的}國王和貴人們，穿著細柔的外袍，但是他們不能明悟真理呀！

76.
Jesus said, "The Kingdom of the Father is like a merchant who had a consignment of merchandise and found a peal. That merchant was prudent; he sold the merchandise and bought the single pearl for himself. You also, seek his unfailing and enduring treasure, where moth does not come near to devour nor worm to destroy."

77.
Jesus said, "I am the light above all things. I am the all. From me did the all come forth, and unto me did the all extend. Cleave a piece of wood, I am there. Lift up the stone, and you will find me there."

78.
Jesus said, "Why did you come out into the field? To see a reed shaken by the wind? And to see a man dressed in fine garments, {like your} kings and your courtiers? Upon them are the fine garments, and they are unable to recognize the truth."

七十六·

[ΟΥ]

ΠΕΧΕ ΙC̄ ΧΕ | Τ ΜΝ̄ΤΕΡΟ Μ̄ Π ΕΙΩΤ ΕC ΤΝ̄ΤΩΝ Α Υ ΡΩΜΕ |
說 耶穌 這話 這 國度 ⟨這父親⟩ 她 就像 一個人

Ν̄ ΕϢϢΩΤ ΕΥΝ̄ ΤΑϤ Μ̄ ΜΑΥ Ν̄ ΟΥ ΦΟΡΤΙ-|ΟΝ ΕΑϤ ϨΕ
做生意的 ⟨他曾擁有⟩ 在那兒 一件 貨 品 他找到了

[ΟΥ]

Α Υ ΜΑΡΓΑΡΙΤΗC Π ΕϢΩΤ | ΕΤ Μ̄ ΜΑΥ ΟΥ CΑΒΕ ΠΕ ΑϤ †
一顆 珍珠 這 商人 那人在那裏 一個聰明的 是 他給

ΠΕ ΦΟΡΤΙΟΝ |ΕΒΟΛ ΑϤ ΤΟΟΥ ΝΑ Ϥ Μ̄ ΠΙ ΜΑΡΓΑΡΙΤΗC |
這個 貨品 出去 他買了 為他(自己) 那 珍珠

ΟΥΩΤ Ν̄ΤΩΤΝ̄ ϨΩΤ ΤΗΥΤΝ̄ ϢΙΝΕ Ν̄-|CΑ ΠΕϤ ΕϨΟ Ε ΜΑϤ
惟一的 你們 也要 你們自己 尋找 追求 他的寶貝 它絕不會

ΩΧΝ̄ ΕϤ ΜΗΝ ΕΒΟΛ | Π ΜΑ Ε ΜΑΡΕ ΧΟΟΛΕC ΤϨΝΟ ΕϨΟΥΝ
腐朽 它 ⟨持久⟩ 這裏 絕沒有 飛蛾 撲 進來

Ε ΜΑΥ |Ε ΟΥΩΜ ΟΥΔΕ ΜΑΡΕϤ ϤΝ̄Τ ΤΑΚΟ
到那裡去 吃 也 絕沒有 蟲子 損壞

右欄註解：

Μ̄ΜΗΝΕ ＝ 每天；
ΜΗΝ ΕΒΟΛ ＝ 持久；

ΤΑΚΟ ＝ 損壞，枯萎；
ΜΝ̄Τ ΑΤ ΤΑΚΟ ＝ 不朽
之境。

七十七·

ΠΕΧΕ | ΙC̄ ΧΕ ΑΝΟΚ ΠΕ Π ΟΥΟΕΙΝ ΠΑΕΙ ΕΤ ϨΙ-|ΧΩ ΟΥ
說 耶穌 這話 我 是 這光明 這個 那位 之上 他們

ΤΗΡΟΥ ΑΝΟΚ ΠΕ Π ΤΗΡϤ Ν̄ΤΑ | Π ΤΗΡϤ ΕΙ ΕΒΟΛ Ν̄ ϨΗΤ
萬事萬物 我 是 這萬物 具有 這萬物 ⟨出來⟩ 我內(心)

[-Ν]

ΑΥΩ Ν̄ΤΑ Π ΤΗΡϤ |ΠΩϨ ϢΑΡΟ ΕΙ ΠΩϨ Ν̄Ν ΟΥ ϢΕ ΑΝΟΚ |
並且 具有 這萬物 達成 歸向我 劈開 一塊 木頭(木料) 我

† Μ̄ΜΑΥ ϤΙ Μ̄ Π ΩΝΕ ΕϨΡΑΪ ΑΥΩ ΤΕΤΝΑ |ϨΕ ΕΡΟ ΕΙ Μ̄ ΜΑΥ
我 在那兒 拿 這石頭 起來 並且 你們將 遇見 我 在那兒

右欄註解：

Ν̄ΤΑ-，Ν̄ΤΕ-：所有格；
Ν̄ΤΑϨ ＝ 那(他)已 (which,
who has)；

ΠΩϨ ＝ 達成，成功，
分開，成熟。

七十八·

ΠΕΧΕ ΙC̄ ΧΕ ΕΤΒΕ ΟΥ |ΑΤΕΤΝ̄ ΕΙ ΕΒΟΛ Ε Τ CΩϢΕ Ε ΝΑΥ
說 耶穌 這話 為了什麼 你們曾 ⟨出來⟩ 到這田地 去看

[ΟΥ]

Ε Υ ΚΑϢ ΕϤ ΚΙΜ Ε̣{ΒΟΛ} ϨΙΤΜ̄ Π ΤΗΥ ΑΥΩ Ε ΝΑΥ | Ε Υ
一枝 蘆葦 它 搖曳(擺動) ⟨經 由⟩ 這風 並且 去看 一個

[Ϥ]

ΡΩΜ{Ε Ε̣}ῩΝ̄ ϢΤΗΝ ΕΥ ϬΗΝ ϨΙΩ ΩΒ | Ν̄{ΘΕ Ν̄ ΝΕΤ}
人 有 外袍(複數) 他們 柔軟 於他 就像 你們的

右欄註解：

ΕΒΟΛ ϨΙΤΝ̄，ΕΒΟΛ
ϨΙΤΜ̄ (+Π··) ＝ 經由 (參考
第五十段註解)。

〔另譯〕

耶穌說：你們到田地裡去是為了什麼？是為了去看一枝隨風搖曳的蘆葦嗎？去看一個穿著細柔外袍的人嗎？他{就像你們的}國王和你們的貴人們要跟隨我又要進入到他們感到細柔的{外袍}裏，可惜他們不能明悟真理呀！

七十九·

在群眾中有一個婦人對他說：那懷過你的肚腹並餵哺過你的奶是有福的。

他對{她}說：那些聽從天父聖言的人們是有福的，他們已在真理之中護持著（聖言並實踐）它。因為，將來會有這麼一些日子你們會說：那沒有懷過孕並且沒有餵哺過乳的是有福的。

79.
A woman in the crowd said to him, "Lucky is the womb that bore you and the breasts that nourished you." He said to {her}, "Lucky are those who have heard the word of the Father and have kept it in truth. For there will be days when you will say, 'Lucky is the womb that has not conceived and the breasts that have not given milk.'"

八十·

耶穌說：任何人已經認識這世界，他已找到這身體。然而任何人已經找到了這身體，這世界對他是不值得的。

80.
Jesus said, " He who has come to know the world has found the body, and he who has found the body, the world is not worthy of him."

〔另譯〕

耶穌說：任何人著眼於這世界，他找到的是一具身體。任何人在這世界中找到的是一具身體，這世界實在不值得他來。

八十一·

耶穌說：願那些已成為富裕的人從道而治吧！願那些有權勢者捨棄他們的威權吧！

81.
Jesus said, "Let him who has become wealthy reign, and let the one who possesses a power renounce it."

（跟隨我 到外袍）→（ΝΑ ЄI ЄΝ{Є}ѠT.ΘΝ）

Ν̄ ‾ΡΡѠΟΥ ΜΝ̄ ΝЄT Μ̄ ΜЄΓI-*CTANOC NAЄI ЄΝ{Є}ѠT.ΘΝ
　國王　　和你們的　貴 人們　　　　這些　　　外袍

[-C̄]
Є{T}|ϬΗΝ ϨIѠ ΟΥ ΑΥѠ CЄ Ν{Α}Ѡ C̄COΥ[Ѡ]Ν| T ΜЄ ΑΝ
那　柔軟 於他們 但是 他們能　　明悟　　這真理 不

七十九·

ΠЄΧЄ ΟΥ CϨIΜ{Є} NAϥ ϨΜ̄ Π ΜΗѠЄ ΧЄ ΝЄЄIΑT C̄
　說 一個婦人　對他 從這 群眾中 這話　有福 她

{Ν̄} ΘΗΝ Ν̄-|TΑϨ ϥI ϨΑΡΟ Κ ΑΥѠ Ν̄ ΚI{Β}Є ЄΝTΑϨ| CΑΝΟΥѠ Κ
這肚腹 那已 懷 孕你　且 這些乳 那已(which)　哺育 你

ΠЄΧΑ ϥ ΝΑ{C} ΧЄ ΝЄ-|ЄIΑT ΟΥ Ν̄ ΝЄΝTΑϨ CѠTΜ̄
　說 他 對她 這話　有福　他們 那些人已　聽從

Α | Π ΛΟΓΟC Μ̄ Π ЄIѠT ΑΥ ΑΡЄϨ ЄΡΟ ϥ | ϨΝ ΟΥ ΜЄ ΟΥΝ̄
於 這 (聖)言 這父親的 他們已 護持 著 它 ＜在真理中＞ 有

[T]ϨΗ
ϨΝ̄ ϨΟΟΥ ΓΑΡ ΝΑ ѠѠΠЄ | Ν̄TЄTΝ̄ ΧΟΟC ΧЄ ΝЄЄIΑT C̄ Ν̄ ΘΗΝ
些 日子 因爲 將來到(世間) 你們　會說 這話　有福 她 這肚腹

[ѠѠ]
TΑ-|ЄI ЄTЄ Μ̄ΠC Ѡ ΑΥѠ Ν̄ ΚIΒЄ ΝΑЄI Є ΜΠΟΥ| † ЄΡѠTЄ
這個 那 她沒有 懷孕 且 這些乳 這些 它們沒有 給過 奶汁

八十·

ΠЄΧЄ Ī‾C ΧЄ ΠЄΝTΑϨ COΥѠΝ | Π ΚΟCΜΟC Αϥ ϬЄ Є Π CѠΜΑ
　說 耶穌　任何人已經 認識　這世界　他已 找 著 這身體

ΠЄΝTΑϨ ϬЄ | ΔЄ Є Π CѠΜΑ Π ΚΟCΜΟC Μ̄ΠѠΑ Μ̄ΜΟ ϥ | ΑΝ
任何人已經遇 然而 著 這身體 這 世界　値得　對他 不

八十一·

ΠЄΧЄ Ī‾C ΧЄ ΠЄΝTΑϨ Ρ̄ Ρ̄ΜΜΑΟ ΜΑ-|ΡЄϥ Ρ̄ ΡΡΟ ΑΥѠ
　說 耶穌　任何人已 成爲 富裕者 願 他 成爲 君王　且

ΠЄT ЄΥΝ̄ TΑϥ Ν̄ΟΥ ΔΥΝΑ-|ΜΙC ΜΑΡЄ ϥ ΑΡΝΑ
任何(人) ＜他已擁有＞一個　權力　　願 他 捨棄

ϨΙѠ, ϨΙΧѠ ＝ 在…上。

ΝЄЄΙΑT，ΝΑΪΑT＝有福氣，(原字意是)偉哉這眼！(引申爲「有這樣靈慧之眼實在太有福氣了」)，這字眼與本文件常用的 ΜΑΚΑΡΙΟC (上主所祝福並使快樂的) 在意境和用法上不完全一樣；
ΑΡЄϨ ＝ 守護，警覺醒寤；
ϨΝ ΟΥ ΜЄ ＝ 確實地，真正地(成語)，在真理中(字意)。

CѠΜΑ(原希臘文 σωμα))＝ 身體軀殼。

Ρ̄ ΡΡΟ ＝ 爲王統御，從道而治(參第二段)。

〔另譯〕

耶穌說：願那些（心靈）富裕者從道而治吧！並且願那些在勢者卸下他們權力的包袱吧！

八十二‧

耶穌說：任何人接近我，他接近這火；任何人遠離我，他遠離這國度。

〔另譯〕

耶穌說：近我者近火也，離我者遠道也。

82.

Jesus said, "He who is near me is near the fire, and he who is far from me is far from the Kingdom."

八十三‧

耶穌說：這些形像顯現出來，讓人看見，但是他們內在的光明是隱伏於形像之內。這天父之光將被顯露出來，並且經由他的光明，他的形像將被隱藏下去。

〔另譯〕

耶穌說：這些形像是人所看得見的，但是他們內在的光明是隱伏於形像之內。經由他所擁有的（這天父的）光明，他的形像將被隱藏下去，然而這天父之光將被顯露出來（而大放光明）。

83.

Jesus said, "Images are manifest to man, but the light within them is hidden in the image of the Father's light. His image is hidden by his light, but he will be revealed."

八十四‧

耶穌說：當你們看見你們所相似的，你們會欣喜不已。然而，每當你們看到你們的形像在你們的開始就已來到了世間，他們不會死但總是顯現不出來，你們將要擔負多少呢？

84.

Jesus said, "When you see your likeness, you rejoice. But when |whenever| you see your images that came into being before you and that neither die nor become manifest, how much you will have to bear!"

八十二‧

ΠΕΧΕ ΙC　ΧΕ　ΠΕΤ ϨΗΝ |　ΕΡΟ ΕΙ ΕϤ ϨΗΝ　Ε Τ CΑΤΕ
說 耶穌 這話 任何人 接近　來向我　他 接近　到 這 火

ΑΥω　ΠΕΤ　ΟΥΗΥ |ΜΜΟ ΕΙ Ϥ ΟΥΗΥ　Ν Τ ΜΝΤΕΡΟ
但是 任何人 遠離　　我　他 遠離　這　國度

CΑΤΕ = 火(陰性)；

ΚωϨΤ = 火(陽性) [多 10, 13, 16]。

八十三‧

ΠΕΧΕ ΙC | ΧΕ　Ν ϨΙΚωΝ　CΕ ΟΥΟΝϨ ΕΒΟΛ　Μ Π Ρω-|ΜΕ ΑΥω
說　耶穌 這話 這些 形像 它們 <顯現 出來> 對 這　人　　但是

[Τ Ϩ]

Π ΟΥΟΕΙΝ　ΕΤ Ν ϨΗΤ ΟΥ　Ϥ ϨΗΠ |　ϨΝ ΘΙΚωΝ　Μ Π ΟΥΟΕΙΝ
這 光明　那在<他們(心)內> 他被藏 在..內 這 形像 這 光明

Μ Π ΕΙωΤ　Ϥ ΝΑ |ϬωΛΠ　ΕΒΟΛ　ΑΥω　ΤΕϤ ϨΙΚωΝ　ϨΗΠ |
這 父親的　他 將 被顯露　出來　並且 他的　形像　被隱藏

[ϨΙΤΜ]

ΕΒΟΛ　ϨΙΤΝ　ΠΕϤ ΟΥΟΕΙΝ
< 藉著 >　他的 光明

ΕΒΟΛ ϨΙΤΝ , ΕΒΟΛ ϨΙΤΟΟΤ = 藉著，經由，受派遣 (參考第五十段註解)。

八十四‧

ΠΕΧΕ ΙC　Ν ϨΟ-|ΟΥ　ΕΤΕΤΝ ΝΑΥ　ΕΠΕΤΝ ΕΙΝΕ　ϢΑΡΕ ΤΝ |
說 耶穌 這些日子　當你們 看到　你們的 相似　不斷地 你們

ΡΑϢΕ　ϨΟΤΑΝ　ΔΕ　ΕΤΕΤΝ ϢΑΝ ΝΑΥ |　Α ΝΕΤΝ ϨΙΚωΝ
欣喜 不論何時當 然而　當你們　　看 到 你們的 形像

ΝΤΑϨ ϢωΠΕ　ϨΙ ΤΕΤΝ Ε-|ϨΗ　ΟΥΤΕ　ΜΑΥ ΜΟΥ　ΟΥΤΕ
已經 來到(世間) 在 你們的 開始　也　他們必不 死　　也

ΜΑΥ　ΟΥωΝϨ |　ΕΒΟΛ ΤΕΤΝΑ　ϤΙ ϨΑ ΟΥΗΡ
他們總不 <顯現 出來> 你們 將 擔負 下 多少呢？

(Ε)ϢΑΡΕ = 不斷地，慣常地；

ϤΙ = 拿，懷，帶；
ϤΙ ϨΑ = 擔負，背負(參第九十七段)；

ΟΥΗΡ = 有多少？

八十四‧〔另譯〕

耶穌說：當你們看見你們所相似的，你們就竊喜不已。然而，當你們看見你們的形像在來到世間的一開始，他們有永恆的生命，但總是無法顯現出來，你們該怎麼辦呢？

八十五‧

耶穌說：從一個偉大的能力和一種偉大而富裕境界的結合中，亞當曾經來到世間；但他來到世間對你們並不值得呀！因為，如果他是值得的，{他就}不{應該}嚐{到}死亡呀！〔另譯〕(譯者的改法) → 因為，他們應得的是不應該{會}嚐{到}死亡啊！

85.
Jesus said, "Adam came into being from a great power and a great wealth, but he was not worthy of you. For had he been worthy, {he would} not {have tasted} death."

八十六‧

耶穌說：{這些狐狸有牠們的穴}，這些鳥有牠們的巢；然而這人的兒子卻沒有枕他的頭並讓他休息的地方。

86.
Jesus said, "{Foxes have} their dens and birds have their nests, but the son of man has no place to lay down his head and rest."

八十七‧

耶穌說：這身體依賴在一個身體上，是一件令人遺憾的事。這靈魂依賴在這兩者之上，也是一件令人遺憾的事。

87.
Jesus said, "Wretched is the body that depends on a body, and wretched is the soul that depends on these two."

八十八‧

耶穌說：天使們和先知們正朝著你們而來，他們將給你們那些你們已擁有的（天賜恩澤）。同樣地，

88.
Jesus said, "The angles and the prophets are coming to you and give you what is yours. You, in turn,

八十五 ·

ΠΕΧΕ Ι͞С ΧΕ| Ν͞ΤΑ ΑΔΑΜ ϢΩΠΕ ΕΒΟΛ Ϩ͞Ν Ν͞ΟΥ ΝΟϬ Ν͞ ΔΥΝΑΜΙС
說 耶穌　有曾 亞當 來到(世間) <從> 一個 偉大的 能力

Μ͞Ν ΟΥ ΝΟϬ Μ͞ Μ͞Ν͞Τ Ρ͞Μ͞ΜΑ-|Ο ΑΥΩ Μ͞ΠΕ Ϥ ϢΩΠΕ Ε{Ϥ Μ͞}ΠϢΑ
與 一個 偉大 境界 富裕　　但 不 他 來到(世間) 他 值得

　　　　　　[Ϥ]　　　(學界的改法↓)
Μ͞ΜΩ| Τ͞Ν ΝΕ Υ ΑϨΙΟС ΓΑΡ ΠΕ {ΝΕϤ ΝΑ ΧΙ} ϮΠ{Ε}| ΑΝ Μ͞Π ΜΟΥ
對 你們 他[-們] 應得 因為 是 他　將 得 品嚐 不 這 死亡

〔另譯〕
　　　　　　　　(譯者的改法↓)
Μ͞ΜΩ| Τ͞Ν ΝΕΥ ΑϨΙΟС ΓΑΡ　ΠΕ {ΕΥ ΝΑ ΧΙ} ϮΠ{Ε}| ΑΝ Μ͞Π ΜΟΥ
對 你們 他們 應得 因為 是 他們 將 得 品嚐 不 這 死亡

ΔΥΝΑΜΙС(原希臘文) = 大能;

ΝΕϤ ΑϨΙΟС = 如果他 是值得的;

ΝΕΥ ΑϨΙΟС ΓΑΡ ΠΕ = 因為他們所應得的 是。

八十六 ·

ΠΕΧΕ Ι͞С Χ{Ε Ν͞ ΒΑϢΟΡ ΟΥ-*Ν͞ Τ{ΑΥ ΝΟΥ {Β}ΗΒ ΑΥΩ Ν͞ ϨΑΛΑΤΕ
說 耶穌　這些 狐狸 <牠們 擁有>牠們的 穴 且 這些 鳥

ΟΥ͞Ν ΤΑΥ| Μ͞ ΜΑΥ Μ͞ ΠΕ{Υ ΜΑϨ Π ϢΗΡΕ ΔΕ　Μ͞Π ΡΩΜΕ|
它們 擁有 那地方 牠們的 巢 這兒子 然而 這人的

Μ͞Ν ΤΑϤ Ν͞Ν͞{Ο}Υ ΜΑ Ε ΡΙΚΕ Ν͞ ΤΕϤ ΑΠΕ Ν͞Ϥ |Μ͞ΤΟΝ Μ͞Μ{Ο}Ϥ
沒有 他 一些 地方 去 枕 他的 頭 並且 休息　他

八十七 ·

ΠΕΧΑ Ϥ Ν͞ϬΙ Ι͞С　ΧΕ ΟΥ ΤΑΛΑΙ-|ΠΩΡΟΝ　ΠΕ Π СΩΜΑ
說 他 (指)耶穌 這話 一個 令人遺憾(可憐)的 是 這 身體

ΕΤ ΑϢΕ Ν͞ ΟΥ СΩΜΑ| ΑΥΩ　ΟΥ ΤΑΛΑΙΠΩΡΟС ΤΕ Τ ΦΥΧΗ
那 依賴 在一個 身體 且 一個 令人遺憾(可憐)的 是 這 魂魄

ΕΤ ΑϢΕ |Ν͞ ΝΑΕΙ　Μ͞ Π СΝΑΥ
那 依賴 在這些　這兩個的

ΑϢΕ, ΕΙϢΕ = 依賴, 掛在;
ΟϢΕ = ?;

ΦΥΧΗ(發音"psiki") = 靈魂, 魂魄。

八十八 ·

ΠΕΧΕ Ι͞С ΧΕ Ν͞ ΑΓΓΕΛΟС |ΝΗΥ ϢΑΡΩ Τ͞Ν Μ͞Ν Ν͞ ΠΡΟΦΗΤΗС
說 耶穌 這話 天使們 正在來 朝向 你們 和　先知們

ΑΥΩ　СΕ |ΝΑ Ϯ ΝΗ Τ͞Ν Ν͞ΝΕΤ ΕΥ͞Ν ΤΗΤ͞Ν　СΕ　ΑΥΩ|
並且 他們會 給 予你們 那些 已擁有 你們 它們　並且

你們也要把你們自己所有的嘉惠給與你們在一起的人；然後會問自己說：什麼時候那些人會來領取屬於他們的東西呢？

八十九·

耶穌說：你們為什麼（只）清洗這杯子的外面？難道你們不瞭解那位創造這裏面的，他也是創造這外面的那位？

九十·

耶穌說：你們到我這裡來吧！因為我的軛是殊勝的，我以主人氣度（的待人之道）是一個良善君子（的風範），並且你們將會找到那臨於你們一世的平安。

九十一·

他們對他說：告訴我們你是誰？如此，我們將會轉變為相信你。

他對他們說：你們鑽研天上與地上的表面，但你們不認識你們的臨在並能顯現的那一位，而且你們也不知道如何去辨識這當下。

〔另譯〕

他們對他說：告訴我們你是誰？那樣我們便會相信你。

他對他們說：你們只鑽研天上與地上的表面，但你們尚未認識從你們臨在處顯現出來的那一位，並且你們也不知道如何鑑識這當下的時空。

give them what you have, and say to yourselves, 'When will they come and take what is theirs?'"

89.
Jesus said, "Why do you wash the outside of the cup? Don't you realize that he who made the inside is also the one who made the outside?"

90.
Jesus said, "Come unto me, for my yoke is easy |virtuous| and my lordship is gentle, and you will find repose for yourselves."

91.
They said to him, "Tell us who you are so that we may believe in you." He said to them, "You examine the surface of sky and earth, but you have not come to recognize the one who is in your presence, and you do not know how to examine this moment."

 N̄ΤωΤN̄　ϩωΤ ΤΗΥΤN̄　　NET N̄ΤΟΤ ΤΗΝΕ |　　ΤΑΑ Υ ΝΑΥ
你們　也要 你們自己　那些人<與你們 在一起>　給它們 到他們

N̄ΤΕΤN̄ ΧΟΟⳈ ΝΗ ΤN̄　　ΧΕ Αⲱ N̄-| ϩΟΟΥ ΠΕΤ ΟΥ　N̄ΝΗΥ
你們　告訴　對你們(自己)　什麼 時候　那些 人們　就會要來

　　N̄ⳞΕ ΧΙ　ΠΕΤΕ ΠⲱΟΥ
並且他們 領受 那些 屬於他們的

八十九·

ΠΕΧΕ ĪC̄　ΧΕ　ΕΤΒΕ ΟΥ　ΤΕΤN̄ ΕΙⲱΕ　M̄Π CAN | ΒΟΛ
　說 耶穌 這話 因爲 什麼　你們 清洗　這 <外　邊>

M̄Π ΠΟΤΗΡΙΟΝ　ΤΕΤN̄ P̄ ΝΟΕΙ　ΑΝ ΧΕ | ΠΕΝ ΤΑϨ ΤΑΜΙΟ
這 杯子的　　你們 變成 瞭解 不 這個 是誰 已 創造

M̄Π CAN ϨΟΥΝ　N̄ΤΟϤ　ΟΝ |ΠΕΝ ΤΑϤ ΤΑΜΙΟ　M̄Π CAN ΒΟΛ
這 <裏 邊>　然而 他　也　是誰 他 已 創造　這 <外 邊>

九十·

ΠΕΧΕ ΙH̄C̄ |ΧΕ ΑΜΗΕΙΤN̄　ⲱΑΡΟ ΕΙ　ΧΕ ΟΥ ΧΡΗCΤΟC | ΠΕ
　說 耶穌　　來吧 你們　到我(這裡) 因爲 一個 殊勝的　是

ΠΑ ΝΑϨΒ ΑΥⲱ ΤΑ ΜN̄Τ ΧΟΕΙC　ΟΥ PM̄ |PAⲱ ΤΕ ΑΥⲱ
我的 軛　且 我的 <主人情懷>　一個 人 良善　是　且

　　　　　[ΟΥ ΑΝΑΠΑΥCΙC]
ΤΕΤΝΑ ϨΕ Α Υ ΑΝΑΥΠΑCΙC ΝΗ | ΤN̄
你們將 找 到 一份 平安　臨到 你們

九十一·

ΠΕΧΑ Υ　ΝΑϤ ΧΕ ΧΟΟⳈ ΕΡΟΝ　ΧΕ |N̄ΤΚ ΝΙΜ　ⲱΙΝΑ
說 他們 對他 這話 告訴 對我們　這 你是 誰 如此

　ΕΝΑ P̄ ΠΙCΤΕΥΕ ΕΡΟ Κ　ΠΕ-|ΧΑ Ϥ ΝΑΥ ΧΕ ΤΕΤN̄ P̄ ΠΙΡΑϨΕ
我們將 (行) 相信　對你　說 他 對他們　你們 作 鑽研

M̄Π ϨΟ　N̄ Τ ΠΕ | MN̄ Π ΚΑϨ　ΑΥⲱ　ΠΕΤ N̄ ΠΕΤN̄
這表面 這天上的 和 這 地下的　但　那一位 在 你們的

M̄ΤΟ　ΕΒΟΛ |M̄ΠΕΤN̄ COΥⲱΝ Ϥ　ΑΥⲱ ΠΕΕΙ ΚΑΙΡΟC ΤΕ-|ΤN̄
<臨在 出現> 你們不　認識 他 並且 這個 時刻　你們

COΟΥΝ　ΑΝ　N̄ P̄ ΠΙΡΑϨΕ　M̄ΜΟ Ϥ
知道　　不　鑽研(鑑識)　它

Ν̄ΤωΤΝ̄ ϩωΤ ΤΗΥΤΝ̄…
=(按此模式)你們也要驅使你們自己…(這是科普特文的一種推理式文句用法 (參第六十及第七十六段)；

Ν̄ΤΟΟΤ = 與一起，隨同；

Ν̄ΤΟ，Ν̄Τω = 相同的；

Ν̄ΤΟϤ = 然而(他)，但是。

ΝΟΕΙ = 知道，瞭解；
ΝΟΕΙΤ = 糧食 (見第九十七段)。

ΧΡΗCΤΟC(原希臘文) = 自然而公義的，自然而優質的，殊勝的 (參六十五段)；

ΧΡΙCΤΟC(原希臘文) = 基督，真理之聖者。

M̄ΤΟ ΕΒΟΛ = 臨在顯現(之處)；

M̄ΠΕΜΤΟ ΕΒΟΛ
M̄ΠΝΟΥΤΕ = 在天主臨在顯現處。

九十二·

耶穌說：你們尋找就會找到。然而你們曾詢問我所關切的那些事，在那段日子裏我不告訴你們；此時此地我很願意告訴你們那些事，可是你們已不再追尋它們了。

九十三·

不可以把任何聖物給狗，那麼聖物就不致於被丟棄到糞土裏。也不可以把珍珠給豬，那麼珍珠就不致於被（糟蹋）…。

九十四·

耶穌{說}：任何人尋找，他將找到。{任何人敲門}要進去，他們將為他開門。

九十五·

{耶穌說：}當你們有錢時，不可借給人來賺利息，不如給那個將不會還（錢）的人。

九十六·

耶穌{說}：這天父的國度就像{一個}女子。她拿了一點點酵母，{攪}到一塊麵團裏，

92.
Jesus said, "Seek and you will find. Yet, the things you asked me in those days and which I did not tell you then. Now I am willing to tell, but you do not seek them."

93.
"Do not give what is holy to dogs, lest they throw them upon the dung heap. Do not throw pearls [to] pigs, lest they ... it ...."

94.
Jesus {said}, "One who seeks will find, and for {one who knocks} it will be opened."

95.
{Jesus said}, "If you have money, do not lend it at interest. Rather, give {it} to someone from whom you will not get it back."

96.
Jesus s{aid}, "The Father's Kingdom is like a woman. She took a small amount of yeasts, mi{xed} it in dough,

九十二·

ⲡⲉⲭⲉ | ⲓ̅ⲥ̅ ⲭⲉ Ϣⲓⲛⲉ ⲀⲨⲰ ⲦⲈⲦⲚⲀ ϬⲓⲚⲈ ⲀⲗⲗⲀ ⲚⲈ-|Ⲧ ⲀⲦⲈⲦⲚ̅
說　耶穌　這話　尋找　且　你們將　找到　然而　那些事　你們曾

ⲭⲚⲞⲨ ⲈⲒ ⲈⲢⲞ ⲞⲨ Ⲛ̅ ⲚⲒ ⲞⲞⲨ ⲈⲘⲠⲒ |ⲭⲞⲞⲨ ⲚⲎ̅ⲦⲚ̅ Ⲙ̅ [Ⲡ ⳋ] ⲫⲞⲞⲨ ⲈⲦ
問　我　對它們　在那些日子　我不　告訴　對你們　在今天　那

Ⲙ̅ ⲘⲀⲨ ⲦⲈⲚⲞⲨ |ⲈϨⲚⲀ Ⲓ̈ Ⲉ ⲭⲞⲞⲨ ⲀⲨⲰ ⲦⲈⲦⲚ̅ ϢⲓⲚⲈ ⲀⲚ Ⲛ̅ⲤⲰ |ⲞⲨ
在這兒　現在　願意我來傳達　可是　你們　尋找　不　追求　它們

九十三·

［Ⲛ̅Ⲛ］　　　　　　［Ⲛ̅ⲚⲞⲨ］

Ⲙ̅Ⲡ̅Ⲣ̅ † ⲠⲈⲦ ⲞⲨⲀⲀⲂ Ⲛ̅Ⲛ ⲞⲨϨⲞⲞⲢ ⲭⲈⲔⲀⲤ | ⲚⲞⲨ ⲚⲞⲭ ⲞⲨ
不可　給任何　聖物　這些　狗　　以致　它們不　丟棄　它們

Ⲉ Ⲧ ⲔⲞⲠⲢⲒⲀ Ⲙ̅Ⲡ̅Ⲣ̅ ⲚⲞⲨⲭⲈ ⲚⲘ̅ | ⲘⲀⲢⲄⲀⲢⲒⲦⲎ｛Ⲥ Ⲛ̅｝Ⲛ ⲉϢⲀⲨ　［Ⲛ̅Ⲛ］
到這　糞土　不可　投擲　這些　珍珠　　這些　豬

［Ⲛ̅ⲚⲞⲨ］

ϢⲒⲚⲀ ⲭⲈ ⲚⲞⲨ ⲀⲀ ϥ | Ⲛ̅ ⲗⲀ ……
以致於　它們不　弄它　（爛泥）

九十四·

｛ⲠⲈⲭ｝ⲉ ⲓ̅ⲥ̅　ⲠⲈⲦ ϢⲓⲚⲈ　ϥ ⲚⲀ ϬⲓⲚⲈ | ｛ⲀⲨⲰ ⲠⲈⲦ ⲦⲰϨⲘ̅
說　耶穌　任何人　尋找　他將找到　　且　任何人　敲門

ⲉ｝ϨⲞⲨⲚ　ⲤⲈ ⲚⲀ ⲞⲨⲰⲚ ⲚⲀϥ
要進入　他們將　開門　為他

九十五·

｛ⲠⲈⲭⲈ ⲓ̅ⲥ̅ ⲭⲉ｝ ⲉϢⲰⲠⲈ ⲞⲨⲚ̅ ⲦⲎⲦⲚ̅ ϨⲞⲘⲦ ＊ Ⲙ̅Ⲡ̅Ⲣ̅ † ⲈⲦ ⲘⲎⲤⲈ
說　耶穌　這話　如果　＜你們擁有＞　金錢　不可給　以求　利息

ⲀⲗⲗⲀ † ｛Ⲙ̅ⲘⲞϥ｝ Ⲙ̅ ⲠⲈⲦ.｛ⲉ｝-|Ⲧ ⲚⲀ ⲭⲒⲦ ⲞⲨ　ⲀⲚ Ⲛ̅ ⲦⲞⲞⲦ ϥ
不如　給　他　　任何　你們將會　取回它們　不　從他的手

九十六·

ⲡ｛ⲉⲭ｝ⲉ ⲓ̅ⲥ̅ ⲭⲉ Ⲧ̅ Ⲙ̅Ⲛ̅-|ⲦⲈⲢⲞ Ⲙ̅ Ⲡ ⲈⲒⲰⲦ ⲈⲤ ⲦⲚ̅ⲦⲰ｛Ⲛ
說　耶穌　這話　這國　度　這父親的　她　就像

ⲀⲨ｝ⲤϨⲒⲘⲈ |ⲀⲤ ⲭⲒ Ⲛ̅ⲞⲨ ⲔⲞⲨⲈⲒ Ⲛ̅ ⲤⲀⲈⲒⲢ　Ⲁ｛Ⲥ Ϩ｝ⲞⲠ ϥ ϨⲚ̅ |
一個女子　她拿　一點點　酵母(複數)　她已　攪入它　在

右側注釋：

ⲞⲨϨⲞⲞⲢ = 狗 (發音: oohor)；

Ⲛ̅Ⲛ- ，Ⲛ̅- ，ⲚⲈ- = (複數冠詞)；

Ⲛ̅Ⲛ (+代名詞) = 就不會；

最後一個字可能是 ⲗⲀⲭⲦⲈ = 爛泥。

並把它做成了一些大麵包。任何有耳朵的人，願他聆聽。

九十七‧

耶穌說：這{天父}的國度就像一個女子背負著一個裝滿了糧食的{罐子}。她走在{這條}路途遙遠的道上。這罐子的耳把壞了，沿著這條路上，這糧食{在她}的後頭漏光了。她不知道這事，不曉得有了麻煩。當她打開門進到她的房子裏，把這罐子放下來，她才發現它是空空的了。

九十八‧

耶穌說：這父親的國度就像一個人，他想要去殺一個孔武有力的人。他在他的屋子裏持劍練武，他試著將劍刺入牆裏。以便瞭解是否他的手「往內的力道」夠強勁。然後，他就殺掉了這孔武有力者。

〔另譯〕

耶穌說：這天父的國度就像一個人，他想要除去一個極為頑強的東西。他在自宅裏鍛練消除之道，他以利刃刺入這(堅硬的內)牆裏。如果他做到了，他就會曉得，他的手「往內的力道」夠強勁。然後，他就會除掉了這一個極為頑強的東西。

and made it into large loaves of bread. He who has ears, let him hear!"

97.

Jesus said, "The Kingdom of Fa{ther} is like a woman who was carrying a {jar} full of meal. While she was walking {on the} long way, the handle of the jar broke and the meal spilled behind her {along} the road. She did not know it; she had not noticed the problem. When she reached her house, she put the jar down and found it empty."

98.

Jesus said, "The Kingdom of Father is like a man who wanted to kill a powerful person. In his own house, he drew his sword and stuck it into the wall to assure that his hand is firmed. Then he killed the powerful person."

　　　　　　　　　　　　　　[N̄N̄]　　　　　　[N̄]
ΟΥ ϢⲰΤⲈ　ⲀⲤ ⲀⲀ ϥ　　N̄ ⳊN̄　ΝΟ{Ϭ N̄}N ΟⲈΙⲔ |　ΠⲈⲦ ⲈΥⲘ
一塊 麵團　她已 做它　成一些 大的　這些 麵包　　任何　有

ⲘⲀⲀⳊⲈ　M̄ΜΟ ϥ　ⲘⲀ{ⲢⲈ}ϥ　ⲤⲰⲦM̄
耳朵　　的他　　願 他　　聆聽

九十七．

ΠⲈⲭⲈ ⲓⲥ̄ ⲭⲈ Τ ⲘN̄ⲦⲈⲢΟ M̄Π Ⲉ{ΙⲰⲦ Ⲉ}Ⲥ ⲦN̄-|ⲦⲰN　Ⲁ Υ ⲤⳊΙⲘⲈ
說 耶穌 這話 這 國度　這父親的　她　　就像　一個 女子

ⲈⲤ ϥΙ ⳊⲀ　ΟΥ Ϭⲁ̄{ⲘⲈⲈΙ}　Ⲉϥ |ⲘⲈⳊ N̄ ΝΟⲈΙⲦ　ⲈⲤ ΜΟΟϢⲈ Ⳋⲓ̄
她 背負　一個 罐子　　它 裝滿了　糧食　　她 行走　在

ⲦⲈ} ⳊΙⳈ |　ⲈⲤ ΟΥΗΟΥ　ⲀΠ ⲘⲀⲀⳊⲈ　M̄Π Ϭⲁ̄Μ{Ⲉ}ⳊΙ　ΟΥ-|ⲰϬΠ
這 道路上 她 遙遠　　這 罐耳　<這 罐子的>　壞了

ⲀΠ ΝΟⲈΙⲦ ϢΟΥΟ N̄ⲤⲰ Ⲥ̣ {Ⳋ}Ι ⲦⲈ ⳊΙ-|Η　ΝⲈⲤ ⲤΟΟΥΝ ⲀΝ　ΠⲈ
這 糧食 漏光了 在後 她 在 這道路上　她　知道　不　這事

　　　　　　　　　　　　Ⲉ[Υ]
ΝⲈ M̄ΠⲈⲤ ⲈΙΜⲈ |　Ⲉ ⳊΙⲤⲈ　N̄ⲦⲀⲢⲈⲤ ΠⲰⳊ　ⲈⳊΟΥΝ Ⲉ ΠⲈⲤ ΗⲈΙ |
<她不曾> 曉得　有 麻煩(困難)　當她..後 到家　進　入 她的 房子

ⲀⲤ ⲔⲀ Π Ϭⲁ̄ΜⲈⲈΙ　Ⲁ Π ⲈⲤΗⲦ ⲀⲤ ⳊⲈ　ⲈⲢΟ ϥ　Ⲉϥ |ϢΟΥⲈΙⲦ
她 放 這 罐子　到 下　她 發現 它　它是　空空的了

九十八．

ΠⲈⲭⲈ ⲓⲥ̄ Τ ⲘN̄ⲦⲈⲢΟ M̄ Π ⲈΙⲰⲦ |　ⲈⲤ ⲦN̄ⲦⲰΝ　Ⲉ Υ ⲢⲰΜⲈ
說 耶穌 這 國度　這父親的　　她 就像　一個 人

Ⲉϥ ΟΥⲰϢ　Ⲉ ΜΟΥⲦ |ΟΥ ⲢⲰΜⲈ　M̄ ⲘⲈΓΙⲤⲦⲀΝΟⲤ　Ⲁϥ ϢⲰⲀΜ
他 想要　去 殺害 一個 人　　孔武有力的　　他 操持著

N̄ |Τ ⲤΗϥⲈ　ⳊM̄ ΠⲈϥ ΗⲈΙ　Ⲁϥ ⲭΟⲦ Ⲥ̄ N̄ Τ ⲭΟ　ⲭⲈ-|ⲔⲀⲀⲤ
這 劍　　在他的 屋子　他 刺 她 在 這牆　如 此(做法)

Ⲉϥ ΝⲀ ⲈΙΜⲈ　ⲭⲈ　ⲦⲈϥ ϬΙⳈ ΝⲀ ⲦⲰⳈ |　ⲈⳊΟΥΝ　ⲦΟⲦⲈ
他 將會 曉得 這事 他的 手 將會 強勁　往內進入　然後

　Ⲁϥ ⳊⲰⲦB̄　M̄ Π ⲘⲈΓΙⲤⲦⲀΝΟⲤ
他就 殺掉了　這 孔武有力者

ΟΥΗΟΥ ＝ 遙遠，漫
長；

ⲘⲀⲀⳊⲈ ＝ 耳朵，罐
耳，升斗，(心耳？)
[都用同一字眼]；

ΠⲰⳊ：(參第七十七段字
意註解)。

ⳊⲰⲦB̄，ⳊⲰⲦBⲈ，ⳊⲈⲦB̄-
＝ 殺。

九十九‧

門徒們對他說：你的兄弟們和你的母親正站在外邊。

他對他們說：那些在各處承行我父旨意的人們，他們就是我的兄弟和我的母親，他們將進入我父的國度。

99.

The disciples said to him, "Your brothers and your mother are standing outside."

He said to them, "Those who do the will of my Father are my brothers and my mother. They are the ones who will enter the Kindom of my Father."

一百‧

他們對耶穌展示了一枚金幣。他們對他說：那些凱撒的人要我們付稅。

他對他們說：把凱撒的還給凱撒，把上主的獻給上主，並且把那些屬於我的給予我。

100.

They showed Jesus a gold coin and said to him, "Caesar's men demand taxes from us." He said to them, "Give Caesar what belongs to Caesar, give God what belongs to God, and give me what is mine."

一百零一‧

任何人不少愛他的{父親}和他的母親以我之道，他不能夠跟隨我為{門徒}。任何人{不}愛他的{父親和}他的母親以我之道，他不能夠跟隨我為{門徒}。因為，我的母親已經{生我出來}，然而我真正的{母親}給予我這生命。

101.

He who does not hate {father} and mother with my way cannot be my {disciple}, and he who does {not} love {father and} mother as I do |with my way| cannot be my {disciple}. For my mother has {...}, but my true {moth}er gave me life.

〔另譯〕

任何人不以我的道對待他的親人，他不能夠跟隨我為門徒。因為，我的母親已經生我出來，然而我真正的母親給予我這生命。

九十九·

ⲡⲉϫⲉ ⲙ̄ ⲙⲁⲑⲏⲧⲏⲥ ⲛⲁϥ　ϫⲉ　ⲛⲉⲕ ⲥⲛⲏⲩ | ⲙⲛ̄ ⲧⲉⲕ ⲙⲁⲁⲩ
說 這些門徒們　對他 這話　你的 兄弟們 和　你的 媽

ⲥⲉ　ⲁϩⲉⲣⲁⲧ ⲟⲩ ϩⲓ ⲡ ⲥⲁⲛ | ⲃⲟⲗ ⲡⲉϫⲁ ϥ ⲛⲁⲩ　ϫⲉ ⲛⲉⲧ
他們 以腳站著 在 這 <外 邊>　說 他 對他們　那些人

[ⲉⲧ ⲉⲓⲣⲉ]

ⲛ̄ ⲛⲉⲉⲓ ⲙⲁ | ⲉⲧⲣⲉ　ⲙ̄ ⲡ ⲟⲩⲱⲱ̄　ⲙ̄ ⲡⲁ ⲉⲓⲱⲧ ⲛⲁⲉⲓ ⲛⲉ |
在 這些 地方那 承行　這 旨意　我的 父親的 這些 是

ⲛⲁ ⲥⲛⲏⲩ　ⲙⲙ̄ ⲧⲁ ⲙⲁⲁⲩ ⲛ̄ⲧⲟ ⲟⲩ ⲡⲉ ⲉⲧ ⲛⲁ | ⲃⲱⲕ ⲉϩⲟⲩⲛ
我的 兄弟們 和我的 媽　他們 就是 那 將 走 進 入

ⲉ ⲧ ⲙⲛ̄ⲧⲉⲣⲟ　ⲙ̄ ⲡⲁ ⲉⲓⲱⲧ
到這 國度　我的 父親的

（名詞，代名詞+）ⲁϩⲉⲣⲁⲧ（+代名詞）=（某）以腳站著。

一百·

ⲁⲩ ⲧⲥⲉⲃⲉ ⲓⲥ̄ ⲁ ⲩ ⲛⲟⲩⲃ ⲁⲩⲱ ⲡⲉϫⲁ ⲩ ⲛⲁϥ | ϫⲉ　ⲛⲉⲧ ⲡⲏ
他們 展示 耶穌 一枚 金幣 且　說他們 對他　那些人 屬於

ⲁ ⲕⲁⲓⲥⲁⲣ　ⲥⲉ ⲱⲓⲧⲉ　ⲙ̄ⲙⲟⲛ　ⲛ̄ | ⲛ̄ ⲱⲱⲙ　ⲡⲉϫⲁ ϥ　ⲛⲁⲩ　ϫⲉ
凱撒　他們 要求 我們　這 稅　說 他 對他們 這話

†ⲛⲁ　ⲕⲁⲓⲥⲁⲣ | ⲛ̄ ⲕⲁⲓⲥⲁⲣ　†ⲛⲁ ⲡ ⲛⲟⲩⲧⲉ　ⲙ̄ ⲡ ⲛⲟⲩⲧⲉ |
給予 凱撒　這 凱撒　給予 上主　這 上主的

ⲁⲩⲱ　ⲡⲉⲧⲉ ⲡⲱⲉⲓ ⲡⲉ　ⲙⲁ ⲧⲛ̄ⲛⲁ ⲉⲓ ϥ
並且　那 屬於我的 是　做 給予 我 它

ⲡⲱⲉⲓ ⲡⲉ = 屬於我的；

ⲡⲱⲉⲓ ⲁⲛ ⲡⲉ = 不屬於我的；

ⲙⲁⲧ（+動詞）= 做，成為；

† ， ⲧⲁⲁ ， ⲧⲛ̄ⲛⲁ = 給。

一百零一·

ⲡⲉⲧⲁ ⲙⲉⲥⲧⲉ ⲡⲉϥ ⲉ{ⲓⲱⲧ} ⲁⲛ ⲙⲛ̄ ⲧⲉϥ | ⲙⲁⲁⲩ ⲛ̄ ⲧⲁ ϩⲉ ϥ ⲛⲁ ⲱ
任何人 少愛 他的 父親　不 和 他的 媽 以我的 道 他 能夠

ⲣ̄ ⲙ{ⲁⲑⲏⲧ}ⲏⲥ ⲛⲁ ⲉⲓ ⲁ[ⲛ] | ⲁⲩⲱ ⲡⲉⲧⲁ ⲙⲣ̄ⲣⲉ ⲡⲉϥ {ⲉⲓⲱⲧ ⲁⲛ ⲙ̄}ⲛ̄
做 門徒　跟 我 不 並且 任何人 愛 他的 父親 不 和

ⲧⲉϥ | ⲙⲁⲁⲩ ⲛ̄ ⲧⲁ ϩⲉ ϥ ⲛⲁ ⲱ　ⲣ̄ ⲙ{ⲁⲑⲏⲧⲏⲥ ⲛⲁ} | ⲉⲓ ⲁⲛ ⲧⲁ ⲙⲁⲁⲩ
他的 媽 以我的 道 他 能夠 做 門徒　對(跟) 我 不 我的 媽

ⲅⲁⲣ ⲛ̄ⲧⲁ ϥ.....* ⲉⲃ}ⲟⲗ ⲧⲁ{ⲙⲁⲁ}ⲩ ⲇⲉ　ⲙ̄ⲙⲉ ⲁⲥ †ⲛⲁ ⲉⲓ ⲙ̄ⲡ ⲱⲛϩ
因爲已經{她} 出來 我的 媽 然而 真(正的)她給予 我 這生命

ⲙⲉⲥⲧⲉ = 少愛（參[多68]的用法）；

ⲙⲉ = 愛，真的，公正的；

ⲙⲣ̄ⲣⲉ ， ⲙⲉⲣⲉ ， ⲙⲉⲛⲣⲉ = 愛。

某些學者補救後面損壞的部份 "……" 爲 {ⲭⲡⲟ ⲙ̄ⲙⲟ ⲉⲓ ⲉⲃ}ⲟⲗ = 生我出來。

一百零二‧

耶穌說：這些法利賽黨人令人苦惱，他們就像一隻狗在這有幾隻牛的牛棚裏休息。然而，牠既不吃也{不許}這些牛去吃。

102.
Jesus said, "Woe to the Pharisees! They are like a dog lying in the manger of the cattle. He neither eats nor does he {allow} the cattle to eat."

一百零三‧

耶穌說：一個受上主祝福的人，是這人知道在{什麼}情況下竊賊們將要來侵犯。因此，從這開始，在他們來侵入之前，{他}就會振作起來，凝聚他的{國}度，他並且奮鬥不懈。

103.
Jesus said, "Blessed are those who know where the bandits are going to attack. So that {he} may get up, master his domain, and be prepared before the bandits invade."

〔另譯〕

耶穌說：一個人認識到在什麼情況下竊賊要來侵犯是受上主祝福的。因此在他們來侵犯之前，他就振作起來，集中他的精神奮鬥不懈。

一百零四‧

他們對耶穌說：我們一起來吧！今天讓我們來祈禱，也讓我們行齋戒。

耶穌說：我犯了哪些罪？或者在哪些事上它們（這些過錯）勝過了我？可是每當這新郎從這新房出去的時候，願他們即刻齋戒並且願他們即刻祈禱吧！

104.
They said to Jesus, "Come, let us pray today, and let us fast."
Jesus said, "What sin have I committed, or how have I been vanquished? Rather, when |whenever| the bridegroom leaves the bridal chamber then let them fast and let them pray."

一百零二·

ⲡⲉⲝⲉ ⲓ̅ⲥ̅ {ⲝⲉ ⲟ}ⲩⲟⲉⲓ ⲛⲁⲩ　 ⲙ̅ ⲫⲁⲣⲓⲥⲁⲓⲟⲥ　ⲝⲉ | ⲉⲩ ⲉⲓⲛⲉ
說　耶穌　令人苦惱　對他們　這些法利賽黨人　因　他們　就像

{ⲛ̅}ⲟⲩ ⲟⲩϩⲟⲣ　ⲉϥ ⲛ̅ⲕⲟⲧⲕ̅ ϩⲓⲭⲛ̅ ⲡ ⲟⲩ-|ⲟⲛⲉϥ ⲛ̅ϩ{ⲉ}ⲛ ⲉϩⲟⲟⲩ
一隻　狗　　它 休息 在…上 這 牛棚 (馬槽) 幾隻　牛的

　　　　　　　　　　　　　　[ⲛ̅ⲛ]
ⲝⲉ ⲟⲩⲧⲉ ϥ ⲟⲩⲱⲙ ⲁⲛ |ⲟⲩⲧⲉ ϥ ⲕ̅{ⲱ} ⲁⲛ ⲛ̅ⲛ ⲉϩⲟⲟⲩ ⲉ ⲟⲩⲱⲙ
因爲既　牠 <不 吃>　也　牠 <不許> 這些　牛　去　吃

ⲛ̅ⲕⲟⲧⲕ̅ = 睡覺，休
息；

ϩⲉⲛ = 一些；

ⲉϩⲉ = 牛；

ⲉϩⲟⲟⲩ，ⲉϩⲉⲩ = 牛(複
數)；

ϩⲟⲟⲩ = 日子。

一百零三·

ⲡⲉⲝⲉ ⲓ̅ⲥ̅ | ⲝⲉ ⲟⲩ ⲙⲁ{ⲕⲁ}ⲣⲓⲟⲥ　ⲡⲉ ⲡ ⲣⲱⲙⲉ ⲡⲁⲉⲓ ⲉⲧ ⲥⲟⲟⲩ[ⲛ] |
說 耶穌　一個上主祝福者　是　這人　這個 (他) 認識

ⲝⲉ ϩ{ⲛ̅ ⲁⲯ} ⲙ̅ⲙⲉⲣⲟⲥ ⲉ ⲛ ⲗⲏⲥⲧⲏⲥ ⲛⲏⲩ ⲉϩⲟⲩ[ⲛ] | ⲱⲓⲛⲁ {ⲉϥ}
這事 在 什麼　情況　　竊賊們　將到來　進入　如此　他

ⲛⲁ ⲧⲱⲟⲩⲛ ⲛ̅ϥ ⲥⲱⲟⲩϩ ⲛ̅ ⲧⲉϥ |ⲙⲛ̅ⲧⲉ̅{ⲣⲟ} ⲁⲩⲱ ⲛ̅ϥ ⲙⲟⲩⲣ
就會 振作　且　凝聚　他的 |國度　　並 且　綁住

ⲙ̅ⲙⲟ ϥ ⲉⲝⲛ̅ ⲧⲉϥ |†ⲡⲉ　ϩ{ⲁ} ⲧ ⲉϩⲏ　ⲉⲙⲡⲁⲧ ⲟⲩ ⲉⲓ ⲉϩⲟⲩⲛ
他　靠在 他的 腰(複數) 從 這開始 在之前 他們 來　進入

ⲧⲱⲟⲩⲛ = 起來，振
作；

ⲉⲙⲡⲁⲧ = 在…之前。

一百零四·

ⲡⲉ-|ⲝⲁ ⲩ ⲛ̅{ⲓ̅}ⲥ̅　ⲝⲉ ⲁⲙⲟⲩ ⲛ̅ⲧⲛ̅ ⲱⲗⲏⲗ ⲙ̅ ⲡⲟⲟⲩ |ⲁⲩⲱ ⲛ̅ⲧⲛ̅
說 他們 對 耶穌 這話 來吧　我們 祈禱　今天　　和　我們

ⲣ̅ ⲛⲏⲥⲧⲉⲩⲉ ⲡⲉⲝⲉ ⲓ̅ⲥ̅ ⲝⲉ ⲟⲩ ⲅⲁⲣ |ⲡⲉ ⲡ ⲛⲟⲃⲉ ⲛ̅ ⲧⲁⲉⲓ ⲁ ⲁϥ
行 齋戒　　說 耶穌 哪些 因爲 是 這罪狀　我已　做它

ⲏ ⲛ̅ⲧⲁⲩ ⲭⲣⲟ ⲉⲣⲟ ⲉⲓ | ϩⲛ̅ ⲟⲩ　ⲁⲗⲗⲁ　ϩⲟⲧⲁⲛ ⲉⲣ ⲱⲁⲛ
或 它們已 <勝過> 我　在 哪些　但是　　每當　(假使)

ⲡ ⲛⲩⲙⲫⲓⲟⲥ ⲉⲓ |ⲉⲃⲟⲗ　ϩⲙ̅ ⲡ ⲛⲩⲙⲫⲱⲛ　ⲧⲟⲧⲉ　ⲙⲁⲣⲟⲩ
這 新郎　出去< 從 > 這 新房　　然後(即刻) 願他們

ⲛⲏ-|ⲥⲧⲉⲩⲉ ⲁⲩⲱ　ⲙⲁⲣⲟⲩ ⲱⲗⲏⲗ
齋戒　並且　願他們 祈禱

ⲁⲙⲟⲩ = 來吧，咱們一
起來吧；

ⲁ ⲁ(+代名詞) = 做(do)；

ⲧⲟⲧⲉ (原希臘文) = 然
後，即刻。

一百零五·

耶穌說：任何人認識至這父親和這母親，他們將稱他為娼婦的兒子。

105.

Jesus said, "He who knows the father and the mother will be called the son of a harlot."

一百零六·

耶穌說：無論何時當你們轉變兩個成為一個，你們將來到世間為人的兒子。並且每當你們說：這山移轉開去！它就會移開。

106.

Jesus said, "When |Whenever| you make the two into one, you will become the sons of man, and when |whenever| you say, 'Mountain, move away!' it will move."

一百零七·

耶穌說：這個國度好比是一個牧羊人，他牧放著一百隻羊。在牠們之中一隻最大的迷失了；他放下九十九隻羊去找尋那一隻。他努力地找，終於找到了牠。他便對這隻羊說：我思念你超過於那九十九隻羊呀！

107.

Jesus said, "The Kingdom is like a shepherd who had a hundred sheep. One of them, the largest, went astray. He left the ninety-nine and looked for the one until he found it. After he made a great effort, he said to the sheep, 'I deeply care for you more than the ninety- nine.'"

一百零八·

耶穌說：任何人由我的口飲取，他將在我的道上來到世間，我也將同他一起進入世間，並且那些隱藏的將顯示給他。

108.

Jesus said, "He who drinks from my mouth will come into being with my way; I myself shall be with him, and those were hidden will be revealed to him."

〔另譯〕

耶穌說：任何人由我的口中飲取，他將以我之道來到世間（傳我所言）；我自己也會同他一起進入世間，並且顯示給他那些隱密之事。

一百零五·

ⲠⲈⲬⲈ ⲓ̅ⲥ̅ ⲬⲈ ⲠⲈ-|Ⲧ ⲚⲀ ⲤⲞⲨⲰⲚ Ⲡ ⲈⲒⲰⲦ ⲘⲚ̅ Ⲧ ⲘⲀⲀⲨ ⲤⲈ ⲚⲀ
說 耶穌 這話 任何人 將 認識 這 父親 和 這媽 他們 將

ⲘⲞⲨ-|ⲦⲈ ⲈⲢⲞ ϥ ⲬⲈ Ⲡ ϢⲎⲢⲈ Ⲙ̅ ⲠⲞⲢⲚⲎ
稱呼 對他 這樣 這兒子 娼婦的

> 「這位父親和這位母親」用的是定冠詞。

一百零六·　　　　　ϢⲀ[Ⲛ]

ⲠⲈⲬⲈ ⲓ̅ⲥ̅ ⲬⲈ| ϨⲞⲦⲀⲚ ⲈⲦⲈⲦⲚ̅ ϢⲀ Ⲣ̅ Ⲡ ⲤⲚⲀⲨ ⲞⲨⲀ ⲦⲈⲦⲚⲀ
說 耶穌 這話 無論何時 當你們 會 變 這二 (爲)一 你們將

ϢⲰ-|ⲠⲈ Ⲛ̅ ϢⲎⲢⲈ Ⲙ̅ Ⲡ ⲢⲰⲘⲈ ⲀⲨⲰ ⲈⲦⲈⲦⲚ̅ ϢⲀⲚ| ⲬⲞⲞⲤ
來到(世間) 兒子們 這人的 並且 當你們 說

ⲬⲈ Ⲡ ⲦⲞⲞⲨ ⲠⲰⲰⲚⲈ ⲈⲂⲞⲖ ϥ ⲚⲀ| ⲠⲰⲰⲚⲈ
這話 這山 <移轉 開去> 它將 移開

> 「使二變成爲一，合而爲一」是這份論語一再強調的主題之一（參考 [多 22] 及 [多 48]）。

一百零七·　　　　　　　　[ⲞⲨ]

ⲠⲈⲬⲈ ⲓ̅ⲥ̅ ⲬⲈ Ⲧ ⲘⲚ̅ⲦⲈⲢⲞ ⲈⲤ ⲦⲚ̅ⲦⲰ[Ⲛ]|Ⲉ Ⲩ ⲢⲰⲘⲈ Ⲛ̅ ϢⲰⲤ
說 耶穌 這話 這 國度 她 好比是 一個 人 牧放著羊

ⲈⲨⲚ̅ ⲦⲀϥ Ⲙ̅ⲘⲀⲨ Ⲛ̅ ϢⲈ Ⲛ̅|ⲈⲤⲞⲞⲨ Ⲁ ⲞⲨⲀ Ⲛ̅ ϨⲎⲦ ⲞⲨ ⲤⲰⲢⲘ
<他曾有> 那兒 一百隻 羊 一隻 在牠們中 迷失了

Ⲉ Ⲡ ⲚⲞϬ ⲠⲈ| Ⲁϥ ⲔⲰ Ⲙ̅ ⲠⲤⲦⲈ ϤⲒⲦ Ⲁϥ ϢⲒⲚⲈ Ⲛ̅ⲤⲀ ⲠⲒ ⲞⲨⲀ|
這 最大的 是 他就 放下 九十九(隻) 他去 尋找 尾隨 那一隻

ϢⲀⲚⲦⲈ ϥ ϨⲈ ⲈⲢⲞ ϥ Ⲛ̅ⲦⲀⲢⲈ ϥ ϨⲒⲤⲈ ⲠⲈⲬⲀ ϥ| Ⲙ̅Ⲡ ⲈⲤⲞⲞⲨ
一直到 他 找到 牠 當..後 他努力 說 他對這 羊

ⲬⲈ •†ⲞⲨⲰϢ Ⲕ ⲠⲀⲢⲀ ⲠⲤⲦⲈ ϤⲒⲦ
這話 我 想望 你 超過於 九十九(隻)

> ⲔⲰ ，ⲔⲀ- ，ⲔⲈ- = 不管，包容，漠視；

> ⲠⲀⲢⲀ = 勝過，超過於。

一百零八·

ⲠⲈⲬⲈ ⲓ̅ⲥ̅ ⲬⲈ ⲠⲈⲦⲀ ⲤⲰ ⲈⲂⲞⲖ ϨⲚ̅ ⲦⲀ ⲦⲀⲠⲢⲞ|ϥ ⲚⲀ ϢⲰⲠⲈ
說 耶穌 這話 任何人 飲 < 從 > 我的 口中 他將 來到(世間)

Ⲛ̅ ⲦⲀ ϨⲈ ⲀⲚⲞⲔ ϨⲰ †ⲚⲀ ϢⲰⲠⲈ| Ⲉ ⲚⲦⲞ ϥ ⲠⲈ ⲀⲨⲰ ⲚⲈ ⲈⲐⲎⲠ　　　[Ⲧ Ϩ]ⲎⲠ
以我之道 我 也 我將 來到(世間) 如同 他 是 且 那些 隱藏的

ⲚⲀ ⲞⲨⲰⲚϨ ⲈⲢⲞ ϥ
將 顯現 予他

一百零九‧

耶穌說：這國度好比一個人他曾擁一些寶貝埋在他的田地裏，而他自己卻不知情。當他死了{之後}，遺產就交給了他的{兒子}。這個兒子也不知道（這寶貝的事），他就把這塊田地讓了出去。有一個人買了它，他在（田地裏）耕種的時候，{發現}了這份寶藏。他就開始把錢給那些他所願意借的人，以求取利息。

109.
Jesus said, "The Kingdom is like a man who had a h{idden} treasure in his field but did not realize it. And {after} he died he left it to his {son}. The son {did} not know about it either. He inherited the field and sold {it}. The one who bought it went plowing, and {discovered} the treasure. He began to lend money at interest to whomever he wished."

〔另譯〕 (根據這裡的特殊用字和《伊索寓言》守財奴的故事；故事參閱第一百零九段的相關文件(第283頁))

耶穌說：這國度好比一個人他曾在他的田地裏藏了一份寶貝，他對這份寶藏沒有認識（而沒有利用它）。他死後，遺產就交給了他的兒子。這個兒子也不認識它，他竟把這塊田地讓了出去。有一個人買到這塊地，他在（田地裏）耕種的時候，發現了這份寶藏。他就開始把錢給那些他所願意借的人，以求取利息。

一百一十‧

耶穌說：任何人找到這個世界且成為富裕者，願他捨棄這世界。

110.
Jesus said, "He who has found the world and has become wealthy, may he renounce the world."

〔另譯〕

耶穌說：如果你已經找到在這個世上要找的東西，而且心靈也已得到富裕了，那麼就再也不要計較這個世界上的事吧！

一百零九·　　　　　　　　　[ΟΥ]

ΠΕΧΕ ΙC　ΧΕ　Τ ΜΝ̄ΤΕΡΟ ΕC ΤΝ̄ΤѠΝ　Ε Υ ΡѠ-|ΜΕ ΕΥ Ν̄ΤΑ Ϥ
說 耶穌 這話 這　國度　她 好比　一個 人　他曾擁有

Μ̄ΜΑΥ 2Ν̄ ΤΕϤ ϹѠϢΕ Ν̄Ν ΟΥ |Ε2Ο　ΕϤ 2Η{Π　Ε }ϤΟ Ν̄ΑΤ
這兒 在 他的 田地　一些　寶藏　它 被隱藏 他　不

ϹΟΟΥΝ ΕΡΟ Ϥ　ΑΥ-|Ѡ　Μ̄{ΜΝ̄Ν̄ϹΑ Τ}ΡΕϤ ΜΟΥ ΑϤ ΚΑΑ Ϥ
認識(知道)關於它　且　之後　由於他 死 他 遺留它

Μ̄ ΠΕϤ |{ϢΗΡΕ　ΝΕ}Π ϢΗΡΕ　ϹΟΟΥΝ ΑΝ　ΑϤ ϤΙ ＊ Τ ϹѠϢΕ
給 他的 兒子　這 兒子　認識(知道) 不 他就 拿(取) 這 田地

ΕΤ Μ̄ ΜΑΥ ΑϤ ΤΑΑϹ {ΕΒΟΛ} ΑΥѠ ΠΕ{Ν} |ΤΑ2 ΤΟΟΥ Ϲ　ΑϤ ΕΙ
那 在那兒 他 讓渡她 出去　且 那位　已 買到 她 他來

ΕϤ ϹΚΑΕΙ Α{Ϥ 2}Ε̣ Α Π Ε2Ο　ΑϤ |ΑΡΧΕΙ　Ν̄ † 2ΟΜΤ ΕΤ ΜΗϹΕ
對它 耕作　他 遇上 這 寶藏　他 開始　去 給 錢 以求 利息

Ν̄{ΝΕ}Ṭ̣ Ϥ̄ ΟΥΟϢ ΟΥ
那些人 他 所願的 他們

一百一十·

ΠΕΧΕ ΙC　ΧΕ　ΠΕΝΤΑ2 ϬΙΝ2̣ Μ̄Π ΚΟϹΜΟϹ |Ν̄Ϥ　Ρ̄ ΡΜ̄ΜΑΟ
說 耶穌 這話 任何人已 找到　這 世界　且他 成為 富裕者

ΜΑΡΕ Ϥ ΑΡΝΑ　Μ̄Π ΚΟϹΜΟϹ
願他 捨棄　這 世界

Ν̄ΑΤ ϹΟΟΥΝ＝ 無知；
ϹΟΟΥΝ ΕΡΟϤ＝認識到它。[在眾多科普特古文件中，這是相當特殊的句法]；

ΜΝ̄Ν̄ϹΑ ΤΡΕ(+代名詞)＝當(某)…之後；
(Ε)ΤΡΕ(+代名詞)＝使(某)…，以致(某)…。

一百十一·

耶穌說：「諸天和大地將運轉結合在你們的臨在顯現之處；而且任何人由那位具生命的生活者中生活出來，他將見不到死亡。」因為耶穌不是說過嗎：「任何人已經找到他自己，這個世界對他就沒有什麼價值了。」

一百十二·

耶穌說：肉身依附在魂魄是令人苦惱的。魂魄依附在肉身也是令人苦惱呀！

一百十三·

他的門徒們問他說：哪天這國度會來臨啊？

它不是在一種渴望看得見的情況之下來臨。陳述（這國度）可不是這樣說的：『看呀！是在這邊！或看呀！是那個！』然而，父的國度卻到處散播在這地堂上，祇是人們看不見它。

一百十四·

西滿·伯多祿（西門·彼得）對他們說：讓瑪利亞從我們中離開吧，因為女子們是不值得這生命的。

111.
Jesus said, "The heavens and the earth will roll up in your presence, and he who is living from the living one will not see death?" "Does not Jesus say, 'He who has found himself, the world is not worthy?'"

112.
Jesus said, "Wretched is the flesh that depends on the soul. Wretched is the soul that depends on the flesh."

113.
His disciple said to him, "When will the Kingdom come?"
"It will not come by watching for it. It will not be said, 'Look, here it is!' or 'Look, there it is!' Rather, the Kingdom of the Father is spread out upon the earth, and people do not see it."

114.
Simon Peter said to them, "Make Mary leave us, for females do not deserve life."

一百十一．

ΠΕΧΕ ΙC ΧΕ Μ ΠΗΥΕ ΝΑ 6ωλ ΑΥω Π ΚΑ2 Μ ΠΕΤΝ
說 耶穌 這話 這諸天堂 將 運轉結合 且 這地堂 在你們的

ΜΤΟ ΕΒΟλ ΑΥω ΠΕΤ ΟΝ2 ΕΒΟλ 2Ν ΠΕΤ ΟΝ2 ϥ ΝΑ ΝΑΥ
臨在出現 且 任何人 生活 出來 由 (那位)生命者 他將 看見

ΑΝ Ε ΜΟΥ ΟΥΧ 2ΟΤΙ Ε ΙC ΧΩ ΜΜΟC ΧΕ ΠΕΤΑ 2Ε ΕΡΟ ϥ
不 到 死亡 因為 耶穌 說過 任何人已 找 著

ΟΥΑΑϥ Π ΚΟC-ΜΟC ΜΠΨΑ ΜΜΟ ϥ ΑΝ
他自己 這 世界 值得 他(of him) 不

> 6ωλ = 結合，回歸，回轉。

一百十二．

[ΑΨΕ]

ΠΕΧΕ ΙC ΧΕ ΟΥΟΕΙ Ν Τ CΑΠ2 ΤΑΕΙ ΕΤ ΟΨΕ Ν Τ ΦΥΧΗ
說 耶穌 這話 苦惱 在這 肉身 這一個 那 依附 於這 魂魄

[ΑΨΕ]

ΟΥΟΕΙ Ν Τ ΦΥΧΗ ΤΑΕΙ ΕΤ ΟΨΕ Ν Τ CΑΠ2
苦惱 在這 魂魄 這一個 那 依附 於這 肉身

> ΑΨΕ(依附)和 Πωψ，Πωρχ (分裂)在本文件中是 ωϨΕ ΕΡΑΤ ΟΥΑ ΟΥωΤ(聳立合一)的靈性意識所要度化的。

一百十三．

ΠΕΧΑ Υ ΝΑϥ Ν6Ι ΝΕϥ ΜΑΘΗΤΗC ΧΕ Τ ΜΝΤΕΡΟ ΕC ΝΝΗΥ
說 他們 對他 (指) 他的 門徒們 這話 這 國度 她 將來臨

Ν ΑΨ Ν2ΟΟΥ ΕC ΝΝΗΥ ΑΝ 2Ν ΟΥ 6ωΨΤ ΕΒΟλ ΕΥ ΝΑ
在什麼日子啊？她將來臨 不 在 一種 渴望看出來 他們 將

ΧΟΟC ΑΝ ΧΕ ΕΙC2ΗΗΤΕ ΜΠΙ CΑ Η ΕΙC2ΗΗΤΕ ΤΗ ΑλλΑ
敘說 不 這話 看呀 在這 邊 或是 看呀 那個 然而

Τ ΜΝΤΕΡΟ ΜΠ ΕΙωΤ ΕC ΠΟΡΨ ΕΒΟλ 2ΙΧΜ Π ΚΑ2 ΑΥω
這 國度 這 父親的 她 <分散 開去> 於..上 這 地堂 祇是

Ρ ΡωΜΕ ΝΑΥ ΑΝ ΕΡΟ C
人們 看見 不 到 她

一百十四．

ΠΕΧΕ CΙΜωΝ ΠΕΤΡΟC ΝΑΥ ΧΕ ΜΑΡΕ ΜΑΡΙ2ΑΜ
說 西滿(西門)伯多祿(彼得) 對他們 這話 希望 瑪利亞

ΕΙ ΕΒΟλ Ν 2ΗΤ Ν ΧΕ ΝCϨΙΟΜΕ ΜΠΨΑ ΑΝ ΜΠ ωΝϨ
<離 開> 從我們 因為 女子們 值得 不 這生命

耶穌說：看呀！我自己將引導她，以致於我將使她成為男子。因此她將來到世間也是一個靈 —— 他活於生命，他相似於你們（真）男子。為此，任何一個女子會使她自己成為（真）男子，她將進入到這重重天堂的國度。

卷末語

根據<u>多瑪斯</u>的好消息。

Jesus said, "Look, I will guide her to make her male, so that she too may become a living spirit resembling you males. For every female who makes herself male will enter the Kingdom of Heaven."

Ending

The Gospel According to Thomas.

ⲡⲉϫⲉ ⲓⲥ̄ | ϫⲉ ⲉⲓⲥϩⲏⲏⲧⲉ ⲁⲛⲟⲕ † ⲛⲁ ⲥⲱⲕ ⲙ̄ⲙⲟ ⲥ ϫⲉ-|ⲕⲁⲁⲥ
說　耶穌 這話　看呀　　我　我將引導　她　以 致於

ⲉⲉⲓ ⲛⲁ ⲁ ⲥ　ⲛ̄ϩⲟⲟⲩⲧ ϣⲓⲛⲁ ⲥ ⲛⲁ ϣⲱ-|ⲡⲉ　ϩⲱ ⲱⲥ ⲛ̄ ⲟⲩ ⲡ̄ⲛ̄ⲁ̄
我　將 使她 爲男性 如此　她 將 來到(世間)　也 她是 一個 靈

ϩⲱ，ⲏⲱ ＝ 也是。

ⲉϥ ⲟⲛϩ　　ⲉϥ ⲉⲓⲛⲉ ⲙ̄ |ⲙⲱⲧⲛ̄　ⲛ̄ϩⲟⲟⲩⲧ ϫⲉ ⲥϩⲓⲙⲉ ⲛⲓⲙ
他活於生命 他 相似於　你們　　男性　爲此 女子 每一

ⲉⲥ ⲛⲁ ⲁ ⲥ | ⲛ̄ ϩⲟⲟⲩⲧ　ⲥ ⲛⲁ ⲃⲱⲕ ⲉϩⲟⲩⲛ　ⲉ ⲧ ⲙⲛ̄ⲧⲉⲣⲟ |
她 將 使她 成爲 男性　她 將 走 進入　到 這 國度

ⲛⲙ̄ ⲡⲏⲩⲉ
這 諸天堂的

>>>>>>>>>>>>>>>>>>>>>>>>>>>>>>>>>>>

卷末語

ⲡ ⲉⲩⲁⲅⲅⲉⲗⲓⲟⲛ̄ |ⲡ ⲕⲁⲧⲁ ⲑⲱⲙⲁⲥ
好消息(原希臘文)　根據　多瑪斯

耶穌靈道論語・多瑪斯福音
第一部分(乙)・正文 —— 譯自希臘原文

開卷語

這些{祕傳}話集{是}活於生命中的耶穌所說，{由猶達斯}也就是多瑪 所{記錄}。

These are the {secret} words {which} the living Jesus {spoke, and which Judas, who is} also Thoma{s recorded}.

一・

並且他說：{任何人找到}這些話的{真}意，就不會嚐到{死亡}。

1.

And he said, "{He who finds the interpre}tation of the{se} words will not taste {death.}"

二・

{耶穌說：}讓一個人{不斷地}尋{找，直到}找到為止吧！當他找到時，{將會稱奇讚歎。在讚}歎中，他將會從道而治。{當他從道而治時，}他將會{安息。}

2.

{Jesus said,} "He who seeks {should not stop seeking until} he finds. And when he finds {he will marvel, and mar}veling he will reign, and {reigning} he will {rest.}"

[合併兩版] (這段話似乎是在描述悟道的過程)

耶穌說：任何人在尋找中應該要不斷地尋找，直到找到為止。當他找到時，&會遭受困惑（磨難）。當他遭到困惑（磨難）時&，將會稱奇讚歎；然後會從道而治。#當他{從道而治時}，他將會{安息（於永恆的平安之境）}#。

Jesus said, "He who seeks should not cease seeking until he finds. When he finds, &he will be disturbed. When he is disturbed&, he will marvel, and will reign over all. #And after he has {reigned,} he will {rest}#."

耶穌靈道論語・多瑪斯福音
第一部分(乙)・正文 — 希臘原文

開卷語 歐西倫庫斯蒲草紙稿 654.1-3a

[ουτοι]
οιτοι οι λογοι οι {αποκρυφοι ους ελα-}|λησεν Ιης
這些(是) 這些 話集 這些 隱密的 那是 <所說> 耶穌

　　　　　　　　　　　　　　　　　　[θωμας]
ο ζων κ{αι εγραψεν Ιουδας ο} | και θωμα
(那位) 生活的 且 記錄 猶達斯 (那位) 也是 多瑪

希臘文版的這段文字只能讀到多瑪的名號。

一・歐西倫庫斯蒲草紙稿 654.3b-5a

και ειπεν { ος αν την ερμηνει-}|αν των λογων τουτ{ων
並且 他說 任何人 這 解釋 < 這些 話集的 >

ευρισκη θανατου}|ου μη γευσηται
找到 死亡 不 不 應會嚐到

二・歐西倫庫斯蒲草紙稿 654.5b-9

{λεγει Ιης}| μη παυσασθω ο ζη{των του ζητειν εως αν}
說 耶穌 不 讓停止 (那位) 尋找 這 尋找 直到

ευρη και οταν ευρη {θαμβηθησεται και θαμ}|βηθεις
他找到 且 每當 他找到 驚異 他將 並且 驚異中

αναπαησεται = 他將安息；表達「安息」的這幾個希臘文字是學者們猜測出來的。

βασιλευση κα{ι βασιλευσας αναπα}ησεται
統御 他將 並且 統御中 安息 他 將

三‧

{耶穌}說：倘若拉動我們自己的那些（意念）{對你們說：看呀！}這國度是在天空中，那麼空中的飛鳥將{優先行於你們之前}。{倘若他們說：}是在地底下，那麼海裏的魚將{優先行}於你們之前{進入}。但是，{#上主的#}國度是在你們內{也在你們之外}。{任何人}瞭解{他自己}，將尋獲這事。{當你們}認識你們自己，你們將瞭解：『你們是這位{生命之}父之{子}。』{然而，如果你們不}認識你們自己，那麼{你們}便在{貧困}之中，並且你們就是這貧困。

四‧

{耶穌說：}有位{長}者毫不遲疑地去詢問{一個七天大的嬰}孩，關於這{生命}之所；他將{活於生命}。因為有許多在{先的將成為最後的，}#最後的將成為最先的。#他們{將合而為一}。

3.

{Jesus} said, "If those pulling you {say to you, 'Look,} the Kingdom is in the sky,' the birds of the sky {will fly before you. Or if they say} that it is beneath the ground, the fish of the sea will go in, preceding you. And the Kingdom {of God} is inside of you {and outside you}. {He who} knows {himself} will find this and {when you} know yourselves you will realize that you are {sons of the Living} Father. But if you will not come to know yourselves, {you are} in {poverty} and you are poverty itself."

4.

{Jesus said,} "A per{son old in} days will not hesitate to ask {an infant seven days} old about the place of {life, and} he will live. For many of {first} will be {last #and} last will be first,# and they {will become one and the same.}"

三・歐西倫庫斯蒲草紙稿 654.9-21

λεγει Ι{ης εαν}| οι ελκοντες ημας {ειπωσιν υμιν ιδου}|
說　耶穌 如果 這些　拉動　我們　會說 他們 對你們 看呀

η βασιλεια εν ουρα{νω υμας φθηαεται}| τα πεπεινα
這 國 度 在 天(堂)空　你們 將先到達　這 飛鳥

του ουρ{ανου εαν δ　ειπωσιν ο-}τι υπο την γην εστ{ιν
<這天空的> 如果 然而 會說 他們 這話 下面 這 地　那是

εισελευσονται}| οι ιχθυες της θαλα{σσης προ φθασαν-}|
將進入　　　　 這些 魚 <這 海裏 的>　　 < 先

τες υμας και η βασ{ιλεια του θεου}| εντος υμων {ε}στι
行於> 你們 並且 這 國 度 <這上主的> 在..內 你們 是

{κακτος ος αν εαυτον}| γνω ταυτγν ευρη{σει και οτε
也在..外 任何人 他自己 瞭解 這事 將找到 並且 當

υμεις}| εαυτους γνωσεσθαι {ειδησετε οτι υιοι}| εστε υμεις
你們 你們自己 瞭解 你們將知道：孩子們 <你們 是>

[γνωσεσθε]
του πατρος του ζ{ωντος ει δε μη}| γνωσθε εαυτους
這 父親的 這 生活的 如果 然而 不 你們將瞭解 你們自己

εν {τη πτωχεια εστε}| και υμεις εστε η πτω{χεια}
在 這 貧困 (你們)是 並且 你們 是 這 貧困

四・歐西倫庫斯蒲草紙稿 654.21-27

{λεγει Ιης} ουκ αποκνησει ανθ{ρωπος πληρης ημε-}|ρων
說 耶穌 不 將遲疑 人 老翁 之 年

επερωτησε πα{ιδιον επτα ημε-}|ρων περι του τοπου τη{ς
去尋問 小孩子 七 天 關於 這 地方 <生

ζωης και ζη-}|σετε οτι πολλοι εσονται π{ρωτοι εσχατοι
命的> 且 生活 他將 因為 許多 將 是 最先的 最後的

(另外一種填補法)→ {ζωην αιωνιον εξου}
και}| οι εσχατοι πρωτοι και {εις εν καταντησου-}|σιν
並且 這些 最後的 最先的 且 合一 成為 <他們 將>

科普特文版「引導你
們自己的那些」希臘
文版是

οι ελκοντες ημας
這(那)些 拉動 我們自己

順譯為「拉動我們
自己的那些」。

有些學者認為
ημας (我們) 是
υμας (你們) 的誤寫。
其實不須要更改意思
可能更正確。

希臘文版「有許多在
{先的將成為最後
的,} 最後的將成為
最先的」；科普特文
只有前一句話。

五‧

耶穌說：{認識那在}你面前的{事務。那些}對你{隱藏}的將顯示{給你。因為沒有任何}隱藏的事情，不{變成}明顯的；#也（沒有）死去被埋藏，{而不甦醒過來的}#。

六‧

{他的門徒們}問他說：我們如何節食守齋？{我們如何}祈禱？{我們}如何{布施呢？關於食物我們要謹慎地要求什麼嗎？

耶穌說：{不要扯謊，}不要做{任何你們悔}恨的事。{因為，所有的事都會在}這#真理的#{臨在處顯現出來。沒有任何事情}被隱藏{而不顯現出來的，}……。

七‧

……是上主受所祝福的　……變成……是

5.
Jesus said, "{Recognize what is in} front of your face, and {that which is hidden} from you will become plain {to you. For there is nothing} hidden which {will} not {become} manifest, #nor buried that {will not be raised}.#"

6.
{His disciples asked} him and said, "How should we fast {and how should we} pray, and how should {we give alms and what diet} should we observe?"
Jesus said, {"Do not tell lies and that which you hate,} do not do {because everything is evident in view of} # the truth #. {For there is nothing} hidden {that will not be made clear."} …

7.
Blessed is … become … is …

五・歐西倫庫斯蒲草紙稿 654.27-31

λεγει Ιης γ{νωθι το ον εμπροσ-}|θεν της οψεως σου και
說　耶穌　瞭解　這　事情　　臨在　　　這　臉面　你的　並且

<θ>
{το κεκαλυμμενον}| απο σου αποκαλυφησετ{αι σοι ου
那　已被隱藏的　　　從　你 <將被顯現出來>　對你 沒有

γαρ εσ-}|τιν κρυπτον ο ου φανε{ρον γενησται} | και
因爲　這裏　隱藏的事 那 不　明顯　　　將變成　　並且

[τ]
θεθαμμενον ο ο{υκ εγερθησεται}.
被埋藏(死去) 那 而不　被扶起(甦醒)

希臘文版多了最後一小段。

六・歐西倫庫斯蒲草紙稿 654.32-40

{εξ}εταζουσιν αυτον ο{ι μαθηται αυτου και | λε}γουσιν
　尋問　　　他　這些　門徒們　他的　並且　　說

πως νηστρυ{σομεν και πως προσ-|ευξο}μεθα και πως
如何 <我們將齋戒>　且 如何 <我們將 祈禱>　　並且 如何

{ελεημοσυνην ποιη|σομεν κ}αι τι παρατηρησ{ομεν περι
　賙濟　　　<我們 將做> 並且 什麼 我們要尋求　關於

των βρω|ματω}ν λεγει Ιης {μη ψευδεσθε και ο-|τι μισ}ειται
這　　食物　　說 耶穌 不要　說謊　並且 任何 你們恨

μη ποιειτ{ε οτι παντα ενωπ|ιον τ}ης αληθειας αν{αφαινεται}
不要 做　因 一切事情 臨在處　這　真理　導致於顯現出來

ουδεν| γαρ εστι}ν α{π}οκεκρ{υμμενον ο ου φανε-|ρον εσται}..
沒有事 因爲 (那)是　被　隱藏　那 不　顯明 將變成

「所有的事都會在
這天堂的臨現處顯
露出來」希臘文版是

{παντα ενωπιον τ}
{所有的事 臨在處 }

ης αληθειας
這　真理

αν{αφαινεται}
{導致於顯現出來}

順譯爲「｛所有的事
都會在 ｝這真理的
｛臨 在 處 顯 現 出
來。｝」)。

七・歐西倫庫斯蒲草紙稿 654.40-42

.... {μα}ḳαρι{ος} εστιν ...　....　....}ων εστạ{ι}
　上主受所祝福的　是　　　　　　　　　變成

...　　　εστ}ịν
　　　　　是

二十四‧

…

…那是 …光明 …世界 …不 …那是 …

24.

…

… which …light … the world … not … which . . .

二十六‧

… 然後，你立刻就會看得清楚，（並）從你的兄弟的眼中去取出這片木屑來。

26.

. . . and then you will see clearly to cast out the mote from your brother's eye.

二十七‧

如果你們不從這個世界中節制，你們將找不著天國。如果你們不執行安息日（一週七天）為安息之日（一週七天），你們將見不到天父。

27.

Jesus said, "If you do not fast from the world, you will not find the Kingdom of God. And if you do not observe the sabbath as a sabbath, you will not see the Father."

二十八‧

耶穌說：我曾站在這世界之中，並以血肉之身顯現給他們。我發現他們每一個人都已經喝醉了；

28.

Jesus said, "I stood in the midst of the world and in the flesh I appeared to them. I found everyone drunk

二十四・歐西倫庫斯蒲草紙稿 655d.1-5

{............... εσ}τιν {............... φ}ωτεινω
　　　　　　　那是　　　　　　　　光明

{............... κ}οσμω {............. μ}η {............... ε}στιν
　　　　　　世界　　　　　　　不?　　　　　　　那是

二十六・歐西倫庫斯蒲草紙稿 1.1-4a

... και τοτε διαβλεψεις | εκβαλειν το καρφος |
並且 然後(即刻) 看得清楚 你將 取出 這 木屑

το εν τω οφθαλμω| του αδελφου σου
那 在內 這 眼睛 <這 兄弟的> 你的

二十七・歐西倫庫斯蒲草紙稿 1.4b-11

λεγει Ις εαν μη νηστευση-|ται τον κοσμου ου μη|
說 耶穌 如果 不 <你們會齋戒> 這 世界 不 不

θ[εο]υ
ευρηται την βασιλει-|αν του θυ και εαν μη |
<你們找到> 這 <國度> <這上主的> 並且 如果 不

σαββατισητε το σαβ-|βατου ουκ οψεσθε
<你們安憩(一週七天)> 這 <安息日(一週七天)> 不 <你們將看見>

π[ατε]ρα
το[ν] πρα
這 父親

二十八・歐西倫庫斯蒲草紙稿 1.11-21.a

λεγει Ις ε{σ}την |εν μεσω του κοσμου | και εν σαρκ{ε}ι
說 耶穌 我站 在 之中 <這世界> 並且 在 血肉

ωφθην| αυτοις και ευρον παν-|τας μεθυοντας και |
我顯現 對他們 並且 我發現 <每一個人> 已喝醉了 並且

我發現他們之中沒有一個人感到口渴的。我的靈魂傷痛這些人類（性）的孩子們。因為，他們的心魂瞎了，看｛不｝見了。

and none thirsty among them. My soul worries about the sons of men because they are blind in their hearts and {they do not} see."

二十九·

…住在這貧乏之內。

29.
…dwelled in this poverty.

三十·

｛耶穌｝說 ：這裡有｛三個，他們不在｝上主內。這裏有單獨的一個，我說，我便與他在一起。#拿起這塊石頭，你們將發現我在那裡。劈開這根木材，我就在那裡#。

30.
{Jesus sa}id, {"Wh}ere there are {th}r{ee} t{hey ar}e {without} God. And {w}here there is only o{ne}, I say, I am with hi{m}.

#Li{f}t the stone and there you will find me. Split the wood and I am there. #"

三十一·

耶穌說：沒有先知在他的家鄉會被接受的，沒有醫生會治好那些熟識他的人。

31.
Jesus said, "A prophet is not accepted in his homeland. Nor does a physician perform healings for those who know him."

[διψων-]τα]
ουδενα　ευρον δειψω[ν]-|τα εν αυτοις και πο-|νει
沒有一個人　我發現　　口 渴　在 他們　並且　傷痛

η ψυχη μου επι|τοις υιοις των αν[θρωπ]ων| οτι
這 靈魂 我的 因爲 這些 孩子們 <這人性(人們) 的> 因爲

τυφλοι εισιν τη καρ-|δια αυτων και {ου} βλεπ-|{ουσιν ...}
眼瞎 他們是 在 這 心 裏 他們的 並且 {不} 看見 {他們}

希臘文版只有科普特文版前半段。由於這一段希臘殘文結尾斷得不完整，所以很難判斷這希臘文版有沒有最後一小段。

二十九・歐西倫庫斯蒲草紙稿 1.21.b-22

{................ ενοικ}ει {ταυι}ην {τ}ην πτωχεια[ν]
　　　　住在 ..中　　　這　　貧困

希臘殘文對這一段的記載只有最後幾個字。

三十・歐西倫庫斯蒲草紙稿 1.23-30

{λεγ}ει {Ις οπ}ου εαν ωσιν |{τρ}ε{ις} ε{ισι}ν αθεοι και|
說　耶穌 <任何地方> 會有　三個　他們 沒有上主 且

{ο}π[ου] ε{ις} εστιν μονος| {λ}εγω εγω ειμι μετ
　那地方 一個　是　單獨　我說　我　是 與…同在

[λιθον]
αυ-|τ{ου} εγει{ρ}ον τον λιθο̄ | κακει ευρησεις　με|
　他　　拿起　這 石頭 且那　發現 你們將 我

σχισον το ξυλου καγω| εκει　ειμι
劈開　這 木材　且我　那兒　是

這段話後段是科普特文版第 77 段的後段。

三十一・歐西倫庫斯蒲草紙稿 1.31-35

　　　　　　　　　　　　　　　πατριδι
λεγει Ις ου-|κ εστιν δεκτος προ-|φητης εν τη πριδῑ
說 耶穌 沒有 那是 被接受　先知　在 這　家鄉

αυ-|τ{ο}υ ουδε ιατρος ποιει |θεραπειας εις τους |
<他的> 也沒有 醫生 成就(做) 治療　爲　那些

　　　　　　[αυτον]
γεινωσκοντας αυτο̄
熟識　　　　　他

三十二‧

耶穌說：一座城市被建造在的山巔上，並且已被鞏固得十分堅實。那麼它既不會倒塌來，也不會被隱藏。

三十三‧

耶穌說：你聽到在你的一個耳朵

裏，...."

三十六‧

..不要從早{到晚也}不要從{晚到}早地為你們吃{的食物或是}為{你們穿的衣服（發愁）}。{你們}比這百合花高貴得多，它{們}既不梳理也不紡織。在沒{有衣服的時候，你們穿}什麼？誰是能夠添加你們壽命的那位，{他也將}給你們衣服。

[合併兩版]

耶穌說：不要從早到晚又從晚到早地擔心#你們吃什麼？#你們要穿什麼？#你們比這百合花高貴得多，它們既不梳理也不紡織。在沒有衣服的時候，你們穿什麼？誰是能夠添加你們壽命的那位，他將給你們衣服#。

32.

Jesus said, "A city that has been built and established on the summit of a high {m}ountain can neither fa{l}l nor be hi{d}den."

33.

Jesus said, "What you hear {i}n your one ear . . ."

36.

.... {f}rom early u{ntil late no}r from ev{ening until m}orning. Worry neither {for y}our {food,} what {you} will eat, {nor} for {your} c{lothes,} what you will wear. {You are mu}ch gr{ea}ter than the {lil}lies wh{ich n}either ca{r}d nor s{pi}n. When you have n{o c}lo{thing}, what do {you wear}? Who can add to your time of life? H{e it is who w}ill give you your clothing.

Jesus said, "Be not anxious from morning until evening and from evening until morning #about your food--what you're going to eat, or about your clothing-# what you are going to wear.# You're much better than the lilies, which neither card nor spin. As for you, when you have no garment, what will you put on? Who might add to your stature? That very one will give you your garment#."

三十二・歐西倫庫斯蒲草紙稿 1.36-41

[ωκ..]

λεγει Ιϲ πολις οικοδο-|μημενη επ ακρον| {ο}ρους
說 耶穌 城市 <已被 建造> 在..上 巔峰 山的

υψηλου{ϲ} και εσ-|τηριγμενη ουτε πε-|{σ}ειν δυναται
高的 且 <已 被堅固地建好> 也不會 崩塌 能夠

ουτε κρυ-|{β}ηναι
也不會 <被隱藏 >

三十三・歐西倫庫斯蒲草紙稿 1.41-42

λεγει Ιϲ ακουεις |{ε}ιϲ το εν ωτιον σου το{ν}.....
說 耶穌 你聽到 進入 這 一個 耳朵 你的 這…

三十六・歐西倫庫斯蒲草紙稿 655. 左列.1-17

...{α}πο πρωι ε{ωϲ οψε} |{μητ}ε αφ εσπ{εραϲ} {εωϲ π}ρωι
從 早 直到 晚 也不 從 晚上 直到 早晨

μητε {τη}|{τροφη υ}μων τι φα-|{γητε μητε} τη στ{ο-|λη
也不 為 這 食物 你們的 那 <你們吃的> 也不為 這 <外袍>

υμων} τι ενδυ-|{ση}σθε {πολ}λω κρει{σ-|σον}εϲ ε{στε}
你們的 那 <你們穿的> 在 非常 <大 於> (你們)是

των {κρι-}|νων ατι{να ο}υ ξα{ι-}|νει ουδε ν{ηθ}ει
這 <這百合花> 它們 既不 <梳理> 也不 紡織

μ{ηδ-}|εν εχοντ{εϲ ε}νδ{υ-}|μα τι εν{δυεσθε} και| υμειϲ
<沒東西> 有 <衣服> 什麼 穿 並且 你們

[προσθειη]

τιϲ αν προσθη| επι την ειλικιαν| υμων αυτο{ϲ δ}ωσει|
那誰 會 可以添加 於 這 生命的時間 你們的 他 將給

υμειν το ενδυμα υ-|μων
你們 這 衣服 <你們的>

三十七‧

他的門徒們問他說：何時你將會顯現給我們呢？並且何時我們將會看得見你呢？

他說：當你們不穿衣服，但不會覺得害羞。

三十八‧

{耶穌}說：{你們時常渴望聽到那些針對你們所說的}話，但{是你們得不到這話。}然而日子{就要來到，你們尋找我，但你們將找不到我。}

三十九‧

. . .拿{了知識的這串鑰匙；他們}藏{匿它們，他們既不}走進去，他們{也不准許那些人}進去。然而，{你們}要{機}警如{同這些蛇，並且}純潔{如同這些鴿}子。

37.

His disciples said to him, "When will you be visible to us? And when will we see you?"
He said, "When you undress and are not ashamed."

38.

{Jesus} sa{id, "You have} o{ften desired} to {hear these wo}rds {speaking unto you,} an{d no one spoke to you.} And {there will be} da{ys when} yo{u will look for me and you will not find me.}"

39.

.... to{ok the keys} of {knowledge. They} hi{d them. They did not} go in, {nor did} they {allow those trying to} go in. {You,} however, b{e wi}se a{s snakes and i}nnocen{t as do}v{es.}"

三十七・歐西倫庫斯蒲草紙稿 655. 左列.17-23

λεγουσιν αυ-|τω οι μαθηται αυτου |ποτε ημειν
　說　　對他 這些 門徒 們 他的　　何時 對我們

εμφα-|νης εσει και ποτε | σε οψομεθα　λεγει |οταν
可被看見 你將 並且 何時 | 你 我們將看得見 他說　當

εκδυασησθε κα[ι] | μη αισχυνθητε ...
<你們赤裸>　並且　不　感到害羞

三十八・歐西倫庫斯蒲草紙稿 655. 右列.2-10

λε{γει Ιͦϲ π-}|ο{λλακις επεθυμσα}|τα{ι ακουσαι τους
說 耶穌　常常　< 你們渴望　>　聽到　　那些

λο-}|ιγο{υς ους υμιν　λεγω} | κα{ι ουκ εχετε
　言論　　那是 對你們 我說 | 並且　沒　有

το-}|ιν {ερουντα υμιν} | κα{ι ελευσονται}| ημ{εραι οτε
這　話語　　對你們 | 並且　將會有　日子　當

ζητη-}|ισε{τε　με　και　ουχ　ευ-|ρησετε　με}
<尋找 你們 > 我　並且 不 <你們 找到> 我

三十九・歐西倫庫斯蒲草紙稿 655.右列.11-23

ελ{αβου τας κλειδας} | της {γνωσεως αυτοι ε-}|κρυψ{αν
拿　　這些 鑰匙　< 知識的 >　他們　隱藏

αυτας ουτε}| εισηλ{θον　ουτε　τους}| εισερ{χουενους
它們　既不 <他們進去> 也不 那些人　進去

αφη-}|καν {εισελθειν υμεις} | δε　γει{νεσθε φρονι-}|μοι
<他們允許> 進去　你們　然而　要　　機智

ω{ς οφεις και α-}|κεραι{οι ως　πεθιστε}|ρα{ι}
如同 蛇 並且 純潔　如同　　鴿子

歐西倫庫斯蒲草紙稿第 655 號分左右兩列：左列與科普特文《多瑪斯福音》的第三十六段和第三十七段相對應。右列與第三十八段和第三十九段相對應。但右列的希臘原文極為殘破，學者們按科普特文抄本填補了第三十八段和第三十九段大部分的文字。

耶穌靈道論語・多瑪斯福音
第二部分・平述篇

耶穌靈道論語・多瑪斯福音
第二部分・平述篇

(除了小字體是筆者填補的文句，斜體字代表字意近似的文句之外，以下這份譯文，包括文句和章節的秩序，是一份由多瑪斯所記載的福音。)

這一份祕傳話集是活於生命中的耶穌所傳達的，由(學生子)狄狄摩・猶達斯・多瑪斯所記錄。

耶穌說：任何人正確地解讀這份靈道論語，就會找到真生命。人生的目標就是要去尋找真生命，然而人們在尋找的過程當中，必然會遭逢困頓，也必會驚歎真生命的奇妙，如此就會從道而治，然後就會進入真正的平安。這國度是在你們之內，也同時在你們之外。你們要瞭解，『你們是這位生命之父之子』。你們要『認識自我』，那麼別人就會認識你們；否則你們便會生存在一種貧困的狀態。不要以牽動你們的意念去尋找，而要向這位七天大的嬰孩請教生命之所，如此你們就會活在生命裡；因為永恆的生命是無先無後的。尋找真實的生命和認識自我，先要認識那在你面前的臨在，而那隱藏在內的就會顯現出來。因為沒有任何事情會被持續地隱藏，而不顯露出來的。齋戒、祈禱、布施和節制飲食等生活規範並不是重點，而應以(天堂)真理的臨現處為依歸；*偽裝或在心理上製造衝突*只會使得這些作為淪為無用之舉。要以你們的人性度化獅獸之性；小心！獸性就將要吞噬了人性，但終究獸性會轉變為人性的，這些人都是天主所祝福的。

人好比一個聰明的漁夫，撒出希望的網，要去捕捉那最肥美的魚。又好比農夫撒種，撒在好地裏的就會結出百倍的果實。然而，我撒出的是陣陣的烈火，我正看守著它，直到它烈焰燃燒。這層層的世界都要過去的，那已死去的是不會活於生命的，那活於生命的將不死。在這些日子裏，你們素來就吃著死的東西，你們也一直造就著它來過活。然而，每當你們來到光明裏，你們要做什麼呢？*你們原是一體的，你們卻分裂了，到底要做什麼呢？如果你們還是須要一個領導者，那就回到了老路上，那就讓正義的雅各伯帶領你們一陣吧！*因為他的緣故，天和地都已經來到了世間。但這天和地就快要過去了呀！

多瑪斯對我說：師傅，我的嘴完全不能承受那我所要表達的，關於你像（是）誰。我告訴他說：我不是你的師傅。因為你喝醉了，你已經陶醉在我所縝密製作的滾滾清泉當中。領悟其中的道理吧！你們若刻意去修功德，那會適得其反 ── 禁食齋戒將帶來罪咎，祈禱將招致責難，行善布施會傷靈。讓你們先天的自性行其自然吧！當弟兄們招待你們，給你什麼吃的，你們就接受什麼；而你們所行的只是救治他們的身心靈上的疾病。終究進入你們口的不會污損你們，反倒是那正要出自你們口的會污損你們自己。

你們只朝拜那萬有的自生自有者，祂就是你們的天父。我是祂派遣來的，不要以為我平白地來締造和平，*我所帶給這世間的是不容易被世界所接受，並會造成許多的衝突。*在學習成功地處理衝突之後，你們才能達到合而為一的境地。因為我給你們帶來的是眼所未見的，耳所未聞的，手所未碰觸過的；並且要給你們那從來沒有來到過人們心魂之上的。不要捨本逐末只關注你們的終結，這裡就是元始也是終結；任何一個受上主祝福的人，會超然聳立在最原本的境界，他將會明悟終結，而且他將不會嚐到死亡。那早已存在而來到世間的人是受天主所祝福的；如果你們

成為我的門徒而且注意聆聽我所說的話,連石頭都會聽你們的使喚。因為,樂園裏有五棵樹是給你們的;它們不論冬夏總是茂盛常青,從不落葉。任何人認識它們,也將不會嚐到死亡。舉幾個比方,天國就像一粒芥菜子,然而不論何時當它掉在這已被耕作的土壤上,它就會長出茂盛的枝葉來,並且成為天空中飛鳥的棲息處。我的門徒們就好比一群孩子們,住在一個不屬於他們的田地上,*他們隨時準備要交脫*。他們有先見之明,警戒守護,奮鬥不懈,以防盜賊闖入。我的門徒們也會在莊稼成熟時,即刻拿起鐮刀來收割。

　　要進入這國度的人,一切的感官和舉止都要以合一為標的。只要你們能轉變兩個為一個,你們能轉變裏面如同外面,外面如同裏面,上面如同下面。只要你們會使得男性和女性合而為一,以致於這男性不變為男性,這女性不變為女性。並且只要你們會以多雙眼睛而不用一隻眼睛,會以一隻手去取代一隻手,一條腿去取代一條腿,一個形影去取代一個形影;之後,你們就會進入這國度。只有那領悟並做到這合一境界的人才會被揀選,可惜不是太多人能領悟啊!*如果你們問*,在哪裡會找到我?有耳朵的人最好聽清楚:「光明是存在於一位光明者的內涵中,他照亮寰宇。當他不發光,那就是黑暗。」當他發光時,就會愛他的兄弟如同他的靈魂,保護兄弟如同他眼睛的瞳仁。不要去看兄弟眼裏的木屑,而看不到自己眼睛裏的大樑;*當然,如果你真的有足夠的清明,你就可以幫助你的弟兄解決他們的難處,而不會傷害到到他們*。你們如果能從這個世界中超脫出來,你們將尋獲天國;如果你們*每週七天都按照七天生活*,你們就會見到天父。當我帶著血肉之身(Incarnation)與人們相識的時候,我沒有發現任何人對於靈性感到飢渴的。我的靈魂傷痛人的子孫們,他們的心魂瞎了,看不見了。他們以虛無茫然地來到這世界,雖然他們也曾尋找過,但仍以虛無茫然地離開這世界。顯然他們現在都已

醉倒了。只要他們酒醒之後，他們即刻就會轉心而明悟。這血肉之軀來與靈性結緣，真是一件奇蹟。最令我驚訝的是，為了肉身的昇華，靈性竟來到了世間，並以這麼偉大而富裕的境界來住在這貧乏的境界之中，豈不是奇蹟中的奇蹟呀！為此，*我要進入萬事萬物之中與你們一起生活。也因此，你們不要不看重家人和鄉親，他們就是你們的先知和醫生。*

你們是世界的光，*就像*耶路撒冷*聖城一般*，建在山上，被鞏固得極為堅實，它既不會倒下來，也不會被隱藏。把你們肉耳所聽到傳進你們的心耳，*並將這道大聲地宣講出來吧！*正如同點燈是要一直放在燈檯上的，如此，任何一個人走進走出，都會蒙受這光的照明。不要走在暗處，*甚至把自己弄瞎了，那樣如何領別人上路呢？*你會意識到要進到一個頑強力士的住所，是不可能以武力制服他的。除非將他的雙手綁住，然後他將離開他的房子。你們能解這道迷嗎？他就你心裡頭的那個大傢伙，一天到晚所擔憂的只是外表的*饘飣*瑣事。*如果你們問我，哪一天才會看到我？答案是：當你們脫去你們自己的衣服，光著身子而不會覺得害羞；並且你們拿起你們的外衣，放在你們的腳下，你們戲耍著，如同那一些小孩。你們就會看到這位生命之子，並且你們將變為不害怕。*

的確有許多時候，你們曾經很渴望聽到這些我對你們所說的話，那是你們無法從其他的人那裡聽得到的。可是日子就要來到，你們想尋求跟隨我，但你們將找不到我。*有一些人是備有知識的這串鑰匙；但是他們把這串鑰匙藏了起來，他們自己不走進去，可是那些渴望走進去的人，他們卻不准許他們進去。*因此，你們來到世間要機警如蛇，並且純潔如鴿子。有一個原則有必要記住，所有種植在天父外邊的葡萄樹，他們是不會強壯的，它們會被連根拔起、枯萎而死。*因為，你只能選擇獲得一切或者喪失一切兩種可能。*

在這個世界上，要當自己是過路客，因為你應當追尋那最初也是最終的地方。有些人問我，你是誰？又憑什麼說這些話？難道從我對你們所說過的這些話中，你們無法看清我是誰？*遺憾的是，就以最基本的因果律來說，某些人都無法明辨*；要因不要果，或要果不要因，都不是天律而是霸道。如果以霸道干犯神聖之靈，那是天地不容的。一個好人由他的寶藏中，他會帶來好事；一個壞人由他心內的邪惡窩藏中，他會帶來壞事；並且他會說出不好的話來。因為，由極為貪婪的心中，他就會招來一件件的惡事。

從亞當到洗者若翰（約翰），沒有任何人被高舉超過於洗者若翰（約翰）的而損壞他們的眼。然而，我曾說過：任何人來到世間，如果他在你們當中是居小的，他將明悟這國度，並且他將被高舉超過若翰（約翰）。天國就是在明悟這「貪大的心與謙卑的人」之後便能漸漸地體現出來。沒有一個人可以同時騎兩匹馬或拉開兩張弓的，沒有一個人可以同時服侍兩個主人的；他只能敬重一個而輕忽另一個。要把轉變明悟過來的心靈，重新生活，*就像把新酒注入到新酒囊裏一樣*，這樣酒囊才不致於爆裂開來。

假如有兩者彼此能真心地和平相處，*那合一的心靈會有無比真確的念力*。這合一而被揀選的族群是受上主祝福的，這些人將要找到這國度。因為，你們由那裡出來，你們將要再度回到那個地方。如果有人問你們：『你們從何處而來？』告訴他們：『我們來自光明之所，來自那已進入世界的光明本體；這世界原是祂自己所造的，祂已親臨觀照，並已顯現在他們的形像之中。』如果他們問你們：『那是你們嗎？』告訴他們：『我們是祂的孩子，我們是那生命之父所揀選的。』如果他們再問你們：『你們的父親在你們自己內的標記是什麼？』告訴他們：『是一暢神運行與一空如安泰。』*如果你們還問我：哪一天這新的世界會來臨？我只能說：在你們渴望看見它出現之前，它已來臨了。然而你們*

呀！你們！不認識它。你們不要去談論關於那些已死去和逝去的，而無視於你們的臨在並能顯現的那位活生生的生命者。

割損是人為的做法；然而，在靈性內真正地割損，益處卻是無窮的。這個道理的延伸，就是我所宣告的真福八端。特別是，在靈性內度貧窮的生活，為義而受迫害，饑渴慕義的人們都要受到天主的降福。我說過：你們這些離開家庭而背起自己的十字架的人，才配做我的門徒。任何人瞭解到這個世界不過是一具肉體，對他而言，他已超脫，這世界就不值得什麼了。即使在麥子莠子同處的世界，你們活生生的生命足以昇華你們不會被同流合污。趁著你們還活著的時候，觀摩隨尋那位活生生的生命者，以免你們死去，也免得你們後來想要看見他，但你們沒有能力找到他。就像一隻待宰的羔羊，當它活著的時候，人不吃牠。但是當牠被殺了，牠就成為一具肉體。同樣地，你們也要為你們自己找到那一席之地，讓你們進入到一處安息之所。如此，你們就不會以肉體來到世間，而讓你們自己被吞噬了。

撒羅美（莎樂美）說：我有如從『一』而來，卻又吃又睡。其實我是由這位公義者所出而臨在於此，是由我父親所賜的。所以我說：任何人只要來到世間行事公義圓滿，他就會光明盈溢。然而，如果他來到世間分裂了，他將充斥著黑暗。我把我的祕訣告訴那些值得我的祕訣的人。這祕訣之一就是：『你的右手所做的事，不要讓你的左手知道這右手做了什麼』。人若為錢財終日奔忙，為爭奪田產而不顧信義，甚至昧著良心殘殺天主的使者，我如何告訴他們這方面的祕訣呢？你們且聽這三則故事：

一・從前有一個富有的人，他有許多錢財。他說：我將利用我的錢財；因此我播種就會有收成，有種植我的倉庫就會充滿糧食。如此，我就不需要任何東西了。這是他從心裏對他自己所想的。當天晚上，他就死在那兒。任何有耳朵的人最好仔細聆聽。

二‧從前有一個人，他已經準備好了盛大的宴會，就差遣他的僕人去邀請客人們。這僕人走到這第一個客人那裏對他說：我的主人邀請你。他回答說：我有一些錢要給那些商家，他們就要到我這裏來；晚上我得去向他們定貨，因此我婉謝這場宴席。他走到 另外一個客人那裏對他說：我的主人邀請你。他回答說：我已買了一棟房子，他們會讓我忙上一整天，我沒有空閒。他來到另外一個客人那裏對他說：我的主人邀請你。他回答說：我的朋友將要結婚，而我忙著準備那席婚宴，我不能來，因此我婉謝這場宴席。他走到另外一個客人那裏對他說：我的主人邀請你。他回答說：我已買了一個農場，我就要去收佃租，我不能來，因此我婉謝這場宴席。這僕人回去告訴他的主人：那些你所邀請的客人，他們都婉謝來赴這場宴席。這主人對他的僕人說：到外邊去，將你在路上所遇到的每一個人帶進來，招待他們享用宴席。至於這些買主和這些生意人，他們將進入不到我父親的境界。

三‧從前有一個聖善的人，他擁有一個葡萄園。他把園子交給了幾個園戶，讓他們種植經營，好從他們那裡得到些產物。時候到了，他派遣他的僕人向這些園戶索取這葡萄園的收成。他們卻抓住他的僕人並毆打了他，差一點點就把他打死。這僕人逃開了，他稟報了他的主人事情的經過。他的主人說：也許他不認識他們。他便派遣了另一個僕人去，這些園戶又毆打了這另一個。之後，這主人派遣他的兒子去。他說：也許他們會對我的兒子有所愧疚。在那裏的園戶，因為知道他是這葡萄園產業的繼承者，他們逮捕了他並殺了他。任何有耳朵的人，願他聆聽。

工匠也常會看走了眼，那被丟棄的這一塊石頭，正是這屋牆下的基石。因為，任何人即便瞭解所有的一切，但是如果他渴望得到他自己，就等於是渴望得到這萬事萬物之所呀！上主所祝福的常是那些被漠視並且受迫害的你們；奇蹟似地，他們並找不到那你們受過迫害的心靈深

處。就在那兒（心靈深處），那些人已在真理之中認識了這位父親。因為，在心靈深處所認識到的天父之真理是不會以遭受迫害為迫害，並從學習這真理中寬恕了這世界的一切。靈性內饑餓的人們是受上主祝福的，因為他們的肚腹會得到那每一個人所渴望的飽裕。因此，當你們生出「在你們自己之內」的，這個「你們所擁有的」將拯救你們自己。如果你們沒有「在你們自己之內」的，這個「你們沒有的」在你們內，他將置你們於死地。當你們活出來的同時，我就會拆毀這棟房子；不管是任何時候，沒有任何人能夠重建它。你們把我當成是一個叛逆之徒，或是分祖產的人嗎？真是這樣嗎？我生來是做為分裂者嗎？

其實我是來宣講天國合一之道的人，*是撒種子的人，是澆灌心田的人*；到時候這莊稼會很多，但是工人們卻很少。懇求這位主人吧！請祂派遣工人們出來收成。*有人來對我說：*「主啊！這裡有許多人在這口水泉的外圍，然而沒有任何東西（人）在這井裏。」*我告訴他們：「我就是那活水，施與受的人們就像黎貝加（利百加）一樣，他們要被召選走入結婚禮堂，成為天國的佳人。」*你們也要像那個聰明的商人一樣賣掉了一切，為了他自己買了那惟一的一顆珍珠。你們要盤算自己的將來，尋獲那持久絕不會朽壞的寶貝。我的道就是這份寶貝，因為我是廣照寰宇的真光。我是萬事萬物之化：萬事萬物已從這內心發出，以我為中心萬事萬物已歸向。劈開一塊木材，我就在那裡。拿起這塊石頭，你們會發現我也在那裡。你們跟隨我，難道是為了到田地裡去看一枝隨風搖曳的蘆葦嗎？去看一個穿著細柔的外袍的人嗎？這種心態，就像你們的國王和你們的貴人們，表面上要跟隨我，他們卻又要享受穿那錦衣華服，但是他們不能明悟真理呀！而那些聽從天父聖言的人們是有福的，他們已在真理之中護持著聖言*並實踐它*。

讓我再重複這句話：任何人認識到這個世界不過是這具身體，對他而

言，他已超脫，這世界就不值得什麼了。願那些富裕者從道而治吧！並且願那些在勢者卸下他們的包袱吧！的確從世俗的角度來理解，任何人接近我，就等於接近這火；可是你們更要瞭解，任何人遠離我，他就遠離了天國。這些形像是人所看得見的，但是他們內在的光明是隱伏於形像之內。經由他的光明，他的形像將被隱藏下去，然而這天父之光將被顯露出來而大放光明。當你們看到你們所相似的，你們會欣喜不已。然而，如果你們看到你們的形像在你們一開始來到世間之時，他們有永恆的生命，但總是無法顯現出來；你們該怎麼辦呢？*不要重蹈亞當的覆轍*，他固然是從一個偉大的能力和一種偉大而富裕境界的結合中來到世間；但他來到世間對你們並不值得呀！因為如果他是值得的，他就不應該嚐到死亡呀！你們看：狐狸有穴，天上的飛鳥有巢，但是人類的子孫卻沒有枕頭和安憩之處。

這身體依賴在一個身體上，是一件令人遺憾的事。這靈魂依賴在這兩個上，也是一件令人遺憾的事。天使們和先知們正朝著你們而來，他們將給你們那些你們原本就享有的天賜恩澤。同樣地你們也要驅使自己，把你們擁有的嘉惠給與你們在一起的人；然後會問自己說：什麼時候那些人會來領取屬於他們的東西呢？當你將禮物贈給人的時候，*不要只注重光鮮的外表*，因為祂造了外在也同時造了內在，祂的旨意是表裡一致，聖潔無沾。你們到我這裡來吧！因為我的軛是殊勝的，我所揭櫫的道是基督的氛圍，我以主人氣度的待人之道是良善君子的風範。並且你們將會在我這裡找到那臨於你們一世的平安。*如果你們執意鑽研*，你們只會找到天地間膚淺的外表。你們就無法認識你們的臨在並能顯現的那一位，也不知道如何鑑識當下的這個時空。固然，你們尋找將會找到；然而你們曾詢問我那些你們所關切的事，在那些日子裏我還不便告訴你們。此時此地我很願意告訴你們那些事，可是你們已不再追尋它們了。由於人們

的認識不清，瞭解的人*總不能將聖物和寶貝讓不知情者踐踏呀！*只要你們真心地想要，任何人尋找，他就會找到。任何人敲門想要進去，就會為他開門。找到之後，你們就會變成富有的人；做為一個富裕的人，不要借錢給人以賺取利息，*而要連本帶利送給他。*

這天父的國度就像一位女子將一點點的酵母攪揉在一塊麵團裏，這些酵母就會不斷地發酵，產生連鎖的化學反應；然後就能做成一些大麵包。這天父的國度就像一個女子背著一個裝滿了糧食的罐子。她走在一條漫長的道路上。這罐子的耳把壞了，沿著這條路上，這糧食在她的後頭漏光了。她不知道這事，不曉得有了麻煩。當她打開門進到她的房子裏，把這罐子放下來，她才發現它已是空空的了。這天父的國度又像是一個人，他在他的屋子裏持劍練武；他試著將劍刺入牆裏，以便瞭解是否他的手「往內的力道」夠強勁。然後，他就殺掉了這孔武有力者(也就是那個在我們內的頑強小我)。這些寓言所代表的靈性道理都是在告訴你們：天父的國是一種階段性的過程，*學習成己達人，接受那些不如意的事，並除去那乖張暴戾的小我。*我實在告訴你們：任何人在各處承行我父的旨意，而不是小我的旨意，對我而言他們就是我的兄弟們和我的母親，他們將進入我父的國度。你們要把這凱撒的還給凱撒，*該付宗教稅金的就繳納，*並且把那些屬於我的給予我。這天堂之境的意會就是：門徒們應當效法我的道來對待親人。雖然我的母親生了我，然而我真正的母親給予我這生命。

*有些人實在不必無端的自恃，*他們就像伊索寓言裡那隻佔據牛棚的狗，牠自己不能吃這些草，卻不讓那些可以吃草的去吃。因此，你們首先要做的一點，就是要及早提高警覺，集中你們的心神，奮鬥不懈，抗拒那些竊賊們；如此就會受到上主的祝福。*假如你們讓神性靈魂合一的境界消失，那就像新郎從這新房出去了，這時你們就得即刻齋戒和祈禱了！學習我，戰勝它吧！*

生物作用所產生的子女都是同一基因遺傳的原理。*娼婦為父母和其他的父母，有什麼不同呢？*然而，當你們合而為一，就會成為真正人性的子孫們，*你們也就會具有無比的能力。我也會與你們同在，我不會讓任何一隻羊迷失的*，牠就是那最大一隻羊，也是最令我喜愛的，我一定會把牠找回來。牧羊人和羊都要喝活水，任何人由我的口中飲取這寶貴的活水，他將以我之道來到世間傳我所言；我自己也會同他一起進入世間，並且顯示給他那些隱密之事(道)。有些人不認識這份寶藏，把它埋在地裏，這寶藏就變成沒有用的東西了。當你們在心田裏耕種，你們就會發現那使你們心靈富裕的寶藏；*你們要善用這份財富，賺取更多富裕的心靈。*當你們心靈得到富裕的時候，那麼就再也不要計較這個世界上的事吧！我再次告訴你們：『諸天與大地將運轉結合在一起，回歸到你們的臨在顯現之處；而且任何人由那位生活者中生活出來，他將見不到死亡。』我不是曾經說過嗎：『任何人已經找到他自己，這個世界對他就沒有什麼價值了。』相反的，如果你們將肉身依附在魂魄上，那只會帶來苦惱；把魂魄依附在肉身上，也一樣會帶來苦惱！

這份福音的一開始就說「天國不是在海中，也不在空中，而是在你們內，也在你們外。你們要認識自己是這位生命之父之子，否則你們就會一貧如洗」，我還要再強調一次：天國不會在一種想要看得見的情況來臨的。陳述天國可不是這樣說的：『看呀！是在這邊！或看呀！是那個！』然而，父的國度卻到處散播在這地堂上，祇是人們看不到它。最後我要提醒你們，*女子也是值得這真生命的。我自己將引導她，好使她成為男子。如此她將來到世間也是一個靈 —— 他活於生命，他相似於你們男子。因此，任何一個女子會使她自己成為真男子，她將會進入到這重重天堂的國度。*

以上是根據<u>多瑪斯</u>所記載的好消息(福音)。

耶穌靈道論語・多瑪斯福音
第三部分・探討與相關資料

耶穌靈道論語・多瑪斯福音
第三部分・探討與相關資料

一・

這些祕傳話集是活於生命中的耶穌所傳達的，由學生子猶達斯・多瑪斯所記錄。並且他說：任何人找到這些話的真意，他將不會嚐到死亡。

　　　　耶穌除了在山中聖訓中提示了幾端真福之道之外，對群眾所啓示的天國道理大多是用比喻來陳述。這當然是本著教學的基本原則：循序漸進、因才施教。基於當時一般民眾的宗教、習俗、和教育背景，耶穌用故事比喻、生活教誨、奇異恩典來傳揚福音。對門徒們的深入教導 [谷 4:33-34]，正典文件所記載下來的文字並不多。普世性的宗教要靠制度性的規範，明確的宗旨才能傳揚。歷史中的祕傳或密示常是由小團體所遵奉；只要擴張一點必然被打壓。因爲當時的政治社會要求標準化的宗教信仰，所抱持的認知是沒有能力在短暫的時間之內分辨其真僞。由於密示的靈道是不與世爭的，除非有心人刻意保存，這些資料很快地就會消聲匿跡。其實顯學中有深切的密示，祕傳中有光明的大道，都已寫在人性共通的心靈中。老子《道德經》早有明示「反者道之動，弱者道之用。天下萬物生於有，有生於無。」

　　　　《多瑪斯福音》用字簡潔，只節錄了耶穌宣道時的綱要論語。從綱要性的文字當中去領悟深刻的靈性道理，的確須要有認真開放的學習態度和實際生活的驗證。讀者必然發現，《多瑪斯福音》有如迷般的深奧靈理，常引人深思，也會感到所言之理，天地輝映；言下之意，靈思嫋嫋。東方聖哲的教誨大多是簡短扼要，也常含沙射影。所謂的東方禪修，對學子們常只是指個方向或風趣一下，最多敲個頭，在「密傳無傳」、「以心傳心」中悟道而已，那是一門上乘的靈性藝術。耶穌曾幽默地提示，他所特別調製來給人們

喝的是一潭滾滾湧泉(氣泡清泉)，只有陶醉在這酒泉中的人才能說得出具有這清泉特質的醉話來 [多13；若2:19；若3:6-8；多101；...]。如果以老舊的酒囊來飲用這滾滾湧泉，怕是兩相不保 [多47；瑪9:16-17]。

　　《多瑪斯福音》這開宗明義的第一句話，就要求讀者尋找話集中每一段話的真意，強調耶穌所說的這些道理，非得認真探究，要不然是不能瞭解其中的奧妙。在不斷地尋覓當中去體驗，找到之後，恍然大悟，欣然地去實踐真正的靈性生命，便不會嚐到死亡。《多瑪斯福音》以後的幾段就在解釋如何尋找，期許發揮靈性合一的特質，同時也開釋了這個特質的情境。

相關文件： (參閱 [德39:1-3])

谷 4:33-34

　　耶穌用許多這樣的比喻，按照他們所能聽懂的，給他們講道。若不用比喻，他就不給他們講什麼，但私下裏卻給自己的門徒解釋一切。

谷 9:1

　　耶穌又對他們說：「我實在告訴你們：站在這裏的人中，就有幾個在未嚐到死味以前，必要看見天主的國帶著威能降來。」

若 8:51-52

　　耶穌在另外一次說道：「我實實在在告訴你們：如果一個人遵循我所說的話，他將永遠見不到死亡。」然後這些猶太人對他說：「現在我們知道你有一個魔鬼。亞巴郎(亞伯拉罕)死了，先知們也是；你卻說：『如果一個人遵循我所說的話，他將永遠嚐不到死亡之味。』」

《鬥士多瑪斯之書 (The Book of Thomas The Contender) 》 (納格‧哈瑪地藏書之一)

　　救世主說：「多瑪斯兄弟，當你活在人世上聆聽我的話的這段時間裏，我要把你內心裏所思索的事啟示給你。人們既然說你是我的孿生兄弟，是我真正的伙伴，你就該當省察自己，瞭解自己是誰，曉得自己是如何活著的，也要知道你將來會怎麼樣。…」

　　多瑪斯對救世主說：「所以我懇求在你升天之前，開釋我的疑惑，我聽取你教導的奧秘之道後，便可以去宣講。我也明白，在人們面前實踐真理是極為困難的。」…

二‧

耶穌說：任何人在尋找中應該要不斷地尋找，直到找到為止。當他找到時，就會遭受困惑（磨難）。當他遭到困惑（磨難）時，將會稱奇讚歎；然後會從道而治。當他從道而治時，他將會安息（於永恆的平安之境）。

　　這段靈道論語在提示並描述悟道的過程。這過程困頓、路途艱辛，也非常奇妙、令人讚歎，找到的人終究會從道而治，並會獲得永恆的平安。這迷途歸棧的過程可以是一瞬間，也可以是千百輩子，就看我們要把醉夢之境當真多久[多 28]。亞歷山大的克里蒙在他有名的《綜合錄》(Stromata or Miscellanies) 中有幾處提到《希伯來人福音》和柏拉圖的話，其中有兩處論述和這段論語的文句極為近似。另外由傑羅姆(St. Jerome)所抄錄下的另一段《希伯來人福音》中也提到這方面的文句。除此之外，被譽為「景教經典奇葩」的《志玄安樂經》也有許多與《多瑪斯福音》近似的靈道論語，令人嘖嘖稱奇。抄錄數節，並例證比較於後。

〔註：(1) 景教是初期基督宗教的一支，唐太宗貞觀九年(公元 635 年)傳到中國。
(2) 公元三百七十年左右傑羅姆在敘利亞的安提約基亞(安提阿)基督徒團體中收集到一部希伯來文寫的福音書。這位權威的新約聖經學者認為這書就是傳說中的《希伯來人福音》，並加以翻譯。在教父們引用《希伯來人福音》的文句中，常是收起他們犀利的批判語氣，代之以尊敬的口吻。也許是因為傳聞《希伯來人福音》記載著第一手的福音資料，可惜這部福音一直失傳至今，只留下了十幾段話被引用在教父們所寫的文件中。〕

相關文件：

亞歷山大的克里蒙《綜合錄 (Stromata)》II.9

　　知識的開端在於對事物起好奇心，正如柏拉圖在他的《劇場(Theatetus)》所說，也是瑪竇(馬太)在這聖統中所勸勉的：「對在你面前的事起好奇心；這是對瞭解進一步知識所應具

備的基本態度。」在《希伯來人福音》中也說到：「那感到奇妙(wonder)的將會從道而治(reign)，那從道而治的將安息。」

亞歷山大的克里蒙《綜合錄(Stromata)》V.14

在《提摩斯(Timoeus)》的最後，他(柏拉圖)說：「你必須同化於那根據其原本自然所被認知的來瞭悟；經過這樣的同化於它，在現在和未來，你歸向於那神靈對人們所啟示至高生命的終點。」因為那些有相同能力的，會匯集在一起。任何人在尋找中將要不斷地尋找，直到找到為止。當他找到時，會感到奇妙；當他感到奇妙時，會從道而治；當他從道而治時，他將會安息。

《傑羅姆 評論 依撒意亞 (以賽亞) (Jerome On Isa.)》XI.2

不像其他的聖者只有部分的聖靈　，上主聖靈的平安降臨於他。根據納匝肋(拿撒勒)人(Nazarenes)所讀，以希伯來文寫的福音書中說到：「整個聖靈的泉源完全地降在他的身上，…」在我以上所提的福音書裡，我發現到這樣的記載：「那時候，當主從水中起來的瞬間，滿江激灘的聖靈降下，停留在他的身上，並對他說：『我兒，從所有的先知中，我已久等你的到來，如此我便能安息於你內。因為你是我的安息(之所)　，你是我所生的第一個兒子，將統御治理(reign)直到永遠。』…」

《救世主對話錄 (The Dialogue of the Savior)》44

他(耶穌)對他們說：「你們希望怎麼來看這事呢？藉著虛幻的夢影？或是永恆的慧見？」他又繼續說到：「努力以赴來保持那些可以偕同你們的，並且把它找出來，從它內說話。因此，當你們找到它的時候，一切就會與你們和諧共融。所以我實在地告訴你們：生活的天主[…] 在你們內[…]在他(祂)內。

《志玄安樂經》2-14 (景教經文)

…岑穩僧伽、從眾而起，交臂[而進作贊禮，白彌施訶言：我等人眾，迷惑困久，□□□□□□□□非以]何方便救護，有情[者，何可得安樂道哉。一尊]彌施訶，答言：善[哉斯問，善哉斯問。汝等欲眾]生，求預勝法，汝[當審聽。□□□□□□如是]一切品類，皆有安[樂道，□□沉埋而不見。譬]如水中月，以水濁故，不生影像；如草中火，以草濕故，不見光明。含生沉埋，亦復如是。岑穩僧伽，凡修勝道，先除動欲，無動無欲，則不求不

爲。無求無爲，則能清能淨。能清能淨，則能悟能證。能悟能證，則遍照遍境。遍照遍境，是安樂緣。岑穩僧伽、譬如我身，奇相異志，所有十文，名爲四達。我於四達，未嘗自知。我於十文，未嘗自見。爲化人故，所以假名，於真宗實無知見。…是故我言，無欲無爲，離諸染境，入諸淨源。離染能淨，故等於虛空。發惠光明，能照一切。照一切故，名安樂道。

〔註：彌施訶是耶穌基督，岑穩僧伽是西滿・伯多祿(西門・彼得)。□：原件上破損無法辨認的字。〕

文句比較：

比較《多瑪斯福音》第二段 與《志玄安樂經》4-6 節的悟道過程

《多瑪斯福音》	《志玄安樂經》
不斷地尋找，直到找到爲止。	求預勝法，凡修勝道
困惑、磨難	除動欲
稱奇讚歎	
統御一切(從道而治)	無求無爲，則能清能淨。能清能淨，則能悟能證。能悟能證，則遍照遍境
統御一切(從道而治)之後，便得安息。	遍照遍境，是安樂緣。

比較《多瑪斯福音》第三段前半 與《志玄安樂經》35-40 節

《多瑪斯福音》	《志玄安樂經》
倘若引導你們自己的那些(意念)告訴你們：看呀！這國度是在這天空，那麼這群飛鳥將在天空優先行於你們之前。倘若他們告訴你們：是在這海裏，那麼這群魚將優先行於你們之	汝當審聽，[我]與汝重宣。但於無中，能生有體，若於有中，終無安樂。何以故，譬如空山，所有林木，數條散葉，布影垂陰，然此山林，不求鳥獸，一切鳥獸，自求栖集；又如

前。但是，這國度是在你們內也在你們的之外。當你們認識你們自己，然後別人就會認識你們。	大海，所有水泉，廣大無涯，深浚不測，然此海水，不求鱗介，一切鱗介，自住其中。含生有緣，求安樂者，亦復如是。但當安心靜住，常習我宗，不安求樂，安樂自至。是故無中，能生有法。

比較《多瑪斯福音》第三段後半 與《志玄安樂經》2-3, 7-8 節

《多瑪斯福音》	《志玄安樂經》
但是，這上主的國度是在你們心內也在你們之外。任何人瞭解他自己，將找到這事。當你們認識你們自己，你們將瞭解：『你們是這位生活之父之子。』然而，如果你們不認識你們自己，那麼你們便在貧困之中，並且你們就是這貧困。	一切品類，皆有安[樂道，□□沉埋而不見。譬]如水中月，以水濁故，不生影像；如草中火，以草濕故，不見光明。含生沉埋，亦復如是。…岑穩僧伽、譬如我身，奇相異志，所有十文，名為四達。我於四達，未嘗自知。我於十文，未嘗自見。為化人故，所以假名，於真宗實無知見。

比較《多瑪斯福音》第二十四段 與《志玄安樂經》2, 12-14 節

《多瑪斯福音》	《志玄安樂經》
耶穌告訴他們：任何有耳朵的人，願他聆聽！光明是存在於一位光明者的內涵中，他照亮寰宇。假如他不發光，那就是黑暗。	汝當審聽…是故我言，無欲無為，離諸染境，入諸淨源。離染能淨，故等於虛空。發惠光明，能照一切。照一切故，名安樂道。

三·

<u>耶穌</u>說：倘若引導你們自己的那些（意念）告訴你們：看呀！這國度是在天空中，那麼飛鳥將在空中優先行於你們之前。倘若他們告訴你們：是在海裏，那麼魚將優先行於你們之前。但是，這國度是在你們內也在你們之外。只要你們認識你們自己，然後別人就會認識你們。並且你們將瞭解這事：『你們是這位生命之父之子。』然而，如果你們不認識你們自己，那麼你們便生存在一種貧困的狀態，並且你們就是這貧困之境。

相關文件：

<u>印度</u>有一則古諺語：

　　在生命界中有三大奧祕：對魚而言是水，對鳥而言是天空，對人類而言是自己。

《救世主對話錄 (The Dialogue of the Savior)》27-30

　　<u>瑪竇</u>(<u>馬太</u>)說：主，我要看生命之所，那裡沒有邪惡，只有純潔的光明！

主說：<u>瑪竇</u>(<u>馬太</u>)兄弟，只要你帶著血肉之身言行，你將是看不到的。

<u>瑪竇</u>(<u>馬太</u>)說：主，雖然我看不到它，讓我瞭解它吧！

主說：任何人瞭解他自己，就已經看到了它，那就是在要他做的每一件事上，[...]並且已經來到，[...]它便在他的善工之中。

《瑪利亞·瑪德蘭(林大拉)福音》8:11-22

　　當這位上主所祝福的人說完這話，他便向眾人示禮祝福，並說：「祝你們平安！我把我的平安帶給你們！要警覺醒寤，不要讓任何人誤導你們說：『看呀在這裡！』或『看呀在那裡！』因為這人性之子就存在你們之內。要求你們自己追尋他吧！任何人追尋他，他將找到他。因此，你們去吧！去高聲宣揚這好消息！…」

《五燈會元》卷第二

　　<u>南嶽慧思禪師</u>示眾曰：「道源不遠，性海非遙。但向己求，莫從他覓。覓即不得，得亦不真。」偈曰：「頓悟心源開寶藏，隱顯靈通現真相。獨行獨坐常巍巍，百億化身無數量。縱令偪塞滿虛空，看時不見微塵相。可笑物兮無比況，口吐明珠光晃晃。尋常見說不

思議，一語標名言下當。」

老子《道德經》71

知不知，尚矣；不知知，病也。聖人不病，以其病病。夫唯病病，是以不病。

講論：

甲・這前半段話的結構可能藉自印度的這一則古諺語，以便激發讀者作深入的靈性思考。在這份文件的最後第二段 [多 113]，類似的觀念又被提出，顯示出作者對這段論述的重視。

乙・總括而言，《瑪利亞・瑪德蘭(林大拉)福音》的這一段記錄很奇妙地把《多瑪斯福音》前五段話相關連起來。在第二段中，筆者也已提出《志玄安樂經》與《多瑪斯福音》前面數段話可以比對的地方；這些文字都值得作進一步的探討和考證。

丙・前一段的《多瑪斯福音》告訴讀者悟道的過程，這一段便在說明：既然所有的人都是天父之子，享有天父豐富的恩典，找尋天國就應該不假外求。然而靈性的道場是不與世相爭的，除非深切地認識到它，才能得到真實的富裕。當人們無法認識自己的本性，把物相當真，那麼就只能活在貧窮之中了。若望(約翰)在他的書信中有類似的訓勉：

若一 3:1-3

請看父賜給我們何等的愛情，使我們得稱爲天主的子女，而且我們也真是如此。世界所以不認識我們，是因爲不認識父。可愛的諸位，現在我們是天主的子女，但我們將來如何，還沒有顯明；可是我們知道：一顯明了，我們必要相似他，因爲我們要看見他實在怎樣。所以，凡對他懷著這希望的，必聖潔自己，就如那一位是聖潔的一樣。

在福音四書中所揭櫫的「轉心明悟(希臘原文：μετανοει)」(一般中文福音翻譯成「悔改」)，在《多瑪斯福音》這裡所提醒的「認識自己」，在

《若望(約翰)一書》中所強調「聖潔自己」雖然用字不同、意境稍異，但基本的意識是完全一樣的；到底是同一個師傅所教，不同的徒弟所領會的是不會差太遠的。因此，任何基督的門徒都應該體會並實踐出相同的靈性道理，共享天主所賜的永恆的真理、深度的仁愛與真實的生命。基督告訴了人們大原則，實踐則靠小細節，那是上主與我們同在的真生命。「轉心明悟」、「認識自己」、「聖潔自己」都在找出準則，對自己下功夫。轉心明悟什麼？認識什麼？聖潔是難了一點，但卻是重要的標竿。說白了就是以天主所造萬物的準則為準則。這準則已經寫在你我之內，卻與你我由物相所引導出來的認識 —— 拉動你們的那些意念 —— 常不相同。

丁・這份靈道論語不斷地要求讀者認識自己，而這段話的主旨在說：『你們是這位生活之父之子』，應該過著配當聖父之子的生活。如果你們不認識自己的本性，你們就會生活在貧困的境界當中，並且你們就是這貧困了。在特耳菲(Delphi)阿波羅神殿的門楣上也刻了一句類似的警世之語，那是眾所皆知的名句(Platos's dialogue alcibiades)「認識你自己，你就會認識宇宙的奧祕」；這樣的說法與佛家所揭示的「明心見性」道理是相通的。禪宗經典中有名的《六祖大師法寶壇經》有一段話可能是「明心見性」或「識心見性」一辭的根源。

《六祖大師法寶壇經》自序品第一

...(禪宗五祖弘忍)為惠能說金剛經。至『應無所住而生其心』，惠能言下大悟，一切萬法，不離自性。遂啓祖言：『何期自性，本自清淨；何期自性，本不生滅；何期自性，本自具足；何期自性，本無動搖；何期自性，能生萬法。』祖知悟本性，謂惠能曰：『**不識本心，學法無益；若識自本心，見自本性**，即名丈夫、天人師、佛。』

戊・中國的儒學也要求學子們深度地認識自我的本性，這道統古今一脈相承。孟子直接了當地說：「盡其心者，知其性也；知其性，則知天

矣」；與他同時代的荀子提倡「化性起偽」；後來宋朝的朱熹與陸九淵和明朝的王陽明推展的理學，所揭櫫的不外「去物欲、存天理、致良知」。《孟子盡心篇上》第一段話，道出了這儒家心學的綱領。

《孟子 盡心篇上》1

孟子曰：「盡其心者，知其性也；知其性，則知天矣。存其心，養其性，所以事天也。殀壽不貳，修身以俟之，所以立命也。」

四．

耶穌說：為了瞭解這生命之所，有位年長者毫不遲疑地去請教一個七天大的嬰孩，他將活在真生命之內。因為在先的將與落後的在一起，合而為一。

　　因為猶太人在第八天要給剛出生的嬰兒行割損禮，耶穌的言下之意是要讀者找到並請教那天主所造的原本的自我 ── 真正的天主之子。天主所造的天地萬物，在第七天臻於圓滿，那是生命之所，是天國起始與終止的境界[多 18]。這段論語主要在說明：要向「七天大的嬰孩請教生命之所」而不是跟隨「拉動你們的那些意念」[多 3]，才會找到自己，也就是這位生活的天主之子，如此人們才能活在真生命之中，並不分先後地合而為一。從這段《多瑪斯福音》及以下諸段論述的含意來體會，這整份靈道論語要向讀者所提示的尋道之路，一再地指向天主所創造的原本狀態。

相關文件：

谷 10:13-16 (瑪 19:13-15；路 18:15-17)

　　有人為耶穌領來幾個小孩子，要他撫摸他們；門徒卻斥責他們。耶穌見了，就生了氣，對他們說：「讓小孩子到我跟前來，不要阻止他們！因為天主的國正屬於這樣的人。我實在告訴你們：誰若不像小孩子一樣接受天主的國，絕不能進去。」耶穌遂抱起他們來，為

他們覆手，祝福了他們。

《希波呂托斯 駁斥所有異端 (Hippolytus, *Refutation of All Heresies*)》V.2.

納阿新宗派(Naassene)的人說：「天國是在人的內在找得到的。」關於這方面，他們承傳了一道很明確的文件，是根據多瑪斯所記錄的，他們自己是這樣描述的：「任何人尋找『我』，將會發現『我』是在七歲大的孩子中，因為隱藏在那兒的，我就會在十四歲的時候顯現出來。」

〔註：希波呂托斯在《駁斥所有異端》V.2 的記錄中提到：納阿新宗派(Naassene)認為主的兄弟雅各伯把許多隱祕的道傳給瑪利亞 [瑪德蘭(林大拉)]，再由瑪利亞傳給他們。在同一節文章中，希波呂托斯提到納阿新宗派可能受到許多敘利亞和佛里幾亞的迷亂傳聞，也受到《多瑪斯福音》的影響；他舉出並駁斥與《多瑪斯福音》第四段文句上相關的一段話。這也可能是目前所有古文件中最早提到《多瑪斯福音》的一段文字。在他的駁斥中所引用的話裡有數段的文句和目前的《多瑪斯福音》是有可比對之處，但卻不完全一樣 [見本段和第十一段的相關文件]。而《瑪利亞・瑪德蘭(林大拉)福音》似乎也與《多瑪斯福音》有關聯 [參閱第 3 段和第 114 段的相關文件]。〕

老子《道德經》55

含「德」之厚，比於赤子。毒蟲不螫，猛獸不據，攫鳥不搏。骨弱筋柔而握固。未知牝牡之合而峻作，精之至也。終日號而不嗄，和之至也。知和曰「常」，知常曰「明」。益生曰祥。心使氣曰強。物壯則老，謂之不道，不道早已。

五・

耶穌說：認識那在你面前臨在的，那對你隱藏的將會顯示給你。因為沒有任何事情會被掩蓋，而不顯露出來的；也沒有死去被埋藏，而不甦醒過來的。

甲・讀了前五段的《多瑪斯福音》，耶穌的這些靈道論語，句句逼人，要求

放棄自己所建造的自我：暫時的隱藏終究還是會攤開來的。

乙‧ṀTO 是臨在(presence)的意思，ЄBOλ 是出去(out) 的意思，NAϩPAY 也是臨在(presence)的意思但不加副詞。ṀTO ЄBOλ 是<u>科普特</u>文的一句成語，英文翻譯成 "before" 或 "in the presence of"，失去了這句成語動態部份的含意。但在某些情況裏中文翻成「臨在並顯現」或「臨現」比較貼切。其實「臨在」與「臨現」在<u>希伯來</u>文和<u>阿刺美</u>文所用的字眼也是沒有區別的。ṀΠЄṀTO ЄBOλ ṀΠNOYTЄ 英文翻成 "Before God" 或 "In the presence of God"，中文若跟著翻就變成「在天主面前」；有時候翻成「在天主臨在並顯現之際」會比較好。ṀTO ЄBOλ 這句成語在這份文件中用了六次之多，每次都在提示人們要深切地認識自我的「臨在與顯現」，那是靈性意識的主體，是這文件所一再強調的重點。綜合閱覽這幾段話如下：

第 5 段	認識那在**你面前臨在的**，那隱藏於你的將會顯示給你。因為沒有任何事情會被遮蓋，而不顯露出來的。
第 6 段	不可扯謊，不可做任何你們不喜歡的事。因為，所有的事都會在這天堂（真理）的**臨現處**顯露出來。沒有任何事情被隱藏，而不顯現出來的；沒有任何事情被遮蓋會持續，而不被揭露的。
第 21 段	孩子們就在他們的**臨現處**面前脫得精光，好把它交給他們，且把他們的田地還給了他們。
第 52 段	你們已漠視你們**臨在並能顯現**的那位具生命的生活者，你們卻談論關於那些死的（逝去的）。
第 91 段	你們變成鑽研天上與地上的表面，但你們不認識從**你們臨在處顯現出來的**那一位；並且你們也不知道去辨識這個時刻。
第 111 段	諸天和大地將運轉結合在**你們的臨在顯現之處**；而且任何人由那位具生命的生活者中生活出來，他將見不到死亡。

第五段的文句與其他五段的文句雖然不盡相同，但指的是同一生命的體驗，因爲任何一個人都明瞭當自己意識到自我的「臨在與顯現」的時候，就是生命要面對的真我。

第 5 段	Ⲙ̄ Ⲡ ⲘⲦⲞ Ⲙ̄ ⲠⲈⲔ ⲄⲞ ⲈⲂⲞⳆ 這 臨在 在 你的 臉 (顯現) 出來
第 52,92,111 段	Ⲙ̄ ⲠⲈⲦⲚ̄ ⲘⲦⲞ ⲈⲂⲞⳆ 在 你們的 臨在 (顯現) 出來

這份文件從第一到第五段的主題都在講論認識真我，尋找真實的生命。這裏提醒讀者，生命中若能意識到要面對「臨在與顯現」的真我，那麼隱藏在人們內在之中的，便會顯示出來。因此，認識真我的「臨在與顯現」與尋找真實的生命是一體的兩面。這話也與第三段相爲呼應。第三段中說到：「這國度是在你們之內，也在你們之外。」這種由認識本體的存在，而彰顯其豐富的內涵是《多瑪斯福音》所要揭示的靈性運作。

第 33 段「絕對沒有人點燈而把它放在升斗下，也必然不會把它隱藏起來。然而，他會一直把它放在燈檯上。因此，任何一個人走進走出，他們將看到它的光明。」

第 50 段「祂（天父）已親臨觀照，並已顯現在他們的形像之中。」

第 83 段「經由他所擁有的這天父的光明，他的形像將被隱藏下去，然而這天父之光將被顯露出來而大放光明。」

第 84 段「如果你們看到你們的形像在一開始就來到世間，它們有永恆的生命，但總是不顯露出來，你們該怎麼辦呢？」

　　以下所引用的兩份東西方文件，思路不相同，《多瑪斯福音》中的諸多論述似乎比較接近佛學的靈思。

相關文件：

亞歷山大的克里蒙《綜合錄 (Stromata)》II.9

　　(見第二段相關文件，關於「對在你面前的事物起好奇心…」)

《大乘金剛般若波羅蜜經》 [如理實見分第五]

　　佛告須菩提。「凡所有相，皆是虛妄。若見諸相非相則見如來。」

六·

他的門徒們問他說：你希望我們節食守齋嗎？我們該如何祈禱？我們該如何布施呢？並且我們該節制什麼食物嗎？

耶穌說：不可扯謊，不可做任何你們悔恨的事。因為，所有的事都會在這天堂(真理)的臨現處顯露出來。沒有任何事情被隱藏，而不顯現出來的；沒有任何事情被遮蓋，會持續而不被揭露的。

甲·繼前一段的主題要讀者認清任何事情都是無法隱瞞的道理之後，這段論語毫不放鬆地直指「人們的心性」，提醒讀者要反省：意願、意識、潛意識、與行為是否不一致。的確，這是人們小至個人，大至全人類的最難解的問題。而「真理」是齊天明鏡，那麼光明地照著；沒有人有本事隱藏。除非導正基本心性，學習實踐的功夫，「仁愛」與「真理」才會漸漸在心靈內共鳴起來，人們才配稱為光明之學子；要不然，在天父的眼中，人們所做的，可能只是「辦家家酒的遊戲」罷了，幾千年還是那個樣。就個人而言，不夠成熟的我們是有權利向天父抱怨「真理太高太亮」；但我們沒有權利「睜著眼說瞎話」。(請參考第 18 段關於「真理」這字眼的講論。)

乙·從另一個角度來說，耶穌在教導門徒們如何做心靈辨識的實驗。實驗的基準是天主所賜最深度的「真理、仁愛、與平安」；其他的都是在這之

下的包容與過度。

丙・在《維摩詰所說經》中也說道，在諸多三十二道場中以「直心是道場，
　　無虛假故」爲首。

相關文件：(參考第 14 段)

路 18:9-14

　　耶穌也向幾個自充爲義人，而輕視他人的人，設了這個比喻：「有兩個人上聖殿去祈
禱：一個是法利塞黨人，另一個是稅吏。 那個法利塞黨人立著，心裏這樣祈禱：天主，我
感謝你，因爲我不像其他的人，勒索、不義、奸淫，也不像這個稅吏。我每週兩次禁食，
凡我所得的，都捐獻十分之一。 那個稅吏卻遠遠地站著，連舉目望天都不敢，祇是捶著自
己的胸膛說：天主，可憐我這個罪人罷！我告訴你們：這人下去，到他家裏，成了正義
的，而那個人卻不然。因爲凡高舉自己的，必被貶抑；凡貶抑自己的，必被高舉。」

《多俾亞傳》12:8-9 (舊約聖經)

　　祈禱與齋戒固然是善功，但秉義施捨卻超過前二者；秉義而少有，勝於不義而多有；施
捨救濟勝於儲存黃金，因爲施救人脫免死亡，且滌除一切罪惡。施捨行義的人必享高
壽；…

《十二宗徒訓言 (Didache)》8:1-3

　　不要讓你的守齋與帶著面具的戲子連在一起，因爲他們第二天(星期一)和第五天(星期四)
齋戒，但是你第四天(星期三)和預備日(星期五)齋戒 [*路 18:12*]。不要讓你的祈禱與帶上面具
的戲子連在一起，但要像在福音中主所教導的：

　　… (主禱文 – 從略) …　　因此每天祈禱三次。

〔註：希臘文 υποκριτής　翻成英文就是 hypocrite，原意是「帶著面具演戲的戲子」，或譯
爲「假善人」、「僞君子」。〕

《維摩詰所說經》菩薩品第四

　　佛告光嚴童子：「汝行詣維摩詰問疾。」光嚴白佛言：「世尊！我不堪任詣彼問疾。所
以者何？憶念我昔出毗耶離大城，時維摩詰方入城，我即爲作禮而問言：『居士從何所

來？』答我言：『吾從道場來。』我問：『道場者何所是？』答曰：『**直心是道場，無虛假故**；發行是道場，能辦事故；深心是道場，增益功德故；菩提心是道場，無錯謬故；布施是道場，不望報故；持戒是道場，得願具故；忍辱是道場，於諸眾生心無礙故；…』

《六祖大師法寶壇經》(敦煌新本卷七)

　　(見第 14 段講論)

七·

耶穌說：這獅性將被人性所吃（化解），如此這頭獅子會轉變成人，這樣的事是上主受所祝福的。可是這人該當受責斥，因為他就將要被這頭獅子所吞噬了，但是終究這頭獅子將會轉變成為人性。

　　　柏拉圖在《共合國(588E-589B)》中說靈魂有三部份：一隻多頭獸、一隻獅子、一位真人。柏拉圖認為人性的部份要馴服化解獸性…。(並參 "The Lion Becomes Man" By Howard M. Jackson 1985)

相關文件：

伯前 8: 9

　　你們要節制，要醒寤，因為，你們的仇敵魔鬼，如同咆哮的獅子巡遊，尋找可吞食的人；應以堅固的信德抵抗他，也該知道：你們在世上的眾弟兄，都遭受同樣的苦痛。

〔註：在初期基督宗教的文件中，獅子常是用來比喻或影射當時的羅馬帝國政權。〕

八·

並且他說：這個人好比一個聰明的漁夫，他撒出他的網子到海裏。他又從海裏把網拉到岸上來，網子裏滿滿的裝了一些小魚。在它們中間他發

現一條肥美的大魚。這聰明的漁夫把所有的小魚都扔下海裏，他便毫無困難地挑揀出這條大魚來。任何人有耳朵聽的，願他聆聽！

相關文件：

瑪 13:47-51

「天國又好像撒在海裏的網，網羅各種的魚。網一滿了，人就拉上岸來，坐下，揀起好的，放在器皿裏；把壞的扔在外面。在今世的終結時，也將如此：天使要出去，把惡人由義人中分開，把他們扔在火窯裏；在那裏要有哀號和切齒。這一切你們都明白了嗎？」

亞歷山大的克里蒙《綜合錄 (Stromata)》I.1

並且，在真理內簡言之：在許多小的真珠中，有這麼一個(是獨特的)；在揀選大的魚中，有這麼一條肥美的大魚。如果有好的工具在手，經過不斷的努力，真理將會乍然瞥現。因為藉著人們，天主已賜下了豐盛的恩澤。

《伊索寓言》漁夫與他的魚網

有一個漁夫在工作，很成功地撒出了一道魚網，捕了一網子的魚。他以熟練的技巧把所有的大魚挑揀上岸，但是他沒有辦法不讓小魚從網縫中溜回到海裏去。

講論：

甲・這個比喻可能是由希臘《伊索寓言》所引申；亞歷山大的克里蒙在他的《綜合錄(Stromata)》中提到類似的比喻，也引用希臘的寓言，請參照本段相關文件。雖然這段《多瑪斯福音》論語的結構是來自《伊索寓言》，不過重點似乎在說，這個聰明的人像這個漁夫挑選到一條肥美的大魚。因此，克里蒙所引申的論點比較接近《多瑪斯福音》的這段話。

〔註：《伊索寓言》是公元前五百多年 (620-560 BC) 就有的希臘智慧雋語匯集，由於希臘文化是當初羅馬帝國的主流文化之一 [若19:20 「十字架上端牌子上的字是用希伯來、羅馬和希臘文寫的」]，福音四書及《多瑪斯福音》常有引用 [多102] 或引申 [多8, 43, 109；路4:23；瑪7:15；路11:52；瑪23:13]。〕

乙‧<u>科普特文</u> ⲡ ⲣⲱⲙⲉ　可以解爲「這人性」抑或是「這個人」，若解爲「這個人」那麼文意是指一個特殊的人。也就是說，「這人性」或「這個特殊的人」就像一個聰明的漁夫一樣，他會從盛滿魚的魚網中挑選一條肥美的大魚。依<u>克里蒙</u>之見，有好工具(指魚網)在手，經過努力之後，真理就會顯現出來。雖然最大的恩賜已經從天主那兒給了人。然而因爲相由心生，人們眼光所注視的卻不一樣。因此，要有好耳才能聽進，有好眼才能看見。<u>克里蒙</u>並指出，「大珍珠和肥美的大魚」都是「這個聰明人」所要追求的。福音四書中「珍珠」、「寶藏」的比喻相當於這裡「肥美的大魚」。「珍珠」的比喻可參考《多瑪斯福音》的第七十六段，「寶藏」的比喻的可參考《多瑪斯福音》的第一百零九段。

九‧

<u>耶穌</u>說：看呀！那播種的人出去，他用手抓起一大把種子撒種。有一些掉落在路上的，鳥來了，就拾掇了它們。有一些掉落在岩石上，沒有長入土裏生根，更沒有往上長出麥桿隨風搖曳於空中。另外一些掉落在荊棘裏，這些種子被窒息了，蟲子吃了它們。另外一些掉落在好的土壤上，往上長出果實。好的麥有每穗六十粒的，也有每穗一百二十粒的。

　　第八段和九段從文字上來讀，並沒有明確地說是天國的比喻；而對觀三部福音則明確地說是天國的比喻。另外一點值得注意的是第八、九和十段都用同一個動詞(ⲛⲟⲩϫⲉ 撒出)來論述。第八段是「撒網捕大魚的比喻」，第九段是「撒種子長麥子的比喻」，而第十段是「守護擲火的比喻」。

相關文件：

　[*谷 4:2-9；瑪 13:3-9；路 8:4-8*]。根據正典福音的記載，<u>耶穌</u>自己對這段比喻作了解釋，請參閱：[*谷 4:13-20；瑪 13:18-23；路 8:11-15*]。

十‧

耶穌說：我曾拋擲一把火在這世界上。看呀！我正看守著它，直到它烈焰燃燒。

在《多瑪斯福音》中，有四段話以「火」來比喻耶穌所傳播的道 [多 10; 13; 16; 82]。經過這火的考驗才能得到煉淨，進入天國的國度。當然讀者也可以引申 —— 烈焰燃燒之時便能大放光明，「光明與火的煉淨」在度化的過程當中，併爲靈性光輝的「表與裡」。這個觀點在《多瑪斯福音》中是重要的靈修主軸之一，在福音四書裡又何嘗不是。按正典福音書的記載，這方面的觀念是洗者若翰(約翰)對「基督」的領悟，進而向百性啓發；然而福音書當中的文句稍有出入。

	《瑪竇(馬太)福音》	《路加福音》	《若望(約翰)福音》
若翰 (約翰) 說	我以後要來的那一位，比我更強，…他要以聖神和火洗你們。[瑪 3:11]	比我強的一位要來，…他要以聖神和火洗你們。[路 3:16]	
耶穌 說			我實實在在告訴你：人除非由水和聖神而生，不能進天主的國。[若 3:5]

相關文件：(參考第 82 段)
路 12:49-50

我來是爲把火投在地上，我是多麼切望它已經燃燒起來！我有一種應受的洗禮，我是如何焦急，直到它得以完成！

《蘇菲亞(智慧)的信證 (Pistis Sophia)》4:141 (靈知宗派的文件)

　　耶穌說：「我對你們說：『我已拋下一把火在這地上，這火是我用來煉淨這世界的種種罪孽。』」

十一．

耶穌說：這蒼天將要逝去，那在這天之上的也將會過去。那已死去的，他們不會活於生命；那活於生命的，他們將不死。在這些日子裏你們素來就吃著死的東西，你們也一直造就著它來過活；每當你們來到光明裏，你們要做什麼呢？在這個日子裏你們是一個，你們卻造出了兩個；然而每當你們來到世間成為兩個，你們又要做什麼呢？

甲．在許多福音資料的記載中，耶穌常用「我實實在在告訴你們」或「任何有耳的人，願他聆聽！」這樣的話來提醒聽眾或讀者。然而這段靈道論語的文句結構是絕無僅有的，是少數幾段話以問句並且是連續相關的兩句問句結尾。這兩段問句都不是容易答覆的，值得提出來讓讀者多加注意；就當是耶穌對所有門徒們出的幾道考題或公案也挺該當的，不是嗎？

　　「…每當你們來到這光明裏，你們要做什麼呢？… 然而每當你們來到世間成為兩個，你們又要做什麼呢？」

第八十四段最後也問類似的話

　　「如果你們看到你們的形像在你們的開始已來到了世間，它們既不死也總是顯現不出來，你們將要擔負下多少呢？」

乙．這段話在提示人們生命的真意：「死的是不會有生命的，真正的生命也不會死。只是人們參不透這層道理。在這世上的日子裡，人們偏要吃死

的東西來度日子；重要的是在光明裏的生命，人們要怎麼做？在這日子裏你們原是合一的一體，你們卻製造分裂，到底要做什麼？」後頭這兩段話在告訴讀者：吸取死的東西和分裂成兩個都不是屬於真生命，可是這兩樣都是人們在世上生活的常態，到底要做什麼？

相關文件：

依 65:17

看啊！我要創造一個新天新地：以前的那個已經不在記憶裏了，更不會進到心靈裏來。

伯後 3:11-13

這一切既然都要這樣消失，那麼，你們應該怎樣以聖潔和虔敬的態度生活，以等候並催促天主日子的來臨！在這日子上，天要為火所焚毀，所有的原質也要因烈火而溶化；可是，我們卻按照他的應許，等候正義常住在其中的新天新地。

《救世主對話錄 (The Dialogue of the Savior)》56-58

瑪寶(馬太)說：「主，告訴我，死了的是怎麼死的，活著的是怎麼活的？」

主說：「你在問我一句話[...]那是眼所看不見的，除了你之外，我從來沒有聽過的。但是我告訴你：當那賦予人的神魂被移去的時候，就會被稱為『死亡了』，當具生命的遠離一切殺戮死亡，就會被稱為『活於生命的』。」

猶達說：「為了真理的緣故，為什麼有其他的這些，他們既殺戮也生活呢？」

主說：「任何從真理所生出的是不死的。任何從女子(雌性)所生出的是會死的。」

默 21:1-5

隨後，我看見了一個新天新地，…；他要拭去他們眼上的一切淚痕；以後再也沒有死亡，再也沒有悲傷，沒有哀號，沒有苦楚，因為先前的都已過去了。」那位坐在寶座上的說：「看，我已更新了一切。」又說：「你寫下來！因為這些話都是可信而真實的。」

《希波呂托斯 駁斥所有異端 (Hippolytus, *Refutation of All Heresies*)》v.8.32.

並且這與佛里幾亞(Phrygians)人所謂「不結果」的說法有相同的格調。因為當他是肉體性的並且造成血肉的貪慾，他便是不結果的。這正是他所說的：「任何樹不生出好果子，

就要砍倒丟進火裏。」[*路 13:8-9*] 他說：「這些果子是以理性生活的人們，他們進入了第三道門。」他們說：「你們吃這死的東西，並要製作為有生命的；如果你們吃這有生命的東西，你們將要做什麼呢？」他們肯定這有生命的東西就是「有理性的本領和心智的人們 —— 就是那些無價的珠寶被丟棄在低等的動物之前。」這正是他(耶穌)所說的：「不要把聖物給狗，也不要把珠寶投在豬前，免得牠們用腳踐踏了寶物。」他們稱那些豬狗所做的事是指男女的勾當。佛里幾亞人稱這獨特的人為「牧者」(愛波里斯 Aipolis) 不是指他平日餵養公羊和母羊，就像一般所稱呼的這名字。而是當他說：他是愛波里斯的意思是，他總是來回巡察 —— 經由他的循序漸進，他既運行且帶領整個宇宙系統。因為「波里安 Polien」這個字是表示旋轉改變事情的意思。因此他說：他們都稱這天堂的中心為「波羅 Poloi」。並且有詩偈道：「從海中生出了無罪的賢士已來到，那是不死的埃及海神嗎？」

十二·

這些門徒們問耶穌說：我們知道你將離開我們。誰將成為我們的領導來帶領我們呢？

耶穌對他們說：你們已經來過這地方，那也是你們將要走去的 —— 這位正義的雅各伯 —— 因為他的緣故天和地已經都來到了世間。

　　依前面幾段的話意和耶穌說話的藝術，這段耶穌的答話該當按字面直接解釋的可能性並不高。特別是第十一段才剛說「**這蒼天將逝去，那在這天之上的也將逝去。**」這裡耶穌答話的涵義可能是說「正義的雅各伯與我是從同一家世出身，按照古經所說，為了這血統之故，天和地都已經來到了世間。如果你們還不能活出生命之父之子的本性，那就走回老路子去了。也許雅各伯會指引你們如何在這天地間苟活，不過這天地就快要過去了。」這種言外之意，在這份論語中接二連三的出現。

　　雅各伯是初期耶路撒冷教會的領導者，他在第一次宗徒會議所講的話 [*宗 15:13-21*] 及《雅各伯書》都十分有份量。教父們所寫的文件中，也有不

少關於初期基督宗教這位教會領袖的記載，茲摘錄兩段常被學者們引用的關於雅各伯的文字如下。

相關文件：

《優希比烏引愛奇西布的紀念文 (Eusebius, *H. E.*, Hegesippus in the 5th book of his *Memorials*)》II. 23

　　主的弟兄雅各伯，在眾宗徒的聯合之中繼任職掌教會之責。自從主在的日子到現在，他被眾人稱爲「正義者」。因爲有很多人生下來就被叫做雅各伯，但這位從母胎生下來就是一位聖者。他不喝酒和其他強烈的飲料，也不沾血肉。他的頭從沒有被剃刀碰觸過；他從不用油脂塗抹自己，也從不(特別)沐浴。他被允許進入聖所，因爲他不穿毛料做的衣服，只穿著無縫麻製長衫。他常常獨自長跪在聖殿裏，爲眾人懇求天主的寬恕而祈禱；因爲他太常跪在天主面，他的膝部的肉繭厚得就像駱駝的一樣。由於他極爲仁慈的心腸，所以人們稱他爲「卓越的公義者」及「人們的高塔」，希臘文的意思是「正義」及「高塔」；這也是先知們對他所預言的。

　　根據《希伯來人的福音》，有一則完整的報導，顯示出雅各伯是極爲真誠和熱心的，即使是在他皈依(conversion)之前，那是這樣說的：「他將從主喝這[苦難之]杯的時刻開始，不再吃這麥麵餅了，直到他看見他從死者中起來。」過了不久，主顯現給他並與他共處，把麥麵餅交給這位正義的雅各伯，說：「我的兄弟，你吃餅吧！因爲人子已經從那些長眠的人們當中起來了。」

《傑羅姆 評論 厄則克耳 (Jerome on Ezekiel 6 , On Ezekiel 19:7)》

　　我最近將一部被稱作根據希伯來人的「福音」翻成了希臘文和拉丁文，是在救世主復活之後所記錄的，那是奧利金(Origen)常用的：

　　當主要將這麻衣交給這「司祭之僕」的時候，他來到雅各伯那裡，並顯現給他。因爲，雅各伯曾發誓說：他將從主喝這杯的時刻開始，不再吃這麥麵餅了，直到他看見他從那些長眠的人們當中起來。過了不久主顯現並說：拿一張桌子和麥麵餅來！立刻就出來了。他拿起麥麵餅，祝聖了，分開，交給這位正義的雅各伯(James the Just)，並對他說：我的兄弟，你吃餅吧！因爲人子已經從那些長眠的人們當中起來了。

十三‧

耶穌對他的門徒們說：拿我當個比對吧！你們告訴我，我好比誰呢？

西滿‧伯多祿(西門‧彼得)對他說：你就像一個正義的天使。

瑪竇(馬太)對他說：你就像一個有哲學智慧的人。

多瑪斯對他說：師傅，我的嘴完全無法承受我所要表達的，關於你像誰。

耶穌說：我不是你的師傅。因為你喝醉了，你已經陶醉在我所特別製作的氣泡清泉當中。

他便帶他離席，並告訴他三段話。當多瑪斯回到他的夥伴那裏時，他們問他說：耶穌有告訴你什麼嗎？

多瑪斯對他們說：如果我告訴你們他對我所說的其中一段話，你們將會拿石頭砸我，但是會有一團火從這石頭中噴出來，並燃燒你們。

　　這段師徒們相互對答的記載確實與對觀福音所記載的大不相同 [谷 8:22-30；瑪 16:13-20]，這也可能是《多瑪斯福音》無法被列入正典的主因；也就是現代人所說的，政治立場不正確 (Polically Incorrect)。

　　「翻湧滾動的氣泡清泉」與《若望(約翰)福音》中耶穌所昭示的「活泉之水」近似 [若 4:14；7:37-38]。第一百零八段則說：從耶穌的口中飲取，就會變成像他一樣，他就變成這人，奧祕就會顯示給這人。關於「三段話」的事《多瑪斯行傳》也提到，並說這「三段話」已使多瑪斯身在熱火之中。這樣的說明，就很容易瞭解為什麼多瑪斯會回答：「如果我告訴你們他對我所說的其中一段話，你們將會拿石頭砸我，但是會有一團火從這石頭中噴出來，並燃燒你們」，是時候未到也。仔細研讀《多瑪斯行傳》，便可發現《多瑪斯行傳》的作者對《多瑪斯福音》的論述是十分熟悉的；敘述中不在福音四書而提到《多瑪斯福音》中所說的段落的包括第二 [多行 45]，十三 [多行 47]，二十二 [多行 129]，及一百零四 [多行 11-12] 段。

相關文件：

《多瑪斯行傳 (The Acts of Thomas)》47

(多瑪斯)宗徒看見這些之後，便向他們說：「這惡魔所顯示的正是他的本性，一點也不奇怪，那火會徹底消滅他，而濃煙將會四散。」他又開始說：「耶穌啊，你向我們顯示了隱藏的奧秘，是你給我們彰顯了許多的奇蹟。你叫我離開我的鄉親，又對我說了三段話使我在熱火之中，我聽後也不敢對別人說。耶穌啊，你做為人，遭殺戮、死了被埋。耶穌啊，你是神中之神，你是死者的救主，病人的醫師！耶穌啊，你狀似貧困，卻沒有需要；捕這魚像是為作早餐和晚餐，卻只以一點點的麵包便使我們所有的人都飽足。耶穌啊，你像人一樣在地上走路，倦了便要休息，卻像神一樣走在波濤之上。」

〔註：(1)將後面幾句話例出兩種狀態來體會，可能對這段話的了解會深入一些：關於耶穌所要向人們顯示的奧秘和彰顯的奇蹟。

顯現狀態之一	顯現狀態之二
你做為人，遭殺戮、死了被埋。	你是神中之神，你是死者的救主，病人的醫師！
你狀似貧困 ── 捕這魚像是為作餐食。 〔註：《多瑪斯行傳 20,29,104》耶穌和多瑪斯都只吃「麵包和鹽，傍晚喝水。」〕	卻沒有需要 ── 只以一點麵包便使我們所有的人都飽足。
你像人一樣在地上走路，倦了便要休息。	卻像神一樣走在波濤之上。

(2) 認真體會耶穌在福音中因時因地一再地顯示他的兩種顯隱之性，因此也令人不得不讚佩《多瑪斯行傳》的作者對基督的臨現有其獨到的見解。耶穌在這份論語中的第一百零一段中說：「**因為，我的母親已經生我出來，然而我真正的母親給予我這生命。**」也是這一體而雙重性的重點宣示。〕

箴言 9: 1-6

智慧建造了房舍，雕琢了七根石柱，宰殺了牲畜，配製了美酒，舖設了飯桌，派出自己的使女，在城市高處吶喊：「誰是無知的，請轉身到這裏來！」她對愚鈍的人說：「你們來，吃我的食糧，飲我配製的酒！你們應放棄無知，好使你們得以生存，並在明智的道路上邁進。」

《撒羅滿(所羅門)頌詩 (The Odes of Solomon) 》11:6-9 [並參《撒羅滿頌詩》30]

主，豐富的泉水成了會說話的水，沾上了我的嘴唇。因此我喝了，就陶醉了，因爲這具生命之水是不會死的。而我的陶醉並不會令我無知，卻使我拋棄了虛幻，歸向至高者，我的天主，祂以祂的恩澤豐富了我。

《巴爾多祿茂(巴多羅買)福音 (The Gospel of Bartholomew)》2:4-5

當他們在疑惑並爭議的時候，巴爾多祿茂(巴多羅買)來到她的跟前，以興奮的神情對她說：「妳是最受寵愛的，是最高處的聖帳，是聖潔無沾的。眾宗徒們願意請教妳，請妳告訴我們：「妳如何理解那不可理解的？妳如何懷帶那不能攜帶的？妳如何產生出這麼多偉大的事來？」

但是瑪利亞對他們說：「你們真的要問我這個奧祕嗎？如果我開始告訴你們，就會有火從我的口中發出來，並且銷毀整個世界。」

《第八與第九層的啓蒙 (Discourse on the Eighth and Ninth)》(納格‧哈瑪地藏書之一)

我兒，讓我們以誠摯的愛相互擁抱。爲此，歡欣踴躍吧！因爲這光明的大能，從祂們那裡來賞給了我們。因爲我已看見！我所看到的是無法言喻的深遠境界。我兒，我如何告訴你呢？從這[...]到[...]這地方。我如何告訴你這宇宙呢？我是心靈。我並且看到另一心靈，就是運作靈魂的那位！我看見這位以純樸的寬宥感動了我。禰給予我能力！讓我看見我自己！我要說出來！恐懼卻制止了我。我已經找到了那大能，那是所有能量的根源，但又是沒有起始的！我看見滾滾泉水與生命同在。我說：我兒，我是心靈。我已經看見！那是言語所不能揭示的這位。我兒，因爲在這靈魂所在的第八層，眾天使們唱著無聲的讚美詩，而我的心靈(完全)瞭解它。

十四‧

耶穌對他們說：如果你們從事齋戒，你們將帶給自己一份罪。如果你們祈禱，它們將轉而詛咒你們。如果你們行布施，你們將對你們的靈性製造一個暗魔。

當你們走進任何地界，你們行走在鄉村裏，如果人們來接待你們，把東西擺在你們面前，你們就吃；治癒他們中的每位病患。因爲那進入你們

的口中的，它將不污損你們自己。然而那正要出自你們的口的，它將污損你們自己。

相關文件：

　　前段參考 [*瑪 6:1-6* 及 *多 6*]；中段參考 [*路 10:1-9*]；後段參考 [*瑪 15:10-20*]。

老子《道德經》56

　　知者不言，言者不知。塞其兌，閉其門，挫其銳，解其分，合其光，同其塵，是謂玄同。故不可得而觀，不可得而疏。不可得而利，不可得而害。不可得而貴，不可得而賤。故爲天下貴。

講論：

　　　　《瑪竇(馬太)福音》6:1-6 及《多瑪斯福音》第六段和第十四段講論一個類似的主題：**意念和行爲**。這段靈道論語可能是教導門徒們出外傳教之前的訓誨，因爲傳道人是表樣，他們的意念和行爲常是人們對所傳道理的驗證。其實這幾段話是十分有禪理的，尤其是《多瑪斯福音》第六段和第十四段前一句話。後半段則是相似的公案：「**治癒他們中的每位病患**」如何相對應於「**然而那正要出自你們的口的，它將污損你們自己**」呢？試想對任何心靈的病患而言，靈性的交流才能使施者與受者都獲得圓滿的治療吧！

　　　　在時間上釋迦牟尼是生在公元前五、六百年，但《多瑪斯福音》和正典福音書卻要比達摩祖師早四、五百年。引述一段禪宗六祖(惠能)在宏道中，說明達摩祖師度化梁武帝的一段對話，來切磋其中的道理：

《六祖壇經》(敦煌新本卷七)

…使君問：「弟子見說達摩大師化梁武帝，帝問達摩：**朕一生已來造寺、布施、供養，有功德否？達摩答言：並無功德**。武帝惆悵，遂遣達摩出境。未審此言，請和尚說。」

六祖言：「**實無功德，使君勿疑**。達摩大師言武帝著邪道，不識正法。

使君問：「何以無功德？」

和尚言：「造寺、布施、供養，只是修福，不可福以爲功德。功德在法身，非在於福

田。自性法有功德。見性是功，平直是德，內見佛性，外行恭敬。若輕一切人，吾我不斷，即自無功德。自性虛妄，法身無功德。念念行平等直心，德即不輕。常行於敬，自修身即功，自修心即德。功德自心作，福與功德別。武帝不識正理，非祖大師有過。」

另外在景教經文的《志玄安樂經》第 15-23 節，耶穌對西滿・伯多祿(西門・彼得)的答話當中，也有類似的啓發：

[15] 復次，岑穩僧伽、我在諸天，我在諸地，或於神道，或於人間，同類異類，有識無識，諸善緣者，我皆護持，諸惡報者，我皆救拔。[16] 然於救護，實無所聞。同於虛空，離功德相。[17] 何以故，若有功德，則有名聞。[18] 若有名聞，則爲自異。[19] 若有自異，則同凡心。[20] 同凡心者，於諸矜夸(誇)，猶未脫度，況於安樂，而獲圓通。[21] 是故我言，無德無聞者，任運悲心，於諸有情，悉今度脫。[22] 資神通故，因晤真正。[21] 晤真正故，是安樂道。

〔註：「[16] 然於救護…」在回答《志玄安樂經》第 2 節中岑穩僧伽所問。見本書第二段參考文件。〕

十五・

耶穌說：不論何時當你們看見任何人不是婦女所生，以你們臉面向祂，俯首至地朝拜祂吧！那位就是你們的父親。

《出谷記(出埃及記)》3:14，天主對摩西說：「我是自有的那一位 (I AM THAT I AM)」。淸朝康熙皇帝稱天主爲「萬有真原」，以人子(也是上主之子)來領悟則是「上主本如是(God IS)」；上主之子是上主的完美創造，是祂的延伸，當上主之子做爲「是(IS)」既是實存也具行爲能力，他應該是完美的「是(IS)」。巧的是耶穌這個名字的簡寫在希臘文是 $\overline{Iς}$，而科普特文則是 $\overline{ic}$。而 i 發 Y 的音，ς 或 c 是發 S 的音。這當然是文字間的遊戲，有沒有意義還有待研究和領會。願所有的「是(IS)」合一於 $\overline{ic}$ 成爲祂的延伸 ── 「上主本如是(God IS)」。

相關文件：

《受祝福的優諾斯拖斯(Eugnostos the Blessed)》

祂是無可言論的。基於這個世界，祂是無原理可以說明的，不受管轄，不隸屬，也不受造，祇有祂是惟一的。因為祂不是產生出來的，祂是永恆不朽的；任何受生的，都將凋零。祂不是受生而出的，是沒有開始的；因為任何有開始的，都有終結。

〔註：目前所發現的兩份《耶穌基督的智慧(The Sophia of Jesus Christ) 》也記載同樣的論述；但按學者考證，《耶穌基督的智慧》是由《受祝福的優諾斯拖斯》所演變出來的，因為其中有相當大的篇幅是摘錄自《受祝福的優諾斯拖斯》，而這書在耶穌之前就已存在。《受祝福的優諾斯拖斯》及《耶穌基督的智慧》也都收錄在納格·哈瑪地藏書之中。〕

十六·

耶穌說：也許人們在想我來到這世界上來締造和平。他們不瞭解，我已在這地上散播了種種的分裂：一把火、一把劍、一場戰爭。因為，有五個人在一棟房子裏，便會有三個與兩個產生衝突，也會有兩個與三個產生衝突，父親與兒子有衝突，兒子與父親有衝突。並且他們將聳然而立，他們全是一個。

就如同第七段中的那獅性和那人性的演義，最終人性將要克服獸性的，人們的衝突也要以合一而成就。耶穌所揭示的的道不是一下子就會讓所有的人都達到合一之境，然而從這兩段耶穌話裏的涵義中可以發現，人們成就這目標是必然的，留下的問題只是弟兄們要吵多久？路要繞多遠？

相關文件：(參考[瑪 10:34-36；路 12:49-53]。並參考第 55 段和第 101 段)

亞歷山大的克里蒙《綜合錄 (Stromata)》III.97

他們引述：「任何人不恨父親、母親、妻子、或孩子，不能成為我的門徒。」這是一條命令放棄自己的家庭。因為他曾說過：「光榮你們的父親和母親、同樣的光榮就會臨於你們。」他的意思是說：「不要任憑你們自己誤入歧途於不理性的衝動，這與社會習俗無

關。」因為家族包括家庭，社會包括家族。保祿(保羅)說過：「那些已被婚姻所箝制的人們，以取悅世界為目標。」主也說過：「不要讓已婚者離婚，不要讓不結婚的人結婚。」是指那已明願要獨身的人，就讓他保持不結婚吧。」

十七‧

耶穌說：我將給你們那沒有任何眼睛所看過的，沒有任何耳朵所聽過的，沒有任何手所觸摸過的，並且給你們那從來沒有來到過人們心魂之上的。

就如同佛家所謂的「不可說」，老子所說的「道可道非常道，明可明非常明」，都是相同意思。也都是在告訴人們：終極的真理是無法用感觀或意識來明悟的，至少目前人們還沒辦法全然洞悉。雖然類似這段話的文句在先知書中出現過，耶穌藉此警語一再提醒人們，他所要教導人們的常是與人們平常所學及所思索的大不一樣，不用心體會是聽不懂的，不用心學也是做不來的。在第二段中也說過：尋找的過程中會有困惑，也會驚嘆不已⋯。

相關文件：

瑪 13:16-17

但你們的眼睛有福，因為看得見，你們的耳朵有福，因為聽得見。我實在告訴你們：有許多先知和義人想看你們所看見的，而沒有看到；想聽你們所聽到的，而沒有聽到。

路 10:24

我告訴你們：曾經有許多先知及君王希望看你們所見的，而沒有看見；聽你們所聽的，而沒有聽到。

格前 2:9

經上這樣記載說：「天主為愛祂的人所準備的，是眼所未見，耳所未聞，心所未料想到的。」

《聖克里蒙致格林多(哥林多)人一書》 (1st Epistle of Clement to the Corinthian) **34:7-8**

讓我們同心合意以誠摯一致的口向祂懇求，如此我們就能分享祂偉大光輝的應允。因為祂說：要耐心等待祂已為人們準備的大事，那是眼所未見，耳所未聞，心所未料想到的。

依 64: 3-4 (並參 [依 52: 15])

因為禰行了誰也想不到的驚人事蹟；禰下降，使山嶺在禰面前震撼。那是人從未聽過的，耳朵從未經驗過的，眼睛從未看過的一位神。除禰以外，沒有一個神對依靠自己的人如此行事的。

十八·

門徒們問<u>耶穌</u>說：告訴我們關於我們的終結，它將經過世間的哪條道路呢？

<u>耶穌</u>說：你們難道已找到了元始，所以才會要追問終結嗎？其實，這裏便是元始之處，那也是終了將要來到的地方。任何一個受上主祝福的人會超然聳立在元始之處，他也將明悟終了，而且他將不會嚐到死亡。

甲·<u>希臘</u>字母首尾兩字為 A(Alpha) 和 Ω(Omega)。在傳統的基督宗教裡，起始 Aplha 與終末 Omega 就代表<u>耶穌</u>基督本身，他被認為是天主的惟一聖子。後來「 AΩ 」也被用來寫在十字記號的兩側，放在一個圓圈裡或三角形中。有時秩序相反地寫成「 ΩA 」代表在基督內起始和終末合而為一。早期的基督徒更把這兩個字刻在戒指的上面，帶在手上。在許多教堂的壁畫、雕刻和聖物上也發現這兩個字寫在十字架兩邊抑或與羔羊並繪。這種<u>希臘</u>文字記號的用法起源於舊約傳統的<u>猶太</u>文化。幾乎可以確定是初期基督教會從<u>猶太</u>會所引用來的。

　　<u>猶太</u>百科全書(Jewish Encyclopedia)說 —— 「真理」這個字眼在<u>希伯來</u>文的發音是 *Emeth*，是由三個字所合成：*Aleph*，*Mem*， *Thaw*。*Aleph* 和 *Thaw* 是<u>希伯來</u>文字母的第一個字和最後一個字。因此「真理 *Emeth*」這

個字代表的意義是：「天主是萬有真原」，在祂之前，真理是不存在；「天主也是萬物之歸」，在祂之後，沒有留下任何的存在。因此，「真理」在猶太文裡是個神聖奧妙的字眼，它意味著在天主內真理完全地注入在所有的存在之中。可惜希臘文「真理」這個字的拼音為 αληθειας，最後的字母不是Ω，無法完全表達原本希伯來文的含意。在猶太文件中的《論聖日》和《教義綱要‧桑》(Yoma 69b., and Sanh. 64a.) 有以下的記載：

> 在這個大會所裡，有一些人向天主祈求：將所有苦難之因的惡靈從地上除去。突然有一聖卷從天降下，上面寫著「真理」，並有一隻猙獰的獅子從聖所出去。

乙‧任何人都希望有所善終，不過《多瑪斯福音》這段話強調人們應該特別注意「起始」，並提示那也是「終了」。也就是說，把握住創造之初的本質，因為那是天主的原旨，才能夠有真生命。這與第四段所說的道理是相通的：要向「七天大的嬰孩請教生命之所」，而不是跟隨「拉動你們的那些意念」。

丙‧佛經裡也常講論所謂的「初發心」，是佛理重要的一環，舉例如下：

《華嚴經探玄記》(卷五 T35)

標者初發心時是因。便成正覺是果。亦是轉釋前。謂前云疾得佛果未知何時名疾得。今釋發心時即得故。下云初發心菩薩即是佛故悉與三世諸如來等。此明行滿入位時即得普賢位故。一位即一切位乃至佛果無不圓備。故云正覺。

初釋名者本覺內薰大心創起故云發心。行成位立名為菩薩。功超遠劫德廣塵沙故云功德。此明菩薩初發心之功德。是此所辦為簡二乘故云菩薩。簡終心故云初發。此明發心所攝功德。非辨發心之相故以題名

二來意者有三。一前住及梵明行位體。今顯其勝德故來也。二前品末初發心時便成正覺未知此心有何功德便能如此。

《大般涅槃經》(卷三十八)

… 爾時迦葉菩薩即於佛前以偈讚佛

憐愍世間大醫王，身及智慧俱寂靜；無我法中有真我，是故敬禮無上尊；

發心畢竟二不別，如是二心先心難；自未得度先度他，是故我禮初發心；初發已爲
人天師，勝出聲聞及緣覺；如是發心過三界，是故得名最無上…

〔黃念祖居士註：初發心與最終成佛，兩者是無分別的，一切平等！雖然是一切平
等，但先發心與後成佛的那個心比起來，前者難呀！爲什麼呢？因爲眾生都在迷惑
顛倒之中，在這種情況之下，你能生起一念清淨的正信之心，是極不容易的呀！所
以說：「如是二心先心難，自未得度先度他。」（不是爲了救自己）「是故我禮初
發心」（所以我要頂禮初發心的人）。〕

其他相關文件：(參閱第 49 段及所引用文件)

默 22:13

耶穌對我說：「… 我是「阿耳法」和「敖枚嘎，」最初的和最末的，元始和終末。那
些洗淨自己衣服的，是有福的！他們有吃生命樹果的權利，並得由門進入聖城。 …」

默 21:6-7

他又對我說：「已完成了！我是「阿耳法」和「敖枚嘎」，元始和終末。我要把生命之
水白白地賜給渴的人喝。勝利者必要承受這些福分：我要作他的天主，他要作我的兒子。

《真理福音 (The Gospel of Truth)》44

因爲他(這大父)對萬事萬物瞭如指掌 —— 即它們的起始和它們的終結。…。現在，這終
結正獲得了那隱密者的道 —— 就是這位大父，祂是元始之由來，也是終結之所歸。

《十二聖徒福音 (The Gospel of Holy Twelve)》第九十章 ・什麼是真理？

見本書附錄一。

十九・

耶穌說：那早已存在而來到世間的人是受天主所祝福的。如果你們成為
我的門徒而且注意聆聽我所說的話，連這些石頭都會聽你的使喚。因
為，樂園裏有五棵樹是給你們的；它們不論冬夏總是茂盛常青，從不落
葉。任何人認識它們，將不會嚐到死亡。

相關文件：

箴言 8:17-25

我愛那愛我的人；凡尋求我的，必找到我。富貴榮譽，恒產正義，都屬我有。我的果實，勝過黃金純金；我的出產，比淨銀還要寶貴。我走在正義的路上，走在公平的路上，使愛我者獲得產業，充滿他們的寶庫。

上主自始即拿我作他行動的起始，作他作為的開端：大地還沒有形成以前，遠自太古，從無始我已被立；深淵還沒有存在，水泉還沒有湧出以前，我已受生；山嶽還沒有奠定，丘陵還沒有存在以前，我已受生。…

《菲利浦(腓力)福音 (The Gospel of Philip)》61

主說：「那在來到世間之前就存在的是受上主所祝福的，因為這位已經存在並且將要存在。」

《菲利浦(腓力)福音 (The Gospel of Philip)》100

天主[...]花園，人[...]花園。這裏有天主的[...]和[...]。這些在[...]都是我所期望的。這花園就是他們要告訴我的地方：「依照你所希望的，[...]吃這個或不吃那個。」在這個地方，我將要吃的一切就是這『知識之樹(The Tree of Knowledge)』。就是那致亞當於死的那棵樹，但是在這裏的這株『知識之樹』會使人生活。以前的這律法就是這樹。它有能力給予善惡的知識。它既不為他解除惡魔，也不為他立善舉，它卻為吃它的人製造出死亡來。因為當他說：「吃這個，不吃那個」，它就成了死亡的始作俑者。(參[創 2:16-17])

《唐 王梵志詩校輯》卷六「道情詩」(並參考第 42 及第 100 段)

我昔未生時，冥冥無所知；天公強生我，生我復何為？無衣使我寒，無食使我飢；還你天公我，還我未生時。

講論：

唐初詩僧王梵志的這首詩好像在向天公抱怨評理，為何強迫生我來到這個世界上，並向天公賴皮地說：還你天公我，還我未生時；相極了《約伯傳》中對人生的怨聲載道。「天公」和「未生時」這兩個名詞在佛禪的文件幾乎是見不到的，然而「天公」卻是中國老百姓常掛在嘴上的。這種以赤子之情向天公訴願的心態與這份靈道論語的諸多觀點是十分契合的。

　　上頭相關文件的第二段《菲利浦(腓力)福音》似乎在說：要吃全部的「知識之樹」才能生活。「吃這個，不吃那個」就是死亡的開始。這裏的「吃」顯然是「知」的意思，並且是「求知」。在「知與識」方面的研究，歷史中的中國佛學人士也有所討論。禪宗南北兩派對「知」有不同的說法：南派認爲「知之一字，眾禍之本」，北派認爲「知之一字，眾妙之門」。也可能南派以爲人們尚未知「道」，部分的知常是禍根。這與上一段《菲利浦(腓力)福音》的說法接近。而北派以爲，若能悟真知，便是眾妙之門。後者與老子《道德經》中的話有關：「玄之又玄，眾妙之門」。

　　這段靈道論語最後說道：「**任何人認識這五棵常青樹，將不會嚐到死亡**」，科普特文所用的字眼是「**深度的認識(ϲⲟⲩⲱⲛ)**」。這五棵樹到底指的是什麼，讀者得自己去認識。如果從古文件去附會，在《蘇菲亞(智慧)的信證 (Pistis Sophia)》第一章中列出耶穌一連串未說之奧祕，其中提到「他並沒有告訴他的門徒們這五棵樹會散播在何處」。另外有幾位學者提到在《敦煌莫高窟藏本中國梅尼經 (Chinese Manichean)》有「五種無上清淨光明寶樹」的說法，文句讀起來好像在唸「粒子物理學的夸克理論」，有色、有味…。所用的字眼都是無文字可用的代文字。到底和正文中所提到的五棵常青樹有沒有關係，誰知道？

《敦煌莫高窟藏本中國梅尼經 (Chinese Manichean)》 五種無上清淨光明寶樹

　　以已五種無上清淨光明寶樹。於本性地而栽種之。於其寶樹漑甘露水。生成仙果。先栽**相**樹。其相樹者。根是怜愍。莖是快樂。枝是歡喜。葉是羔眾。果是安泰。味是敬慎。色是堅固。次栽**清淨妙寶心**樹。其樹根者自是誠信。莖是見信。枝是怕懼。葉是警覺。果是勤學。味是讀誦。色是安樂。次栽**念**樹。其樹根者自是具足。莖是好意。枝是威儀。葉是真實。莊嚴諸行。果是實言。無虛妄語。味是說清淨正法。色是愛樂相見。次栽**思**樹。其樹根者自是忍辱。莖是安泰。枝是忍受。葉是戒律。果是齋讚。味是勤修。色是精進。次栽**意**樹。其樹根者自是智惠。莖是了二宗義。枝是明法辯才。葉是權變知機。能摧異學。崇建正法。果是能巧問答。隨機善說。味是善能譬喻。令人曉悟。色是柔濡羔辭。所陳悅眾。如是樹者。名爲活樹。

二十·

門徒們對耶穌說：告訴我們有關天國的事吧。它像什麼呢？

他對他們說：它好比一粒芥子，比所有的種子都小，然而不論何時當它掉在已被耕作過的土壤上，它就會長出茂盛的枝（葉）來，並且成為天空中飛鳥的棲息處。

甲·雖然對觀福音所記載的比喻與《多瑪斯福音》這一段比喻大體相同，但似乎比較接近《馬爾谷(馬可)福音》的字句，特別是最後兩句話「它就會長出茂盛的枝（葉）來，並且它來到世間成為天空中飛鳥的棲息處。」而《瑪竇(馬太)福音》和《路加福音》記為「成了大樹，天上的飛鳥都棲息在它的枝頭上。」有考證它們彼此出處的價值。

乙·基督徒們對這則比喻都相當熟悉，佛門子弟對類似的比喻和道理也不陌生，因為佛經中也常討論(見下端)。這比喻包含深刻的靈性哲學：一棵微小的種子，是生命的象徵，包含了無窮的生命力，但它必須讓自己化解在泥土裡，才能重生(resurrection)，以茂盛的枝葉為其他生物遮蔭。

丙·「須彌藏芥子，芥子納須彌」，「須彌芥子父，芥子須彌爺」是佛法中常被提出來討論的哲理，這種說法可能出自《維摩詰經》。

《佛說維摩詰經卷上》

...唯然舍利弗。諸如 來諸菩薩有八不思議門。得知此門者。以須彌之高廣入芥子中無所增減。因現儀式。使四天王與忉利天不知誰內我著此。而異人者見須彌入芥子。是為入不思議疆界之門也。...

〔洛本仁波切註：須彌山是佛所說的宇宙中心，但一般眾生不具清淨眼，不能見須彌山。肯定須彌山的存在是由信仰而來，芥子，卻是人人可見。所以將兩種不一樣的認知放在一起，並不是世人容易接受的事。佛理之境界，遠超凡夫心的理解和想像，稱為「不可思議」，但聖人智者卻有最自然的體認。〕

相關文件：

谷 4:30-32 (瑪 13:31-32；路 13:18-19)

他又說：「我們以什麼比擬天主的國呢？或用什麼比喻來形容它呢？它好像一粒芥子，種在地裏的時候，比地上的一切種子都小；當下種之後，生長起來，比一切蔬菜都大；並且長出大枝，以致天上的飛鳥能棲息在它的蔭下。」

《達尼爾書(但以理書)》4:20-22 (達尼爾爲拿步高王解夢)

你所見的那棵樹，長的非常粗大，高可摩天，大地四極都可見到，樹葉美麗，果實繁多，足以供養一切生靈，田野的走獸安息在它的蔭下，空中的飛鳥棲息在它的枝條上。大王！那樹就是你，你長得高大強壯，你的偉大高可摩天，你的權勢達於地極。

二十一．

瑪利亞問耶穌：你的門徒們像誰呢？

他說：他們好比一群孩子們住在一個不屬於他們的田地上。隨時那田地的主人們就要回來，便會說：『把我們的田還給我們。』孩子們就在他們的(臨現處)面前脫得精光，好把它交給他們，且把他們的田地還給了他們。所以我說：如果房子的主人知道盜賊就要來了，他將會在盜賊來之前警戒守護，不讓盜賊闖進他的房子竊取他的財物。至於你們要警戒守護，從這個世界的一開始，你們就要以一種極大的力量來奮鬥不懈，免得這些盜賊有機可乘找上你們。因為在遇見他們之前，這樣的做法會幫助你們有先見之明。並希望在你們當中有明智的人，當莊稼成熟時，他會趕快地拿起他的鐮刀來收割。任何人有耳朵聽的，願他聆聽！

甲・這一段話是<u>耶穌</u>在回答「他的門徒們像什麼？」<u>耶穌</u>再次提醒：「從進入這世界的開始，你們就要以一種極大的力量來奮鬥不懈」，是要提防那「盜賊」。這「盜賊」就是那「竊賊」[多 103] 也可能是那位「大力士」[多 35；多 98]，只是在比喻上所用的人物不同而已。非下大工

夫，是無法防治他的。相對地《多瑪斯福音》主要要度化的對象就是這一層莫須有的意念 [多 3]，那是無法認識自己原來的本性 ── 上主之子。在這裡，耶穌順著瑪利亞問話的話題，擴大了問題的焦點。他不但預估了門徒們的處境，並提醒及將要來臨的遭遇與必要的覺醒。他隱約地說到：這「盜賊」就是人們內在和外在的問題，強調要盡力來對抗各種困難，並要求門徒們有預見之識來克服它。這是利用當初巴勒斯坦農民的生活背景的一種轉嫁性比喻，農民在農地上包括家家戶戶的葡萄園裏都建有瞭望台，而牧羊人所聚在一起以石牆建造的羊棧也有瞭望台，這些瞭望台都是用來觀測盜賊的活動，俾能即時做好盜賊來犯的準備。

最後，耶穌期望在工作的產物成熟之時，門徒們要能做好收割的活兒。也就是說，耶穌要求門徒們要有交脫的準備，對隨時來臨的挑戰要有警戒守護的能力，並且當時機成熟時要勤快地收割完成任務。莊稼成熟趕快收割的話意裏似乎指著雙重的對象：自己和兄弟的成熟與圓滿。

乙‧孩子們在他們的(臨現處)面前脫得精光的目的，是為了把它(她)交給他們，且把他們的田地還給了他們。也就是說，如果他們不能在他們的(臨現處)面前脫得精光，就難以把「它(她)」交出來。到底「它(她)」是否是那塊田還須要在再探究一下。《多瑪斯福音》一再提醒人們，在這個世界上人們祇是暫時的過客，住在一個不屬於他們的地方，每一個人都會有離開這個地方的時候。這一段《多瑪斯福音》更進一步提醒，不但得離開這個借住的地方而且會脫得精光，灑脫地走。這也有兩重意思：徹底開悟而完全離開逗留之境；另一則指離世而歸老家也。後頭的解說，正如中國的俗話所說：「生不帶來，死不帶去。」其實有誰沒有這種基本的認知呢？做為一個基督的門徒固然要深入地認知，也須要經常鍛鍊才能有不為外力所動的剛強意志，除此之外更要能師範實踐才能成熟圓滿。認知，鍛鍊，和實踐是靈性操練的過程，彼此之間相互運作。

丙‧在聖經文學中，「田地」有其特殊的涵意，新約中的田地常指的是心田 [多 9；多 109；瑪 13:44；谷 4:2-9；瑪 13:3-9；路 8:4-8]。舊約中則常是指世界、家園及財產。舊約時代，以色列人被擄到巴比倫做奴隸，返回家鄉之後，內有經濟的問題，外有異族來患之慮。常發生返鄉的田主向用其田的人討還，因此有諸多內部衝突及修牆防守的工作亟待解決 [《厄斯德拉下(尼希米記)4~5》]。耶穌的聽眾都知道這段歷史，當然也瞭解耶穌在用這段舊事來比對門徒們的心境。那時撒瑪利亞人並沒有被擄，且與外族通婚，便受到自命正統者的歧視。耶穌及門徒們都是屬於外邦的加里肋亞(加利利)人，越俎代庖地傳道，勢必要有內修外防的功夫才成。

丁‧在福音中，每當耶穌要求聽眾仔細聽清他的所說的道理的時候，會加重語氣地提醒聽眾注意。福音中的文句有兩種說法，分別不大：

　　第一式「任何人有耳去聽的，願他聆聽」；

　　第二式「任何有耳的人，願他聆聽」。

科普特文版的《多瑪斯福音》有六處用了這兩種加重語氣的表達，不巧希臘文版沒有相對應的這六段。在這方面，《多瑪斯福音》與對觀福音有一個共通的特點，那就是這種加重語氣的成語大多是出現在宣講比喻的前後。茲將福音中的引述之處列表如下：

《路加福音》第一式	《馬爾谷(馬可)福音》第一式	《瑪竇(馬太)福音》第二式
播種的比喻(第一個比喻)之後。	播種的比喻(第一個比喻)之後。	播種的比喻(第一個比喻)之後。
鹽失味的比喻(最後第四個比喻)之後，亡羊的比喻之前。	(緊接第一個比喻的解釋)以燈照明的道理之後。	解釋莠子的比喻(第二個比喻)之後。

| | 從裡面出來會污損人的道理之後。 | 提示若翰(約翰)就是那位要來的厄里亞(以利亞)之後。 |

《多瑪斯福音》中除了第二十四段在引用耶穌的話時，這一句提醒聽者注意的話是放在前頭的，其它五段中都與宣講比喻有關：

《多瑪斯福音》第一式	《多瑪斯福音》第二式
(8)挑揀大魚的比喻(第一個比喻)之後，(9)播種的比喻(第二個比喻)之前	(24)光明者的內涵照亮寰宇的道理之前
(21)以比喻說明做門徒的三件事之後	(63)富人盤算更富的比喻之後，(64)邀宴的比喻之前
	(65)葡萄園主與園戶的比喻之後，(66)屋腳基石的道理之前
	(96)酵母的比喻之後(最後四個比喻)，(97)罐子漏糧比喻之前

二十二‧

耶穌曾看見幾個嬰孩，他們正在吃奶。

他對他的門徒們說：他們就像那些進入這國度的人。

他們對他說：那麼如果我們成為嬰孩，我們就會進入這國度是嗎？

耶穌對他們說：不論何時當你們會轉變兩個為一個，不論何時你們會轉變裏面如同外面，外面如同裏面，上面如同下面。如此，你們將使得男性和女性合而為一，以致於這男性不變為男性，這女性不變為女性。並且不論何時當你們會以多雙眼睛而不用一隻眼睛，會以一隻手去取代一隻手，一條腿去取代一條腿，一個形影去取代一個形影；之後，你們就會進入這國度。

相關文件：

柏拉圖《斐德羅篇 (Plato *Phaedrus*)》

蘇格拉底說：親愛的山野之神(Pan)，以及祢們在此活動的一切眾神，請賜我美麗的內在靈魂，願我內在與外在的人合一。願我認識那使富裕的智慧，願我能有金子般穩健的人格，能有所擔當並能執掌任務。還有其他的嗎？我想，這祈禱詞為我是足夠的了！

《羅馬的克里蒙 二書 (2 Clement , An Ancient Homily)》12:2-6

因為我們不知道天主出現的日子，所以讓我在愛及正義內等待天主國度的來臨。曾經有一個人問主關於什麼時候祂的國要來臨，他說：「當這兩者合而為一，這外面如同這裏面。這男性和這女性相偕，不分男也不分女。」

兩者合而為一，是當我們在真理之中論道，在兩體內就只有一個靈魂而不要隱諱。

這外面如同這裏面，他的意思是說：這裏面指靈魂，這外面指身體。正如同你們的身體的表現，也要讓你們的靈魂彰顯他的德能事功。

這男性和這女性相偕，不分男也不分女；他的意思是說：弟兄看到姊妹，不會想到他是一位女性。姊妹看到弟兄，不會想到他是一位男性。

他說：如果你們都作到這些事，我父的國度就會來臨。

愛華德在基督徒的歷史(頁 288)引述提辛鐸夫所收集《宗徒行傳中的菲利浦(腓力)行傳(頁 90)》(The Acta Philippi in Tischendorf's Acta Apost. Apocr. p. 90, quoted by Ewald, Gesch. Christus, p. 288)

他稱這些話是好話集中的一道微弱的回音：「如果你們不能改變你們低劣的事成為高尚的，並且使得你們彎曲的道變直，你們將無法進到我的國度。」

亞歷山大的克里蒙《綜合錄 (Stromata)》 III.13:92-93

(見第 37 段參考文件，引用《埃及人福音(The Gosepl According to Egyptian)》)

《十二聖徒福音》64: 2-4

他們中有一個人說：「師傅，古老的記載中說：厄羅因(以羅欣)以祂們自己的肖像造了人，祂們創造了男子和女子們。你怎麼說天主是一個呢？」

耶穌對他們說：「我實在告訴你們。在天主內，那裡既非陽性也非陰性。兩者是合在一

起的；天主是二元一體的。祂是她，她也是祂。<u>厄羅因(以羅欣)</u> —— 我們的天主 —— 是圓滿、無限、和惟一的。正如在這男人中，父性顯現出來但母性隱藏；在這女子中也是如此，母性顯現出來但父性隱藏。所以這大父及大母之名應該同等地受顯揚，因為他們是天主的大能；並且在一個天主之中彼此互相依仗。朝拜你們的天主在你們之上、在你們之下、在這右手、在這左手、在你們之前、在你們之後、在你們之內、且在你們的周遭。實實在在地，只有一位天主，祂是萬有中的萬有，在祂之內萬物並存，是所有生命與實質的泉源，無始無終。…」

《一神論・喻第二》23-30 (景教經文)

故天地並是一神力，天不墮落，故知一神妙力，不可<u>窮盡</u>。其神力無餘神，唯獨一神既有不見亦有二見。譬如左右兩手兩腳，或前或後，或上或下，相似不別。又如一神、一機內出一神，斟酌而言，故知無左無右，無前無後，無上無下，一神共捉一個物，無第二，亦無第三。…

老子《道德經》2

天下皆知美之為美。斯惡已。皆知善之為善。斯不善已。故有無相生、難易相成、長短相較、高下相傾、音聲相和、前後相隨。是以聖人處無為之事、行不言之教。萬物作焉而不辭、生而不有、為而不恃、功成而弗居。夫唯弗居、是以不去。

禪公案 [非男女相]

僧問：「如何是密室？」<u>黃龍</u>禪師曰：「斫不開！」

曰：「如何是密室中人？」師曰：「非男女相。」

講論：

以上所例舉的文件都在啟發不論男女、內外、上下全要相偕相合的哲理。令人稱奇的是這幾位東西方哲人的說法竟然如此相同，與本段靈道論語也有極大的共鳴。從考證福音外傳的觀點來說，《羅馬的克里蒙 二書》、《十二聖徒福音》及《埃及人福音 6》所記載的字句和這段《多瑪斯福音》的文字十分相近，不得不令人好奇這段話的由來。除此之外，景教經文《一神論・喻第二》也依此論點來說明一神及其造物的一體性。

二十三.

<u>耶穌</u>說：我將由成千的你們中選出一個，由上萬的人中選出兩個。並且他們將超然聳立，他們是合一的一個。

相關文件：

耶 3:12-15

你去向北方宣布這些話說：失節的<u>以色列</u>！請你歸來 —— 上主的斷語 —— 我不會對你怒容相向，因爲我是仁慈的 —— 上主的斷語 —— 我不會永遠發怒，只要你承認你的罪過，承認背叛上主你的天主，在一切綠樹下，與異邦神祇恣意相愛，沒有聽我的聲音，上主的斷語。失節的女子，妳們歸來 —— 上主的斷語 —— 因爲我是你們的主人，我要選取妳們，每城選一人，每族選二人，領妳們進入<u>熙雍</u>(錫安)；在那裏給妳們一些依我心意的牧者，會以智慧和明智牧養妳們。

《依瑞納勿斯駁斥異端(Irenaeus, Against Heresies)》 I.24.6

然而群眾們不瞭解這些事，頂多一千的人中只有一個，或許一萬人中有兩個。他們聲稱他們不再是<u>猶太</u>人，但他們也還不是基督徒。他們的奧祕還不合適公開宣揚，卻得體地對這祕密保持緘默。

二十四.

門徒們問道：請指導我們如何找到你所在的地方吧！因為我們一定要追尋並找到那個地方。

他告訴他們：任何有耳朵的人，願他聆聽！光明是存在於一位光明者的內涵中，他照亮寰宇。如果他不發光，那就是黑暗。

《多瑪斯福音》第五十段更深入地指出：「天主是光明的本體，這世界原是祂自己所造的，祂已親臨觀照，並已顯現在他們的形像之中。…我們是祂的孩子。」值得一提的是<u>醫身心宗派</u>(Essene)稱呼弟兄們爲「光明

之子」，參考以下兩則由《死海經卷 團體規則(The Commnity Rule)》所摘錄
的文段。

相關文件：
路 11:34~36 (瑪 6:22-23)

　　你的眼睛就是身體的燈。幾時你的眼睛純潔，你全身就光明；但如果邪惡，你全身就黑
暗。為此，你要小心，不要叫你內裏的光成了黑暗。所以，如果你全身光明，絲毫沒有黑
暗之處，一切必要光明，有如燈光照耀你一樣。

若 14: 1~6

　　「…你們心裏不要煩亂；你們要信賴天主，也要信賴我。在我父的家裏，有許多住處。
我去，原是為給你們預備地方；如不然，我早就告訴了你們。我去了，為你們預備了地方
以後，我必再來接你們到我那裏去，為的是我在那裏，你們也在那裏。 我去的地方，你們
知道往那裏去的路。」
多瑪斯說：「主！我們不知道你往那裏去，怎麼會知道那條路呢？」
耶穌回答說：「我是道路、真理、生命，除非經過我，誰也不能到父那裡去。…」

《死海經卷 團體規則》3:13-15

　　這師傅會引導所有的光明之子，並教導他們人類子孫的天然之性，根據他們所具有的特
種靈氣，在他們生命中能表現出他們特殊的工作，他們的苦楚為懲戒和他們的賞報的時
候。

《死海經卷 團體規則》3:18-21

　　(全知的天主)造了人來管理這世界，並給了他兩種靈性的行徑，直到祂回訪的時候：真
理之靈和偽善的靈。那些生於真理的是來自光明之泉，那些生於偽善的是來自黑暗之源。
所有正義之子都受光明王子所統領，並行走在光明之道上；所有偽善之子都受黑暗使者所
管轄，並行走在黑暗之道上。黑暗使者要帶領所有正義之子誤入歧途，直到他的終結，所
有他的罪惡、不義、邪惡，以及他們不法的行為都是因為他的管轄，附屬於天主的奧
祕。…但是以色列的天主和祂真理的天使將會救援光明之子，因為是祂創造了光明與黑暗
的靈，並且關注他們每一個行動，和他們的每一個行徑。但是他愛那永恆不朽的，也欣慰
他的工作；但他嫌惡其它的，並痛恨他們的作為。

二十五‧

耶穌說：愛你的兄弟如同你的靈魂，保護他如同你眼睛裏的瞳仁。

「愛人如己」是聖經中最重要的教導，而這兩句話說出了要愛兄弟的深度。然而這前段話的字句只有在《十二宗徒訓言(Didache)》可以找到相近說法；可能也影射：你和兄弟的靈魂是相通共融在一個大靈體之中。愛的內涵之一就是保護，即「保護兄弟如同你眼睛的瞳仁」；這話也影射：兄弟就是你最精細的靈魂之窗。

相關文件：

路 10:27 (谷 12:33；瑪 22:39)

耶穌對他說：「法律上記載了什麼？你是怎樣讀的？」他答說：「你應當全心、全靈、全力、全意愛上主，你的天主；並愛近人如你自己。」耶穌向他說：「你答應的對，你這樣做，必得生活。」

《十二宗徒訓言 (Didache)》 2:7

你們應該愛這些人比愛你們的靈魂還要過之。

《傑羅姆 評論 厄弗所 (Jerome on Ephesians)》 5:4

我們也在希伯來人的福音中讀到，主對他的門徒們說：「除了當你們以愛來對待你們的兄弟之外，別無喜樂可言。」

申 32:9-10

但雅各伯是上主所保留的一分，以色列成為他特有的產業。上主在曠野之地，在野獸咆哮的原野，發見了他，遂將他抱起，加以撫育，加以保護，有如自己的眼珠。

二十六‧

耶穌說：你看見在你兄弟眼睛裏的木屑。然而，你卻看不見在你的眼睛

裏這根大樑。只要你由你的眼中扔掉這根大樑之後，你立刻就會看得清楚，並從你的兄弟的眼中去取出這片木屑來。

就《多瑪斯福音》被重新發現的歷史而言，這第二十六段是 1896 年格林福(Grenfell)和杭特(Hunt)在埃及的歐西倫庫斯城找到的第一則希臘文的《多瑪斯福音》。這段話與正典福音中記載耶穌勸勉人們的話乍讀起來是相同的。由於才剛讀了上一段所說的如何愛護兄弟的話，當口氣緩和一些來讀這一段的後半段話時，似乎有其正面的涵養。從正面來理解：「當你真的有足夠的清明，你就可以幫助你的弟兄解決他們的難處，而不會傷害到他們。」

從負面的角度看，可以根據目前的心理學來瞭解。當潛意識中的原始衝動浮現到意識層面，人就會引發焦慮，有人格的自我就會採取各種防衛方式。常見的心理防衛包括：投射作用、文飾作用、抑制作用、反向作用、和昇華作用。「投射」是其中最常見到了的心理反應，人為了暫時的自尊或安全感，人格自我會傾向於將某種不被認可的特質排除於自身之外，並將之加諸他人身上；就像有一副反射盾甲似的，先保護好自己，其他的暫不考慮。耶穌所說的這段「眼中大樑」的明訓也是有名的「心理投射」範例。在這一段話中，耶穌警告我們，人們常在作批判性的投射，而當事人常不知道自己也是問題的製造者。筆者以為前一段論語的討論中，有兩句話可能是對投射心態的正面解決之道：「除了當你們以愛來對待你們的兄弟之外，別無喜樂可言 [語出《希伯來人福音》]」及「保護他如同你眼睛的瞳仁 [多25]」(請體會耶穌在這幾句話裏的雙關語意。)

相關文件：

瑪 7:3-5 (路 6:41-42)

為什麼你只看見你兄弟眼中的木屑，而對自己眼中的大樑竟不理會呢？或者，你怎麼能對你的兄弟說：讓我把你眼中的木屑取出來，而你眼中卻有一根大樑呢？帶著面具的戲子呀，先從你眼中取出大樑，然後你才看得清楚，取出你兄弟眼中的木屑。

《傑羅姆 評論 厄則克耳 (Jerome Commentary on Ezekiel)》18:7

根據納匝肋(拿撒勒)人常讀的《希伯來人福音》中說：最大的罪過之一，是傷痛自己兄弟的靈魂。

《一神論‧世尊布施論第三》144 (景教經文)

…從己身上明。莫看餘罪過，唯看他家身上正身，自家身不能正，所以欲得成餘人，似如樑柱着自家眼裏，倒向餘人說言，汝眼裏有物除卻，因合此語假矯，先向除眼裏樑柱，莫潔淨安人似茍言語，…

二十七‧

如果你們不從這個世界中節制，你們將找不著天國。如果你們不執行這安息日為安息日，你們將見不到天父。

這段話與新約聖經伯撒鈔本 [*路 6:4+*] 所記錄的一段話的精神是接近的，參閱以下第一則相關文件。

其實希伯來文、希臘文或科普特文，「第七日(安息日)」和「一週七天」是一個字眼。在 [*谷 16:9；若 20:1；路 18:12，24:1；瑪 28:1*] 等處，希臘文用字 σαββατον 就是科普特文的 ᴄᴀʙʙᴀᴛᴏɴ 是一週七天的意思。因此，這後段話廣意的解釋就變成：

如果你們不從這個世界節制，你們將找不著上主的國度。如果你們不執行這一週七天為一週七天(所該當做的)，你們將見不到天父。

相關文件：

《新約聖經伯撒鈔本 (Codex Bezae) 路加福音》 6:4+

當天，他看到一個人在安息日工作，他便對他說：「這人，如果你真瞭解你在作什麼，你是受祝福的；但是如果你不知道，你會被詛咒並且是一個違反律法(Torah)的人。」

〔註：伯撒鈔本是新約聖經最重要的五份鈔本之一：A: 亞歷山大原稿[Codex Alexandrinus]; B: 梵蒂岡原稿 [Codex Vaticanus]; C: 法蓮鈔本 [Codex Ephraemi]; D: 伯撒鈔本 [Codex Bezae]；及א: 西乃鈔本([Codex Sinaiticus]。 〕

申 5:12-14

當照上主，你的天主吩咐的，遵守安息日，奉爲聖日。你當工作六天，綽做你所有的工作，第七天是上主你天主的安息日。

《大馬士革文件 (The Damacus Document) 》 11:15

不可褻瀆安息日，利用安息日，爲了賺錢致富。

亞歷山大的克里蒙《綜合錄 (Stromata)》 III.15

因爲良知的緣故，我們要節制我們所應該節制的。「我所說的良知，不是他自己的那個，而是別人的那個」，因爲它是天賦的知識，除非它已被誤導，作無知的膺品；他由一個強健心性的人，變成了一個卑劣的人。「爲什麼我的自由要讓另一個良知來判斷呢？因爲如果我是恩寵的分享者，爲什麼我要詛咒我所感謝的？你所要做的，都全是爲了天主的光榮。」

《殉道者賈斯汀與特里豐對話錄 (Justin Martyr Dialogue with Trypho)》 12

…頒怖律法的人已來到，你卻看不到祂；對貧窮人宣報喜訊，使瞎眼的人看見，而惟獨你不瞭解。雖然你在血肉中十分榮耀，然而你現在須要一種第二次的割損禮。這新律法要求你遵守永世的安息(聖)日，而你卻只是停頓在那裡、無所事事地度過一天。假使你是虔敬的，而你只是不認識爲什麼這律令臨於你：如果你吃無酵餅，你傳報上主的旨意已經達成。我們的上主是不會高興地看到：如果還有任何僞證者或盜賊在你們中，讓他們停止這種作爲吧；若有犯姦淫的人，讓他們悔改吧；這樣他就保有天主(所賜)甜美而真實的安息(聖)日。如果任何人有骯髒的手，讓他清洗並保持潔淨。

《十二聖徒福音 (The Gospel of Holy Twelve)》 26:9

我告訴你們，除非你們從這世界和它的邪惡之道中戒除，你們將不具那明慧來尋獲這天國；除非你們遵守安息日並且停止暴發致富，你們將見不到天堂的父母親。

二十八·

<u>耶穌說</u>：我曾親臨觀照這世界，並化於血肉之身與他們相識。我曾遇見他們，但他們全部都已醉倒；在他們之中，我未曾遇見過任何一個人（對於靈性）感到飢渴的。我的靈魂傷痛這些人類的子孫們，他們的心魂瞎了，看不見了。他們以虛無茫然地來到這世界，雖然他們也曾尋找（這份靈性），但仍以虛無茫然地離開了這世界。他們現在都已醉倒了，只要他們酒醒之後，即刻就會轉心而明悟。

甲·ΜΕΤΑΝΟΕΙ 從<u>希臘</u>文 μετανοεω 而來，ΜΕΤΑ- 是「轉變，後續」的意思，ΝΟΕΙ 是「瞭解」的意思。因此 ΜΕΤΑΝΟΕΙ = 轉為明悟，轉心明悟，革新改變；與 [*瑪 3:2, 4:17*] 及 [*路 3:3*] 用的字相同，是新約福音的重要關鍵字。由於當初<u>傑羅姆</u>(St. Jerome)把這個<u>希臘</u>字翻譯成「悔改」，大多數人都不深究，便以「悔改」的字意去瞭解，多年來造成了不少由罪過心態引申出來的所謂神學。這字眼翻成「悔改」並沒有大錯，只是原字意的基礎是建立在「革新、轉變、及明悟的過程」，讀者不可不察。

乙·這段論語大慨是<u>耶穌</u>復活之後所說，是所有福音文件中，最令人感傷的一段話，使人讀後感到心酸，無言以對。「**在他們中我未曾遇見過任何人，他感到口渴的。**」這句話，使人想起幾段《若望(約翰)福音》的記載。以下正典福音章節的前三段，每次<u>耶穌</u>提到要賜予「永生的水泉」的時候，好像人們都沒有什麼反應，並無下文。第一段福音的婦人渴望喝這水，<u>耶穌</u>要她去把丈夫請來再說。可能是因為：真正地渴望喝這永生之水要有合一及皈依的精神。

若 6:13-16

<u>耶穌</u>回答說：「凡喝這水的，還要再渴；但誰若喝了我賜與他的水，他將永遠不渴；並且我賜給他的水，將在他內成為湧到永生的水泉。」婦人說：「先生，請給我這水

吧！免得我再渴，也免得我再來這裏汲水。」耶穌向她說：「去叫妳的丈夫，再回這裏來。」…

若 6:34-36

他們便說：「主！你就把這樣的食糧常常賜給我們罷！」耶穌回答說：「我就是生命的食糧，到我這裏來的，永不會饑餓；信從我的，總不會渴。但是我向你們說過：你們看見了我，仍然不信。…

若 7:37-39

在慶節末日最隆重的那一天，耶穌站著大聲喊說：「誰若渴，到我這裏來喝罷！凡信從我的，就如經上說：從他的心中要流出活水的江河。」他說這話，是指那信仰他的人將要領受的聖靈；聖靈還沒有賜下，因為耶穌還沒有受到光榮。

若 19:28-30

此後，耶穌因知道一切事都完成了，為應驗經上的話，遂說：『我渴。』有一個盛滿了醋的器皿放在那裏，有人便將海綿浸滿了醋，綁在長槍上，送到他的口邊。耶穌一嚐了那醋，便說：「完成了。」就低下頭，交付了靈魂。

丙・從第二十八到第三十段都在談靈性度化血肉之軀的道理。第二十八段及第三十段則特別提到，耶穌自己已進到這個演義當中。

丁・這裡科普特文版最後的一句話，是值得討論的，並且這話和福音甚至佛法的主題有可比較的地方。只不過這句靈道論語更有鼓勵的意味。

(一)多瑪斯福音的鼓勵：**當他們酒醒之後，他們即刻就會轉變為明悟（醒悟過來）。**

(二)對觀福音的勸導：**天主的國就要來臨了，轉變你們的心明悟吧！**

(三)佛法重要的勸導：**摩訶般若波羅蜜。**意即 ── 大智慧到彼岸，也是重要的佛經標題。(參考第 42 段的講論)

〔註：<u>科普特文</u> ⲦⲘⲚⲦⲈⲢⲞ 是「這國度」的意思，引申爲「天國之境」。然而(ⲣ)ⲢⲞ 是「爲王」的意思，ⲈⲢⲞ 是「去、到」的意思，ⲘⲚⲦ- 是「境地、境界」的意思，合在一起 ⲘⲚⲦⲈⲢⲞ 是「到那境界成就」的意思；與佛家所說「波羅蜜」，即「到彼岸」，在用字上和引申的意思居然是那麼相像。〕

相關文件：

《真理福音 (The Gospel of Truth)》22-13-19

任何人知道他從何處來，他要向何處去，他就像一個醉倒又清醒過來的人，找回了他的自我，重新明悟甚麼是他所擁有的。

〔註：《真理福音》是初期基督宗教靈知派的代表作，曾經在初期基督徒的團體中流傳一時。這份文件在闡揚而非記錄<u>耶穌</u>的道理。據學者們的考證，《真理福音》是<u>瓦倫提諾</u>(Valentinus)或是他的學生所著。〕

《十二聖徒福音》88:5

然後<u>耶穌</u>說：「我曾站在這世界之中，並且以血肉之身我讓他們看見和聽到。我發現所有的人都貪得無厭於他們自己的享樂之中，並且沉醉於他們自己的愚昧中，沒有發現我飢渴於天主的智慧。我的靈魂傷痛於這些人的兒女們，因爲他們的心魂瞎了，他們的靈魂聾了，聽不見我(呼喚)的聲音。」(註：這段記載比較接近<u>希臘</u>文《多瑪斯福音》的第28段。)

二十九‧

<u>耶穌</u>說：如果血肉之身來到人世間是爲了與靈性結緣，那是一件奇蹟。靈性毅然來到人世間是爲了肉體的昇華，那是一件奇蹟中的奇蹟。然而我自己驚奇讚歎這樣的事：怎麼有這樣偉大而富裕的境界會來住在這貧乏的境界之中！

甲‧第二十八段及二十九段同用了一個字眼 ⲤⲀⲢⲌ (原<u>希臘</u>文 σαρκα)，是血肉的意思。由於<u>猶太</u>人認爲血是具靈性的，血肉是可被度化的生命之軀。<u>科</u>

普特文　ϩ Ⲛ ⲤⲀⲢⲌ　相當於希臘文 εν σαρκει 和英文的 in flesh 是「靈肉之身」(become incarnate)的意思 [若1:14]。這字眼和肉體或身體的涵義不同；第五十六段：ⲠⲦⲰⲘⲀ（原希臘文 πτωμα）是肉體、屍體的意思；第八十段：ⲤⲰⲘⲀ（原希臘文 σωμα）是身體軀殼的意思。

乙‧這段話在勉勵人們，當下的這個生命是可能正面化而且變得有意義的。不過師傅發現我們並沒有做得很好；自己便示範了一遭，好教我們學習。《多瑪斯福音》有幾段話是在闡明「靈性肉身的人生演義」。這裏《多瑪斯福音》記載耶穌說：「靈性毅然來到世間是為了肉體，那真是一件奇蹟中的奇蹟。」並說：「怎麼有這樣偉大而富裕的境界會來住在這貧乏的境界之中！」這兩句話真是耐人尋味，不是嗎？

〔註：希伯來文的 רוח (ruakh)，是屬陰性的字眼，接近希臘文的 πνευμα，但屬中性的字眼。這兩種文字的「靈」字都具有吹氣或風的意思 [依 57:16；若 3:5-8]。天主造人的時候，是吹了一口氣到亞當的臉鼻上 [創 2:7]。耶穌復活之後，向宗徒們噓了一口氣，並說：你們領受聖靈吧 [若20:22]！在早期中國先賢翻譯的景教文件中，「聖靈」是翻成「盧訶(ruakh)」或「囉稽」，翻意的時候為「涼風」或「淨風」，有其道理。〕

三十‧

[科普特文版]

耶穌說 ：那裡有三神，是在上主之內。那裏有兩個或一個，我自己便親身臨在與他在一起。

[希臘文版]

耶穌說 ：這裡有三個，他們不在上主內。這裏有單獨的一個，我說，我便與他在一起。拿起這石頭，你們將發現我在那裡。劈開這木材，我就在那裡。

甲・從希臘文版的前段文句來體會：不論這三個所指的是人們無法合諧的「身心靈」還是分裂的三位個體，他們都不在上主之內；然而合為一體的，耶穌說他就會與其同在。這希臘文版後半段話就在說：他時時刻刻都與我們同在的意思，但是否也在影射→「我與你們合一生活在一起。劈開這木材：背起十字架；拿起這石頭(推開堵住墓穴的石頭)：就有復活。」這是學者傑恩・鐸謝(Jean Doresse) 提出的觀點。若是如此，科普特文版第七十七段後半的文字順序，讀起來比較通順。只是這樣的理解，不見得能與這份論語的其他文句掛上勾。但也許正因為別處都不提，這裡用含蓄的說法表達與「受難復活」的關聯。

乙・科普特文版和希臘文版，所說關於「三個…」的推論有所不同。以科普特文版的前半段來看，「這裡有三神，那是在上主內」似乎在啟示：「身心靈」可以是三位神性並融合在上主內。

換一個觀點來說，如果這話指的是傳統基督宗教對天主性的理解，這方面的古文件不少。就以當初傳到中國的景教來說，這一宗派的基督徒對天主三位一體的觀點就有相對應的描述。景教《尊經》裏的第一段經文傳誦：

> 敬禮妙身皇父 阿羅訶，應身皇子 彌施訶，證身盧訶 寧俱沙，以上三身同歸一體。

〔註：「盧訶」是靈風(氣)的希伯來語發音；「寧俱沙」源自敘利亞文「聖靈」的譯音。〕

相關文件：

瑪 18:19-20

我實在告訴你們：若你們中二人，在地上同心合意，無論為什麼事祈禱，我在天之父，必要為他們成就，因為那裏有兩個或三個人，因我的名字聚在一起，我就在他們中間。

三十一·

<u>耶穌</u>說：沒有先知在他的家鄉會被接受的，也沒有醫生會治好那些熟識他的人。

從第三十一段之後《多瑪斯福音》另外開啓了一個主題：關於<u>耶穌</u>所引用過的「諺語」。這第三十一段前半段是耳熟能詳的福音經句，並與後半段的文字和意思對仗得很完整，但是這後半段話在正典福音與其他的古代文件中並沒有發現有相對應的記載。然而在《伊索寓言》中有一段「蛤蟆郎中」的故事，其內容比較接近《路加福音》4:23。

相關文件：
谷 6:4 (瑪 13: 57)
　　<u>耶穌</u>對他們說：「先知除了在自己的本鄉、本族、和本家外，是沒有不受尊敬的。」

路 4:23-24
　　<u>耶穌</u>回答他們說：「你們必定要對我說這句俗語：醫生，醫治你自己吧！我們聽說你在<u>葛法翁(迦百農)</u>所行的一切，也在你的家鄉這裡行吧！」他又說：「我實在告訴你們：沒有一個先知在本鄉受悅納的。」
(參考《伊索寓言》「蛤蟆郎中」的故事 —— 很久以前，有一隻蛤蟆從沼澤地裏出來對眾獸們說，牠是一個受訓練過的醫生，牠精於用藥並能治癒所有的病。有一隻狐狸質問牠說：「如果你不能治癒你自己的跛腳和身上的爛瘡，怎麼能僞裝可以爲人開處方治病呢？」)

《十二聖徒福音 》13:5
　　他(<u>耶穌</u>)回答說：「我實在告訴你們，沒有先知在他的家鄉會被接受的，沒有醫生會治好那些認識他的人。」

有關的中西諺語 ——
<u>中國</u>諺語：「遠來的和尚會唸經」。<u>德國</u>諺語：「<u>德國</u>的驢到了<u>羅馬</u>便是個教授」。
<u>猶太·意第緒語(Yidish)</u>諺語：「鄰家的蘋果最甜」；「真理(事實)常不是我們所要聽的」。
<u>英國</u>諺語：「付出最多愛的人就會被視爲最沒有價值的」。

三十二‧

<u>耶穌</u>說：他們建造一座城市在一座屹立不搖的山上，它被鞏固得極為堅實。那麼它既不會倒塌，也無法被隱藏。

　　這第三十二段的前節和後節是《瑪竇(馬太)福音》的經句。在福音四書中只有《瑪竇(馬太)福音》裡有的文句，一般而言是對門徒們或當地<u>猶太</u>人所特別選錄的話。這段諺語可能源自當地<u>猶太</u>人民對<u>耶路撒冷</u>城的瞭解。這段話的中段「**被建立鞏固得極為堅實。它既不會倒下來**」在福音與其他的古文件中並沒有發現相對應的記錄，對《多瑪斯福音》的出處有考證的價值；況且<u>希臘</u>文版和<u>科普特</u>文版的記載完全相同。

　　<u>耶路撒冷</u>原是一座<u>迦南</u>古城，它有天然的屏障。古代的<u>耶路撒冷</u>城建在山頂上，並有三面的自然屏障：從東邊有深闊的<u>克德龍</u>山谷(Kedron valley)，從西邊有<u>哈蓋</u>山谷(HaGai valley)，在南邊有窪地，就只有北邊沒有防禦的屏障。為了防衛起見，城牆建在山坡地中帶；但卻因此把<u>基洪泉</u>(Gihon Spring)和<u>克德龍溪</u>(Kidron Brook)排在城外。在一九六零年代，英國考古學家<u>凱撒琳‧肯雍</u>(Kathleen Kenyon)在東邊山坡地挖出<u>耶步斯</u>人(Jebusite)所建的城牆殘塊，是當時被認為極為堅固、難以攻克的防禦工事。<u>達味(大衛)</u>攻佔<u>耶路撒冷</u>城之後，立即加強防禦工事，見《撒慕爾紀下(撒母耳記下)》5:9 (並參考 5:6-8)：

　　...<u>達味</u>(大衛)佔據住在那山堡內，稱之為<u>達味</u>(大衛)城。<u>達味</u>(大衛)在四周加建了城牆，又往裏加米羅。... 〔註：<u>希伯來</u>文「米羅(Millo)」是充滿填充物的意思。〕

後來<u>撒羅滿(所羅門)</u>所建的聖殿就座落在<u>耶步斯</u>人所建的東邊城牆上。<u>達味(大衛)</u>建都於<u>耶路撒冷</u>有幾個因素：(一)是南北走向的山顛路和東西走向的商業要道的匯合處，(二)位於整個<u>以色列</u>的中央便於連合各支派，(三)處於中央高挑地緣，有號令四方之勢。[參考"Historical Atlas of Jerusalem" by Meir Ben-Dov；Jewish Encyclopedia；或 Catholic Encyclopedia] 。

相關文件：

瑪 5:13

　　你們是世界的光，建在山上的城，是不能隱藏的。　　　·

路 6:47-48

　　凡到我跟前，聽了我的道理，而實行的，我要給你們指出，他相似什麼人：他相似一個建築房屋的人，掘地深挖，把基礎立在盤石上，洪水瀑發時，大水沖擊那座房屋，而不能搖動它，因為它建築得好。

《十二聖徒福音》27:12 (並參 **39:6**)

　　…極為堅實地建造一座城市在圍繞的形式中或在山頂上，並被鞏固在岩石上，是不會倒塌也不能被隱藏。

三十三·

耶穌說：到你們的房頂上大聲地宣講那些你就要聽進你的耳朵裏和這另一耳朵(心耳)裏的吧！因為，沒有人會點亮著燈而把它放在升斗下，也不會把它藏起來。然而，他會一直把它放在燈檯上。因此，每一個人走進走出，都將看到它的光明。

　　　　這段《多瑪斯福音》的前後兩段文句，在對觀福音的記載中，是離得很遠的兩段話。科普特文法在表達慣常的時態句法(Habitude)上是十分的清楚：在句子的起頭，以(ϵ)ϣⲁⲣⲉ 當時態副詞是「一直會」的意思，而以ⲙⲁ(ⲣⲉ) 當時態副詞是「絕不」或「總是不」的意思。《多瑪斯福音》這裡的用字讀起來和一般對觀福音的翻譯用字上好像有所差別，筆者查閱了科普特教會所使用的新約聖經，發現對觀福音中 [路 11:33；路 8:16；瑪 5:15；谷 4:21] 這段話也用的是慣常語態(ⲉϣⲁⲩ ⲕⲁⲁϥ ϩⲓⲭⲛ̄ ⲧⲁⲩⲭⲛⲓⲁ)，與這裡的《多瑪斯福音》所用的文字和句法相當。因此，這後段話與《路加福音》(11:33) 比較接近。

　　　　這段靈道論語的前段特別暗示：並且要聽進到另一個耳朵裡。巧的

是科普特文的「耳朵」和「升斗」是同一個字眼；字裡行間似乎在暗示：肉耳在靈性的聽覺系統中與升斗在靈性的視覺系統常是不起作用，反而常會有阻礙作用。在這前後兩段話的字句中，「大聲宣道」與「點燈照明」的對應關係十分緊密，比對如下：

靈性的聽覺系統	靈性的視覺系統
肉耳	升斗
耶穌所言(這道)	燈之光 (光明者的內涵中 [多 24])
心耳(具有感受並彰顯之能)	燈[心及油] (具有燃燒自己並照亮他人之能)
房頂	燈臺
大聲宣講聖道	一直點著燈散發光明
[讓聽到的人領悟這道]	讓走進走出的人看見光明

讀者會發現這份文件所要表達的意思環環相扣，常常話中有話，其中有許多章節對正典福音的啟發是正面而保貴的。這一段話中，另外一點可以討論的地方是「光明所照亮的範疇」。這句話在各福音中所用的文句稍有不同：

《瑪竇(馬太)福音》	《路加福音》	《多瑪斯福音》
照耀屋中所有的人	讓進來的人看見光明	讓走進走出的人看見光明

相關文件：

瑪 10:27 (路 12:3)

　　我在暗中給你們所說的，你們要在光天化日之下報告出來，你們由耳中所聽到的，要在屋頂上張揚出來。

路 11:33 (路 8:16；瑪 5:15；谷 4:21)

　　沒有人點燈放在窖中或置於斗下的，而是要一直放置在燈台上，讓進來的人看見光明。

亞歷山大的克里蒙《綜合錄(Stromata)》VI.15:124 有所解釋，內容摘錄如下：

　　「並且你耳朵所聽的那些」－ 那是在一種隱藏形狀和奧祕之中 (因為這些事是以形象的

說法，傳到你的耳裏的) ── 他說「要在房頂上宣揚出來」；就是要根據正統解經的真理，瞭解它們高超的意境，並以高尚的氣韻傳達出來；因爲先知和救世主都沒有把神聖的奧祕簡單地道明，讓所有各階層的人瞭解，但卻以比喻來表達。

三十四·

<u>耶穌說</u>：如果一個瞎子帶領著另外一個瞎子走路，這兩個人會不停地跌倒，並掉到一個坑洞底下。

　　這段《多瑪斯福音》的文句與對觀福音的記載是相同的，只是這裡用假定語氣的句法。《路加福音》用反問語氣的句法。《瑪竇(馬太)福音》提到這話時是在評論當中，使用平述句法。不論如何，福音書中這種「指桑說槐」的說法佔有相當高的比率，特別是比喻性的話及故事。

　　對真理的認識，幾乎沒有一個人是真正的明眼人。人們所瞭解的頂多是暫時性的幾束光明，當聖靈帶我們認識一點真光的時候，首先看得的到是心光間的相照。要不然，不是光沒有進到眼裡裏，就是眼不受光。

相關文件：

瑪 15:14

　　由他們罷！他們是瞎子，且是瞎子的領路人；但若瞎子領瞎子，兩人必要掉在坑裏。

路 6:39

　　他又向他們講比喻說：「瞎子豈能給瞎子領路？不是兩人都要跌在坑裏嗎？...」

《我是那 (I am That) 89頁》 <u>印度哲人尼撒噶達塔·瑪哈茹佳</u> (Nisargadatta Maharaj, 1897-1981)

　　當你欺瞞你自己說：那些你所做的是爲所有人的好處。那只會使事情更糟。因爲你不該只遵循你自己的想法來推測爲別人的好處。當一個人聲稱他知道甚麼是爲他人的好處，那是危險的。

〔註：<u>尼撒噶達塔</u>晚年一再提醒人們要融入「**我是**」的感覺並與心靈合而爲一。那是要經過不斷的練習，一再地跌倒，在意志和感情之間取得協調之後，人們的心靈就會逐漸地確

立在「**我是**」的意念感性之中。〕

三十五・

耶穌說：沒有一個人有能力走進這大力士的房子，並以武力制服他。除非他綁住他的雙手，然後他將離開他的房子。

甲・《多瑪斯福音》幾次勸讀者要軟硬兼施來對付這位大力士。<u>耶穌</u>在這裏給了一則公案迷陣「既不以武力制服這大力士，又要綁住他的雙手，讓他離開他的房子。」在第九十八段中，<u>耶穌</u>甚至勸人們練一種往內刺的劍術，好把這位大力士除去 (請參考第 98 段及該段講論)。第七段也強調要度化獅獸之性；第二十一和第一百零三段一再強調要警戒守護，集中精神，奮鬥不懈，對抗盜賊。這都等於佛家所謂的「修行的八萬四千法門」。被譽爲「天童」的南宋<u>宏智正覺</u>是「默照禪」的祖師，他曾經提出一則「靈龜與鈍鳥公案」。這宗公案大體在談論：執著的靈龜脫殼不容易，成爲鈍鳥之後離巢就容易了。這公案應該可以和這段話一起研讀。

乙・有不少學者牽強地要將本段論語翻成對觀福音的說法，包括最後的關鍵字句；可是這裏的<u>科普特</u>文，並沒有辦法翻譯成「然後搶劫他的家。」在聖經章節中，<u>科普特</u>文的句法和這後段話相近的是 [谷 5:17]：

ⲀⲨ ⲀⲢⲬⲈⲒ　　ⲆⲈ　　Ⲛ̄ⲤⲈ ⲠⳓⲰⲠϤ　ⲈⲦⲢⲈⲢ ⲠⲰⲰⲚⲈ ⲈⲂⲞⲖ ⳊⲚ̄ ⲚⲈⲨ ⲦⲞⲰ
他們就開始 然而 他們並 央求 他 使得他 離開 　出去 從 他們的 地界

而這裡的後段話是：

ⲈⲒⲘⲎⲦⲒ　Ⲛ̄ϥ ⲘⲞⲨⲢ　Ⲛ̄ ⲚⲈϥ ⳓⲒⲬ　ⲦⲞⲦⲈ　ϥ ⲚⲀ ⲠⲰⲰⲚⲈ ⲈⲂⲞⲖ　Ⲙ̄ ⲠⲈϥ ⲎⲈⲒ
除非 　他 綁住 他的 雙手 然後 他將 離開 　出去 他的 房子

因此這後段話只能翻譯成：「然後他將離開他的房子。」到底是被強迫離開的或是自知失敗而離開的，並沒有交代，也可能不重要。

相關文件：

谷 3:27 (瑪 12:29；路 11:21-22)

　　絕沒有人能進入壯士的家，搶劫他的家俱，除非先把那壯士捆起來，然後搶劫他的家。

三十六‧

[科普特文版]

耶穌說：不要從早到晚並從晚到早擔心你們要穿什麼在你們自己身上。

[希臘文版]

不要從早到晚也不要從晚到早為你們吃的食物或是為你們穿的衣服發愁。你們比百合花高貴得多，它們既不梳理也不紡織。在沒有衣服的時候，你們穿什麼？誰是能夠添加你們壽命的那位，他也將給你們衣服。

　　　　希臘文版和科普特文版的這段《多瑪斯福音》勸道「不要從早到晚又從晚到早總是擔心…」而《瑪竇(馬太)福音》與《路加福音》所用的希臘文 μεριμνων 是「過於憂慮，極度思慮」的意思，說法完全一致。某些翻譯的福音文字則有所出入。這裏希臘文版最後一句話與《路加福音》接近「誰是能夠添加你們的壽命的那位，他將給你們衣服」，有其弦外之音。景教經文《一神論‧世尊布施論第三》也記載了一部份耶穌對生活態度上的教誨。

相關文件：

路 12:22-31 (瑪 6:25-34)

　　耶穌對他的門徒說：「為此，我告訴你們：不要為生命**過於憂慮**吃什麼，也不要為身體**過於憂慮**穿什麼，因為生命貴於食物，身體貴於衣服。你們看看烏鴉，牠們不播種，也不收割；牠們沒有庫房，也沒有倉廩，天主尚且養活牠們，你們比起飛鳥更要尊貴多少呢？你們中誰能運用思慮，使自己的壽數增加一肘呢？如果你們連極小的事還做不來，為什麼要**過於憂慮**別的事呢？你們看看百合花，是怎樣生長的：它們不勞作，也不紡織；可是，

我告訴你們：連撒羅滿(所羅門)在他極盛的榮華時所披戴的，也不如這些花中的一朵。…小信德的人啊！你們不要謀求吃什麼，喝什麼，也不要憂愁掛心，因為這一切都是世上的外邦人所尋求的，至於你們，你們的父知道你們需要這些。你們只要尋求他的國，這些自會加給你們。」

《一神論・世尊布施論第三》**143** (景教經文)

　　… 一如汝等，惣是一弟子，誰常乞願在天尊近，並是自猶自在，欲吃欲着，此並一神所有，惣人生看(着)魂魄上衣，五蔭上衣，惑(或)時一所與飲食，或與衣服，在餘神惣不能與，唯看飛鳥，亦不種不刈，亦無倉窖可守，喻如一[神]在磧裏，食飲不短，無犁作，亦不言衣裳，並盛於諸處，亦不思量自記，從己身上明。

《論語》衛靈公第十五：**32**

　　子曰：「君子謀道不謀食；耕也，餒在其中矣；學也，祿在其中矣。君子憂道不憂貧。」

宋朝羅大經編著《鶴林玉露語》

　　古詩云：「人生不滿百，常懷千歲憂。」而淵明以五字盡之曰：「世短意常多。」東坡云：「意長日月促。」則倒轉陶句爾。

三十七·

他的門徒們問道：哪天你將會顯現給我們呢？哪天將會看到你呢？

耶穌說：只要你們脫去你們自己的衣服，光著身子而不會覺得害羞；並且你們拿起你們的外衣，放在你們的腳下，你們戲耍著，如同那一些小孩。那麼你們即刻就會看到這生命之子，並且你們就不會害怕。

　　這段話與《創世紀》第三章中的故事有關。亞當和夏娃在樂園裏受蛇慫恿，吃了「知善惡樹」上的果子之後，發現自己赤身露體，覺得害羞，就用無花果樹葉，編了個裙子圍身，並害怕見到上主天主的面。耶穌用這個眾所皆知的寓言告訴門徒，要真正的領悟天國之道，是要回歸到上主所賜的本

體，如此就再也沒有在本性上會覺得害羞的事情了。《多瑪斯福音》的這後半段可以解爲：如果人們真的能真誠地待己待人，便即刻會看到這位具生命之子，並且將變爲不害怕。也就是說：如果能還原回到這具生命之子，就不害怕去見上主天主的面了。

相關文件： (參[瑪 22:30，迦 3:28，格前 7:29])

亞歷山大的克里蒙《綜合錄 (Stromata)》 III.13:92-93 (參閱 [多 22])

糾里斯卡希諾離開瓦楞提牛斯學院的時候說，當撒羅美(莎樂美)問及何時她能瞭解她的問題的答案時，主說：「當你踩踏在羞恥的外衣上，並且兩者合而爲一，陰陽相偕，不分男也不分女時。」這是我們頭一處在四福音書中沒有看到，而在根據埃及人福音中有所記載的。

《救世主對話錄(The Dialogue of the Savior)》 84-85

猶達(猶大)對瑪竇(馬太)說：「我們得要瞭解，當我們離開這可腐朽的血肉之軀以後，我們要穿哪種衣裳？」主說：「統治者和施政者只能在短暫的時間內有衣裳穿，那是不會持久的。但是你們是真理之子，你們難道要爲我們自己穿戴這些虛幻的衣裳！然而，我要告訴你們：當你們脫光你們自己，你們就會蒙受祝福。因爲，沒有大事情[...]在外面。」

《希祿釋奧要理講授 (Cyril of Jerusalem, Mystagogical Catechesis)》 2.2

所以一但你進入其中，你脫掉你的外衣，象徵除卻這舊人和所做的一切。脫掉了衣服，你就要赤身裸體。多麼美好啊！你赤裸裸在眾目睽睽之下而不感到害羞。因爲你真的存有第一手原始亞當的印記，他在樂園裏本來就是赤裸裸著而不害羞的。

《菲利浦(腓力)福音 (Gospel of Philip)》 75:21-25

這祈禱之杯裝有酒和水，因爲獻上感恩已成這份聖血。這杯充滿了聖靈，他屬於這完美無缺的人。當我們飲用這杯時，我們就領取了這圓滿的人。這生活的水是身體，我們有必要穿上這活生生的人。因此當他就要走入這水中之時，他自己脫下衣服，爲了使他可以穿上這活生生的人。

《梅尼詩集(Manichaean Psalm Book)》 99:26-30

救贖者耶穌的話適切的臨於我：「這無用的肉袍我已脫去，我被拯救和淨化，我信心滿

滿地以我靈魂潔淨的腳，踩踏在它的上面。我與眾神穿著基督的衣裳，站立於列隊之中。」

老子《道德經》55

（見第四段相關文件）

三十八·

<u>耶穌說</u>：有許多時候，你們曾經很渴望聽到這些我對你們所說的話，那是你們無法從其他的人那裡聽得到的。會有些日子就要來到，你們尋求跟隨我，但你們將找不到我。

　　這段《多瑪斯福音》的前後兩段文句是分散在對觀福音的片段。「（我的話）那是你們無法從其他的人那裡聽得到的」在正典福音中也是可以找得到隱約相似的字句。這段話若合併第九十二段的話就會形成基督徒們的公案之一「尋找就會找到」。在第九十二段裏，<u>耶穌說</u>：「你們尋找就會找到。然而你們曾詢問我所關切的那些事，在那段日子裏我不告訴你們；此時此地我很願意告訴你們那些事，可是你們已不再追尋它們了。」

相關文件：

箴言 1:28-30

　　那時，他們呼求我，我必不答應；他們尋找我，必尋不著我；因為他們憎恨知識，沒有選擇敬畏上主，沒有接受我的勸告，且輕視了我的一切規諫。…

路 17:22

　　<u>耶穌</u>對門徒說：「日子將到，那時，你們切望看見人子臨在的一天，而不得見。」

瑪 13:17 (路 10:24)

　　我實在告訴你們：有許多先知和義人，想看你們所看見的，而沒有看到；想聽你們所聽到的，而沒有聽到。

三十九．

<u>耶穌</u>說：這些<u>法利賽黨</u>人和經師（文士）們曾拿了知識的這串鑰匙；他們卻把鑰匙藏起來，他們自己不走進去。可是那些人渴望要走進去，他們卻不准許他們進去。即便如此，你們來到世間當要機警如同這些蛇，並且純潔如同這些鴿子。

　　若按照<u>科普特</u>文版的排列順序，這段論語是目前所找到的兩種《多瑪斯福音》最後一段相重的文句。

　　按照對觀福音「源流(Q)」傳統的記載，這前後兩段話是離得很遠的。就前一段而言，<u>耶穌</u>所指責的對象是經師（文士）和<u>法利賽黨</u>人，《路加福音》則沒有提到<u>法利賽黨</u>人，其中的論述則非常接近。經師（文士）和<u>法利賽黨</u>人代表一個時代的當權者，對社會具影響力者；也可以是當代思潮的操作者，或利益輸送者。願他們為人們開啟天國，他們就是天主的使者。當他們頑冥封閉，老百姓就得機警如蛇；純潔如鴿是上主之子的特質。<u>耶穌</u>的言下之意似乎是說：即便沒有人為你們開啟天國之門，你們只要有機敏的慧眼，純潔的內心便可以進到天國。

　　福音書中相對應於這段話的文句是可以比較的，列表如下：

	《瑪竇(馬太)福音》	《路加福音》	《多瑪斯福音》
警惕的對象	經師(文士)和<u>法利賽黨</u>人	經師(文士)	經師(文士)和<u>法利賽黨</u>人
對知識(天國)之鑰	封閉了天國	取走了鑰匙	取走並藏匿鑰匙
他們自己的態度	不走進去	不走進去	不走進去
對別人的態度	卻不讓想要進去的人進去。	那願意進去的，他們卻加以阻止。	可是那些人渴望走進去的，他們卻不准許他們進去。

　　　　沒有一個人可以在短暫的生命中把可信與不可信的分辨清楚，總是要靠傳道者的介紹與解說。「信仰」在人類的歷史中常被利用，甚至濫用。那些不能得到心靈共識的說法，勸君姑妄聽之；所謂「道理」或「天啟」有必要經過心靈的驗證，即便如此，請眾聖子們讓聖靈帶領著大夥一起學。

相關文件：(參考第 102 段)

瑪 10:16 (關於機警如蛇，純潔如鴿子)

　　看，我派遣你們好像羊進入狼群中，所以你們要機警如同蛇，純樸如同鴿子。

路 11:52 (瑪 23:13)

　　禍哉，你們法學士！因為你們拿走了智識的鑰匙，自己不進去，那願意進去的，你們也加以阻止。

四十 ·

<u>耶穌</u>說：有一棵葡萄樹，它被種植在這父親的外邊。但是，它不強壯。他們將它連根拔起，它就枯萎了。

　　　　《多瑪斯福音》的這段記錄與《瑪竇(馬太)福音》的記載相當接近，並結合了一些《若望(約翰)福音》的字句。就《瑪竇(馬太)福音》和《多瑪斯福音》來比對，後者的敘述，在文句的理路上比較清楚：「**種植在天父之外的葡萄樹蔓是不會強壯的，他們就把它連根拔起並且銷毀。**」然而，這裡的「葡萄樹蔓」就是《若望(約翰)福音》中的「我是葡萄樹，你們是枝條」；這裏的「他們就把它連根拔起並且銷毀」相對應於《若望(約翰)福音》中的「人便把它挖起來，投入火中焚燒」。其實類似的話，洗者<u>若翰(約翰)</u>也宣講過 [瑪 3:10，路 3:9]。

　　　　在比喻的用字上，對觀三部福音書與《若望(約翰)福音》有交集的地方

不多，《多瑪斯福音》與《若望(約翰)福音》這方面的交集也不多。這段《多瑪斯福音》的記載所用的文句與《瑪竇(馬太)福音》和《若望(約翰)福音》各有交集，是相當特別的。

相關文件：

瑪 15:13

耶穌答說：任何植物，凡不是我天父所種植的，必要連根拔除。

若 15:5-6

我是葡萄樹，你們是枝條；那住在我內，我也住在他內的，他就結許多的果實，因為離開了我，你們什麼也不能做。誰若不住在我內，便彷彿枝條，丟在外面而枯乾了，人便把它挖起來，投入火中焚燒。

瑪 3:7-10 (路 3: 7-9)

若翰(約翰)見到許多人來受他的洗，就對他們說：「…那麼，就結出與悔改相稱的果實吧！…斧子已放在樹根上了，凡不結好果子的樹，必被砍倒，投入火中。…」

《鬥士多瑪斯之書 (The Book of Thomas The Contender)》 (納格·哈瑪地藏書之一)

…但如果葡萄樹出土並遮在草上，所有其他的樹叢並列生長，而且蔓延滋生；它繼承了它生長的這塊土地，它遮蔽每一處它伸展開的地方。當它長大之後，它遮蔽所有的地方，使它的主人豐收，並且讓他非常高興。因為他為這些野草傷透腦筋，直到把它們都拔除為止。但這葡萄樹本身就會除去它們，抑制它們，它們灰化之後就成了塵土。

四十一·

耶穌說：任何人把握住他所擁有的，將給他更多。反之，沒有的人，連他所有的那一點點也將會從他的手中奪走。

這段話也是對觀福音書中耳熟能詳的經句。《多瑪斯福音》把它放在

第四十段和第四十二段之間有其微妙之處。似乎在說：葡萄樹生長在天父之內，就會強壯茂盛；要不然就會被連根拔除。在天父之內和天父之外中間沒有兩可之處。因此，天父之內會有不斷的恩澤，天父之外什麼都沒有。基於第四十段和第四十一段的論點，後面這第四十二段的意思，可能在暗示：這世界是過路之處，是學習之路，不是久留之處。

相關文件：

瑪 13:11-12

耶穌回答他們說：「因為天國的奧妙，是給你們知道，並不是給他們知道。因為凡有的，還要給他，使他富足；但是沒有的，連他所有的，也要由他手中奪去。」

瑪 25:29 (路 19:26)

因為凡是有的，還要給他，叫他富裕；那沒有的，連他所有的，也要由他手中奪去。

谷 4:24-25

耶穌又向他們說：「要留心你們所聽的：你們用什麼尺度量給人，也要用什麼尺度量給你們，且要多加給你們，因為凡有的，還要給他；凡沒有的，連他所有的，也要從他(那裡)奪去。」

禪公案 [一根棍子]

如果你有一根棍子，我就給你一根。如果你沒有一根棍子，我就把你的那一根搶走。

四十二‧

<u>耶穌</u>說：你們來到世間就當它是過眼雲煙吧！

甲‧「希伯來」原意是「遷徙」，因此學者<u>剔子‧巴達</u>(Tjitze Barrda)認為第四十二段有提醒「人在遷徙當中」，對<u>希伯來</u>人的聽眾更有影射之意。

乙・佛家認爲萬事萬物都因機緣而生而滅，因此空性的探討是佛學的重點之一。《心經》上說：「舍利子。色不異空，空不異色，色即是空，即是異色。」但在《中論》十三品上又說：「大聖說空法，爲離諸見故，若復見有空，諸法所不化。」

《六祖法寶壇經》(敦煌新本卷六)

摩訶般若波羅蜜者，西國梵語，唐言**大智慧到彼岸**。此法須行，不在口念；口念不行，如幻如化。修行者法身與佛等也。何名**摩訶**？摩訶者是大，**心量廣大，猶如虛空。若空心禪，即落無記空**。世界虛空，能含日月星辰、大地山河、一切草木、惡人善人、惡法善法、天堂地獄，盡在空中。世人性空，亦復如是。…。

何名**般若**？**般若是智慧**。一切時中，**念念不愚，常行智慧，即名般若行**。一念愚即般若絕，一念智即般若生。世人心中常愚，自言我修般若。般若無形相，智慧性即是。

何名**波羅蜜**？此是西國梵音，唐言**到彼岸，解義離生滅**。**著境生滅起，如水有波浪，即是爲此岸；離境無生滅，如水承長流，故即名到彼岸，故名波羅蜜**。迷人口念，智者心行。當念時有妄，有妄即非真有。念念若行，是名真有。悟此法者，悟般若法，修般若行。不修即凡。一念修行，法身等佛。善知識，即煩惱是菩提。前念迷即凡，後念悟即佛。

相關文件：(參第 11 段前半段與第 56 段和第 80 段。)

《訓道篇》第一至三章

(談及虛而又虛的人世。)

格後 4:16-18

爲此，我們絕不膽怯，縱使我們外在的日漸損壞，但我們內在的卻日日更新，因爲我們這現時輕微的苦難，正分外無比地給我們造就永遠的光榮厚報，因爲我們並不注目那看得見的，而只注目那看不見的；那看得見的，原是暫時的；那看不見的，才是永遠的。

《若望(約翰)行傳 (The Acts of John)》76

我極其懇切地請求你的祝祐。我要成爲那些渴望基督的人中的一員，是這聲音會啓示那

告訴過我的真理：「**死，你才會生。**」這聲音正應驗了它的效力，因為他死了，使得不信的、紛亂的、不敬上主的、以及我都被你高舉；我充滿信心、敬畏上主、領悟真理，那都是我懇求你，請求你顯示給我的。 （註：莊子說：「方生方死，方死方生。」）

禪公案 [賊入空室]

　　僧問潭州龍芽山居遁證空禪師曰：「古人得個什麼便休去？」

　　師曰：「如賊入空室！」

中國諺語 (http://www.worldofquotes.com/topic/Earth/1/；http://www.phnet.fi/public/mamaa1/chinese.htm)

　　天賜你一魂，地借汝一墳。 (Heaven lent you a soul, Earth will lend a grave.)

四十三・

他的門徒們對他說：你是誰？憑什麼對我們說這些話呀？

從我對你們所說過的這些話中你們居然不瞭解我是誰！你們呀！你們寧願來到世間如同那些猶太人。我如此說是因為他們喜愛這樹卻憎恨它的果實，並且他們喜愛這果實卻憎恨這樹。

甲・第十一段也提到人們類似的矛盾行止，「這些日子你們吃死的東西，你們造就它來過活；每當你們來到這光明裏，你們要做什麼呢？在這個日子裏你們原是一個，你們變造成為兩個；然而每當你們來到世間成為兩個，你們又要做什麼呢？」

乙・「因果律」是許多哲學以及各大宗教常討論的一個課題。因果律本身可說是最基本的自然法則。從科學的角度來說，是沒有什麼可辯論的餘地。因為當系統機制已經定型，進什麼因，就會產生一定的果。如果機制改變，或相關因有變，就會產生不同的結果。然而這種絕對性中有相對性，這相對性可能是由大系統的場性或波性所主導。只是當人們對系統機制的運作不夠瞭解，或者心理不成熟時，就會產生種種的誤判；也

是因果中的因果。前者屬知識經驗的領域，須要加強對系統機制的認識。後者只能說是賴皮，嚴重的便是自我沉淪，須要意識的重整才能跳脫；包括身心靈的人性。

<u>耶穌</u>所要強調的靈道是統一而永恆的，其中之一就是因果律。從這方面來理解，第四十四段的論語便是第四十三段的延伸。

相關文件：

《伊索寓言》過路客和大梧桐樹

在正午太陽盛曬的溽暑，有兩個過路客，躺在一棵枝葉茂盛的樹底下休息。其中一個過路客對另外一個說：「這梧桐(篠懸木)是最沒用處的樹了！它不結果子，對人一點貢獻都沒有。」這梧桐樹便插嘴，對他說：「你這不會知恩感謝的傢伙！你現在不是在我的蔭下休息嗎？你怎麼敢說我毫無作用，毫無益處呢？」

《伊索寓言》眾神保護的各種樹

根據古老的傳說，每一個神各選擇了特殊的一種樹來做為他們保護的對象。<u>邱比特</u>選了橡樹，<u>維納斯</u>選了桃金孃(香桃木)，<u>阿波羅</u>選了月桂樹，<u>賽比娅</u>選了松樹，賀曲里選了白楊木。智慧女神<u>米樂娃</u>不解他們為什麼偏好那些不結果子的樹，就好奇地問他們。<u>邱比特</u>回答說：「那是避免我們貪念那果子的光榮。」<u>米樂娃</u>便說：「讓任何人說：他寧為這橄欖樹是比為了它的果子對我更為可愛。」<u>邱比特</u>回說：「我的女兒，妳真不愧被稱為智慧(女神)。因為除非我們所做的是有用的，它的光榮就消失了。」

四十四·

<u>耶穌</u>說：任何人對這父親褻瀆，他將會被包容。任何人對這兒子褻瀆，他也將會被包容。然而任何人對這神聖之靈褻瀆，他將不會被寬容；既不被寬容在地上，也不被寬容在天上。

這段話是福音中耳熟能詳的經句，其中的道理乃是第四十三段的延

伸。因為，因果律也是聖靈運作的一部份；想要違反因果律，只能怪自己愚昧。靈性的道場也有其系統機制，聖靈總司其真理的愛之律。拒絕聖靈就是自我沉淪，干犯聖靈近似使人沉淪；還有其他的辦法自拔或救人嗎？遑論其他。所幸的是我們都沒有這種本領，只是勸人們不要自做孽。

相關文件：

谷 3:28-29

　　我實在告訴你們：世人的一切罪惡，連所說的任何褻瀆的話，都可得赦免；但誰若褻瀆了聖靈，永遠不得赦免，而是永久罪惡的犯人。

路 12:10

　　凡出言干犯人子的，尚可獲得赦免；但是褻瀆聖靈的人，絕不能獲得赦免。

瑪 12:31-33

　　為此，我告訴你們：一切罪過和褻瀆，人都可得赦免；但是褻瀆聖靈的罪，必不得赦免；凡出言干犯人子的，可得赦免；但出言干犯聖靈的，在今世及來世，都不得赦免。

四十五·

耶穌說：從荊棘中絕對收不到葡萄，由從不結果子的薊草中也必然採不到無花果。因為一個好人由他的寶藏中，他會帶來好事；一個壞人由他心內的邪惡窩藏中，他會帶來壞事；並且他會說出一些不好的話來。因為由極為貪婪的心中，他會生出一件件的惡事來。

　　這段話與對觀福音中的記載相似。「從荊棘上絕對收不到葡萄，從蒺藜上也絕收不到無花果」這兩句對應的話與《瑪竇(馬太)福音》一致；《路加福音》中的字句則倒過來對應。但是這裏的後半段話，《多瑪斯福音》所用的文句則近似《路加福音》的文句。

　　值得注意的是這裡《多瑪斯福音》的最後一句話對這份靈理有畫龍點睛之效。「因為，由這大而無度的心中，他會生出一件件的惡事來」。一語道破人性重大的惡原在「貪」。這道理與另外兩段《多瑪斯福音》的道理是一貫的：

　　第 27 段：如果你們不從這個世界中節制，你們將找不到天國。…

　　第 54 段：貧窮的人們是受上主祝福的，因為你們的就是這眾天堂的國
　　　　　　　度。

這些勸語與佛家所告誡的相吻合；達摩祖師告誡：貪、嗔、癡是業障三毒，而「貪」字居於首，為慾界。

《少室六門 第五門 悟性論 (又名達摩大師悟性論)》

… 若聞此法者，生一念信心，此人以發大乘超三界。三界者：貪嗔癡是。返貪嗔癡為戒定慧，即名超三界。然貪嗔癡亦無實性，但據眾生而言矣。若能返照，了了見貪嗔癡性即是佛性，貪嗔癡外更無別有佛性。經云：諸佛從本來，常處於三毒，長養於白法，而成於世尊。三毒者：貪嗔癡也。…空閑處者，即是無貪嗔癡也。貪為欲界、嗔為色界、癡為無色界，若一念心生，即入三界；一念心滅，即出三界。是知三界生滅，萬法有無，皆由一心。…

相關文件：

瑪 12:33

　　你們或者說樹好，它的果子也好；或者說樹壞，它的果子也壞，因為由果子可認出樹來。

瑪 7:16-18

　　你們可憑他們的果實辨別他們：荊棘上豈能收到葡萄？或者蒺藜上豈能收到無花果？這樣，凡是好樹都結好果子；而壞樹都結壞果子；好樹不能結壞果子，壞樹也不能結好果子。

路 6:43-45

　　沒有好樹結壞果子的，也沒有壞樹結好果子的。每一棵樹，憑它的果子就可認出來。人從荊棘上收不到無花果，從茨藤上也剪不到葡萄。善人從自己心中良善的寶庫發出善來，惡人從邪惡窩藏中發出惡因惡果來，因為心裏充滿什麼，口裏就說什麼。

《宣元至本經》16-17（景教經文）

　　善、人之寶，信道善人，**達見真性，得善根本，復無極，能寶而貴之**；不信善之徒，所以不[可]保，保、守持也；流俗之人，耽滯物境，性情浮競，豈能守持丙(百)靈，遙叩妙明。夫美言可以市人，尊行可以加人，不信善之徒，心行澆薄，言多佞美，好為錡辭，**猶如市井，更相覓利**，又不能柔弱靡謙，後身先物，方自尊高，[亂]行加陵於人；不信善之徒，言行如是，真於道也，不亦遠乎。

四十六‧

<u>耶穌</u>說：從<u>亞當</u>到施洗者<u>若翰</u>（<u>約翰</u>），女子所生出來的人當中，沒有任何人會被高舉超過於施洗者<u>若翰</u>（<u>約翰</u>）以致於損傷了他的雙眼。然而，我曾說過這話：任何人來到世間，如果他在你們自己當中是居小的，他將明悟這國度，並且他將被高舉過於<u>若翰</u>（<u>約翰</u>）。

　　　　這段話與對觀福音中的記載乍讀起來近似，但可被領悟的涵義稍有不同。仔細體會，這論語在強調認識天國的基本態度：不要怕被高舉過施洗者<u>若翰</u>(<u>約翰</u>)的眼界，那是不會弄傷眼的。然而你們當中最小的一位將了悟天國。似乎《多瑪斯福音》的文句所要啟發的意味較為深濃，像極了<u>耶穌</u>說話的口氣。以學術的角度來說，這段話可能來自「源流(Q)」傳統，要不然就是宗徒們的記憶稍有差別。這裏的眼界就是這份文件中一再強調的「深遠的認識 —— 慧眼所及」，只不過這段論語在提醒讀者：只有極為謙卑的人才能認識天國。與前一段論語結合起來形成一則公案「貪大的心與謙卑的人」。各福音中可比較的文句如下：

	《瑪竇(馬太)福音》	《路加福音》	《多瑪斯福音》
談論的範圍	婦女所生者中	婦女所生者中	從亞當到若翰(約翰)，女子所生出來的(人)之中
關於若翰(約翰)	若翰(約翰)是最偉大的	若翰(約翰)是最偉大的	人若高過若翰(約翰)的眼界也不會傷到
天國內最小的	比若翰(約翰)還偉大	比若翰(約翰)還偉大	
任何人在你們當中是一個小的			他將明悟這國度，並將被高舉過於若翰(約翰)

相關文件：

瑪 11:11 (路 7:28)

　　我實在告訴你們：在婦女所生者中，沒有興起一位比洗者若翰(約翰)更大的，但在天國裏最小的，也比他大。

路 18:14

　　…凡謙遜自己的，必被高舉。(科普特文： … ⲡⲉⲑⲃⲃⲓⲟ ⲇⲉ ⲙ̄ⲙⲟϥ ⲥⲉⲛⲁⲭⲁⲥⲧϥ̄·)

四十七·

耶穌說：沒有一個人可以同時騎兩匹馬或拉開兩張弓的。沒有一個人可以同時服侍兩個主人，他或將禮敬這一個而輕忽另一個。絕對沒有人會喝了陳年老酒而立刻想要去喝新酒的。並且，絕對不會把新酒裝到舊的酒囊裏，這樣酒囊才不致於爆裂開來；也必然不會把陳年老酒裝到新的酒囊裏，以致於弄壞了它。他們更不會縫舊的補綻到新的外袍上，因為

那將會造成一條裂縫。

按照對觀福音的記載，這段《多瑪斯福音》的前後兩段話是離得很遠的。仔細研讀，這前後兩段的主題是不相同的，而且段落中間沒有連接詞；所以可能是不同的兩段話。把這兩段話連成一段惟一的理由，是後段話沒有「耶穌說」的起頭語。

前段話用的是三重對應的說理「一個人不能同時騎兩匹馬，不能同時拉開兩張弓，也不能同時侍奉兩個主人」，這樣的說理是來比擬人是無法專心誠意地在人生道上有兩個目標。只是《多瑪斯福音》這裏所說的是泛指做人行事的原則，當然也包括對觀福音所特別指出的：「你們不能事奉天主而又事奉錢財」。

這後段的比喻在三部對觀福音中也有記載，只是《多瑪斯福音》的邏輯推論比對觀福音的描述要來得清楚，提出兩點在文字上有出入的地方：

(一)《多瑪斯福音》、《馬爾谷(馬可)福音》、和《路加福音》只說酒與酒囊的關係，沒有像《瑪竇(馬太)福音》所說「(新的酒和囊與舊的酒和囊)兩樣就都得保全」。

(二)《多瑪斯福音》是說「他們不會放舊的補綻到新的外袍上」。
    《路加福音》是說「沒有人從新衣服上撕下一塊作補綻，補在舊衣上；不然，新的撕破了，而且從新衣上撕下的補綻，與舊的也不相稱。」
    《馬爾谷(馬可)福音》和《瑪竇(馬太)福音》則說「沒有人用未漂過的布作補綻，補在舊衣服上的，因爲補上的必扯裂了舊衣，破綻就更加壞了。」

相關文件：
路 16:13 (瑪 6:24)
　　沒有一個家僕能事奉兩個主人的：他或是要恨這一個而愛那一個，或是要依附這一個而

輕忽那一個：你們不能事奉天主而又事奉錢財。

路 5:36-39 (谷 5:21-22；瑪 9:16-17)

他又對他們講比喻說：「沒有人從新衣服上撕下一塊作補綻，補在舊衣上的；不然，新的撕破了，而且從新衣上撕下的補綻，與舊的也不相稱。也沒有人把新酒裝入舊皮囊的，不然，新酒要漲破舊皮囊，酒要流出來，皮囊也破了。但新酒應裝入新皮囊。也沒有人喝著陳酒，願意喝新酒的，因為他說：還是舊的好。」

亞歷山大的克里蒙《綜合錄 (Stromata)》IV. 6

並且「沒有人能伺候兩個主人，天主和錢財」這話是什麼意思？主竟是如此地指出了這愛財(的普遍現象)。

四十八．

<u>耶穌說</u>：如果有兩個會彼此和平相處，並在這房子裏合而為一；他們對這山說：『移轉開去』。它就會移開。

《多瑪斯福音》中的第四十八段和第一百零六段都在說明一個道理：在共處一室、和平相處、合而為一的境界中，人們就會有如同「移山倒海」般的無窮能力。只是在對觀福音中，這樣的推論是指在有信心的情況。這是《多瑪斯福音》與對觀福音在文字敘述上稍有差別的地方；然而《瑪竇(馬太)福音(18:19)》的意思就比較接近《多瑪斯福音》的這兩段話。在這一論點上，《宗徒對姊妹事奉的訓誡(Didascalia, Latin)》中的文字很意外地吻合《多瑪斯福音》的說法，並且引用的是福音的記載。從另一個角度來說，如果「兩個」是指「心智與靈性」，那麼這兩種說法就有相似之處了。

相關文件： (參考第 106 段)

瑪 18:19

我實在告訴你們：若你們中二人，在地上同心合意，無論為什麼事祈禱，我在天之父，必要為他們成就。

瑪 21:21-22 (谷 11:22-23；瑪 17:20)

耶穌回答他們說：「我實在告訴你們：你們如果有信德，不疑惑，不但能對無花果樹做這件事，即便你們對這座山說：起來，投到海中！也必要實現。不論你們在祈禱時懇求什麼，只要信，就必獲得。」

瑪 5:9

締造和平的人是有福的，因為他們要稱為天主的子女。

《宗徒對姊妹事奉的訓誨》3:7.2 (Didascalia, Latin)

福音中寫道：「如果兩個(人)在一起變成一個，他們對這座山說：『起來，把自己投到海中！』也必要實現。」

老子《道德經》39

昔之得一者：天得一以清；地得一以寧；神得一以靈；谷得一以生；侯得一以為天下正。其致之也，謂天無以清，將恐裂；地無以寧，將恐廢；神無以靈，將恐歇；谷無以盈，將恐竭；萬物無以生，將恐滅；侯王無以正，將恐蹶。故貴以賤為本，高以下為基。

四十九‧

耶穌說：這些合一且被揀選的人們是受上主祝福的。因為你們將找到這國度。你們由它的(天)心中出來，你們將再度回到那地方。

這份文件極為重視合一的境界，共有八處談論人們「合而為一」的情境或過程。這第四十九段進一步地在提示：被揀選的合一族群將再度歸向這國度；而第五十段則以問答的方式闡明：天父的本體與合一之子的生命。其實前頭第十八段也談過「元始之處，就是終了」，這幾段話都息息相關。

現代的科學家所瞭解的世界比先人豐富得多，對人們領悟這時空與浩翰的宇宙工程有所助益。宇宙中**最大的不動是無涯的空間，最恆定的動是時間**。這樣的時空觀、天物觀是活在這宇宙律中的現代人不可不去認識的。白居易在研讀領悟禪經之後寫了一首詩，結論是「攝動是禪禪是動，不禪不動

即如如」[參閱 289 頁]。下頭第五十段也說「天父在眾子內的標記是『一運行與一靜空。』」在這宇宙中，萬物萬象都有生有息，大生息吐納小生息，每一個小生息都一樣也都不一樣。小生息脈動短一些，大生息脈動長一些。起於元點伏於元點。在規範中有亂度，在亂度中有規範。在可逆溯中有不可逆，在不可逆溯中有可逆。在消逝的過程當中有進展，在進展的過程當中有消逝。把眼光放在一點，把尺寸放在一處是都是斷章取意，不是天父的全盤旨意。願人們以天父所賜惟一共通的靈心慧眼進出諸天國。

相關文件：(參閱第 18 段)

《救世主對話錄(The Dialogue of the Savior)》1:2

但當我來的時候，我開啓了這條大道，我教導他們銘刻於他們心中的經句。那認識了聖父的人們已特立成熟並被選了，他們相信這真理並且與你們稱頌所有當受讚頌的。

《若望(約翰)奧祕書(The Secret Book of John)》II.9:5-8

這人說：「我光榮讚頌這不可見的聖靈，因著祂萬物來到世間，並將回歸於祂。並且我讚頌祂和與永恆並存的這自生者，就是那三位 —— 神聖之父、神聖之母、和神聖之子 —— 這完美的大能。」

《梅尼詩集 (Manichaean Psalm Book)》155:9-12

眾聖者與我一起歡欣鼓舞，因爲我已再次回到我的起點。我已接受了潔淨的衣裳，我的外袍不會變老舊。我歡樂在他們的欣喜中，我喜悅在他們的喜悅中，在他們的平安中從永遠到永遠。

《十二聖徒福音》64: 6-7

實實在在的，厄羅因(以羅欣)創造了人 —— 男子與女子 —— 在這神聖的肖像之中，以及所有的自然事物在天主的影像中。所以天主是兼具陽性與陰性，不分的二元合一，是不可分而永恆；經由祂，在祂之內是所有可見與不可見的萬事萬物。**從永恆中它們流溢而出，到永恆裏它們回返皈依。**這靈歸於大靈，魂歸於大魂，心性歸於大心性，感性歸於大感性，生命歸於大生命，形態歸於大形態，灰塵歸於大灰塵。

五十‧

<u>耶穌</u>說：如果他們問你們：『你們從何處而來？』告訴他們：『我們來自光明之所，來自那已進入世界的光明本體；這世界原是祂自己所創造的，祂已親臨觀照，並已顯現在他們的形像之中。』如果他們問你們：『那是你們嗎？』告訴他們：『我們是祂的孩子，我們是那生命之父所揀選的。』如果他們再問你們：『你們的父親在你們自己內的標記是什麼？』告訴他們：『是一世的運行變化與一世的平安靜空。』

甲‧人的思緒來來去去，生活的體會也常常忽上忽下，有時人們會覺察到那心靈的光明，有時會覺得它不知道失落到何處去了。當那失落的重回到人們意識中的時候，這天賦之靈就立刻在人們心中甦醒了。上主所賜的恩澤在幻夢中好像是可以丟得了的，但其永恆性卻不會因為人們的暫忘而有所改變。當人們找到的生命之所並且瞭解自己是何許人的時候，就會答覆出這樣的話來。

這一段對答式的論語在相關福音文件中是絕無僅有的。主題在說明第三段中所說的『生命之父與父之子』。就好像「主禱文」一樣，<u>耶穌</u>在這裏又為我們吟了一首既真切又美好的對答詩，就讓我們稱這首詩為「父光親臨觀照，愛子暢神安泰」吧！換成五言偈，也許更好吟誦：

君自何處生？　天從哪裡來？

人由光中生，　有道無邊來；

萬有造物者，　真原光本體；

天化育明世，　主觀照臨在；

你何德何能？　汝何方神聖？

我是父之子，　吾乃父之愛；

內在可根據，　心靈有標記；

暢神方運行，　空如便安泰。

乙‧《多瑪斯福音》有好幾段在說明「天父的本體」、「人的靈性本質」、
　　和「生命的彰顯」，第五十段就是其中相當特別的一段。如果歸納一下
　　整部《多瑪斯福音》關於「天父」與「天父之子」的關係，就會發現有
　　十二段以上是在啓示「天父之子」的天賦。這些特殊的段落爲：[多 6,
　　11, 28, 29, 49, 50, 67, 77, 83, 84, 88, 91, 和 108]。關於「出自光明」參考
　　[*若 1:1-5, 9-14*]，「光明之子」及「光明者之光」參考 [*多 24*]。

相關文件：

《普羅提諾九章集 (Plotinus, *Enneads*)》I.6.8
　　對我們而言，這大父之地是我們所來之處，並且那裡就是天父。

《依瑞納勿斯駁斥異端 (Irenaeus, Against Heresies)》I.21:5
　　在他們趨向這些原則和力量的時候，他們指導他們運用以下這樣的話：「我是從這大父
親所生的兒子 —— 這大父早就已存在了，在他內有一個兒子也早就存在。我是來看這世上
所有的事物 —— 那些屬於我的和屬於其他人的。嚴格來說，它們不屬於他們，但屬於在自
然界中的女性阿卡摩斯(Achamoth)，那些事是爲她而製作的。而我是從早已存在的祂演變
出來的，我來自那裡並再次回到我自己的地方。」

《十二聖徒福音》64: 8
　　在有始之始天主就已立願，把神聖的愛降臨於鍾愛的兒子們，把神聖的智慧降臨於鍾愛
的女兒們，平等地由同一永恆的泉源進展開來；這些永恆的兒女們，在其中便是天主聖靈
的代代相傳。

老子《道德經》
　　有物混成，先天地生，寂兮，寥兮，獨立而不改，周行而不殆，可以爲天下母，吾不知
其名，強字之曰道，強爲之名曰大，大曰逝，逝曰遠，遠曰返，…

宋 吳坰《五總誌》(中國先賢探討「動靜」之理早自《易經》，並廣及後世的文哲學、詩詞等之發展)
　　王介甫一夕以「動靜」二字問諸門生，諸生作答皆數百言，公不然之。時東坡維舟秦
進，公曰：「俟蘇軾明日來問之。」既至，果詰前語，東坡應聲曰：「精出於動，守神爲
靜，**動靜**即**精神**也。」公擊節稱歎。

五十一‧

他的門徒們對他說：哪天那些死者會得到安息？哪天這新的世界會來臨？他對他們說：在你們渴望看見它出現之前，它已來臨了。然而你們呀！你們！不認識它。

「然而你們呀你們」是一種極為失望的語氣，在這科普特文的《多瑪斯福音》中出現兩次(第五十一段和第四十三段)。在這裡，耶穌回答門徒們的話與第一百十三段的回答相似。就這答話部份而言，中國先賢也有類似的警世和悟道之語，《鶴林玉露語》中就有無數的雋語，舉一例如下：

宋朝羅大經編著《鶴林玉露語》梅花尼「悟道詩」

　　子曰：「道不遠人。」孟子曰：「道在邇而求諸遠。」 有一尼悟道詠：「盡日尋春不見春，芒鞋踏遍隴頭雲；歸來笑拈梅花嗅，春在枝頭已十分。」

其他相關文件：

路 17:20

　　法利塞黨人問耶穌天主的國何時要來；耶穌回答說：「天主國的來臨，並非是顯然可見的；…」

亞歷山大的克里蒙《綜合錄 (Stromata)》III.6:45,63

　　當撒羅美(莎樂美)來問他說：「主！死亡到底會支配(我們)多久？」主回答說：「只要你們女子生孩子。」撒羅美(莎樂美)回答說：「那麼我還不錯，沒有生孩子。」

主說：「吃植物，但不要吃有苦味的。」…

他們說救世主說過：「我來是摧毀女子的工作。」這女子是指的慾念生出的東西和敗壞。

〔按：作者引用《埃及人福音(Gospel Acoording to Egyptian)》〕

《救世主對話錄 (The Dialogue of the Savior)》27-30

　　(見第 3 段相關文件)

五十二‧

他的門徒們對他說：二十四位先知曾在以色列宣講，他們每一位都深入地談論關於你。

他對他們說：你們已漠視生活於你們的臨在並能顯現的那位，你們卻談論關於那些死的(逝去的)。

甲‧從亞巴郎(亞伯拉罕)以後，到洗者若翰(約翰)，是有不少先知被天主派來忠告以色列子民。猶太傳統訓誡(Talmud)談到先知的人數是雙倍於從埃及逃出的總人數。但根據猶太百科全書 (p. 216)，經書上被承認的男先知有四十八人，女先知有七人。這還不包括有名的的達尼爾(但以理)和與耶穌同時代的洗者若翰(約翰)。如果仔細研究所有先知的話，筆者粗略估計是有二十餘位，談到天主預許的救贖。並參考 THE LIVES OF THE PROPHETS, (Edited by Charles Cutler Torrey) Biblebible Society Of Biblical Lit Philadelphia, 1946.

乙‧《若望默示錄(約翰啟示錄)》中常提到二十四位長老。

丙‧這段論語包含了相當多重的言下之意：

(一)生命是「臨現在今世，生活在當下」，這與耶穌在正典福音中所說的一句話相通：「天主不是死人的天主，乃是活人的天主」[路 20:38；瑪 22:32]。耶穌的這些話與禪宗所強調的「活在當下」是完全一致的。

(二)人們如果不依真生命生活，「既使有再多先知的預言勸語，漠視你們臨在並能顯現的那位具生命的生活者」就等於只談論那些死的往事而已。〔註：當初大多數的門徒是期望耶穌來復興以色列國 [宗 1:6]。〕

(三)在第九十一段中，<u>耶穌</u>提醒人們：「（人們一直在）鑽研天上與地上的表面，但不認識臨在處顯現的那一位。」在第一百十一段<u>耶穌</u>又說：「諸天與大地都結合運轉在你的臨現處了。而且任何人由那位具生命的生活者中生活出來，他將見不到死亡。」接著《多瑪斯福音》的作者又引用了另一句<u>耶穌</u>的談話：「因為<u>耶穌</u>不是說過嗎：『任何人已經找到自己，這個世界對他就沒有什麼價值了。』」這幾段話都在提醒人們「生命是活生生的臨現，生活就是生命的展現。」

五十三·

他的門徒們對他說：這割損禮有沒有好處呢？

他對他們說：如果那是有益處的，他們的父親會從他們的母親生出他們的時候，就使他們被割損過的了。然而，在靈性內真正地割損卻是有無窮的益處。

其實在《耶肋米亞(耶利米)先知書》中早就警告「未受過內心的割損的人們」會有懲罰。在幾處<u>保祿</u>(<u>保羅</u>)書信中，對肉身與靈性的割損也多所評論。其實「在靈性內真正地割損已被發現惠及萬事萬物」這句話是這份靈道論語重要的勸導主題之一，與第三十五段和第九十六段所提示「如何整治在屋裏的大力士」的道理相通。

相關文件：

耶 9:24-25

　看，時日將到 —— 上主的斷語 —— 我要懲罰所有受過割損而仍存有包皮的人，即<u>埃及</u>、<u>猶太</u>、<u>厄東</u>(<u>以東</u>)、<u>阿孟</u>(<u>亞捫</u>)子民、<u>摩阿布</u>(<u>摩押</u>)和所有住在曠野剃除鬢髮的人，因為這一切民族都未受過割損，至於<u>以色列</u>全家卻是未受過內心的割損」。

斐 3:3

其實，真受割損的人是我們，因為我們是以天主的聖靈實行敬禮，在耶穌基督內自豪，而不信賴外表的人，…

迦 6:15

其實，割損或不割損都算不得什麼，要緊的是新受造的人。

羅 2:25-29

如果你遵行法律，割損才有益；但如果你違反法律，你雖受割損，仍等於未受割損。反之，如果未受割損的人遵守了法律的規條，他雖未受割損，豈不算是受了割損嗎？並且，那生來未受割損而全守法律的人，必要裁判你這具有法典，並受了割損而違犯法律的人。外表上作猶太人的，並不是真猶太人；在外表上，肉身上的割損，也不是真割損；惟在內心作猶太人的，才是真猶太人。心中的割損，是出於神，並不是出於文字；這樣的人受讚揚，不是來自人，而是來自天主。

老子《道德經》48

為學日益，為道日損，損之又損，以至於無為，無為而無不為，取天下常以無事，及其有事，不足以取天下。

五十四·

耶穌說：貧窮的人們是受上主祝福的，因為你們的就是這眾天堂的國度。

甲·這段話和《路加福音》的記載一模一樣；寫在第五十三段 —— 靈內割損的後頭，就更與《瑪竇(馬太)福音》的記載吻合。三份福音同樣記載著耶穌的宣道，重要性不在話下。願古今所有的基督門徒，擁有這天國。

乙·這也是所有基督徒耳熟能詳的一段話，是耶穌在山中聖訓宣講真福八端的第一端。這幾則耳熟能詳的福音道理，對既得利益者是非常難的；大部份的人都是姑妄聽之。這些難做到的福音道理與傳統猶太宗教主流文

化是不同的，但這些觀念和做人做事的原則卻是醫身心宗派 (Essene sect) 的重要特質；他們是那時猶太的第三大宗派。按當時的情況，耶穌和雅各伯應該非常瞭解醫身心宗派崇尚不重視物質的精神特質，耶穌在福音中和雅各伯在書信中所表達的，就是在讚美這種精神，並且十分確定地說「天國是他們的。」

丙・比耶穌稍晚的一位猶太歷史學家猶希法施 (Flavius Josephus, CE 37 – CE 100)在他的著作中提到醫身心宗派的許多特質，其中有一段說道：

「他們蔑視有錢人；讓人們所欽佩的是他們的團體性極強。他們中沒有一個比另外一個顯著的富有，每一個人所擁有的財物也是屬於其他的人所擁有的。…他們非穿壞了衣服或鞋才換另外一件。」

〔註：參考猶希法施所著《猶太戰爭》(The Jewish Wars 2.8.3-4); 並參考 "聖經考古期刊" (Biblical Archaeology Review, Vol. 30, No. 1, 2004.)〕

另外在《死海經卷：感恩頌》(1QH 18:30-31) 的記載也值得參考：

「因為你僕人的{靈魂}已憎惡{財富}和利益，並且不{渴望}感官的歡樂。我的心歡欣於禰的盟約，而禰的真理使我的靈魂欣喜。」

從許多近代考古發現的資料顯示出的證據，有不少聖經學者認為，福音中的資料與當時醫身心宗派(Essene Sect)的信念較為接近。愈來愈多的證據顯示，洗者若翰(約翰)可能是屬於夸木蘭(Qumran) ── 醫身心宗派的一支。

相關文件：

瑪 5:3

貧窮的人在靈性之內是有福的，因為天國是他們的。

路 6:20

耶穌舉目望著自己的門徒說：「你們貧窮的是有福的，因為天主的國是你們的。…」

雅 2:5-7

　　我親愛的弟兄們，請聽！天主不是選了世俗視爲貧窮的人，使他們富於信德，並繼承他向愛他的人所預許的國嗎？

五十五·

<u>耶穌</u>說：任何人不少愛他的父親和他的母親（以我之道），他不能跟隨我為門徒。並且任何人不少愛他的兄弟和他的姊妹，不拿起他的十字架以我之道，他來到世間對我而言是不值得的。

　　愛天主在萬有之上是<u>耶穌</u>所強調的，除此之外其他的一切都可以割捨。愛人如己也是所有福音書重要的主題，何況是對親人。《多瑪斯福音》第五十五段和第一百零一段都附帶了一關鍵句「以我之道」，有畫龍點睛之功。這種說法與正典福音所要求的不一樣，《瑪竇(馬太)福音》10:37-38 記載「誰愛父親或母親超過我，不配是我的；誰愛兒子或女兒超過我，不配是我的。誰不背起自己的十字架跟隨我，不配是我的。」顯然《多瑪斯福音》的關鍵字句對<u>耶穌</u>所說的這段話有了圓滿的說明。即便「以我之道」這句話是某位門徒或是後來人的體會才加上的，如此深入的註解有其獨到之處。

　　第五十四段和第五十五段的背景可能源自當時<u>猶太</u>的<u>醫身心</u>宗派，<u>亞歷山大</u>的<u>克里蒙</u>對這句話也有所解釋，參考第十六段、第五十四段和以下的相關文件。

相關文件：

路 14: 26-27, 33 (瑪 10:37-38)

　　如果誰來就我，而不離棄自己的父親、母親、妻子、兒女、兄弟、姊妹，甚至自己的性命，不能作我的門徒。不論誰，若不背著自己的十字架，在我後面走，不能作我的門徒。…同樣，你們中不論是誰，如不捨棄他的一切所有，不能作我的門徒。

《優希比烏(Eusebius)引述斐羅的假說 (Philo's Hypothetica)》關於醫身心宗派：

為了他們的宗教，他們離棄自己的父親、母親、兄弟、姊妹、及房地產。

〔註：斐羅(Philo)是在亞歷山大的猶太哲學家 (25BC – 50 CE)。〕

五十六·

耶穌說：任何人已認識這個世界，他已找到了一具肉體。任何人已找到了一具肉體，對他而言這世界是不值得的。

　　在猶太文件中，「這世界對他是不值得的」這句話是讚揚人的一種表達方式 [希 11:38]。第八十段和第五十六段幾乎是完全一樣的話，也與第四十二段的意思接近。「這世界對他是不值得的」 和 「你們來到世間就當它是過眼雲煙吧！」說法不盡相同，其實是相同的理路。

五十七·

耶穌說：天父的國度就如同一個人有一些好的種子，他的仇家在晚上來散播了一些野草子在這好的種子當中。他對他們說：不相干的人都不要去拔這些野草子，以免你們將這些野草子和麥子一起拔掉。因為，當收成的這一天，這些野草子將會冒出來，他們會拔掉它們並燒毀它們。

　　在正典福音裏這段比喻只有出現在《瑪竇(馬太)福音》中，這裏《多瑪斯福音》的記載稍為減略，但文意並無不同。很巧的是白居易有首詩和耶穌所說的這段比喻相當。倘若不是巧合，那麼另一種可能就是：這位香山居士白樂天讀了抑或聽到過景教人士記載而如今失傳的文件。這當然是未經證實的的假設，提出來讓讀者研究考證。

　　在這份探索文字的最後第二段 [多 113]，筆者也引用了白居易三首禪詩

來與這份論語的前後數段參照研讀，相映成趣。

相關文件：

瑪 13:24-30 (瑪 13:36-43)

　　耶穌對他們另設了一個比喻說：「天國好像一個人，在自己田裏撒了好種子；但在人睡覺的時候，他的仇人來，在麥子中間撒上莠子，就走了。苗長起來，抽出穗的時候，莠子也顯出來了。家主的僕人，就前來對他說：主人！你不是在你田地裏撒了好種子嗎？那麼從哪裏來了莠子？家主對他們說：這是仇人做的。僕人對他說：那麼，你願我們去把莠子收集起來嗎？他卻說：不，免得你們收集莠子，連麥子也拔了出來。讓兩樣一起長到收割的時候好了；在收割時，我要對收割的人說：你們先收集莠子，把莠子捆成捆，好燃燒，把麥子卻收入我的倉庫裏。」

《全唐詩》424:33 (白居易詩：問友)

　　　　種蘭不種艾，蘭在艾亦生；

　　　　根荄相交長，莖葉相附榮；

　　　　香莖與臭葉，日夜俱長大；

　　　　鋤艾恐傷蘭，漑蘭恐滋艾；

　　　　蘭亦未能漑，艾亦未能除；

　　　　沉吟意不決，問君合何如？

五十八‧

耶穌說：一個已遭逢艱難(辛勤工作)的人是受上主祝福的，他已找到了這生命。

　　　　這一句勸語和山中聖訓的八端勸語有雷同的句法，也可能是最後一端的簡化。如果將 ϭιϭε 當「努力以赴」解，則比較接近《瑪竇(馬太)福音》第十一章中耶穌激勵人們努力贏得天國的話。

相關文件：

瑪 11:12

由洗者若翰(約翰)的日子直到如今，天國是以猛力奪取的。以猛力奪取的人，就攫取它，…。

瑪 5:10-11 (路 6:22)

為義而受迫害的人是有福的，因為天國是他們的。幾時人為了我而辱罵迫害你們，捏造一切壞話毀謗你們，你們是有福的。你們歡喜踴躍罷！因為你們在天上的賞報是豐富的，因為在你們以前的先知，人也曾這樣迫害過他們。

箴言 8:34-35

凡聽從我言，天天在我門前守候的人是有福的。因為誰找到我，便是找到生命，也必由上主獲得恩澤。

五十九·

耶穌說：當你們活著的時候，仔細觀摩並追尋那位活於生命者，以免淪喪！到那時，即使你們想去追尋他，可是你們已無法找到他了。

這份靈道論語的第五十八段到第六十段環繞在一個主題上：觀摩追尋那位活於生命者，是頗為艱難的，須要經過不斷地努力，那報償便是真生命。但是人們若當自己是肉體來到世間，如同那隻就要被宰殺的羊，那麼「你們自己」就會被吞噬。在科學界中有多少的模擬試驗，在藝術界中有多少的臨摹筆觸，不是師法自然追求天道，就是構築文明創造生機。何時人們能聯合在一起，並在靈性的世界中共同觀摩並學習那位活生生的生命者呢？

相關文件：(參閱第 38 段)

路 17:22

耶穌對門徒說：「日子將到，那時，你們切望看見人子日子中的一天，而不得見。…」

若 7:33-34

於是耶穌說：「我和你們同在的時候不多了，我要回到派遣我來的那裡去。你們要找我卻找不著；而我所在的地方，你們也不能去。」

《菲利浦(腓力)福音》22

那些對他們自己說『主已先死去而後復活』的人是被弄糊塗了。因為他先被生了但卻死了。如果一個人沒有首先瞭解重生，他將會死。{因為}在天主還沒有改造他{之前}，他是沒有{真正}活過呀！

《菲利浦(腓力)福音》97

那些說他們將先死而後生的人是被弄糊塗了。如果他們在生的時候，不先接受重生；當他們死後，將接受不到任何東西。因為當他們提到洗潔禮的時候，他們說：「洗潔禮是一件偉大的事。」因為只要人們領受了它，他們將會生活。

六十·

他們看到一個撒瑪利亞人帶著一隻羊走入猶太地境。

他對他的門徒們說：那一隻羊被蜷曲著。他們對他說：如此做法，他就可以殺死牠並吃牠。（另譯：他準備殺牠來吃。）

他對他們說：當牠活著的時候，他不吃牠。但是當他殺了牠，牠就成為一具肉體。他們便說：否則他就沒法吃牠。

他對他們說：同樣地，你們也要為你們自己尋獲一席之地，使你們進入到一處安息之所。如此，你們就不會來到世間變成肉體，而讓你們自己被吞噬了。

這第五十九段和第六十段可能是連在一起的同一段，因為前一段才說：「仔細觀摩追尋那位活於生命者，免得你們死亡，也免得你們想尋求看見他，但你們沒有能力找到他」，這裏立刻就提到「同樣地，你們

也要為你們自己尋獲一席之地，使你們進入到一處安息之所。如此，你們就不會來到世間變成肉體，而讓你們自己被吞噬了。」的確學習須要靠模擬仿效，尋找生命也得觀摩學習那真生命。作者一再警告：如果你們把自己當肉體而想生活在世，它只會吞噬你們自己。

〔註：撒瑪利亞人是沒有被放逐到巴比倫的猶太族裔，因此他們沒有後半的舊約經書 [參《列王紀上》16:24 和《列王紀下》17]，且一大部份留下來的人與外族通婚。當被放逐的猶太族裔回鄉之後，他們便歧視那些沒有被放逐的族裔，並把他們當作外邦人，其中的過程細節可參考《猶太百科全書(Jewish Encyclopedia)》。〕

相關文件：

路 13:1-9

　　正在那時，來了幾個人把有關加里肋亞(加利利)人的事，即比拉多(彼拉多)把他們的血，與他們的祭品攙和在一起的事，報告給耶穌。他回答說：「你們以為這些加里肋亞(加利利)人，比其他所有的加里肋亞(加利利)人更有罪，才遭此禍害嗎？不是的。我告訴你們：如果你們不悔改，你們也要喪亡。正如史羅亞(西羅亞)塔倒下，而壓死的那十八個人，你們以為他們比耶路撒冷的其他一切居民罪債更大嗎？不是的。我告訴你們：如果你們不悔改，你們都要同樣喪亡。」他講了這個比喻說：「有一個人曾將一棵無花果樹，栽在自己的葡萄園內。他來在樹上找果子，但沒有找到，便對園丁說：你看，我三年來在這棵無花果樹上找果子，但沒有找到，你砍掉它罷，為什麼讓它荒廢土地？園丁回答說: 主人，再容它這一年罷！待我在它周圍掘土，加上糞肥；將來如果結果子就算了；不然的話，你就把它砍了。」

《鬥士多瑪斯之書 (The Book of Thomas The Contender)》 (納格‧哈瑪地藏書之一)

　　多瑪斯回答說：「我們面對這些事的時候該說什麼呢？我們對那些瞎眼的人又說什麼呢？我們怎麼來教導這些既可憐而且又會招致死亡的傢伙呢？他們說：『我們是來行善不是來詛咒的』卻又說：『假如我們不以血肉之軀而生，我們就不會知道不義之事了。』」

救世主說：「的確如此！這些人真的沒有把他們自己當人，而把他們自己當成獸類，因為只有野獸才會吞噬另一隻野獸，像這樣子的人也會相互吞噬。然而他們也侵吞了這國度 ... 。」

《菲利浦(腓力)福音》99

　　這世界是一個吃肉的。所有事物吃他們自己，也要死亡。真理是一位吃生命的。所以，沒有一位領受真理的滋養而會死亡的。那就是耶穌來的地方，他從那兒帶來了食物。他把生命給予那些渴望的人，使他們不會死亡。

六十一·

耶穌說：有兩個將要在一張床上休息；這一個將死去，這一個將生活著。

撒羅美(莎樂美)說：你是誰啊？你這人有如從『一』而來。而你曾在我的床上坐過，你曾在我的桌上吃過。

耶穌對她說：我是由這位全義圓滿者而得以實存的，是由我父親所賜的。

我是你的門徒。

因為這樣，我說：只要他來到世間行事公義圓滿，他就會充滿光明。然而，如果他來到世間分裂了，他將充斥著黑暗。

甲·這段對答不是很容易瞭解。不過從上一段(第六十段)中耶穌勸慰門徒們，要為「自己尋獲一席安息之所，否則就會被吞噬」，耶穌這裏所說的「床」是指這「安息之境」，所說的「兩個」是指「兩種心靈狀態」。撒羅美(莎樂美)誤以為耶穌在說「日常生活的事」，就不客氣地向耶穌抱怨，自己平日這樣辛勞地服侍師傅，竟然沒得個好說的。不過當耶穌以懇切的口吻來表明自己的時候，撒羅美(莎樂美)立刻就領悟過

來了，並說「我是你的門徒」，言下之意是願意聆聽其詳。耶穌便表示「行事平等公義就會充滿光明」，也就會活出來而不會死了。

乙‧福音中這種雙向比對的論述俯拾皆是，只不過在《多瑪斯福音》重復比對得更多，舉例如下：

　　一種是：整合的、行平等公義的、瞭解自己的、找到原始的、和平相處的、找到平安的、充滿光明的、活出內在並彰顯出來的、從這個世界中超脫出來的、被選的 → 就不會嚐到死亡的。

　　另一種是：分裂的、不行公義的、不認識自己的、貪婪無度的心、內在沒有的、陷溺在這世界中的、成為肉體的、充滿黑暗的 → 就會見到死亡。

丙‧仔細研讀第六十和六十一段，就會發現這兩段論語可以比對《道德經》第五十章。

相關文件：

路 17: 30-34

在人子顯現的日子裏，也要這樣。在那一日，那在屋頂上，而他的器具在屋內的，不要下來取；那在田地裏的，同樣不要回來。你們要記得羅特(羅得)的妻子！不論誰，若想保全自己的性命，必要喪失性命；凡喪失性命的，必要保存性命。我告訴你們：在這一夜，兩人同在一張床上，一個要被提去，而一個要被遺棄；兩個女子一起推磨，一個要被提去，而一個要被遺棄。」他們問耶穌說：「主，在那裏呢？」耶穌回答說：「在那裏有屍體，老鷹就聚集在那裏。」

老子《道德經》50

出生入死。生之徒十有三；死之徒十有三，民之生，動之死地，亦十有三。夫何故？以其生生之厚。蓋聞善攝生者，陸行不遇兕虎，入軍不被甲兵；兕無所投其角，虎無所措其爪，兵無所容其刃。夫何故？以其無死地。

六十二‧

<u>耶穌</u>說：我告訴我的祕訣給那些值得我的祕訣的人。你的右手所做的事，不要讓你的左手知道它做了什麼。

　　正典福音也有類似的記載「當你施捨時，不要叫你左手知道你右手所行的 [*瑪 6:3-4*]」，然而這份文件是不用「施捨」這種觀念的。「**我的祕訣**」所代表的就是「那奧祕之道」；而當人悟道之後，行事的豁達是基於一種泰然的修持境界。這與佛家所說的「三輪清淨」、「三輪體空」、或「三輪法空」的精義一致，意思是說：布施者、受布施者、及所布施的一切事物，能師法自然而全忘。「輪」為運轉不息的事物，比喻施者、施物、受者，展轉利益，輪轉不休。其實佛經中，三輪清淨除了布施之外，還包含另外五端。這六端是：行布施、受持戒、修安忍、勤精進、修靜慮、和修般若。這樣的觀點與第六段及第十四段很相似；其實那是種靈性精神，不僅局限於數端。

《大般若波羅蜜多經》第七十五(初分淨道品第二十一之一)
　　…我持此福施諸有情。令得此世他世安樂。乃至證得無餘涅槃。彼著三輪而行布施。一者自想。二者他想。三者施想。由著此三輪而行施故。名世間布施波羅蜜多
　　…若菩薩摩訶薩行布施時三輪清淨。一者不執我為施者。二者不執彼為受者。三者不著施及施果。是為菩薩摩訶薩行布施時三輪清淨。
　　…若菩薩摩訶薩受持戒時三輪清淨。一者不執我能持戒。二者不執所護有情。三者不著戒及戒果。是為菩薩摩訶薩受持戒時三輪清淨。
　　…若菩薩摩訶薩修安忍時三輪清淨。一者不執我能修忍。二者不執所忍有情。三者不著忍及忍果。是為菩薩摩訶薩修安忍時三輪清淨。
　　…若菩薩摩訶薩勤精進時三輪清淨。一者不執我能精進。二者不執所為有情。三者不著精進及果。是為菩薩摩訶薩勤精進時三輪清淨。
　　…若菩薩摩訶薩修靜慮時三輪清淨。一者不執我能修定。二者不執所為有情。三者不著靜慮及果。是為菩薩摩訶薩修靜慮時三輪清淨。
　　…若菩薩摩訶薩修般若時三輪清淨。一者不執我能修慧。二者不執所為有情。三者不著般若及果。是為菩薩摩訶薩修般若時三輪清淨。

其他相關文件：

亞歷山大的克里蒙《綜合錄 (Stromata)》 V.10:64

但是只有少數的人可以理解這些事。主在福音所說的話可不是要人去妒嫉羨慕的：「我的奧祕是給我和我家裡的兒子們。」是把所揀選的放在安全沒有顧慮之處；因此那些被揀選的便脫離了妒羨的範疇。因為那些沒有良知善性的就成了壞胚子：因為只有天父是純善的，不認識天父就無生命，因為藉著參與這無限不朽者的大能，瞭解祂就是永恆的生命。

〔註：類似的話也記錄在《克里蒙訓誡》(Clementine Homilies: 19.20:1) 和《亞歷山大的亞歷山德(Alexander of Alexandria: Ep. ad Alex. on Arian Herecy c. 5)。在所提到的這幾句話是在討論關於對天父的領會。〕

六十三·

耶穌說：從前有一個富有的人，他有許多錢財。他說：我將利用我的錢財；因此我播種了，就會有收成；栽種了，我的倉庫就會充滿糧食。如此，我就不需要任何東西了。他正在心裏盤算著這些想法。出乎意料地，在這晚上也就在那兒，他死了。任何有耳朵的人，願他聆聽。

這段比喻和《路加福音》的記載十分接近。從第六十三段到第六十六段，《多瑪斯福音》在描述人們的心向離奧祕的道太遠；似乎在反問，如何把像第六十二段所說的那種高深的奧秘啓示給這些人呢？

相關文件：

路 12:16-21

耶穌對他們設了一個比喻說：「有一個富人，他的田地出產豐富。他心裏想道：我可怎麼辦呢？因為我已經沒有地方收藏我的物產。他遂說：我要這樣做：我要拆毀我的倉房，另建更大的，好在那裏藏一切穀類及財物。以後，我要對我的靈魂說：靈魂哪！你存有大量的財物，足夠多年之用，你休息罷！吃喝宴樂罷！天主卻對他說：胡塗的人哪！今夜就要索回你的靈魂，你所備置的，將歸誰呢？那為自己厚積財產而不在天主前致富的，也是如此。」

六十四·

耶穌說：從前有一個人，他已經準備好了盛大的宴會，就差遣他的僕人去邀請客人們。這僕人走到這第一個客人那裏對他說：我的主人邀請你。他回答說：我有一些錢要給那些商家，他們就要到我這裏來；晚上我得去向他們定貨，因此我婉謝這場宴席。他走到另外一個客人那裏對他說：我的主人邀請你。他回答說：我已買了一棟房子，他們會讓我忙上一整天，我沒有空閒。他來到另外一個客人那裏對他說：我的主人邀請你。他回答說：我的朋友將要結婚，而我忙著準備那席婚宴，我不能來，因此我婉謝這場宴席。他走到另外一個客人那裏對他說：我的主人邀請你。他回答說：我已買了一個農場，我就要去收佃租，我不能來，因此我婉謝這場宴席。這僕人回稟他的主人說：那些你所邀請的客人全都婉拒來赴這場宴席。這主人對他的僕人說：到外邊去，將你在路上所遇到的每一個人帶進來，招待他們享用宴席。至於那些買主和那些生意人，他們將進入不到我父親的境界。

　　《路加福音》也有一段邀宴的比喻和這段《多瑪斯福音》的文句十分接近。許多人把這段比喻和《瑪竇(馬太)福音》中「王子婚宴的比喻」[瑪 22:1-10] 相對應，那只是單從福音書所記錄的角度去比對。如果把可能的猶太文件（《塔木德(Talmud)》和《米德拉示 (Midrash)》）拿出來比對，「邀宴的比喻」和「王子婚宴的比喻」可能是摘自不同的兩個塔木德文件的比喻，前者出自《耶路撒冷·塔木德(Talmud Yerushalmi)》，後者出自《巴比倫·塔木德 (Babylonian Talmud : Shab. 153a)》。《耶路撒冷·塔木德 (Talmud Yerushalmi)》所記載「邀宴的比喻」的故事發展又與「富翁及拉匝祿比喻」[路 16:19-31] 有關。按學者耶肋米亞斯(Joachim Jeremias)的考證，「邀宴的比喻」和「富翁及拉匝祿的比喻」的體裁是來自《耶路撒冷·塔木德(Talmud Yerushalmi)》「巴耳·馬強與窮秀才的比喻(Bar Ma'jan and Poor Student of

Torah)」，而原先的故事可能來自著名的埃及神話故事：希-歐西里斯和他的父親斯提納遊地府(Journey of Se-Osiris and his father Setna Chamois to Land of Dead)。在猶太口頭傳統中，像「巴耳‧馬強與窮秀才的比喻」據說有六、七種之多，按情理耶穌和猶太聽眾都聽過類似這樣的故事。也許是這故事被改編之後，穿插在福音之中，有其另外要引申的涵義。很顯然地，在《路加福音》和《多瑪斯福音》的這則比喻中，原先所要宴請的客人，大多是商家不是鎮上的議員大老們。但「巴耳‧馬強與窮秀才」的後段故事卻與「富翁及拉匝祿的比喻」接近；湊巧的是這兩段比喻都是《路加福音》在對觀福音中所獨有。

另外值得一提的是《多瑪斯福音》第六十四段和第七十八段所記述的與福音中相對應的記載十分相符，只是這兩則比喻後面都各加了一句評論的話。請參閱第七十八段的講論部份。

相關文件：

路 14:15-24

有一個同席的人聽了這些話，就向耶穌說：「將來能在天上的國裏吃飯的，才是有福的！」耶穌對他說：「有一個人設了盛宴，邀請了許多人。到了宴會的時刻，他便打發僕人去給被請的人說：請來罷！已經齊備了。眾人開始一致推辭。第一個向他說：我買了一塊田地，必須前去看一看，請你原諒我。另一個說：我買了五對牛，要去試試牠們，請你原諒我。別的一個說：我才娶了妻，所以不能去。僕人回來把這事告訴了主人。家主就生了氣，給僕人說：你快出去，到城中的大街小巷，把那些貧窮的、殘廢的、瞎眼的、瘸腿的，都領到這裏來。僕人說：主，已經照你的吩咐辦了，可是還有空位子。主人對僕人說：你出去，到大道以及籬笆邊，拉人進來，好坐滿我的屋子。我告訴你們：先前被請的那些人，沒有一個能饗我這宴席的。」

《耶路撒冷‧塔木德》「巴耳‧馬強與窮秀才的比喻」

有一個很有錢的稅吏名叫巴爾‧馬強，他做過許多壞事；在同一城鎮上，住了一個研讀律法(Torah) 的年輕窮秀才。他們兩個人都死了，並且在同一天出殯。巴爾‧馬強的喪禮極

爲盛大風光，鎮上所有的人都停業爲他送殯，然而沒有人知道這個窮秀才的死，這到底是爲什麼呢？原來，巴爾・馬強曾設了一席晚宴，邀請了鎮上的議員大老們。可是沒有一個人願意和稅吏一起進餐而來應邀赴宴的。爲了洗刷這樣的屈辱，馬強就請了鎮上所有的窮人、病患甚至乞丐來參加他所設的宴席。當他正以這個大宴會施捨窮人作善事之時，他死了。因爲這一次的善行而他又在當時死了，讓老百姓都忘懷了他以往的惡事。這時這窮秀才的同事做了一個夢，看到這兩個靈魂的命運。那位窮秀才正在樂園裡，那是在一個國王的花園裏，有很多的花草在溪澗的旁邊。而那位曾經是個富人的馬強卻在溪澗的另一邊，他想要去拿點溪水卻勾不著。[參 "Rediscovering the Parables, by Jeremias," 1966 (141 和 145 頁)]

《巴比倫・塔木德》安習日篇 153a (參考 [瑪 22:1-14])

在學習過的道理中，厄里叟(以利沙)曾說：「在你們死的前一天悔改吧！」他的門徒們問他：「人難道會知道哪一天他將要死嗎？這樣就會有極充分的理由，他今天會悔改(轉心明悟)了。」他回答說：「爲了恐怕明天他死了，他的整個生命就致力於悔改(轉心明悟)。」撒羅滿(所羅門)也以他的智慧說過：「讓他們的衣裳永遠潔白，讓他們的頭總不缺油。」若望・札凱說：「這就像一個國王下召，要他的臣僕們赴宴，而沒有事先告訴他們時間一樣。那些聰明的整裝侍立在宮門外等待，因爲他們說：『是否皇宮裏還有什麼事要辦？』那些笨拙的還去做他們自己的工作，他們並說：『難道宴會不要花時間準備嗎？』突然間，這國王下令邀請他的臣僕們。聰明的盛裝，從容赴宴。笨拙的穿著邋遢，奔忙進宮。國王就嘉許那些聰明的並責斥那些笨拙的。他便下令說：『讓那些盛裝赴宴的人入席吃喝吧！但是讓那些沒有盛裝赴宴的人站在一旁看著。』」

六十五・

他說：從前有一個聖善的人，他擁有一個葡萄園。他把園子交給了幾個園戶，讓他們種植經營，好從他們那裡得到些產物。時候到了，他派遣他的僕人向這些園戶索取這葡萄園的收成。他們卻抓住他的僕人並毆打了他，差一點點就把他打死。這僕人逃開了，他向他的主人稟報事情的經過。他的主人說：也許他不認識他們。他便派遣了另一個僕人去，這

些園戶又毆打了這另一個。之後,這主人派遣他的兒子去。他說:也許他們會對我的兒子有所愧疚。在那裏的園戶,因為知道他是這葡萄園產業的繼承者,他們逮捕了他並殺了他。任何有耳朵的人,願他聆聽。

　　這段寓言的記載和對觀福音三書所記載的,基本上完全相同。無可厚非的,這位葡萄園主指的就是天主。惟一不同的是,這段寓言一開始,十分巧妙地使用了希臘文的一個字眼「ΧΡΗ{CTO}C」來影射天主是一位極為高義而卓越的主人,雖然原文缺了三個字母,但從科普特文和希臘文字典來查證,ΧΡΗCTOC 是惟一合理的可能。這個字與「ΧΡΙCTOC(基督)」的發音也相近,參考第九十段的講論。這葡萄園主的影射起源於《依撒意亞(以賽亞)先知書》的「葡萄園寓言詩」[依 5:1-7]。在第六十一段科普特文用「ⲱHⲱ(公義圓滿)」來說明耶穌自己是由「這公義圓滿者」而得以實存;並說:只要人來到世間行事公義圓滿,他將充滿光明。然而,如果他來到世間分裂了,他將充斥著黑暗。

　　另外值得提的一點是,當葡萄園主派遣他的兒子去的時候,他說:「也許他們會面對我的兒子而感到愧疚。」比喻之後,並重復了那句要讀者警惕的話「任何有耳朵的人,願他聆聽。」因此,幾乎可以推論《多瑪斯福音》的作者是假定讀者是瞭解耶穌宣講福音以及受難的故事。可是這份福音以比喻來點到為止,有期待、包容、和寬恕的含意;以便讓讀者不致模糊了整部福音的重點。(其實正典福音也抱持同樣的精神,耶穌復活後對其受害隻字不提。)這額外的關鍵句,道出了天主派遣聖子來開釋人們,也期盼人們能自我發現而感到愧疚,從而皈依。這也是所有福音書共通的一點。

相關文件:
瑪 21:33-41 (路 20:9-16;谷 12:1-9)
　　從前有一個家主,培植了一個葡萄園,周圍圍上籬笆,園內掘了一個榨酒池,築了一個守望台,把它租給園戶,就離開了本國。快到收果子的時節,他打發僕人到園戶那裏去收

果子。園戶拿住了僕人，將一個鞭打了，將一個殺了，將另一個用石頭砸死了。他再打發一些僕人去，人數比以前還多；園戶也一樣對待了他們，最後他打發他的兒子到他們那去，說：他們會敬重我的兒子。但園戶一看見是兒子，就彼此說：這是繼承人；來，我們殺掉他，我們就能得到他的產業。於是他們拿住他，把他推到園外殺了。

六十六·

<u>耶穌說</u>：展示給我看看這塊石頭吧！這一塊就是那匠人們丟棄的，然而它卻是這屋牆下的基石。

這句諺語在聖經中常出現。在福音中，第六十五和第六十六段的文句也是連在一起的。在《多瑪斯福音》和對觀福音的比對中有數則這樣的巧合。

相關文件：

[詠 II 8:22；瑪 21:42；路 20:17；谷 12:10；宗 4:11；伯前 2:7]。

六十七·

<u>耶穌說</u>：即使有人瞭解這萬事萬物，但是如果他渴望得到他自己，就是渴望得到這萬事萬物之所呀！

這段論語用反意法組句，如果正過來組句就變成：任何人如果他認識並豐富了他自己，就等於認識並擁有一切了。也就是要以「認識自我」為標的，那是這整部靈道論語的主軸，參考第三段的講論部份。

相關文件：

路 9:25 (瑪 16:26；谷 8:36-37)

人縱然賺得了全世界，卻喪失了自己，或賠上自己，為他有什益處呢？

《鬥士多瑪斯之書 (The Book of Thomas The Contender)》<u>(納格‧哈瑪地藏書之一)</u>

　　因為如果一個人不瞭解自己，就不瞭解任何事情；如果一個人瞭解自己，就會對宇宙所有的事情有深度的認識。

六十八‧

<u>耶穌說</u>：你們是受上主祝福的呀，不論何時儘管他們不甚愛你們自己，甚至迫害你們，但是他們卻找不到那你們受過迫害的心靈深處。

　　　　這段話不是那麼好理解，主要的關鍵在「他們不甚愛你們自己」的這句話。其實 THYTN 這個字眼翻譯成「你們」或「你們自己」都可以。若把這個「他們」解成是你們中的某些成員，那就容易瞭解了。這話固然在安慰鼓勵那些受迫害的人，但話中也含有一種包容的態度：這些迫害你們的人也是你們自己的人。正如在福音中所說的「為迫害你們的人祈禱」[<i>瑪 5:44</i>]，「父啊，原諒他們吧！因為他們不知道自己在做什麼」[<i>路 23:34</i>]。那的確是一種靈性修為，更是在承行真理之內的仁愛。如果人們不能學基督做到這一點，就不配稱為基督的門徒，人間天堂就不會存在。

相關文件：

瑪 5:10-11 (路 6:22)

　　為義而受迫害的人是有福的，因為天國是他們的。幾時人為了我而辱罵迫害你們，捏造一切壞話毀謗你們，你們是有福的。

<u>亞歷山大克里蒙</u>《哪些富人將獲救贖？》25

　　有一種迫害是從外來的：人們對信仰的攻擊，是敵視的、妒忌的、或貪婪的，甚至假殘暴的劊子手。但是最為痛苦的是內在的煎熬(殘虐)，那是從每一個人自己靈魂的悔恨所引起，悔恨的因素包括邪惡的慾望、極度的歡樂、低劣的渴望、破壞性的夢想；當人處於這種狀態，就會愈陷愈深無法自拔，獸愛橫流，慾火中燒；就像困在齊發的萬箭之中，沾滿著鮮血；造成瘋狂的追逐，陷入絕望的生命，侮蔑天主的聖明。

六十九·

<u>耶穌</u>說：心靈深處遭受迫害的人們是受上主祝福的；就在那兒，那些人已在真理之內認識了這位父親。饑餓的人們是受上主祝福的，因為他們的肚腹會得到那每一個人所渴望的飽裕。

甲·這段話是《瑪竇福音》書中真福八端的其中三端的另一種組合

(一)飢渴慕義的人是有福的，因為他們要得飽飫。[*瑪 5:6*]

(二)心靈潔淨的人是有福的，因為他們要看見上主。[*瑪 5:8*]

(三)為義而受迫害的人是有福的，因為他們要被稱為上主的子女。幾時人為了我而辱罵迫害你們，捏造一切壞話毀謗你們，你們是有福的。你們歡喜踴躍罷！因為你們在天上的賞報是豐富的，因為在你們以前的先知，人也曾這樣迫害過他們。[*瑪 5:10-12*]

如果我們再讀《路加福音》中 [*路 6:17-26*] 的記載，就知道<u>耶穌</u>所說的真福與有禍，是有其深廣的涵義，應該是超過字面的推理。

乙·第六十八段和六十九段的前段基本上是類似的「**心靈深處遭受迫害的人們是受上主祝福的**」，也許是因為在心靈深處所認識到的天父之真理是不會以遭受迫害為迫害。第七十段便在說明活出內心深處的特質：人們的救贖。這段話的主題(也是前後三句話的交點)是「內心深處」：它固然在世間常會遭受迫害，但它會在真理之內認識天父，當它渴慕真道的時候就會得到飽裕。簡而言之，人們若能以他們的「內心深處」生活將是受上主所祝福的。第七十九段又說：「**那些聽從天父聖言的人們是有福的，他們已在真理之中護持著聖言並實踐它。**」[*參 路 11:27-28*]

七十・

耶穌說：不論何時當你們生出那「在你們自己之內」的，這個「你們所擁有的」，他將拯救你們自己。然而如果你們沒有那「在你們自己之內」的，這個「你們沒有的」在你們內，他將置你們於死地。

這段論語在深入說明前面兩段所提到的「心靈深處」，那是人們所擁有的天賦的靈性生命，冀望所有的上主之子都能運用這生命在生活上，不致死亡反得永生。其實這段話歸納了《多瑪斯福音》一直在談論的一個主題：認識並活出「那在自己內的這一位」。正典聖經裏最接近這一段話的章節應該算是《雅各伯書》(1:21-25)，可見《雅各伯書》的作者是相當有體會的。在這份靈道論語的第十二段，耶穌在回答門徒們問及誰來當領導的時候曾提到正義的雅各伯，並說「你們若要走老路就追隨他，因爲他的緣故天和地已經都來到了世間」，可能是因爲眾人皆知他是一位講求虔敬和實踐的人。

相關文件：
雅 1:21-25

因此，你們要脫去一切不潔和種種惡習，而以柔順之心，**接受那種在你們心裏，而能救你們靈魂的道**。不過，你們應按照這道來實行，不要只聽，自己欺騙自己；因爲，誰若只聽這道而不去實行，他就像一個人，對著鏡子照自己生來的面貌，照完以後，就離去，遂即忘卻了自己是甚麼樣子。至於那細察賜予自由的完美法律，而又保持不變，不隨聽隨忘，却實際力行的；這人因他的作爲必是有福的。

七十一・

耶穌說：我將翻毀這棟房子。不管是任何時候沒有任何人能夠重建它。

這段話和福音書所說的不盡相同，很難斷定是否是源自同一句話。也許只是宗徒們對耶穌的談話有不同的解讀。然而福音書中的說法和《宗徒大

事錄》中經師(文士)們指控耶穌的記載有可對照之處。

　　依前後段的關係，筆者以爲這話不關耶穌的身體和聖殿。而在說當我們能生出(活出)我們內的那一位的同時，我們也要把那舊房子拆毀。與新酒不裝入舊囊裏，或新布不作舊衣的補綻是同一道理(見第四十七段)。

相關文件：
瑪 26:61 (瑪 27:39-40；若 2:19；谷 14:58；谷 15:29-30)

　「這人曾經說過：我能拆毀天主的聖殿，在三天內我能把它重建起來。」

宗 6:12-14

　他們又煽動了百姓、長老和經師(文士)，一同跑來，捉住了他 [斯德望(司提反)]，解送到公議會。他們並設下假見證，說：「這人不斷地說反對聖地和法律的話，因爲我們曾聽見他說：這個納匝肋(拿撒勒)人耶穌要毀滅這個地方，並要改革摩西給我們傳下來的律法。」

七十二·

有一個人對他說：告訴我的弟兄們，讓他們將我父親的財產分配給我。

他對他說：這人啊！是誰使我成爲分割者的？

他回頭向他的門徒們，並對他們說：我生來真是爲了做個分裂者嗎？

　　正典福音中屢屢見到耶穌與法利賽黨人及經師(文士)們的辯論，初期教會的基督徒更是極受猶太舊傳統所排斥，認爲基督徒是叛教異端。在那時候，法利賽黨人在他們每天的十八端祈禱與祝福 (Shemoneh `Esreh') 中的第十二端，專門詛咒納匝肋(拿撒勒)人、彌尼和製造異端的人；並要把這些「異端」包括猶太基督徒趕出會堂 [參考 Gilles Quispel, 'The *Gospel of Thomas* Revisited,' p.243]。

相關文件：

路 12:13-14

　　人群中有一個人向耶穌說：「師傅，請吩咐我的兄弟與我分家罷！」

耶穌對他說：「人哪，誰立了我做你們的判官及分家的人呢？」

七十三．

耶穌說：這莊稼實在很多，但是工人們卻很少。懇求這主人吧！那麼他將會派遣工人們出來收成。

相關文件：

瑪 9:37-38 (路 10:2)

　　於是對自己的門徒說：「莊稼固多，工人卻少，所以你們應當求莊稼的主人派遣工人，來收衪的莊稼。」

七十四．

他說：主人啊！有許多(人)在這口水泉的外圍，然而沒有任何東西(人)在這井裏。

　　依撒格(以撒)娶黎貝加(利百加)有段故事，亞巴郎(亞伯拉罕)的僕人遇到黎貝加(利百加)，她是亞巴郎(亞伯拉罕)的兄弟納曷爾(拿鶴)的妻子米耳加(密迦)的兒子貝突耳(彼土利)的女兒。故事如下 [《創世紀》二十四章]：

傍晚，女子們出來打水的時候，僕人叫駱駝臥在城外的水井旁，…

僕人就跑上前去迎向她 [黎貝加(利百加)]說：「請讓我喝點你水罐裏的水，好嗎！」

她回答說：「先生，請喝！」她急忙將水罐放低，托在手上讓他喝。

他喝足了以後，少女說：「我再為你的駱駝打水，叫牠們也喝足。」遂急忙將罐裏的水倒在槽裏，再跑到那井裏去打水，打給他的駱駝喝。僕人在旁靜靜地注視她，極願知道，是否上主已庇佑他完成這趟任務。駱駝喝完了水以後，老人就拿出一個半「協刻爾

（舍客勒）」重的金鼻環，和一對重十「協刻爾(舍客勒)」的金手鐲，給她戴上，…

這件事與亞巴郎(亞伯拉罕)所預料的一模一樣，她即是上主為依撒格(以撒)預定的妻子。若把第七十四段和第七十五段走進結婚禮堂的話關連起來，可能是比喻井裡沒有水，如何為「我主人施行了仁慈 [創 24:14]」。那施行了仁慈的才會如同黎貝加(利百加)一樣被召選走入結婚禮堂，如下面第七十五段所言。按此瞭解，第七十四段和第七十五段可能是合在一起的一段：第七十四段的話端起於某人在感歎，第七十五段便是耶穌的回答，共同點都是「有許多人在某處，似乎不發生作用，希望有一個人會…」。

相關文件：

《奧利金駁斥塞爾蘇斯 關於 天國裡的交談》(in Origen, *Against Celsus*) **viii.15**

塞爾蘇斯繼續說道：我也許可以把他們(拜蛇的宗派)的信仰真實地敘述出來，讓我用他們自己的話來說吧！這是一段所謂天國裡的交談：「如果這神子比神更具大能，如果人子是祂的主，除了這神子之外有誰可以是神之主 —— 而神祂是全能的萬物主宰？當有那麼多人圍繞著這口井，卻沒有一個人下去，怎麼會這樣呢？當你已經走了那麼遠的路程，你為什麼害怕呢？」回答：「你錯了！因為我既不缺乏勇氣，也不缺乏武器。」…

〔註：學者們引述上面這份文件的理由，只因有那麼幾句話與這段《多瑪斯福音》相似。然而這些文字是經過幾翻的口傳和筆錄，已無法確定其真實性。〕

七十五·

耶穌說：有許多人站在通往這門的走道上。但是合而為一的那些人，將走進這結婚禮堂。

結婚禮堂(bridal chamber)是聖經文學中一種影射的合一境界 [詠 45:13-16, 歌 1:4, 若 3:29, 瑪 9:15]，《菲利浦(腓力)福音》裏運用得更多，可參考下列《菲利浦(腓力)福音》的章節：[菲 65, 71, 72, 73, 82, 94, 101, 108, 131, 143]；也可參考《瑪竇(馬太)福音》中十童女的比喻[瑪 25:1-13]。

相關文件：

箴言 8:34-35

　　凡聽從我言，天天在我門前守候的人是有福的。因為誰找到我，便是找到生命，也必由上主獲得恩澤。

七十六．

耶穌說：天父的國度就像一個做生意的人。他曾擁有一件值錢的商品，有一天他找到了一顆珍珠。這聰明的商人賣掉了這件商品，為了他自己，他買了那惟一的這顆珍珠。同樣地，你們也要驅使你們自己尋獲那持久絕不會朽壞的寶貝。在那地方，絕對沒有蠹蛾會飛來吃，也沒有蟲子會來損壞。

　　　從正典福音的角度來研判，這段話可說是《瑪竇(馬太)福音》與《路加福音》幾段對天國比喻的綜合，只是用字稍異。《多瑪斯福音》的這段比喻說：這聰明的商人賣掉了這件商品，為了他自己，他買了那惟一的這顆珍珠。這份商品影射不能持久的舊律，惟一的這顆真珠影射不朽的天國之道。字句相對應的地方列表如下：

《瑪竇(馬太)福音》與《路加福音》	《多瑪斯福音》
賣掉他所有的一切	賣掉了這件商品
找到並買了一顆寶貴的珍珠	他買了那惟一的這顆珍珠
你們不要在地上為自己積蓄財寶，…但該在天上為自己積蓄財寶。	你們要驅使你們自己尋獲那持久絕不會朽壞的寶貝。

相關文件：

瑪 13:44-46

　　天國好像是藏在地裏的寶貝；人找到了，就把他藏起來，高興地去賣掉他所有的一切，

買了那塊地。天國又好像一個尋找完美珍珠的商人；他一找到一顆寶貴的珍珠，就去，賣掉他所有的一切，買了它。

瑪 6:19-21 (路 12:33)

你們不要在地上為自己積蓄財寶，因為在地上有蟲蛀，有銹蝕，在地上也有賊挖洞偷竊；但該在天上為自己積蓄財寶，因為那裏沒有蟲蛀，沒有銹蝕，那裏也沒有賊挖洞偷竊。因為你的財寶在那裏，你的心也必在那裏。

亞歷山大的克里蒙《綜合錄 (Stromata)》 I.1

(見第 8 段相關文件)

《一神論‧世尊布施論第三》142 (景教經文)

… 有財物不須放置地上，惑(或)時壞劫，惑(或)時有錢盜將去，財物皆須向天堂上，必竟不壞不失。

七十七‧

耶穌說：我是廣照寰宇的真光。我是萬事萬物之化：萬事萬物已從我內(心)發出，以我(為中心)萬事萬物已歸向。劈開一塊木材，我就在那裡。拿起這塊石頭，你們將遇見我也在那裡。

　　　這段《多瑪斯福音》與《若望(約翰)福音》的導言有相似的涵義。只不過這裏是以耶穌的身份所說，《若望(約翰)福音》的導言則是門徒們所得到的啟示或默感。然而從這後段話及本文件的諸多論述來體會，這裏所說的「我是…（I AM…）」也可能是在說明天父與成義之子的一體性。

　　　如果以科學性的眼光來理解，《多瑪斯福音》的這段話和我們目前了解的宇宙形成與演變是十分契合的，即目前天文物理學所描述的「霹靂理論(The Big Bang)」。霹靂理論雖然只描述宇宙的形成是由中心能量的延伸與演變，它的進一步理論則在探討：由於萬有引力的關係，宇宙是否會回縮？從目前所觀測的種種天文現象顯示，宇宙的範圍正加速地在擴張之中，可能的

原因是由於神秘的暗能量充斥在空間之中，而這種能量約佔宇宙質能總合的百分之六十五。但擴張的盡頭，宇宙也可能回縮。宇宙如果是一伸一縮的，不是和這裡所說的模式很像嗎？再仔細地思考一下，霹靂理論也是在一九二零到一九六零年代形成的，和重新發現《多瑪斯福音》的時間相近。

〔註：比利時神父喬治・黎瑪 (Fr. Georges Lemare) 在 1927 年首先提出一種宇宙形成的理論：宇宙是由一種混沌原子團爆發所形成。這個理論並且預測宇宙射線的存在，這些射線是大爆炸時遺留並飛散在空間。這霹靂理論後來得到強有力的證實，在 1964 宇宙射線被阿濃・翩日亞斯 (Arno Penzias) 和羅伯・威爾遜 (Robert Wilson)所發現。因此，後來他們一起獲得諾貝爾物理獎。 〕

相關文件：(參考第 32 段和第 83 段)

若 1:1-9

在起初已有聖言(道)，聖言(道)與天主同在，聖言就是天主。聖言(道)在起初就與天主同在。萬物是藉著祂而造成的；凡受造的，沒有一樣不是由祂而造成的。在祂內有生命，這生命是人的光。光在黑暗中照耀，黑暗絕不能勝過祂。……那普照每人的真光，正在進入這個世界；祂已在這個世界上，世界原是藉著祂而造成的；但世界卻不認識祂。

若 8:12

耶穌又向眾人講說：我是世界的光；跟隨我的，絕不在黑暗中行走，必有生命的光。

《伯多祿(彼得)行傳 (The Acts of Peter)》39

祢是萬有，萬有在祢內，祢就是！除了祢以外，沒有任何事物是存在的！

哥 3:11

在這一點上，已沒有希臘人或猶太人，受割損的或未受割損的，野蠻人、叔提雅(西古提)人、奴隸、自由人的分別，而只有是萬有並在萬有內的基督。

《梅尼詩集(Manichaean Psalm Book) 》54:19-30

我混合調製的這些人不認識我。他們嚐了我的甜食並且希望留下我來與他們在一起。我就為他們變成了生命，但是為我而言他們卻變成死了。我生育他們，他們穿著我就像是一

件大衣。我在萬物之內，我背負著諸天；我是基礎，我支撐著眾地；我是四射的光明，使得眾靈魂歡欣踴躍。我是這世界的真生命，我是流在所有樹內的樹汁，我也是孩子們玩家家酒的甜湯。

老子《道德經》16

致虛極，守靜篤。萬物並作，吾以觀復。夫物芸芸，各復歸其根。歸根曰靜，靜曰復命。復命曰常，知常曰明。不知常，妄作凶。知常容，容乃公，公乃全，全乃天，天乃道，道乃久，沒身不殆。

七十八·

耶穌說：為什麼你們要到田地裏去看一枝蘆葦隨風搖曳呢？並且要去看一個人穿著細柔的外袍呢？他就如同你們的國王和貴人們，穿著細柔的外袍，但是他們不能明悟真理呀！

第七十八段和第六十四段所記述的與福音中的記載十分相符。只是這兩則比喻後面各加了一句話，是正典福音中沒有的；然而額外的這兩句話所暗含的意思卻十分接近。

第七十八段最後一句：

但是他們(指穿著細柔外袍的國王和貴人)是不能領悟真理。

第六十四段最後一句：

但是他們那些買主和那些生意人，他們將進入不到我父親的地方。

相關文件：

瑪 11:7-8 (路 7:24-25).

他們走後，耶穌對群眾談論洗者若翰(約翰)時說：「你們出去到荒野裏，是為看什麼呢？是為看風搖曳的蘆葦嗎？你們出去到底是為看什麼？為看一位穿細軟衣服的人嗎？啊！那穿細軟衣服的人是在王宮裏。」

七十九·

在群眾中有一個婦人對他說：那懷過你的肚腹並餵哺過你的奶是有福的。他對她說：那些聽從天父聖言的人們是有福的，他們已在真理之中護持著（聖言並實踐）它。因為，將來會有這麼一些日子你們會說：那沒有懷過孕並且沒有餵哺過乳的是有福的。

上一段話才說「國王和貴人不能領悟真理」，這裡便指出「聽從天父聖言的人們便是在真理之中護持聖言」。這段回話是綜合了《路加福音》耶穌說的兩段話，使得整段話有另一重含意，似乎在說「你們現在所體會的有福，以後可能會因其他的事件而完全改觀，然而在真理中護持天父的聖言才是真有福。」在正典福音書中這兩段話雖然不在一起，卻是絕無僅有的兩段話以「孕育、哺乳和有福」來作論述。有趣的是這兩段話所組合起來的文意是連貫的，並與這整份文件的道理十分契合。由於有好幾段《多瑪斯福音》的文句組合都有這種特殊現象，而在正典福音中，這些相同的文句有的只是用來作為附帶性的話而已，使人不得不推測《多瑪斯福音》可能是一份相當原始的文件。從另一角度來看，福音書裏幾次談論關於親情的對答中，耶穌的回應總是指向天父，並且要求人們遵行天主的旨意，這與他所教導的禱詞（主的禱文）相為呼應。另一則關於親情的對答，參考第九十九段。

相關文件：

路 11:27-28.

耶穌說這些話的時候，人群中有一個婦人高聲向他說：「懷過你的胎，及你所吮吸過的乳房，是有福的！」耶穌回答說：「那聽天主的話而遵行的人，更是有福的！」

路 23:29

因為日子將到，那時，人要說：那荒胎的，那沒有生產過的胎，和沒有哺養過的乳，是有福的。

《救世主對話錄 (The Dialogue of the Savior)》58

主說：「任何從真理所生出的是不死的。任何從女子(雌性)所生出的是會死的。」

八十·

耶穌說：任何人已經認識這世界，他已找到這身體。然而任何人已經找到這身體，這世界對他是不值得的。

在猶太文件中，「這世界對他是不值得的」是一種讚揚人的表達方式。第八十段和第五十六段幾乎是完全一樣的話，也與第四十二段的意思接近。

八十一·

耶穌說：願那些已成為富裕的人從道而治吧！願那些有權勢者捨棄他們的威權吧！

甲·科普特文 Ṟ ṞPO 就是希臘文βασιλευο「為王統御」的意思。這段論語的前段話可以和第二段比較，所用的字眼也相同，用的都是 Ṟ ṞPO，筆者以為應翻譯成「從道而治」為佳。在致格林多(哥林多)人前書中(4:8)，保祿(保羅)也用了同樣的字眼。讀者若細讀整段格前 4:8，就會發現保祿(保羅)的話和這段《多瑪斯福音》的前段是十分相近的。另外一點值得注意的是，《保祿(保羅)致格林多(哥林多)人前書》和許多的福音外傳有相當大的交集。在有交集的文字當中，福音外傳所引述的文句都認為是耶穌的講話。這也許是因為保祿(保羅)在這份書信中特別引用許多門徒們收集的資料，而這些資料也是福音外傳的來源。若說福音外傳取自保祿(保羅)書信，而每一福音外傳的作者都碰巧選擇致格林多(哥林多)人前書，那種機率是微乎其微的。

乙‧這段論語的後段話「願那些有權勢者捨棄他們的威權！」與孔孟所教
導的相似，舉例如下：

《論語》爲政第二 1-3

子曰：「爲政以德，譬如北辰居其所而眾星共之。」

子曰：「詩三百，一言以蔽之，曰：『思無邪』。」

子曰：「道之以政，齊之以刑，民免而無恥；道之以德，齊之以禮，有恥且格。」

其他相關文件：(參考第 110 段)

格前 4:8

你已經飽滿了，已經富足了，不須要我們，自己可爲王了；恨不得你們真爲王了，好叫
我們與你們一同爲王！

《救世主對話錄 (The Dialogue of the Savior)》19-20

瑪寶(馬太)問他說：「[...] 拿[...]，是他[...]。」

主說：「[...]強於[...]你[...]去跟隨你和一切的工作[...]你的心。正因爲你的心，所以[...]，這
些方法來除卻上面以及下面的能力[...]。」

我告訴你：「願那有權勢的捨棄之，且轉心明悟；並願那些尋找的人，找到並歡欣。」

八十二‧

耶穌說：任何人接近我，他接近這火；任何人遠離我，他遠離這國度。

　　在初期教父所寫的文件中，有兩份文件記錄了幾乎完全一樣的文句。
這裏用的「ⲤⲀⲦⲈ 火」字是屬陰性名詞並加定冠詞，和在前頭《多瑪斯福音》
[多 10；多 13；多 16] 用的三次「ⲕⲱϩⲦ 火」字不一樣，後者屬陽性名詞。希臘文
及科普特文聖經中，陰性名詞的「火」字絕大多數出現在舊約中；這段話的
描述令人連想起舊約《出谷(出埃及)記》(3:1-6) 中的一則故事：當摩西在曷
勒布山(何烈山)牧羊時，遇到了天主，以荊棘叢的火焰向他顯示，並與他談

論拯救<u>以色列</u>子民的事。因此，這前一半段話「**任何人接近我，他接近這火**」很可能有多重的含意，其中一端是說「**任何人接近我，他便是接近天主和祂的救恩**」。

在正典福音書中，洗者<u>若翰</u>(<u>約翰</u>)曾向眾人說過：「我固然以水洗你們，但是比我強的一位要來，就是解他的鞋帶，我也不配。他要以聖靈和火洗你們。木薪已放在他手中，他要揚淨自己的禾場，把麥粒收在倉內；至於糠秕，卻要用不滅的火焚燒。」他還講了許多別的勸言，給百姓傳報喜訊 [*路 3：16-18；瑪 3：11-12*]。按<u>路加</u>的詮釋，洗者<u>若翰</u>(<u>約翰</u>)傳報的救世主是要以「聖靈」和「火」來淨化人們，並且那就是救世主的「喜訊」。藉著基督，這「火」要煉淨人靈；透過基督，聖靈要傳譯天國。接近基督，不外乎就是要「煉淨心靈，通傳天國」，當然遠離基督，就會遠離天國了。

相關文件：(參考第 10 段，[路 12:49-50]，及[若 14:6-12])

《<u>奧利金評論耶肋米亞</u>》 (Comm. in Jer. III. p. 778, Origen *In Jerem. hom. lat.* 20.3) 和《<u>亞歷山大 狄狄摩</u>》 Didymus of Alexandria in Ps. 88:8)，有幾乎完全一樣的話：

我曾經在某文件上讀過一段話，我對此有些疑問，不知道是某人以為是救主所的說呢？或者只憑一點記憶的話？還是真是救主所的說，那是這麼記載的「救主說：『任何接近我的人，接近火；任何遠離我的人，遠離這國度。』」

《<u>安提約基亞的伊納爵致士美拿教會書</u>》(Ignatius Ad Smyrn. c. 4)

我為什麼將我自己交給死亡、交給火、交給刀劍、交給野獸呢？離刀劍近的就與上主近，與野獸在一起就是與上主在一起。

出 3:1-6

那時<u>摩西</u>為他的岳父，<u>米德楊</u>(<u>米甸</u>)的司祭<u>耶特洛</u>(<u>葉忒羅</u>)放羊；一次他趕羊往曠野裏去，到了天主的<u>曷勒布</u>(<u>何烈</u>)山。上主的使者從荊棘叢的火焰中顯現給他；他遠遠看見那荊棘在火中焚燒，而荊棘卻沒有燒毀。<u>摩西</u>心裏說：「我要到那邊看看這個奇異的現象，為什麼荊棘燒不毀？」上主見他走來觀看，便由荊棘叢中叫他說：「<u>摩西</u>！<u>摩西</u>！」他答說：「我在這裏。」天主說：「不可到這邊來！將你腳上的鞋脫下，因為你所站的地方是

聖地。」又說：「我是你父親的天主，亞巴郎(亞伯拉罕)的天主，依撒格(以撒)的天主，雅各伯的天主。」摩西因爲怕看見天主，就把臉遮起來。

八十三·

耶穌說：這些形像是人所看得見的，但是他們內在的光明是隱伏於形像之內。經由他所擁有的光明，他的形像將被隱藏下去，然而這天父之光將被顯露出來而大放光明。

甲·值得一提的是，從第八十三段之後《多瑪斯福音》開啓了另外一個重要的主題：**受造的人，與造物主的關係，他的原本、現況、和演變**。而第八十三段在描繪形像與天父之光同時在人身上；當形體隱藏了，天父之光就會被顯露出來而大放光明。

　　下圖是綜合 [*創 1:26*] 和《多瑪斯福音》第八十三段與第八十四段描述的一種大體的理解。

乙·學者方克和虎爾 [Funk and Hoover，*The Five Gospels*, p. 518] 認爲在初期基督宗教發展的同時，柏拉圖哲學十分盛行。根據柏拉圖，神明將這世界帶進一種存在，並以一種肖像(或形式)製作它 —— 那是永恆和絕對的。這個可

觸摸的世界與神明肖像的世界是相對的。第八十三段和第八十四段用了一些柏拉圖哲學的概念和文字。同樣地，斐羅也深受柏拉圖哲學的影響。隨後，亞歷山大的克里蒙和奧利金更把柏拉圖哲學和基督教思想結合在一起。方克和虎爾在提醒讀者當時的思想背景，可是「人是天主的肖像」在《創世紀》中就有描述，第八十三段和第八十四段主要在談如何將這「肖像」放出光明。基督宗教在幾個大宗教和大文明中算是晚的，福音中觸及其它哲學宗派的影子的地方不勝枚舉。即便引用當代的思想方式和文字 (佛家稱為方便法門) 來開釋，實在是很自然的事，沒有必要遮掩。明相、比喻、轉借都是靈性論道運用的手法，即便是「天主的肖像」也是一種無名靈性的象徵。真理反映天主的大能，轉換的時空或永恆中，如果人們是其中的參與者，請眾人感謝天主。

相關文件：

《亞歷山大的斐羅 對 創 2:7 評論》1.31-32

　　『上主從地上拿黏土造人，祂並且吹了一口生命之息的氣在臉(鼻)上，人就變成一個活生生的靈體。』這裡有兩種存在的人性：一種是屬天的，另一種是屬地的。這屬天的是指受造於天主的肖像，並且沒有地上的質料，完全不會腐朽。但是屬地的是指零散的物質所造出來的 —— 摩西稱之為黏土。因此他說：屬天的人不是鑄造出來的，卻戳上了天主肖像的印記。然而地上的人是這巨匠鑄造出來的，但不是子嗣。人必須在地上經過人性的演變，那是心靈所應允的，但還沒有被身體所參透。

《十二聖徒福音》64: 4-6

　　實實在在地，只有一位天主，祂是萬有中的萬有，在祂之內萬物並存，是所有生命與實質的泉源，無始無終。那些可以看見然後消逝的事情是那不可看見的永恆之顯現。從這些自然中可見的事物，你們可以觸摸到那些神性不可見之物；也就是說經由自然性的以達到靈性的(境界) 。實實在在的，厄羅因(以羅欣)創造了人 —— 男子與女子 —— 在這神聖的肖像之中，以及所有的自然事物在天主的影像中。所以天主是兼具陽性與陰性，不分的二元合一，是不可分而永恆；經由祂，在祂之內是所有可見與不可見的萬事萬物。

《大乘金剛般若波羅蜜經》

〔如理實見分第五〕

(佛告須菩提：)…「須菩提。於意云何？可以身相見如來不？」「不也，世尊。不可以身相得見如來。何以故？如來所說身相，即非身相。」佛告須菩提：「凡所有相，皆是虛妄。若見諸相非相，則見如來。」

〔正信希有分第六〕

須菩提白佛言「世尊。頗有眾生，得聞如是言說章句，生實信不？」佛告須菩提「莫作是說。如來滅後，後五百歲。有持戒修福者。於此章句，能生信心，以此為實。當知是人，不於一佛，二佛，三四五佛而種善根。已於無量千萬佛所種諸善根。聞是章句，乃至一念生淨信者。須菩提。如來悉知悉見，是諸眾生得如來無量福德。何以故？是諸眾生無復我相，人相，眾生相，壽者相。無法相，亦無非法相。何以故？是諸眾生。若心取相，則為著我，人，眾生，壽者。若取法相，即著我，人，眾生，壽者。何以故？若取非法相。即著我，人，眾生，壽者。是故不應取法。不應取非法。以是義故。如來常說，汝等比丘。知我說法，如筏喻者。法尚應捨，何況非法。」

八十四·

耶穌說：當你們看見你們所相似的，你們會欣喜不已。然而，每當你們看到你們的形像在你們的開始就已來到了世間，他們不會死但總是顯現不出來，你們將要擔負多少呢？

　　福音的文件中以問句結尾的極為稀少，《多瑪斯福音》第八十四和第十一段是僅有的兩則論語以問句做結尾。這兩段問話的內容十分接近，值得思考。連同第八十三段，這三段話都在提示讀者，本來人們是好好地活在光明之中的，現在卻生活在矛盾當中。第十一段一開始就說：

　　「那已死去的他們不會活於生命，那活於生命的他們將不死。」

又接著說：

「這些日子你們吃死的東西，你們造就它過著生活；每當你們來
到這光明裏，你們要做什麼呢？在這個日子裏你們是一個，你們
卻造出了兩個；然而每當你們來到世間成為兩個，你們又要做什
麼呢？」

第八十三段和第八十四段合在一起為：

「藉著天父肖像之內的光明，人們的形像將被隱藏下去，他將被顯
露出來而大放光明。但是你們的形像來到世間，既不死也總是顯
現不出來，你們將要擔負下多少呢？」

這幾段靈道論語都圍繞著一個主題，並在問讀者：人們在世間如果攝取的是
死的東西，怎麼活呀？人們的形像來到世間既不死也不放光明，該怎麼辦？
當你們來到這光明裏，你們要做什麼呢？然而當你們分裂為兩個，你們又要
做什麼呢？耶穌的這幾句話似乎在吟：

萬事成因誰安排？　魂靈深藏何門開？

莫歡千古黃粱夢，　休恨一世浪形骸；

且聽秋田麥草吟，　願成籬下連枝柴；

合燃木薪暖灶炕，　充作光燭照心宅。

相關文件：

羅 1:20

其實，自從天主創世以來，祂那看不見的美善，即祂永遠的大能和祂為神的本性，都可
憑祂所造的萬物，辨認洞察出來，以致人無可推諉。

格前 13:12

我們現在是藉著鏡子觀看，模糊不清，到那時，就要面對面的觀看了。我現在所認識
的，只是局部的，那時我就要全認清了，如同我全被認清一樣。

格後 3:15-18

　　而且直到今天，幾時讀摩西時，還有帕子蓋在他們的心上；他們幾時轉向主，帕子就會除掉。主就是那神；主的神在那裏，那裏就有自由。我們眾人以揭開的臉面反映主的光榮的，漸漸地光榮上加光榮，都變成與主同樣的肖像，正如由主，即神在我們內所完成的。

格後 3:4-6

　　因爲今世的神已蒙蔽了這些不信者的心意，免得他們看見基督 ── 天主的肖像 ── 光榮福音的光明。　因爲我們不是宣傳我們自己，而是宣傳耶穌基督爲主，我們只是因耶穌的緣故作了你們的奴僕。　因爲那吩咐『光從黑暗中照耀』的天主，曾經照耀；在我們心中，爲使我們以那在基督的面貌上，所閃耀的天主的光榮的知識，來光照他人。

若一 3:1-3

　　(參閱第三段講論)

《徑石滴乳集卷之三・徑山下第十一世》 如空禪師啓關偈曰：

　　自結玄關自活埋，自吾閉也自吾開；一拳打破玄關竅，放出從前這漢來。

八十五・

耶穌說：從一個偉大的能力和一種偉大而富裕境界的結合中，亞當曾經來到世間；但他來到世間對你們並不值得呀！因為如果他是值得的，他就不應該嚐到死亡呀！

甲・這段話有幾個字句在第二十九段中出現過。在第二十九段的後段中，耶穌說：「然而我驚奇讚歎這樣的事：怎麼有這樣偉大而富裕狀態的會住在這貧乏狀態之中！」這一段則說「從一個偉大的能力和一種偉大而富裕的境界的結合中，亞當曾經來到世間。」兩段話同樣在說人的靈性是從一種偉大而富裕的境界中而來的。這兩句話與前面剛說過的一句話(第八十四段)也是相連貫的「如果你們看到你們的形像在

你們的開始已來到了世間，他們既不死卻總是顯露不出來；你們將
要擔負下多少呢？」「你們的形像在你們的開始」便指的是亞當。

乙‧亞當這個名字，原來希伯來文的意思是血紅的黏土，象徵天主所造的第
　一個人。關於亞當來自「一個偉大的能力和一種偉大而富裕的境界結
　合中」這樣的說法，在納格‧哈瑪地藏書的《亞當啟示錄》有類似的描
　述。

《亞當啟示錄 (The Apocalypse of Adam)》1 (納格‧哈瑪地藏書第五冊第五書)
在第七百年的時候，亞當教導他的兒子舍特(賽特)一份啟示，他說：我的兒子舍特(賽
特)，要仔細聽我的話。當天主用土造了我和你的母親夏娃的時候，我和她在光榮中
一起去了那在永恆中所看見的，那也是我們 ── 我和你的母親夏娃 ── 所來之處。她
教導我一個永生天主的知識的字眼。我們就像大天使一樣，感到有超過比造我們的天
主還偉大的力量，那時我們不認識它。

然後，這永恆大能主宰者的天主在激怒中離開了我們。我們就變成了兩個時間世代，
在我們內心的光榮也離開了我們 ── 我和你的母親夏娃。而那第一道知識卻息息相通
在我們中間。但是光榮也離開了我們；那不是從這個世代來的，而是從我們 ── 我和
你的母親夏娃 ── 原先來的那個世代。但是知識進入了這大世代的種子之中。為此，
我就用那人的名字給你取名，他是這偉大 (即那要來) 的時代的種子。從那天開始，真
理之主的永恆知識就從我和你的母親夏娃這裡撒走了。從此，我們就知道甚麼是死的
東西了，就像人們一樣。然後我們就認識到是這位天主創造了我們，因為我們對祂的
大能不陌生。我們在害怕與奴性中侍奉祂。從這些事情之後我們的心就變黑暗了，現
在我就是在我心靈的夢幻中。

我看到有三個人在我的面前，我並不認識他們的模樣，因為他們不是由我們的天主大
能所出來的。他們超越[…]光榮和[…]人們[…]，對我說：「亞當，從死亡的睡夢中起
來，聽這世代和這人的種子已經來到，他是由你和你的妻子夏娃所出來的！」…

〔註：《創世紀》中亞當和夏娃的故事與這則《亞當啟示錄》有關。對這寓言在「知
識」方面的講論，歷史中的中國佛教人士也有所討論。請參閱第 19 段的講論。〕

八十六·

<u>耶穌</u>說：這些狐狸有牠們的穴，這些鳥有牠們的巢；然而這人的兒子卻沒有枕他的頭並讓他安憩的地方。

　　這段諺語的最後比《瑪竇(馬太)福音》和《路加福音》中相對應的文字多了一句話：「**並讓他安憩的地方**」，把重要的字眼強調出來。許多學者指出這裏的「人子 (son of the man)」不是指<u>耶穌</u>自己，而是泛指人(children of the humanity)。尤其這段話放在第八十五段之後，有其特別的意表。正典福音中的「人子」若解釋為和《多瑪斯福音》及其他外傳一樣泛指「所有的人」，那麼<u>耶穌</u>就在強烈地指證「所有的人」都可以成為「基督」。然而在這裡，<u>耶穌</u>似乎在向天父報告：「在這世上，天父所造之生物都有安憩之所，而這人的子孫卻沒有安枕之處。」

相關文件：

瑪 8:20 (路 9:58)

　　<u>耶穌</u>對他說：「狐狸有穴，天上的飛鳥有巢，但是人子卻沒有枕頭的地方。」

八十七·

<u>耶穌</u>說：這身體依賴在一個身體上，是一件令人遺憾的事。這靈魂依賴在這兩者之上，也是一件令人遺憾的事。

　　這裏所指的兩個身體和靈魂，有一種可能的解釋是指在《創世紀》第九章(1-6)中所說：肉身、血、和生命(靈魂)。第八十七段雖暗含《創世紀》第九章的名相，但這裏<u>耶穌</u>的口氣不是正面的(可能是《司祭典》的作品)。最起先「天主愛人愛物的本意」可在《創世紀》第一章發現得到。參考第一百十二段及所引用的相關文件。

相關文件：

《瑪卡瑞歐五十道靈性訓誡 (Macarius Fifty Homilies)》1.11

　　當這身體停留在原處真是令人遺憾的事，因為他就會腐敗而死亡。這靈魂停留在原處，只管他的活兒，又不和聖靈交通真是令人遺憾的事，他就會死亡，只因他不值得永生而神聖的生命。

八十八．

耶穌說：天使們和先知們正朝著你們而來，他們將給你們那些你們原本就享有的（天賜恩澤）。同樣地，你們也要把你們所擁有的嘉惠給與你們在一起的人；然後會問自己說：什麼時候那些人會來領取屬於他們的東西呢？

　　　這段論語「詩中有靈性之意境」，「意境中有詩」，既真切又浪漫，且來唱一首雙偈吟：

有情天使銜玉飛，　　明覡尊者下凡仙，

娜嬛福樂不須追，　　還君珠璧連揆天，

綈袍送暖祈心嚮，　　湧泉相報在人間，

且問何日來取回？　　怎奈遊子愛狂狷！

　　　再仔細體會這段文字，可以發現這整段話似乎是《若望默示錄(約翰啟示錄)》的索引。《默示錄(啟示錄)》以寓言的方式說明所要啟發給人們的事，寓言中的神、人、物包括：坐在中央大寶座者、一隻羔羊、四個生物、七位天主的神靈(天使)、二十四位長老、以及許多天使。舉其中兩處有關本段的章節如下：

默 8:1-5

當羔羊開啟了第七個印的時候，天上靜默了約半小時。然後，我看見那站在天主面前的

七位天使；給了他們七個號角。又來了另一位天使，持著金香爐，站在祭壇旁；給了他許多乳香，爲同眾聖徒的祈禱，一起獻在寶座前的金壇上。乳香的煙與聖徒的祈禱，遂由那位天使的手中，升到天主面前。此後，那位天使提起香爐，盛滿了祭壇上的火，拋到地上，遂發生了雷霆、響聲、閃電和地動。

默 22:16-17

「⋯我耶穌派遣了我的使者，給你們證明了有關教會的這些事。我是出於達味家族的後裔，我是那顆明亮的晨星。」聖靈和新娘都說：「你來罷！」凡聽見的也要說：「你來罷！」凡口渴的，請來罷！凡願意的，可白白領取生命的水。

〔註：這是《若望默示錄(約翰啓示錄)》的末段章節，以期待的口吻結束。請參考這份靈道論語的第 28 段，耶穌遺憾地說：我以血肉之身在世上之時，沒有發現有任何一個人口渴的。〕

八十九．

耶穌說：你們為什麼（只）清洗這杯子的外面？難道你們不瞭解那位創造這裏面的，他也是創造這外面的那位？

甲・從前面一段的文意，這杯內杯外可能是指自己和其他的人。「你們得到了先知和天使所帶來你們原本就有的，你們也將所有分享給與你們在一起的人；然後會問自己說：什麼時候那些人會來領取屬於他們的東西呢？」有很強的傳揚天道福音的口吻。可是這段話，回過頭來要求傳道者不要重蹈經師(文士)和法利塞黨人的覆轍，忽略了清洗自己的心靈。

乙・幾乎所有的宗教靈性或修行的道理，都要求修內外淨明的功夫，佛學在這方面的說理更是洋洋大觀，舉一例供讀者參考。

《楞嚴經》卷第一(2.1)
佛告阿難汝我同氣。情均天倫當初發心。於我法中見何勝相。頓捨世間深重恩愛。

阿難白佛我見如來三十二相。勝妙殊絕形體映徹猶如琉璃。常自思惟此相非是欲愛所生。何以故欲氣麤濁腥臊交遘膿血雜亂。不能發生勝淨妙明紫金光聚。是以渴仰從佛剃落。

佛言善哉阿難。汝等當知一切眾生。從無始來生死相續。皆由不知常住真心性淨明體。…

其他相關文件：(這段話最接近路加的記載)

路 11:39-41

但主對他說：「你們法利塞黨人洗淨杯盤的外面，而你們心中卻滿是劫奪與邪惡。糊塗的人哪！那造外面的，不是也造了裏面嗎？只要把你們杯盤裏面的施捨了，那麼，一切對你們便都潔淨了。…」

瑪 23:25-26

禍哉，你們這些有如戲子般帶著面具的經師(文士)和法利塞黨人！因爲你們洗擦杯盤的外面，裏面卻滿是劫奪與貪慾。瞎眼的法利塞黨人！你先應清潔杯的裏面，好叫它外面也成爲清潔的。

九十‧

耶穌說：你們到我這裡來吧！因為我的軛是殊勝的，我以主人氣度的待人之道是一個良善君子的風範，並且你們將會找到那臨於你們一世的平安。

這段話十分接近《瑪竇(馬太)福音》11:28-30 中所記載耶穌勸勉人們的話。其實希臘文和科普特文的譯者在這裏用了一個令人玩味的希臘文字眼「Χρηστος」，科普特文爲「ⲭⲣⲏⲥⲧⲟⲥ」。它與「Χριστος」即「ⲭⲣⲓⲥⲧⲟⲥ」只差一個字母，發音也相近。「ⲭⲣⲏⲥⲧⲟⲥ」是「自然公義而優越」的意思，文言一點就是「殊勝」或「聖善」的意思，但是中文聖經的翻譯大多數翻成「容易的」或「柔和的」；「ⲭⲣⲓⲥⲧⲟⲥ」是「基督」的意思。這前句話中另

外一個關鍵字「軛」，它是結合力量的樞紐，這裏所指的是耶穌教導的靈性系統之氛圍。而 Naгb̄(軛) 和 Ñtaгe(我的道) [希臘文各別是 ζυγος 和 λογος] 在發音上有奧妙的近似之處。因此若將這段文句 ([多90] 和 [瑪11:30第一句]) 稍加改變，然後比較一下就變成：

xe   OY ΧΡΗCΤΟC   ΠE   ΠA Naгb̄
因為 一個 殊勝   是 我的 軛

〔譯：因為我的軛是殊勝(自然公義而優越)的。〕

xe   OY ΧΡICΤΟC   ΠE   Ñta гe
因為 一個 基督   是 我的 道

〔譯：因為我的道就是基督(的氛圍)。〕

　　耶穌將他的道比喻成犁牛用的軛，有其特殊用意：耶穌原是木石匠的家庭出身。他瞭解將一塊良木製作成一個用來使力耕田的軛，是須要特殊的製作手法。它的材料、大小、重量、平衡角度、表面光滑、曲線彎度的設計和裁製必須要達到最高的力學效益且又不傷牛背。

　　也許是耶穌的道本身就奧妙，也許是宗徒們在盡可能地以言語來表達師傅所說的道理，也可能是原先譯者的文章手法，福音中的文句常引人深思。而這份科普特文件的用字、用典、段落安排等，也常有弦外之音，不勝枚舉。

相關文件：
瑪 11:28-30

　　凡勞苦和負重擔的，你們都到我跟前來，我要使你們安息。你們背起我的軛，跟我學吧！因為我是良善心謙的：這樣你們必要找到你們靈魂的安息，因為我的軛是柔和(殊勝)的，我的擔子是輕鬆的。

《宣元至本經》12-15 (景教經文)

法王善用謙弱，故能攝化萬物，普救群生，降服惡魔。妙道能包容萬物之奧道者，虛通之妙理，群生之正性。奧、深密也，亦丙(百)靈之府也。妙道生成萬物，囊括百靈，大無不包，故爲[萬]物靈府也。

《十二聖徒福音》90: 16

因爲真理是那天主的宏偉，它會普渡所有的誤謬於世界的終結。但是我給你們的聖律對一切是平等公義和美好的。爲眾生靈魂的救贖，願所有的人承行它(仁愛內的真理)。

〔註：「我給你們的聖律對一切是平等公義和美好的」與「我的軛是自然公義而優越的」後頭的形容詞是一樣的，都是『殊勝』的意思。〕

九十一·

他們對他說：告訴我們你是誰？如此，我們將會轉變爲相信你。

他對他們說：你們鑽研天上與地上的表面，但你們不認識你們的臨在並能顯現的那一位，而且你們也不知道如何去鑑識這當下的時空。

這段論語強調：領悟而相信耶穌的道，不在於耶穌告訴人們他是誰。人們若要以理解的方式，來相信耶穌，就會變成像研究天上與地上的表面一般膚淺。話鋒一轉，這段話又回到這整份靈道論語的主題：若不認識從你們臨在之處顯現出來的那一位，是不可能鑑識這個時空的道。耶穌的這段話再一次的與禪宗所強調的「活在當下」的道理是完全一致的 [並參 第52段]。

這段話說出的《多瑪斯福音》與目前基督教傳統在信道理念上最大的不同。話中明白地指出「領悟天道」在於「認識臨在處顯現出來的那一位」，所有耶穌的道理都在激發人們的悟性(METANOEI)，並和人們的「臨現處」運作共鳴。

相關文件：

路 12:54-56 (瑪 16:1-4)

耶穌又向群眾說：「幾時你們看見雲彩由西方升起，立刻就說：要下大雨了；果然是這樣。幾時南風吹來，就說天要熱了；果然是這樣。帶著面具的戲子哪！你們知道觀察地上及天上的氣象，怎麼不能觀察這個時機呢？…」

若 8:25-27

於是，他們問耶穌說：「你到底是誰？」耶穌回答他們說：「難道從起初我沒有對你們說過嗎？對你們我有許多事要說，要譴責；但是派遣我來者是真實的；我由他聽來的，我就講給世界聽。」他們不明白他是在對他們講論父。

若 14:8-11

菲利浦(腓力)對他說：「主！把父顯示給我們，我們就心滿意足了。」

耶穌回答說：「菲利浦(腓力)！在這麼長久的時間以來，我和你們在一起，而你還不認識我嗎？誰看見了我，就是看見了父；你怎麼說：把父顯示給我們呢？你不信我在父內，父在我內嗎？我對你們所說的話，不是憑我自己講的；而是住在我內的父，作他自己的事業。你們要相信我：我在父內，父也在我內；若不然，你們至少該因那些事業而相信。」

九十二·

耶穌說：你們尋找就會找到。然而你們曾詢問我所關切的那些事，在那段日子裏我不告訴你們；此時此地我很願意告訴你們那些事，可是你們已不再追尋它們了。

　　在第九十二與第九十四段中，耶穌再次提到「尋找就會找到」，第三十八段的話意和這一段話是倒過來說的。然而第九十二段和第三十八段不但是在提醒人們，也在責怪人們的疏忽。耶穌在這段論語中的前後兩句話，以很明顯的口氣提示「尋找就會找到」是基督徒們的一道公案，不像正典福音中說得那麼輕鬆 [瑪 7:7-11，路 11:9-13]。

相關文件：

若 16:4-5

「我給你們講論了這一切，是爲叫你們在這一切發生時，想起我早就告訴了你們這一切。這些事起初我沒有告訴你們，因爲我還與你們同在。現在我就往派遣我者那裏去，你們中卻沒有人問我：你往那裏去？」

九十三‧

不可以把任何聖物給狗，那麼聖物就不致於被丟棄到糞土裏。也不可以把珍珠給豬，那麼珍珠就不致於被糟蹋…。

在這裏原作者安排了一段不是很好聽的諺語。這段諺語在正典福音書中，是耶穌所說，至少是耶穌所引用的話。請讀者注意，本文件的作者沒有說這話是誰說的。所以只能解讀爲：作者以這諺語來評論那些執迷不悟，不受教的人們，也就是前面兩段靈道論語中耶穌說話的對象。另外一點值得注意的是正典福音中，只有瑪竇(馬太)記載這段諺語，顯示其巴勒斯坦地方色彩的比喻性諺語。

相關文件：

瑪 7:6

你們不要把聖物給狗，也不要把你們的珠寶投在豬前，怕它們用腳踐踏了珠寶，而又轉過來咬傷你們。

《十二宗徒訓言 (Didache)》9:5

除了奉主之名領受洗禮的人們之外，不要隨便讓人吃喝你們的祝聖過的餅酒。因爲主說過：「不要把聖物給狗。」

《希波呂托斯 駁斥所有異端 (Hippolytus, *Refutation of All Heresies*)》v.8.32.

(參閱第十一段相關文件。)

《一神論・世尊布施論第三》144 (景教經文)

…似(以)真珠莫前遼人，此人似睹(豬)，恐畏踏人(之)，欲不堪用，此辛苦於自身不周遍，卻被嗔責，何爲不自知。

九十四・

<u>耶穌</u>說：任何人尋找，他將找到。任何人敲門要進去，他們將爲他開門。

　　《多瑪斯福音》第九十三段和第九十四段讀起來好像是兩回事，而在《瑪竇(馬太)福音》和《一神論・世尊布施論第三》(第 144-145 節) 中這兩段話也是連在一起的，因此這三份文件可能源自同一原始資料或承傳。然而《一神論・世尊布施論第三》的這段話可能是來自《瑪竇(馬太)福音》的相關章節。就以這兩段話綜合起來的意思來說，很明顯地是在闡釋：「聖物珍寶之道是賜給人的，上天必然會給予。把聖物給禽獸，只會污染這至寶」。

　　正典福音中，<u>耶穌</u>教導門徒偶爾會以這種正反面交織的講道方式來說明，有的乍讀起來邏輯混淆；《多瑪斯福音》所記載的<u>耶穌</u>論語則有相當多段是採用這種方式來論述的。深入的靈性道理常是無法說清的，因此就不得不以相對交織的觀念來表達；當讀者以最純正的心去體會，必會豁然開朗。

相關文件：

瑪 7:7-8 (路 11:9-10)

　　你們求，必要給你們；你們找，必要找到；你們敲，必要給你們開，因爲凡是求的，就必得到；找的，就必找到；敲的，就必爲他開。

《一神論・世尊布施論第三》145 (景教經文)

　　從一乞願，打門他與汝門，所以一神，乞願必得，打門亦與汝開。若有乞願不得者，亦如打門不開，爲此乞願不得妄索，索亦不得，自家身上有者從汝，等於父邊索餅即得，若

從索石，恐畏自害，即不得；若索魚亦可，若索蛇，恐螫汝，爲此不與，作此事，亦無意智，亦無善處，向憐愛處，亦有善處，向父作此意，是何物意，如此索者，亦可與也，亦不可不與者，須與不與，二是何物，兒子索亦須與，一[神]智裏，無有意智，意無意智處，有善處，有罪業處，不相和，在上須天台舉，亦不須言，索物不得，所以不得有不可索，浪索不得，你所須者，餘人索，餘人[所]須，亦你從索，餘人於你上所作，你還酬償。⋯

九十五·

<u>耶穌</u>說：當你們有錢時，不可借給人來賺利息，不如給那個將不會還錢的人。

相關文件：

瑪 5:42 (路 6:34)

　　求你的，就給他；願向你借貸的，你不要拒絕。

《十二宗徒訓言 (Didache)》1:5

　　任何人有求於你就給予他，而不要要求償還；因爲天父願所有人給予他們自己的禮物。

九十六·

<u>耶穌</u>說：這天父的國度就像一個女子。她拿了一點點酵母，{攙}到一塊麵團裏，並把它做成了一些大麵包。任何有耳朵的人，願他聆聽。

　　　第九十三段論語提醒人們要珍惜聖靈的禮物，接著後面的四、五段都在說明聖靈的工作和愛子們應學習的天國課題，包括：敲門就會爲他開，借錢不要求償還，將愛心向酵母一般的作用開來，將做好的日用食品及靈性食品讓人們食用。從以上這幾段話和在生命中的共融體驗，筆者改寫了一椿啓發如下：

> 聖靈，祂是來自一個無名國度的神聖嚮導，
>
> 祂已不惜化身爲任何形式來開導人，
>
> 祂必會幫人們找到那些真正需要的，
>
> 祂不認爲人們需要那些子虛烏有的，
>
> 祂的任務是保護你的靈魂回歸本體。

相關文件：

瑪 13:33 (路 13: 20-21；格前 5:6；迦 5:9)

他又對他們講了一個比喻：「天國好像酵母，女子取來藏在三斗麵裏，直到全部發了酵。」

九十七·

<u>耶穌說</u>：這天父的國度就像一個女子背負著一個裝滿了糧食的罐子。她走在這條路途遙遠的道上。這罐子的耳把壞了，沿著這條路上，這糧食在她的後頭漏光了。她不知道這事，不曉得有了麻煩。當她打開門進到她的房子裏，把這罐子放到下來，她才發現它是空空的了。

甲·在目前所有的文件裏這段比喻是找不到相對應的話或出處，勉強附會的話可以參閱《真理福音 42》。然而就像第九十二段所暗示的，這比喻的主旨在提醒人們，走在人生的路途上，不要盲目地往前衝，而疏忽了原先意圖要做成的事。另一方面也在引申：人們如果不注意，可能會在走向天國的路上，把自己的老本漏光了。罐把子是提罐著力之處，當心！那裏也是最容易被弄壞之處。第二十八段說：人類的子孫空手而來，空手而回；因爲人們在迷糊的醉夢中，當人們甦醒後就會大悟。靈知派宗師<u>瓦倫提諾</u>(Valentinus)曾解釋說，靈知不是探求知識，而是身心靈經過一步步的良知覓性，逐漸地走向存在的大靈。這些論述都與本段有關。

乙・如果把撒落在路上的糧比喻爲荒廢或錯謬的人生種種，那麼有一則古老埃及修道院中的故事值得參考，這故事的意義與正典福音中耶穌原諒罪婦的故事接近。

> **《瑪卡瑞歐(Macarius) 文集》** 在古代埃及沙漠裏有一則真實的故事 ——
>
> 摩西師父(Abbot Moses)原是一個衣索比亞人，被賣爲奴，後來逃走加入強盜集團。由於他的身材魁武，氣勢凌人，遂被推舉爲強盜頭子，是當時商業道路上赫赫有名的大盜。在他的晚年，他痛改前非，並與一群修行人生活在埃及沙漠的修道院中。他受到幾位神長的教誨，這幾位修爲極高的長者包括瑪卡瑞歐(Macarius)，諾亞賽熱(Arsenius) 和伊西多爾(Isidore)。
>
> 在修行人的團體裏，對於犯過錯的成員是要極力譴責並加以改造的。有一天有一個修行人犯了些錯，長老們開聯席會議，並要摩西一起審理這件案子。但是他肯不去，後來主持派人捎來口信，說：來吧，會院內的兄弟們都在等著你。他就很無奈的去了。他拿了一個老舊並且有洞的破袋子，裏面裝滿了沙，背在後背上。人一面走，沙一面漏。有幾個長老剛好出來碰上了他，問他說：「仲父，這是什麼啊？」仲父回答說：「我的罪惡正在我的背後流著，我看不到它們，而今天我卻來審判別人的罪過呀！」當他們聽到摩西的話，就原諒了這個弟兄並且不再計較了。

九十八・

耶穌說：這父親的國度就像一個人，他想要去殺一個孔武有力的人。他在他的屋子裏持劍練武，他試著將劍刺入牆裏。以便瞭解是否他的手「往內的力道」夠強勁。然後，他就殺掉了這孔武有力者。

甲・《多瑪斯福音》多處提到要認識自己，活出受造的人子本性 [多 3：67；70]。也提到那不在你們內的那一位，在你們內會致人於死 [多 70]。並一再強調人們要警戒守護，以一種極大的力量抵抗盜賊們 [多 21]。任何有修行經驗或對修心養性有體認的人都會理解，第九十八段在談修煉革新，就像自己在屋裏練劍，可是在練一種往內刺殺的工夫；不夠強勁，豈能除

去那無名的大力士？那是一位原本不在你內的盜賊 [多21；多103]，卻跑到你內了。第三十五段，是說要把那位大力士綁起來押出去，道理是接近的。

乙·有一本書叫《奇蹟課程(A Course in Miracles)》很能呼應《多瑪斯福音》的靈道，專門教導如何從心靈和心理的領悟來「修煉小我」，從而回歸上主之子純潔的本性，書中並有 365 課修行的課程。這本書與《多瑪斯福音》相似的文句論述也層出不窮。它的相關書《告別娑婆(The Disappearance of Universe)》並列出了許多《多瑪斯福音》中記載的話。

丙·佛禪的修煉也有類似的啟發：先給一把「殺人刀」要讓心大死一番，然後再給一把劍，叫「活人劍」，讓死心可以復活。前一步驟就是小乘的解脫知見（心大死一番），後一步驟是北傳佛教(大乘)所謂的「空有不二」之悟道。因此修煉悟道，不是要變成木頭人，而是要讓出妄念、活出本性也。舉例如下：

《大慧普覺禪師語錄》(住江西雲門菴語錄卷第七)
所以道。殺人自有殺人刀。活人自有活人劍。有殺人刀無活人劍。一切死人活不得。有活人劍無殺人刀。一切活人死不得。死得活人活得死人。便能刮龜毛於鐵牛背上。截兔角於石女腰邊。不作奇特商量。不作玄妙解會。何須九旬禁足三月護生。謹守蠟人無繩自縛。須知盡十方遍法界無有如針鋒許不是。各各當人安居之處。便恁麼去。更有事在。敢問諸人。只如不死不活底人出來。且作麼生殺作麼生活。若殺不得活不得。佛法無靈驗。直饒殺得活得。也未是作家。

九十九·

門徒們對他說：你的兄弟們和你的母親正站在外邊。
他對他們說：那些在各處承行我父旨意的人們，他們就是我的兄弟和我的母親，他們將進入我父的國度。

福音中只要提到親情，耶穌總要將話題轉向天父或聖靈，《多瑪斯福音》中其他談論有關親情的段落是：第七十九段和第一百零一段。

相關文件：
路 8:19-21 (瑪 12:46-50；谷 3:20-22；谷 3:31-35)

耶穌的母親和兄弟到祂這裏來了，因為人多，不能與祂相會。 有人告訴他說：「你的母親和你的兄弟站在外邊，想要見你。」 他卻回答他們說：「聽了天主的話而實行的，才是我的母親和兄弟。」

《伊皮凡尼鳥斯著帕那裡昂(Epiphanius, Panarion 30.14.5) 》引用《依比歐乃泰斯福音 (Gospel of Ebionites) 》

他們(指依比歐乃泰斯人)否認他(指基督)是一個人；當有人向他報告：「看！你的母親和你的弟兄站在外面。」救世主公開的說：「誰是我的母親和弟兄？」便把他的手指向群眾，他說：「誰執行我父的旨意，這些人便是我的弟兄、母親、和姊妹。」

一百・

他們對耶穌展示了一枚金幣。他們對他說：那些凱撒的人要我們付稅。他對他們說：把凱撒的還給凱撒，把上主的獻給上主，並且把那些屬於我的給予我。

當時在猶太聖殿的換錢商把沒有像的「協刻爾(舍客勒)」硬幣(shekel coin)以高利潤兌換刻有凱撒頭像的硬幣，讓信眾可以繳納他們的宗教稅，因為猶太宗教當局只收「協刻爾(舍客勒)」硬幣。福音中也有一處提到換錢的商人在聖殿做生意的事 [瑪21:12；谷11:15]。

相關文件：
谷 12:13-17 (瑪 22:15-22；路 20:20-26)

後來，他們派了幾個法利塞黨人和黑落德黨人到耶穌那裏，要用語言來陷害他。他們來對他說：「師傅！我們知道你是真誠的，不顧忌任何人，因為你不看人的情面，祇按真理

教導天主的道路。給凱撒納丁稅，可以不可以？我們該納不該納？」耶穌識破了他們的虛偽，便對他們說：「你們為什麼試探我？拿一個『德納』來給我看看！」他們拿了來。耶穌就問他們說：「這肖像和字號是誰的？」他們回答說：「凱撒的。」耶穌就對他們說：「凱撒的就應歸還凱撒，天主的就應歸還天主。」他們對他非常驚異。

優希比烏 (Eusebius)引述《希伯來人福音》天主的顯現 (*Theophany* preserved in Syriac), iv.12
他說：「我將選取那些屬於我的。最好的是那些在天上我天父已賜給我的人們。」

一百零一‧

任何人不少愛他的父親和他的母親以我之道，他不能夠跟隨我為門徒。任何人不愛他的父親和他的母親以我之道，他不能夠跟隨我為門徒。因為，我的母親已經生我出來，然而我真正的母親給予我這生命。

「以我之道」、「按我之言」這關鍵用語也曾出現在《若望(約翰)福音》(8:31-32)中「耶穌對那些信他的猶太人說：『你們如果固守我的言語(道)，就必然是我的門徒，也會認識真理，而真理必會使你們獲得自由。』」[*瑪* 7:22-27] 和 [*路* 6:46-49] 也記載「你們為什麼稱呼我：主啊！主啊！而不行我所吩咐的呢？凡到我跟前，聽了我的道理，而實行的，⋯⋯。但那聽了而不實行的，⋯⋯。」

由於第一百零一段並沒有以「耶穌說」這樣的字句開頭，整段論述的文句又可以與第一百段的最後一句話接合，這兩段話原是一段的可能性不是沒有的。「⋯把那些屬於我的給予我」的意會就是這第一百零一段話。從這段話和第五十五段的文句去琢磨，這話有兩種解釋：

(一)任何人不以我之道對待父母，他不能夠跟隨我為門徒。我的道基於：
我的母親生了我，但是我真正的母親給予我這生命。

(二) 靈性的道理本來就只講大情理，因而常不顧及小情理。這段話也可能要

分成兩個情況來理解：「世間的親屬」和「靈性的親屬」。

世間的親屬	靈性的親屬
任何人不少愛他的父親和他的母親以我之道，他不能夠跟隨我為門徒。	任何人不愛他的父親和他的母親以我之道，他不能跟隨我為門徒。
我的母親生了我。	然而我真正的母親給予我這生命。

『聖靈』或『大靈』在閃族語系中是陰性的名詞，稱『聖靈』為『媽(ⲘⲀⲀⲨ)』雖然不是基督教會的傳統，但在古文件裡教父所引用的《希伯來人福音》中卻是由耶穌所說。如果稱『天主』為『爸』，那麼稱『聖靈』為『媽』是一種親密靈性關係的稱呼，應該是十分合適的。在公元三百年間(325AD, 381AD)定案的基督宗教基本信道或稱為信經(Nicene-Constantinopolitan Creed)中也說：「聖靈是賦予生命者」。

但由於文中並沒有說『真正的媽』是指『聖靈』，『真正的媽』也可能是指造化的大主也說不定。有些古文件建議：老天是我們的「在天父母」，依情況啟示給我們。傳統的釋經學及神學偏向解析，連對老天也不例外；筆者以為最好不要把『祂』給劃分了，若是方便法門，自己加個註釋便是。人們有必要瞭解自己的斤兩，當我們以理智來表達，是有探索的空間，頂多有點哲學意味，但是壓根兒沒有神學的能力。要不然就謙虛點，叫「人造神學」或「揣測神學」，便離討論的事理接近些。

相關文件：(參考第 55 段)

《奧利金 評論 若望(約翰)福音 (Origen *on John*)》 II.6.

如果(你)接受《希伯來人福音》的話，裡頭記錄救世主自己說：「我的母親『聖靈』拎著我的一根頭髮，並把我帶到大伯爾山上。」…

《奧利金 評論 耶肋米亞 (Origen *On Jeremiah*)》 homily XV.4.

如果任何人接受這話：「我的母親『聖靈』拎著我的一根頭髮，並把我帶到大伯爾山上。」以及其他的話…。

《十二聖徒福音》64: 11-12

「…我實在告訴你們，我所揀選的十二位，他們真的很久以前就教導過，雖然有些已被人們的愚昧幻想與妄念所訛傳。」

耶穌又再次對瑪德蘭的瑪利亞說：「這律法是這樣寫的：『任何人離開父親或母親，讓他死於這死亡吧！』現在這個律法不是在說這生命界的雙親，而是在說這光明的內居者，祂與我們同在今朝。所以任何人爲了救世的基督、這神聖的律法、這受選者的身體的緣故，讓他們死於這死亡吧！並且讓他們迷失在黑暗之外吧！因爲他們已立願，並且那是不可能受阻攔的。」

一百零二．

耶穌說：這些法利賽黨人令人苦惱，他們就像一隻狗在這有幾隻牛的牛棚裏休息。然而，牠既不吃也不許這些牛去吃。

這段《多瑪斯福音》所引用的寓言和以下這則《伊索寓言》的前半段幾乎完全一樣。雖然瑪竇(馬太)的記載並沒有談及狗與牛，但是「自己不要進去，卻不讓想要進去的人進去」的說法是一致的。這段論語的意思和第三十九段前半及《路加福音》的記載也接近。

相關文件：(參 [路 11:52] 及 第 39 段)

瑪 23:13

禍哉，你們經師(文士)和如戲子般戴著面具的法利塞黨人！因爲你們給人封閉了天國：你們不要進去，卻不讓想要進去的人進去。

《伊索寓言》在牛棚裏的狗(一)

有一隻狗棲息在牛棚裏，狂吠亂叫著阻止那些牛去吃原來就放在裏面要給牠們吃的草。牠們中有一位對牠的同伴說：「多麼自私的狗啊！牠自己不能吃這些草，卻不讓那些可以吃草的去吃。」

一百零三‧

<u>耶穌</u>說：一個人認識到在什麼情況下竊賊們將要來侵犯是受上主祝福的。因此在他們來侵犯之前，他就會振作起來，集中他的精神奮鬥不懈。

　　這份靈道論語與對觀福音都反復地提醒讀者要時時醒悟，警戒守護。這一段論語更鄭重地指出，要及早「振作起來，集中精神，奮鬥不懈」。由於前頭的靈道論語中常提到「不在自己內的那一位」，這「竊賊們」也許是外賊也可能是內賊，須要好好對付他。然而以自己為克服的對象是《多瑪斯福音》的特點，與對觀福音書所揭示的「時時醒悟」在廣意上是相同的，但就個別段落的意思上就不盡相同了。這「盜賊」的隱喻在第二十一段也提到，在第三十五段和第九十八段是以「大力士」做比擬。

相關文件：
路 12:37-40

　　主人來到時，遇見醒寤著的那些僕人，是有福的。我實在告訴你們：主人要束上腰，請他們坐席，自己前來伺候他們。他二更來也罷，三更來也罷，若遇見這樣，那些人才是有福的。你們應該明白這一點：如果家主知道盜賊何時要來，他必要醒寤，絕不容自己的房屋被挖穿。你們也應當準備，因為在你們不料想的時辰，人子就來了。

一百零四‧

他們對<u>耶穌</u>說：我們一起來吧！今天讓我們來祈禱，也讓我們行齋戒。
<u>耶穌</u>說：我犯了哪些罪？或者在哪些事上它們（這些過錯）勝過了我？可是每當這新郎從這新房出去的時候，願他們即刻齋戒並且願他們即刻祈禱吧！

甲・在猶太人的律法(Torah)中，無知之罪(無心之過) 是屬於一種偏差之過。人們犯錯常是先從無知的偏差開始，但當發現犯錯的時候，人得要再度回到正義的道路上。也許在新約中，這種過錯是屬於所謂的「債過」(trespass)，當做而不做，當知而不知之過。這方面可參考「主禱文」。

乙・這段話的最後一句「**可是每當這新郎從這新房出去的時候，讓他們即刻齋戒並且讓他們即刻祈禱吧！**」，用的是祈願語氣。這話意味當人們犯錯的時候，神性靈魂的合一之境就消失了。好比這新郎從這新房出去了；這時他們就須要齋戒並且讓他們祈禱吧！修煉心神的意味溢於言表。《多瑪斯福音》中有三次談到齋戒祈禱，都是弟子或第三者先提出的。在第六段和第十四段的論述中，耶穌不正面回答關於齋戒祈禱方面的功德，反而著重在導正做事功的心態。而這段話則在強調這神性靈魂的合一新房，指出齋戒祈禱是要重新喚回與新郎的合一。

這後半段話，在對觀福音三書中有幾乎完全一樣的字句。那是當耶穌在召喚自新者，門徒們沒有禁食的那一段故事。緊接著，就是那新布不補舊衣和新酒不裝進舊囊的比喻 [多47]。廣意來說，這些話都是在說明以革新的心靈和行動來配合福音的教導。然而，這第一百零四段除了說明要珍惜「做一個自由而無債過的人」之外，也指出了補救之道。

〔註：新郎在聖經中是指靈性的主子，或是耶穌本尊；在十童女的比喻及《若望默示錄(約翰啟示錄)》中新郎的比喻更為清楚。〕

相關文件：

谷 2:16-22 (瑪 9:14-17；路 2:31-39)

有人來向耶穌說：「為什麼洗者若翰(約翰)的門徒和法利塞黨人的門徒禁食，而你的門徒卻不禁食呢？」耶穌對他們說：「伴郎豈能在新郎還與他們在一起的時候禁食？他們與新郎在一起的時候，絕不能禁食。 但日子將要來到：當新郎從他們中被劫去時，在那一天，他們就要禁食了。…」

《希伯來人福音》(摘自《傑羅姆 反對伯拉紏 》 (in Jerome, Against Pelagius) III.2)

　　主的母親和他的弟兄們對他說：「洗者若翰(約翰)施洗爲了罪過的赦免；讓我們一起去他那兒接受他的洗潔禮吧！」但是他對他們說：「我有什麼地方犯了罪過而須要去領受他的洗潔禮呢？除非，也許我剛剛所說的話是一句無知之罪(無心之過)。」

《多瑪斯行傳 (The Acts of Thomas) 》 11-12.

　　國王讓伴郎們先離開新房，待他們都離去後，便把門關上。新郎拉開門簾走進新房來找新娘，但他看見耶穌基督以猶達斯·多瑪斯的形象正向新娘說話。(心裏想)宗徒不是祝福完他們之後便離開了嗎？他(新郎)於是對他說：「你不是在眾人面前離開了嗎？爲什麼還在這裡呢？」耶穌對他說：「我不是猶達斯·多瑪斯，我是他的兄弟。」然後耶穌坐在床邊，讓他們兩個坐在椅子上，開始向他們說：「孩子啊，要記著我的兄弟向你們說的話，以及他所傳給你們的(道)。要知道，如果一個人能避免污穢的交媾，你們就變成了聖殿，就變得純潔，不會有衝動和痛苦，無論是看得見或看不見的。… 如果你在天主面前保持靈魂的純潔，你們就會有生命的子女，這些褻瀆的事都不會沾染到他們，你們便不須要擔心，沒有苦惱焦慮，過著一種平靜的生活，並期待不可朽壞的、真正的婚姻，這樣新郎便能進入不朽和充滿光明的新房。」

一百零五·

耶穌說：任何人認識這父親和這母親，他們將稱他為娼婦的兒子。

甲·「認識這父親和這母親」指的是深切瞭解萬物之本，但是以這樣的認識來傳道，會不能見容於當時的猶太社會。在猶太宗教社會裏，延續傳統，繼承父業既是權利，也是義務，更是祝福。背離傳統就會遭到咒罵，甚至會挨群眾投執石頭。耶穌暗稱天主爲「父親」已是犯了大不諱，如果再加了一位天上的「母親」，並且要求眾人深切的認識「真母親」，因爲她給了我們生命 [多 101]，那麼必會受到所謂正統的抨擊，以致口出不遜，象「ＸＸ養的」這樣的話，在各民俗文化中是十分普遍的。歷史中的系統宗教，對不合其信道的宗派也有類似的說法和做法，

斥責他們為離經叛道的「異端」，樹起替天行道的旗幟，打殺一翻的史實不勝枚舉。從另一方面來說，天主的國及深刻的靈性道理都是十分難以用人有限的感觀去形容，抑或先入為主的思維去揣度。耶穌所指出的神祇不一定和舊宗教或者其他文化中所體會的「老天爺」、「真主」有什麼不同。所不同的是以最基本的「人性心靈」來反映「天的心靈」，並以當時人們所能領悟的形象和生活經驗來說明。在第二十二段中已經說過：「天國是不分男性女性，不分天上地下，不分裏面外面…」豈會在乎聖婦的兒子或娼婦的兒子，當下存在的只有人的兒女。下面一段論語就在提示這個道理。然而人們必須要離開「世間的經驗邏輯」回到「共通的靈性世界」才不會陷溺在腦神經思維的窠臼中。

不論是史前的人類、不文明的社會、或文明社會，生物作用所產生的子嗣都是同一基因遺傳的原理。這就是我們所處的平均而帶亂度的物質世界(包括生物)，其他的都是演變出來的。這句話若改成問話，就變成：

> *娼婦為父母和其他的父母，有什麼不同呢？*

要歧視「克隆人」嗎？「克隆人」可能會歧視性行為而生的人呢。社會倫理等等都是演變出來的道統虛相，有其暫時性及不完滿的價值而已。如果再回到《多瑪斯福音》的主軸「認識我們自己」，就對這段話容易瞭解，甚至恍然大悟了。

乙·在舊約中，最著名的妓女是辣哈布(喇合)，新約正典中至少有兩次提到她的名字 [雅2:25；希11:31]，並都誇讚她的信德和行為。根據《瑪竇(馬太)福音》，她的名字被列在達味(大衛)和耶穌的先祖族譜中 [瑪1:5]。

一百零六·

耶穌說：無論何時當你們轉變兩個成為一個，你們將來到世間為人的兒子。並且每當你們說：這山移轉開去！它就會移開。

這段話與第四十八段很接近，祇不過這裏似乎強調「合而爲一的人們，便是人子」，然而跟據正典福音，<u>耶穌</u>一直就稱自己爲人子。由於中文「我」字的造字是「刀與戈」的組合，這段話的前段似乎可以這樣領會：當「我」自相矛盾，就不能成爲人子，當「我」合而爲一就成爲人子。

在第四十八段、第一百零六段以及《宗徒對姊妹事奉的訓誡》(Didascalia, Latin) 3.7.2 所談論的都是基於合一；而在對觀福音中，這樣說法是指在「有信心」的情況 [*谷 11:22-23；瑪 21:21-22；瑪 17:20*]。但《瑪竇(馬太)福音》18:19 所要表達的意思就比較接近《多瑪斯福音》的這兩段話。

其他相關文件：(參閱第 48 段的參考文件)

谷 11:22-23

　　<u>耶穌</u>回答他們說：「你們對天主當有信德！我實在告訴你們：無論誰對這座山說：起來，投到海裏去！他心裏若不懷疑，反相信他說的必成就，就必爲他成就。」

一百零七·

<u>耶穌</u>說：這個國度好比是一個牧羊人，他牧放著一百隻羊。在牠們之中一隻最大的迷失了；他放下九十九隻羊去找那一隻。他努力地找，終於找到了牠。他便對這隻羊說：我思念你超過於那九十九隻羊呀！

　　對觀福音中也有類似這「迷失一隻羊」的比喻，在文句上這段比喻較爲接近《路加福音》的記載。然而和對觀福音中的文字比較，這段比喻有兩點小的不同。

(一) 這裡丟失的是最大的一隻羊。

　　《多瑪斯福音》一直在強調要找到或找回最大最肥美的魚 [*多 3*]，惟一的一顆真珠 [*多 76*]，寶藏 [*多 76，多 109*]，和屋牆的基石 [*多 66*]。因此這一隻最大的羊也是屬於作者言下要讀者去找回的寶貝，況且開頭語就點明這是一則天國的比喻。

(二) 當牧人找到了這隻羊，他對羊說：「我想你超過於那九十九隻羊呀！」

然而這一小段話卻是《多瑪斯福音》最富情感的表達，令人讀了不勝感動。或可體會到作者是以「牧羊者之義」指「牧心靈之情」。對個人而言，天國就是要去找回心靈中迷失的最大一份；對合一而言，天國就是要去找回每一隻迷失的羊，他們都是最大的羊。靈知派的《真理福音(The Gospel of Truth)》對這個比喻令人有耳目一新的看法(參閱相關文件)。

以西方傳統的方式理解福音，領悟的層面常不求深入，只看一面，頂多兩三面，就像治病不見得治本的西方醫學。東方靈道思維較爲深入廣闊；所發展的哲學靈思環環相釦，面面俱到。以東方靈思來意會《多瑪斯福音》的道理，可探討的幅度極爲遼闊。其實不是西方思維狹隘，是傳統西方宗教的惟一性和排斥性，限制了許多人的靈性思維。在追求科學的方法上，西方思維的角度就十分的寬廣。筆者願以這「迷羊的比喻」來做一個例子。《多瑪斯福音》中關於靈性之愛的論述是不勝枚舉的，摘要一些文句如下：

> 這國度是在你們內也在你們之外 [多3]；
>
> 認識那在你面前臨在的 [多5]；
>
> 不可扯謊，不可做任何你們悔恨的事，所有的事都會在真理的臨在處顯現出來 [多6]；
>
> 獅獸之性吞噬了人性是多麼遺憾的事 [多7]；
>
> 做內外表裏一致的人 [多22]；
>
> 做照亮寰宇的光 [多23]；
>
> 先拿去自己眼睛裏的木屑 [多26]；
>
> 從這個世界節制自己 [多27]；
>
> 爲了肉身的昇華，靈性來到了人生，是一件奇蹟中的奇蹟 [多29]；
>
> 把自己弄瞎了的人，如何領別人上路呢 [多34]？
>
> 愛這樹卻憎恨它的果實，愛這果實卻憎恨這樹，是大問題 [多43]；
>
> 過大貪婪的心，會帶來一件件的惡事 [多45]；

謙遜居小將被舉揚 [多46]；

迷羊的比喻 [多107] …等等。

如果讀者把以上的文句咀嚼回味一下，並以這位善牧為師，然而這位善牧來到這世間上竟成了被宰殺的羔羊；如此來體會，讀者會宰殺牲畜，吃牠們的血肉嗎？即使自己不動刀刃，而希望別人動刀來滿足自己口腹，能算是表裏合一嗎？十戒中「你們不該殺戮(You shall not kill！)」是怎麼理解的？文字是怎麼翻譯的？在當時，不受法利賽黨及撒杜賽黨人影響的猶太族裔吃血肉嗎？筆者曾經把所有有關福音的資料攤開來比對，發現除了福音四書之外，其他的福音外傳有的早已超越這方面的問題只談靈性之道，要不然就是要求人們「愛護動物」；後者有十份以上的外傳，包括景教經典。

這些全不在話下，其實靈性是絕對自由的，談戒這個、戒那個就沒有意思了。靈性之道只啓發天主的真理及祂所賜的「純真、仁愛、與生命」；字典裏是找不到「狡詐、憎恨、與殺戮」這種字眼的。若硬要追問，靈性之道會答不上來的；逼急了，祂會幽你一默「殺掉那莫須有的意念吧，但那是吃不到嘴裏去的」，因為祂正盼著「愛子們從幻夢中甦醒」。以上的推論只是為讀者舉一個比方，從福音四書和《多瑪斯福音》中可作更深入而較圓熟的推論的地方還很多。在意識和潛意識的理念發展當中，必須要有永恆靈性的領航不求短暫的私慾，才是能持久可奉行的真道。幾乎每一個基督徒的第一聲召喚是：「天國近了，你們轉心明悟吧！」兩千年之後的天國在哪裏？

相關文件：

路 15:3-7 (瑪 18:12-14)

「你們中間有那個人有一百隻羊，遺失了其中的一隻，而不把這九十九隻丟在荒野，去尋覓那遺失的一隻，直到找到呢？待找到了，就喜歡的把牠放在自己的肩膀上，來到家中，請他的友好及鄰人來，對他們說：你們與我同樂罷！因為我那隻遺失了的羊，又找到了。我告訴你們：同樣，對於一個罪人悔改，在天上所有的歡樂，甚於對那九十九個無須悔改的義人。」

《真理福音(The Gospel of Truth)》32

為那些迷失的羔羊而言，他是「道路」；是無知者之識，是尋覓者之標，是困頓者之安，是污穢者之聖潔。

他是這位牧羊人，留下了沒有迷失的九十九隻羊，而去尋找這迷失的一隻。當他找到了，就非常高興。因為他的左手已經掌握了九十九這個數字。當他找到了這一隻之後，總合就交到右手上了。因為，就是缺那麼一隻，那就是全部的右手；他把不夠完整的左手那邊拿到了右手，如此這數目就成了整整的一百。這話所蘊涵的意義是完美，也就是天父。

即使在安息日，他也要餵養從溝渠裏找回來的羊，他把羊從溝渠裏抱上來，拯救了牠的生命。為了讓你們瞭解你們的心靈 —— 你們也就是心靈之識之子 —— 當認識到，即使是在安息日，救贖的工作也是不會停下來的。因為，你們所傳揚的從天降臨之道是全晝無夜的，來自圓滿的光明是永不西沉暫緩的。

〔註：《真理福音》只作評論和感言，不記載耶穌的言論。參閱第 28 段相關文件之註解。〕

一百零八 ·

耶穌說：任何人由我的口中飲取，他將以我之道來到世間（傳我所言）；我自己也會同他一起進入世間，並且顯示給他那些隱密之事。

在第十三段中，耶穌也提到，他已為人們特別製作了一種氣泡清泉(滾滾湧泉)，並且讚賞多瑪斯已沉醉在這泉水之中。耶穌這裡的話更是充滿了期待與等待，似乎師傅正以無比的耐心在等候著弟子們的認真學習。在所有有關的福音資料當中，要以《菲利浦(腓力)福音》第三十五段對這段靈道論語的解釋十分貼切：接受聖言(道)，就是領受了神聖之吻，就會孕育並生出圓滿成全；彼此相吻，發出聖言(道)，並從相互的恩澤中來孕育圓滿成全。

在福音書中，耶穌對他的「道」有幾方比喻，規納如下表。除此之外，在《十二聖徒福音》第九十章中，耶穌說：他的道就是**真理內的仁愛**。

比喻	福音四書	多瑪斯福音
湧泉	誰若喝了我賜與他的水，他將永遠不渴；並且我賜給他的水，將在他內成爲湧到永生的水泉。[若4:14] 誰若渴，到我這裏來喝罷！凡信從我的，就如經上說：從他的心中要流出活水的江河。[若7:37-38]	(多瑪斯)你已經陶醉在我所縝密製作的氣泡清泉(滾滾清泉)當中。[多13]
軛	我的軛是輕柔的 [瑪11:30] (我的道是基督)	我的軛是殊勝的 [多90] (我的道是基督) [多90 講論]
主人氣度	我是良善心謙的 [瑪11:28]	是一個良善君子 [多90]
從基督口中飲取		任何人由我的口中飲取，他將以我之道來到世間；我自己也會同他一起進入世間，並且顯示給他那些隱密之事。[多108]

相關文件：

若 6:52-56

　　耶穌向他們說：「我實實在在告訴你們：你們若不吃人子的肉，不喝他的血，在你們內，便沒有生命。誰吃我的肉，並喝我的血，必得永生，在末日，我且要叫他復活，因爲我的肉，是真實的食品；我的血，是真實的飲料。誰吃我的肉，並喝我的血，便住在我內，我也住在他內。就如那生活的父派遣了我，我因父而生活；照樣，那吃我的人，也要因我而生活。 …」

[註《菲利浦(腓力)福音》25 解釋：因此他說：「任何人若不吃我的肉，不喝我的血，在他內，便沒有生命。」什麼是他的肉？就是他的聖言(道)。什麼是他的血？就是聖靈。任何人獲得了這些，他就有了食物、飲料和衣裳。]

亞歷山大的克里蒙《綜合錄 (Stromata)》 I

經由教導，這個人就會學得更多；在宣講中，這個人就會與聽眾一起聽。因那宣道的老師與聽講的人是合一的，他也同時澆灌了心靈和語彙。正因如此，在遵守安息日的同時，主從不避諱行善；並且只要我們能接受，就會讓我們與神聖的奧祕和至聖的光明交通。

《撒羅滿(所羅門)頌詩 (The Odes of Solomon)》11:6-9; 30:1-7

(見第 13 段相關文件)

《菲利浦(腓力)福音》35

聖言(道)從口中發出，任何人從這口中得到滋養就會變得圓滿成全。經由這一吻，孕育了圓滿成全，他們就生下了。因此，我們也要彼此相吻，在我們相互的恩澤中來接受孕育。

一百零九·

耶穌說：這國度好比一個人，他曾在他的田地裏藏了一份寶貝，他對這份寶藏沒有認識而沒有利用它。當他死了之後，遺產就交給了他的兒子。這個兒子也不認識它，他竟把這塊田地讓了出去。有一個人買了它，他在田地裏耕種的時候，發現了這份寶藏。他就開始把錢給那些他所願意借的人，以求取利息。

甲·科普特文中 ϵⲓⲘⲉ 是知道、明白的意思。ⲚⲞϵⲓ 源自希臘文，相當於英文的 know，是瞭解的意思。另外兩個字 ⲥⲞⲨⲱⲚ，ⲥⲞⲞⲨⲚ 發音幾乎一樣，是認識、有深度瞭解的意思。因此《多瑪斯福音》中，當談到對一種境界的瞭解，和對某人的瞭解時，幾乎都是用 ⲥⲞⲨⲱⲚ 或 ⲥⲞⲞⲨⲚ；知道某件事或某件東西時，用 ϵⲓⲘϵ 這個字眼。可是這段話中提到「他與他的兒子對這寶貝的無知」，所用的字眼是「認識到它(ⲥⲞⲞⲨⲚ ϵⲡⲟϥ)」，在所有的科普特古文當中是相當罕見的。因此，翻譯成「不知道這件寶貝」是不傳神的；應該翻譯成「他沒有認識到這是一份寶貝，沒有好好

利用它。他的兒子也不認識這份寶貝，竟然把它讓了出去。」也因此，第二種翻譯就有了中心主題：天國就是要認識這一份寶貝，並好好利用它，不是守著不用或是漠視遺棄。這與「不結好果子的樹是沒有用」的論述是一貫的道理。讀者若仔細體會以下的這則《伊索寓言》守財奴的故事，就更能領悟其中的關係。

乙·這段話的結尾好像與第九十五段有衝突。第九十五段說「**不可借給人來賺利息，不如給那個將不會還錢的人**」；這裡卻說「**借錢出去，以求取利息**」。其實這段寓言的主旨是在以經濟理論來比喻靈道理論，以生財之道來說明靈性之道。財物若藏匿起來，是完全沒有用的；以財生財方能使經濟活路，創造出更多的產值，利人利己。《伊索寓言》守財奴的故事，所要警惕人們的也是相似的道理。這段比喻便在說明靈性之道也是如此，如果僅將富裕的心靈鎖在深處，那是一點用也沒有，人們必須要利用這份心靈的寶藏，創造出更多的靈性產值，才會有大用。

相關文件：

瑪 13:44

天國好像是藏在地裏的寶貝；人找到了，就把他藏起來，高興地去賣掉他所有的一切，買了那塊地。

《伊索寓言》守財奴的故事

有一個極為守財的人，變賣了他所有的一切，買了一堆金子。他把金子埋在地洞下靠近一面舊牆的旁邊，每天去看望。他的一個工人，看到他常常出現在那裡，就決定去跟蹤他的動向。不久，這個工人發現了這寶藏的祕密，挖出並偷走了這堆金子。這個極為守財的人，發現洞穴已空就恨得抓他自己的頭髮並大聲哭號。有一個鄰居看他極度的悲傷就來探究原因，並對他說：「不要那麼悲傷，去拿一塊大石頭放在洞裏，就當那些金子還在洞裏。它會產生相同的功用的；因為，當金子在那裏的時候，你也不擁有它。你根本一點點都沒有利用到它。」

一百一十·

<u>耶穌</u>說：任何人找到這個世界且成為富裕者，願他捨棄這世界。

相關文件： (參考第 81 段和第 42 段)

《伯多祿(彼得)和十二宗徒行傳 (The Acts of Peter and Twelve Apsotles) 》

<u>伯多祿</u>(<u>彼得</u>)對他說：「主，你教我們捨棄這世界和裡面的一切東西。爲了你的緣故，我們拋棄了一切 [*瑪 19:27-29*]。現在我們所關心的只是一天的食糧。我們上哪兒去找那些你要我們給窮人的所需呢？」

主回答說：「<u>伯多祿</u>(<u>彼得</u>)啊，你得先瞭解我對你們講過的那些比喻！你難道不明白，你們所傳揚的我的名號是勝過所有的財富，而天主的上智勝過金銀珠寶嗎？」

《保祿(保羅)與息拉(賽拉)行傳 (The Acts of Paul and Thecla) 》 1:15, 21

那些捐棄這世界的人們是受祝福的，因爲他們是天主所喜悅的。…

那些爲了愛基督而放棄這個世界所有榮耀的人們是受祝福的，因爲他們將坐在基督的右邊審理天使們，並且在最後審判的時刻不會受苦。

一百十一·

<u>耶穌</u>說：「諸天和大地將運轉結合在你們的臨在顯現之處；而且任何人由那位具生命的生活者中生活出來，他將見不到死亡。」

因為<u>耶穌</u>不是說過嗎：「任何人已經找到他自己，這個世界對他就沒有什麼價值了。」

ϭⲱⲗ 是「結合在一起」，也是「回歸」的意思。雖然兩種翻譯所引申的涵義不盡相同，但都不外乎在強調「那臨現處」是價值的中心。

這段話也在重申文件開始(第五段)的要點「要認識你們臨現處的那一位」，這裡更說「諸天和大地將運轉結合在你們的臨現處」。也與第七十段息息相關，在第七十段中說：能活出「在你們內的」，就會拯救自己，要

不然「那不在你們內的」就會置你們於死地。在這最後的幾段話裡，原記錄作者引用耶穌的另一句話來提醒讀者，「到這世上最重要的任務是：『認識自己，找到自己，由生活者中生活出來。』」在猶太文件中，「這個世界對他就沒有什麼價值了」是一句讚美人的話。表示讀者若能認識「你們的臨現處」並「由那位具生命的生活者中生活出來」，那讀者就「得道」了呀！

在前面的許多論述中已一再提到要「認識你們的臨現處」，這是本文件的重要主題之一，請參考第五，六，五十二，九十一段。

相關文件：(並參考第 87 段)

老子《道德經》16

致虛極，守靜篤。萬物並作，吾以觀復。夫物芸芸，各復歸其根。歸根曰靜，靜曰復命。復命曰常，知常曰明。不知常，妄作凶。知常容，容乃公，公乃全，全乃天，天乃道，道乃久，沒身不殆。

〔註：這段《道德經》與《多瑪斯福音》中的許多章節也有關係 [第 18、第 77 段] 〕

一百十二．

耶穌說：肉身依附在魂魄是令人苦惱的。魂魄依附在肉身也是令人苦惱呀！

如果我們把這段語錄和第二十九段相比對，就不難理解：靈性和肉身為了彼此而來到世間是一種奇蹟，要用奇蹟的心態生活，就能活出真生命。如果魂魄和肉身都是以相互依附的心態生活，只會怨聲載道。奇蹟就是出自靈性的一種奇妙境界，是天主對普世的祝福，福音四書和《多瑪斯福音》都例出了好幾端這種境界的勉勵之語：「那…是受天主所祝福的，因為…。」所有在此境界的心靈與肉身都已成道(營立合一)，而不依附。

相關文件：(參考第 87 段)

羅 7:14-25

我們知道：法律是屬於神的，但我是屬血肉的，已被賣給罪惡作奴隸。因為我不明白我做的是什麼：我所願意的，我偏不做；我所憎恨的，我反而去做。我若去做我所不願意的，這便是承認法律是善的。實際上做那事的已不是我，而是在我內的罪惡。我也知道，善不在我內，即不在我的肉性內，因為我有心行善，但實際上卻不能行善。因此，我所願意的善，我不去行；而我所不願意的惡，我卻去做。但我所不願意的，我若去做，那麼已不是我做那事，而是在我內的罪惡。所以我發見這條規律：就是我願意為善的時候，總有邪惡依附著我。因為照我的內心，我是喜悅天主的法律；可是，我發覺在我的肢體內，另有一條法律，與我理智所贊同的法律交戰，並把我擄去，叫我隸屬於那在我肢體內的罪惡的法律。我這個人真不幸呀！誰能救我脫離這該死的肉身呢？感謝天主，藉著我們的主耶穌基督。這樣看來，我這人是以理智去服從天主的法律，而以肉性去服從罪惡的法律。

一百十三‧

他的門徒們問他說：哪天這國度會來臨啊？

它不會在一種渴望要看見的情況下來臨。陳述這國度可不是這樣說的：『看呀！是在這邊！或看呀！是那個！』然而，父的國度卻到處散播在這地堂上，祇是人們看不見它。

相關文件：(參考第 114 段相關文件《瑪利亞‧瑪德蘭(林大拉)福音》)

路 17:20-21

法利塞黨人問耶穌天主的國何時要來。

耶穌回答說：「天主國的來臨，並非是顯然可見的；人也不能說：看呀，在這裏！或在那裏！因為天主的國就在你們中間。」

《一神論‧喻第二》35-40 (景教經文)

如聖主風化見今，從此無接界，亦不起作，第一第二亦不復得。此一神、因此既無接界，亦無起作。一切所有天下，亦無接界，亦無起作，亦無住處，亦無時節，不可問，亦非問能知，一神何處在？一神所在無接界，亦無起作。一神不可問何時作，[何]時起，亦不

可問得，亦非問所得。常住不滅，常滅不住。一神所在，在於一切萬物常住，一神無起作，常住無盡。[一神]所在處，亦常尊在，無[見]亦常尊在。

《瑪卡瑞歐文集》(摘自 "The Syrian Thomas and Syrian Macarius" By Gilles Quispel)

　　天主的國度已到處散在這地上，但是人們看不到它。

講論：

　　在這一段中，<u>耶穌</u>的答話十分接近前頭《多瑪斯福音》第三段的說法。這也似乎在暗示這份靈道論語的排列是一個圓型，從那一段話切入都無所謂，但要反復研讀，以臻融會貫通。這段話的文句的結構也和第三段，[*路 17:20-21*]，及以上兩份文件的相關段落近似。《瑪利亞・瑪德蘭(林大拉)福音》也有類似的記載 (參考附錄二《瑪利亞・瑪德蘭(林大拉)福音》的原文和中文譯文)。這些話都是在提醒讀者：光是渴望天國的來臨是不成的，也見不到的；然而天主的國已到處散播在這地堂上了，只是人們不以慧眼去看啊！也活不出靈性的精髓來行事呀！其實各個文件中所要表明的道理是十分接近的，前段話都是在說：天主的國是無法用任何模式表明得清楚的；而這後段話則在說：明領悟天主的國須要深具慧眼。就這方面的領悟，<u>白居易</u>也有兩首詩，對應起來讀相當有趣。

《路加福音》	《一神論・喻第二》	《瑪利亞・瑪德蘭(林大拉)福音》	《多瑪斯福音》113 段 前段
天主國的來臨，並非是顯然可見的；人也不能說：看呀，在這裏；或在那裏。	亦非問能知，一神何處在？一神所在無接界，亦無起作。一神不可問何時作，何時起，亦不可問得。	要警覺醒寤，不要讓任何人誤導你們說：『看呀在這裡！』或者『看呀！在那裡！』	這國度不是在一種渴望要看見的情況之下來臨。陳述它，可不是這樣說的：『看呀！是在這邊！或看呀！是那個！』

《多瑪斯福音》第三段的前段：

> 倘若引導你們自己的那些(意念)告訴你們：看呀！這國度是在這天空，
> 那麼這群飛鳥將在天空優先行於你們之前。倘若他們告訴你們：是在
> 這海裏，那麼這群魚將優先行於你們之前。

《全唐詩》白居易詩「客有說（客即李浙東）(459:88)」，「答客說 (459:89)」

客有說：　　　　近有人從海上回，海山深處見樓臺；

　　　　　　　　中有仙龕虛一室，多傳此待樂天來。

答客說：　　　　吾學空門非學仙，恐君此說是虛傳；

　　　　　　　　海山不是吾歸處，歸即應歸兜率天。

好一個「兜率天」的白樂天，試問世上有幾人能有如此的清明與率真？

　　　回到這一段論語，這後段話在說明如何領悟天主的國。再來比較一下
其他的文件，讀者會發現所記錄的話意都相當接近，且點到為止：

《路加福音》	《一神論・喻第二》	《瑪利亞・瑪德蘭(林大拉)福音》	《多瑪斯福音》113 段 後段
因為天主的國就在你們中間。	常住不滅，常滅不住。一神所在，在於一切萬物常住，一神無起作，常住無盡。一神所在處，亦常尊在，無見亦常尊在。	因為這人性之子就存在你們之內。要求你們自己追尋他吧！任何人追尋他，他將找到他。	然而，這父親的國度卻到處散播在這地堂上，祇是人們看不到它。

《多瑪斯福音》第三段的後段：

> 但是，這國度是在你們內也在你們之外。當你們認識你們自己，然後
> 別人就會認識你們。並且你們將瞭解這事：『你們是這位生命之父之
> 子。』然而，如果你們不認識你們自己，那麼你們便生存在一種貧困

　　的狀態，並且你們就是這貧困之境。

在早期基督宗教的演義中，就至少有八種文件在闡明這份道理。《多瑪斯福音》在最後第二段又重複第三段的觀點，可見作者對這段話的重視。其實在中國早期禪宗的發展中對「靈性之道」既看不見又存在於萬象之中有諸多領悟，再來讀一偈白居易的詩「讀禪經」[摘自《全唐詩 (455:3)》]：

　　　　須知諸相皆非相，若住無餘卻有餘；

　　　　言下忘言一時了，夢中說夢兩重虛；

　　　　空花豈得兼求果，陽燄如何更覓魚；

　　　　攝動是禪禪是動，不禪不動即如如。

白樂天的詩文號稱老嫗能解，上頭這一偈可能是例外。基本上禪是「靜慮澄明的心靈，也是自然鮮活的生命」，而白居易在這詩的解說是「攝動是禪，不動即如如」，的確是一種相當深刻的體會。在本文件的第五十段中也提到天父在愛子內的標記是「一運行與一靜空」，所揭示的道是十分相近的。

　　　就在將要讀完這份《耶穌靈道論語‧探索篇》之際，讀者是否有那麼一種似懂非懂的感覺？至少目前筆者在這條學習的道路上是這樣感受的：

　　　　蝶舞花裙蜂舞蕊，人迷歸途羊迷蹤；

　　　　深海洪濤魚漩深！空山飛盡鳥問空？

　　　　懷明求明無明鏡！見相非相影相重！

　　　　了悟不得何悟了？動靜生命怎靜動？

　　　　卷開靈谷溢滿堂，語落心頭覓神通；

　　　　欲說禪字參玄冥，蟲飲湛露醉蛾夢　……

　　……　宛見魚鳥笑癡童，忽聞師傅吟淨風；

　　　　師尊且慢敲糜頭，弟子急忙撞醒鐘。

除了搏君一笑之外，其中的涵義也反映了本書的諸多精要，包括「活赤子之心不宜太拘」，更希望這鐘聲能喚起古今中外不分道統不分宗派的共識與同學。

一百十四·

<u>西滿·伯多祿</u>(西門·彼得)對他們說：讓<u>瑪利亞</u>從我們中離開吧，因為女子們是不值得這生命的。

<u>耶穌</u>說：看呀！我自己將引導她，以致於我將使她成為男子。如此她將來到世間也是一個靈 —— 他活於生命，他相似於你們男子。因此，任何一個女子會使她自己成為(真)男子，她將進入到這重重天堂的國度。

甲·在這段話裏，也許讀者會發現，當說道「一個靈」的時候，用的是陽性代名詞，那是由於「靈」這個字眼在<u>科普特</u>文是屬陽性。這段話如果用<u>希伯來</u>文來說的話，就會全以「陰性」文法來敘說了。可能會減少一些文字所造成的心理障礙。

這段話應該可以和第二十二段參照研讀，第二十二段中提到有人問：是否變成嬰孩，就會進入這國度呢？<u>耶穌</u>對他們說：「不論何時當你們轉變二為一，不論何時當你們轉變裏面如同外面，外面如同裏面，上面如同下面。如此，你們將使得男性和女性合而為一，以致於這男性不變為男性，這女性不變為女性。並且不論何時當你們以多雙眼睛而不用一隻眼睛，以一隻手去取代一隻手…；之後，你們就會進入這國度。」

乙·《多瑪斯福音》的最後這兩段話和最先的五段話都與《瑪利亞·瑪德蘭(林大拉)福音》的第八頁中節息息相關，令人回味無窮，也值得花點功夫去考證。(參考本段相關文件和第 3 段的講論。)

丙・有一些學者們懷疑這一段話是後來加進去的。這一段話也是《多瑪斯福音》中最受爭議的一則。在那個時代，女性是沒有任何地位的。在那個時代的宗教理論裏，根本就否定女性具有靈性的生命。猶太傳統宗教、早期希臘哲學、羅馬文化、以及奧斯定(奧古斯丁)都不承認女子具有與男子相同的天賦人靈。號稱基督宗教導師的保祿(保羅)對女子的行為矩止也另有規範。到公元 787 年在法國南庭的議會(Council of Nantes) 更是變本加厲，在第三法規中宣告女子是「沒有靈魂之獸(Soulless Brutes)」。

這種觀念原來可能只是一個古老社會制度歧視弱勢(女性)的延伸，一直遺留到近代，女性終於在文明社會裏得到了解放。可見人們的觀念常受到無謂或杜撰的教理所困，經過千年萬年才能從自我意識中解套。靈知學說被認為是異端的理由之一是當時它就有男女並重的觀念，這種觀念完全沒有辦法讓當時的教父們所接受。從今天文明社會的角度來看，這件事情實在是再明顯不過了。

丁・從另一個種角度來推論，為了讓當時的人了解，耶穌也不是不可能說過這樣的話。耶穌來救贖普世，那裏會分男女。福音的記載當中，耶穌多次與婦女談話並解道；也多次讚美幾位婦女的德行。瑪利亞・瑪德蘭(林大拉)是跟隨耶穌的女門徒，她對耶穌的服侍與關切在四福音書裏都有記載。在有關福音的諸多文件裏，瑪利亞・瑪德蘭(林大拉)與耶穌及門徒們之間的對話也不在少數。這裏的男性當然是指天父所原創的「生活之靈」；除此之外，我們實在沒有必要再去談男女在靈性上有什麼區別。耶穌提醒我們，不管男女，要進天國都得回到原本的「生活之靈」。

相關文件：

亞歷山大的克里蒙《摘錄狄奧杜多士 (Excerpts from Theodotus) 》 79

只要這種子尚未成熟，那只是女子的孩子，但當它成熟了，它就變成了一個男人而且是

新郎的兒子。它不再脆弱，蒙受大千世界各種可見或不可見的力量；一旦它變成了男子，它是一個男子的果實。

《瑪利亞‧瑪德蘭(林大拉) 福音》11-30

當這位上主所祝福的人(耶穌)說完這話，他便向眾人示禮祝福，並說：「祝你們平安！(我把)我的平安帶給你們！要警覺醒寤，不要讓任何人誤導你們說：『看呀在這裡！』或者『看呀在那裡！』因為這人性之子就存在你們之內。要求你們自己追尋他吧！任何人追尋他，他將找到他。因此，你們去吧！去高聲宣揚這好消息！不要制訂任何規章凌駕於那些我所界定的，你們也不要像立法者頒布律法，免得你們會被捆綁拘禁在它裡面。」…

瑪利亞遂起身向眾人行禮致意，她對她的兄弟們說：「不要哭泣，不要悲歎哀怨，也不要三心二意。因為他的恩澤將滿盈於世間，全然地與你們同在，並且保祐你們。讓我們讚美稱謝他博大精深的境界，因為他已陶成了你們，並已使我們成為『真正的人』。瑪利亞所陳述的這些話打動並轉變了他們的心進入到這至善之中。他們便開始認真地討論救主所說過的言論。

伯多祿(彼得)便對瑪利亞說：「妹子，我們知道救主素來就喜愛你勝於其他的女子。(可否)從你記憶中告訴我們一些救主的言論，是我們不知道也沒有聽過的。」瑪利亞回答說：「我這就為你們講述那些秘事。…」

《佛說大乘無量壽莊嚴清淨平等覺經(會集本)》 發大誓願第六

我作佛時，國無婦女。若有女人，聞我名字，得清淨信，發菩提心，厭患女身，願生我國，命終即化男子，來我剎土。十方世界諸眾生類，生我國者，皆於七寶池蓮華中化生。若不爾者，不取正覺。

〔註：梵語 (Amita)「阿彌陀」是「無量」的意思，在佛學中引申並註解為「無量光、無量壽」的意思。「無量壽」轉換成現代的用語就是「永恆的國度」。如果將「無量壽」和「天國」翻譯成科普特文就變成同一字 Ⲧ ⲘⲚ̅ⲦⲈⲢⲞ ，希臘文是 την βασιλεια。《無量壽經》基本上是在描述天國之願，與耶穌所揭示的天國雖不盡相同，但有相當的可比對性。〕

卷末禱‧

兄弟姊妹們，

看到那兩千環地球穿梭的詩篇嗎？

聽到那大世紀古今合奏的禱聲嗎？

在時光隧道的盡頭有你我烙下的光綸，

在九霄雲外的天際有基督笑容的等待，

無論<u>耶穌</u>聖言是如何說的，

不管天韻歌聲是怎麼唱的，

福音四書、多瑪斯福音、…都唱同一個主調。

有人喜歡這樣譜，有人偏愛那樣唱。

我低吟，你高吭。

讓我們邀請所有的上主之子同聲再誦。

　　　　　　我們的阿爸媽，

　　　　　　　　願禰的名受顯揚，

　　　　　　　　願禰的國來臨，

　　　　　　　　願禰的旨意奉行在人間如同在天上，

　　　　　　　　求禰賞給我們日用的食糧，

　　　　　　　　求禰免除我們的債，

　　　　　　　　如同我們寬免兄弟們一樣，

　　　　　　　　不要讓我們陷於誘感，

　　　　　　　　但救拔我們遠離惡因。阿們！

一波波飄揚的回音圍繞著愛子們，同時又聽到天邊傳來好似天父母的慈聲：

我們所鍾愛的眾子女，

是無始無終的萬原之主創造了你們自由的心靈，

願你們能認識並共享萬有真原的國度，

願你們活出共融的生命並與真理同道，

願你們成全於推恩傳愛的人間社會如同在天上，

賜福也祝聖你們日用和靈用的食糧，

你們來自一源，學習基督的慧見，回歸永恆的實像，

你們為兄弟的祈禱，一切終將成就，

不要顧慮一時的迷惘，但求助於聖靈的教誨，

我們必會與你們的靈性生命同在。

祝福！降福！又賜福！

附錄一·

在福音外傳中，《十二聖徒福音 (The Gospel of Holy Twelve)》是一本相當特別的書，但是學者們懷疑它的真實性，將它甩在一邊。但它與《多瑪斯福音》有特殊的交集，值得再考證一下。書中有一章是耶穌答覆多瑪斯宗徒提出的一道問題「什麼是真理？」筆者以為，在所有解說真理的文字當中，這段話最為精闢，值得抄寫下來讓朋友們以真切的靈思揣度揣度。

《十二聖徒福音》第九十章·什麼是真理？

1. 這十二個門徒又再一次地聚在棕櫚樹環中。他們其中的一位，多瑪斯對其他的同伴們說：「什麼是真理？相同的事會有不同地顯示給不同的心靈，即使是相同的心靈在不同的時間（也會有不一樣的領悟）。到底什麼是真理啊？」

2. 他們正在討論的時候，耶穌出現在他們中間，並說：「只有在天主之內，真理唯一而絕對。沒有人知道那只有天主知道的事，因為天主是在萬有中的萬有。對人們而言，要端賴他們能理解和能接受的多寡，真理才會酌情彰顯。

3. 這唯一的真理有許多面，一個人只看到一面，另一個人看到另一面，有些人看到比另外的人多一點，就看它是如何開釋他們的。

4. 且看這一個水晶鑽，這一束光是如何展現在十二個面上，甚至四個十二面，每一個平面反映一道光線，每一道光線只關注一個面，另一道光線關注另一個面；但是它們是同一束光，照亮在水晶鑽的每一個部分（所形成的現象）。

5. 再看這個（比喻），當一個人攀登一座高山，爬到了一高處，他說山頂就在那裡，讓我們爬上去。但是當他上到那兒，他又看到另一高

峰。他們要上到沒有比那頂峰更可看到的高處的時候，他們才算是征服了這山。

6. 所以要與真理同在。我就是真理、道路、和生命；並且我已經把從上天所承受的真理啟示給你們。並且那被一個人所認識和接受的不見得會被另一個人所認識和接受。對某一些人顯而易見的真理對另外一些人並不見得那麼的明顯。那一些身處山谷的人是看不到那些在山頂上的人所看到的。

7. 但是對每一個人而言，他的心靈在當時所看見的是那麼的真實，直到有另外一個更上乘的真實顯示給這同一的人。當靈魂接受了更高尚的光明，它也就會被賜予更豐沛的光明。不要責難他人，你們也就不會受責難。

8. 當你們遵循我給你們的愛之聖律，這真理就會一步又一步地顯示給你們。並且這從上天而來的真理之聖靈就會引導你們走過諸多盤桓崎嶇的道路，進入萬有的真理；就好像那火紅的雲彩引導<u>以色列</u>的子民走過那曠野荒漠。

9. 要信賴你們所擁有的光明，直到更上乘的光明賜給你們。不斷地尋找更多更亮的光明，並且你們應該豐豐富富地擁有它；不要停下來，直到你們完全找到它為止 [多2]。

10. 天主給你們一切的真理，它就如同一個多階的梯子，為了靈魂的救贖和完美；在今天看起來是那麼真實的，明天你們將會拂袖而去，因為(發現了)更上一乘的真理。循循善誘，陶鑄你們臻於完美成全的境地。

11. 任何人遵循我所給他們的聖律，就會拯救他們的靈魂，無論他們是如何不同地領悟我所給他們的這份真理。

12. 有許多人對我說：『主啊！主啊！我們真誠熱切於(追隨)你的真理。』但是我告訴他們：『不！除非其他的人可以看到如同你們所

看到的，並且除此之外沒有其他的真理。沒有仁愛的信仰是死的。愛才是大律法的滿全。』

13. 如果堅持不公義（的行徑），他們所得到的信仰如何使他們獲益呢？任何人擁有愛德就擁有一切，反之，沒有愛就不值得一提。讓每個人執著於他們所鑑識在愛內的真理，瞭解到那裡沒有愛，真理就成了死文字沒有什麼益處可言。

14. 這裡存在的有慈善、真理、和美麗，但最偉大的是慈善。如果人們還憎恨他們的同伴，對天主手創的動物心硬，他們怎麼能看見真理降臨於救贖之上呢？由他們對天主的造化（的行徑）觀之，他們的眼是瞎的，他們的心是硬的。

15. 正如我已承受這真理，我也同樣地傳授給你們。願每一個人以他們的光明和瞭悟的能力來接受它，並且不要強迫那一些對它有不同領會的人。

16. 因為真理是那天主的宏偉，它會普渡所有的誤謬於世界的終結。但是我給你們的聖律對一切是平等－equal（平易－plain）的，並且是公義和美好的。為眾生靈魂的救贖，願所有的人承行它（仁愛內的真理）。」

〔中文譯者註：

「平等公義而美好」在希臘文中有一個字眼是「ψρηστος」，就是「殊勝」的意思，與「ψριστος」（「基督」的意思）在發音上接近。見《多瑪斯福音》第九十段」〕

附錄二 ‧《瑪利亞‧瑪德蘭(林大拉)福音》 ── 回歸天然之律

1896 年德國學者卡爾‧萊因哈特(Carl Reinhardt)在開羅搜集到科普特文‧阿卡明文體的古抄本(Akhmim Codex)，共三份文件。學者們稱這份抄本為 Papyrus Berolinensis 8502 簡稱 PB8502 或 BG8502。以下的《瑪利亞‧瑪德蘭(林大拉)福音》PB8502.1 是 PB8502 三份文件中的第一份。

（缺一至六頁） 〔第七頁〕	（….） [z]	(pp. 1-6 missing)

……因此，物質都將要毀滅，是不是？」救世主說：「所有天然之物、所有受造原質、以及所有受造物，它們在一起彼此包容，它們彼此相互依存，然而它們也將要化為塵土，返回到它們原本的根源。因為，這物質的自然之道就是要分解消散，回歸到它天然的本質。任何人有耳聽的願他聆聽。伯多祿(彼得)對他說：「既

{.}.}{ 8+- … } ⲱ{ⲅ}ⲗⲏ ⳪ⲉ ⲛⲁ
　　　　　　　　　物質　因此　將

ⲟⲩⲱ{ϭ}ⲡ ϫⲛ ⲙⲙⲟⲛ ⲡⲉϫⲉ ⲡⲥⲱⲣ ϫⲉ
毀壞　或者不是　　說　救世主

ⲫⲩⲥⲓⲥ ⲛⲓⲙ ⲡⲗⲁⲥⲙⲁ ⲛⲓⲙ ⲕⲧⲓⲥⲓⲥ
自然　一切　受造原質　一切　受造物

ⲛⲓⲙ ⲉⲩϣⲟⲡ ϩⲛ ⲛⲉⲩⲉⲣⲏⲩ {ⲙ}ⲛⲙ-
一切 它們接受 在..中 它們在一起　與

ⲙⲁⲩ ⲁⲩⲱ ⲟⲛ ⲉⲩⲛⲁ ⲃⲱⲗ ⲉⲃⲟⲗ ⲉ-
它們　且 也是 它們將 <化解消散 >

ⲧⲟⲩⲛⲟⲩⲛⲉ ⲙⲙⲓⲛ ⲙⲙⲟⲩ ϫⲉ ⲧⲉ-
它們的根源 擁有　它們　因為　這

ⲫⲩⲥⲓⲥ ⲛⲟⲩⲗⲏ ⲉⲥⲃⲱⲗ ⲉⲃⲟⲗ ⲉⲛⲁ
自然　這物質　她< 化解消散> 將去

ⲧⲉⲥⲫⲩⲥⲓⲥ ⲟⲩⲁⲁⲥ ⲡⲉⲧⲉ ⲟⲩⲛ ⲙⲁⲁ-
它的天然 她本身 那些人 有 耳朵

-ϫⲉ ⲙⲙⲟϥ ⲉⲥⲱⲧⲙ ⲙⲁⲣⲉϥ ⲥⲱⲧⲙ
　　的他 去聽　願他　聆聽

ⲡⲉϫⲉ ⲡⲉⲧⲣⲟⲥ ⲛⲁϥ ϫⲉ ϩⲱⲥ ⲁⲕⲧⲁ
說 伯多祿(彼得) 對他 正如同 你已

ⲙⲟⲛ ⲉϩⲱⲃ ⲛⲓⲙ ϫⲱ ⲙⲡⲓⲕⲉⲟⲩⲁ
對我們 事情 任何 告訴　其他

{..} will m{at}ter then be dest{ro}yed or not?" The Savior said, "All natures, all formations, all creatures exist in and with one another, and they will be resolved again into their own roots. For the nature of matter is resolved into the roots of its nature alone. He who has ears to hear, let him hear."

Peter said to him, "Since you have

然你已向我們說明了許多的事，那麼也為我們說明一下『什麼是這世界的罪惡呢？』」救主說：「沒有罪惡存在。然而，是你們製造了罪惡，當你們偽造自然成為淫亂腐敗的情況，他們稱它為『罪惡』。因此，這至善已來到你們中間，它將要恢復每樣天然之物回歸到它的根源。」他又繼續地勸說道：「因此，你們｛來到人間｝，你們也會死亡，因為..」

[註：若是 ϢⲰ{Ⲛ}ⲉ：會生病]

〔第八頁〕

那做 … 。那能領悟明達的人願他領悟明

ⲈⲢⲞⲚ ⲞⲨ ⲠⲈ ⲠⲚⲞⲂⲈ ⲘⲠⲔⲞⲤⲘⲞⲤ
為我們 什麼 是 這罪 這 世界

ⲠⲈⲬⲈ ⲠⲤⲰⲢ ⲬⲈ ⲘⲚ̄ⲚⲞⲂⲈ ϢⲞⲠ ⲀⲀ-
說 救主 沒有罪 存在(接受) 然

ⲀⲀ ⲚⲦⲰⲦⲚ̄ ⲠⲈⲦⲢⲈ ⲘⲠⲚⲞⲂⲈ ⲈⲦⲈ-
而 你們 是那 製造 這罪惡 當
〈偽 [Ⲛ̄ⲚⲈⲒⲚⲈ] 造〉

ⲦⲚ̄ⲈⲒⲢⲈ Ⲛ̄ⲚⲈⲦⲚⲈ Ⲛ̄ⲦⲪⲨⲤⲒⲤ ⲚⲦⲘⲚ̄Ⲧ-
你們製造 那些 相似 自然的 情況

ⲚⲞⲈⲒⲔ ⲈⲦ[ⲞⲨ] ⲘⲞⲨⲦⲈ ⲈⲢⲞⲤ ⲬⲈ ⲠⲚⲞ-
姦淫(腐敗) 那他們 稱呼 對她 為 罪

ⲂⲈ ⲈⲦⲂⲈ ⲠⲀⲒ ⲀϤⲈⲒ Ⲛ̄ϬⲒ ⲠⲀⲄⲀⲐⲞ
惡 因為 如此 他已來 (指) 這 善

Ⲉ̄Ⲛ ⲦⲈⲦⲘ̄ⲘⲎⲦⲈ ϢⲀ ⲚⲀ ⲪⲨⲤⲒⲤ
在 你們之間 會 將 天然

ⲚⲒⲘ ⲈϤⲚⲀⲔⲀⲐⲒⲤⲦⲀ ⲘⲘⲞⲤ ⲈϨⲞⲨ
任何 它將 恢復 予她 進入

ⲈⲦⲈⲤ ⲚⲞⲨⲚⲈ ⲈⲦⲒ ⲀϤⲞⲨⲰϢ ⲈⲦⲞⲦϤ
到她的 根源 接著 他繼續 勸說

ⲠⲈⲬⲀ ϥ ⲬⲈ ⲈⲦⲂⲈ ⲠⲀⲒ ⲦⲈⲦⲚ̄ ϢⲰ-
說 他 因為 如此 你們 [來到

{Ⲡ}Ⲉ ⲀⲨⲰ ⲦⲈⲦⲘ̄ⲘⲞⲨ ⲬⲈ Ⲧ{...}
人間] 並且 你們 死亡 因為

[Ⲙ̄]

Ⲙ̄ⲠⲈⲦⲀⲢ̄[·]ⲆⲀ{ 7± Ⲡ}Ⲉ.Ⲧ. {Ⲣ̄}
任何 (行) 任何人 (行)

ⲚⲞⲒ̈ ⲘⲀⲢⲈϤⲢ̄ⲚⲞⲈⲒ {ⲀⲐ}ⲨⲀⲎ Ⲭ{Ⲡ̄}Ⲉ ⲞⲨ
明悟 願他(行) 明悟 物質 生出 一

ⲠⲀⲐⲞⲤ ⲈⲘⲚ̄ⲦⲀϤ ⲘⲘⲀⲨ Ⲙ̄ⲠⲈⲒⲚⲈ
苦難 他沒有 那兒 這相似(比擬)的

---

explained everything to us, tell us this also: What is the sin of the world?", The Savior said, "There is no sin, but it is you who make up sin when you do the things that are like the nature of adultery, which is called 'sin.' That is why the Good came into your midst, to the essence of every nature, in order to restore it to its root." Then he continued and said, "That is why you {come to being} and die, for {. ..}

of the one who {.... He who} understands let him understand. {Ma}tter gave b{ir}th to a passion that has

達吧！這物質所產生出來的苦難是無可比擬的。它出自天然之道，而卻又要超越天然。如此一來，整個身體便會有層出不窮地紛擾來襲。因此，我告訴你們，你們來到世間要同心合意。倘若你們不融洽合一，你們就應該確實地在這天然的種種事物面前合而為一。任何人有耳聽的願他聆聽。」當這位上主所祝福的人說完這話，他便向眾人示禮祝福，並說：「祝你們平安！（我把）我的平安帶給你們！要警覺醒寤，不要讓任何人誤導你們說：『看呀	ЄАqЄІ ЄВОΛ ϨΝ ОΥΠΑΡΑϤΥCΙC ΤΟ- 它 <出來 從> 高過於 自然 然 ΤЄ ϢΑΡЄОΥΤΑΡΑΧΗ ϢΩΠЄ ϨΜ̄ 後 不斷地有 紛擾 來到 在 ΠCΩΜΑ ΤΗΡϤ ЄΤΒЄ ΠΑΪ ΑΪΧΟC ΝΗ- 這身體 全部 因為 如此 我告訴 對 ΤΝ̄ ΧЄ ϢΩΠЄ ЄΤЄΤΝ̄ΤΗΤ Ν̄ϨΗΤ 你們 來到(世間) 當你們 合在一起 心 ΑΥΩ ЄΤЄΤΝ̄Ο Ν̄Ν ΑΤΤΩΤ ЄΤЄ- 但是 倘若你們 沒有合在一起 當你 ΤΝ̄ΤΗΤ ΜЄΝ Ν̄ΝΑϨΡΜ̄ ΠΙΝЄ ΠΙΝЄ 們合一起 實在地 在面前 (種 種？) ΝΤЄϤΥCΙC ΠЄΤЄ ОΥΝ ΜΑΑΧЄ Μ̄ (of) 這自然的 那些人 有 耳朵 ΜОϤ ЄCΩΤΜ̄ ΜΑΡЄϤ CΩΤΜ̄ ΝΤΑ- 的他 去聽 願他 聆聽 當 ΡЄϤΧЄ ΝΑΪ Ν̄ϬΙ ΠΜΑΚΑΡΙОC ΑϤΑC- 他 說 這些 (指) 上主所祝福者 他示 ΠΑΖЄ Μ̄ΜОΟΥ ΤΗΡОΥ ЄϤΧΩ Μ̄ΜОC 禮祝福 他們 所有的人 他 說道 ΧЄ ОΥ ЄΙΡΗΝΗ ΝΗΤΝ̄ ΤΑЄΙΡΗΝΗ 一份 平安 給你們 我的 平安 ΧΠОC ΝΗΤΝ̄ ΑΡЄϨ Μ̄ΠΡ̄ΤΡЄ ΛΑΑΥ Ρ̄ 帶 給你們 警覺醒寤 不要讓 任何人 ΠΛΑΝΑ Μ̄ΜΩΤΝ̄ ЄϤΧΩ ΜΜОC ΧЄ 引導 你們 他 告 訴 ЄΙC ϨΗΠЄ ΜΠЄΪCΑ Η ЄΙC ϨΗΠЄ Μ̄- 看 呀 在這裡 或者 看呀 ΠЄЄΙΜΑ ΝΩΗΡЄ ΓΑΡ ΜΠΡΩΜЄ ЄϤ 在那裡 這兒子 因為 這人的 他 ϢΟΠ ΜΠЄΤΝ̄ϨΟΥΝ ОΥЄϨ ΤΗΥΤΝ̄ 存在 你們的內部 要求 你們自己	no equal, which proceeded from something contrary to nature. Then there arise a disturbance in the whole body. That is why I said to you, 'Be of good courage,' and if you are discouraged be encouraged in the presence of the different forms of nature. He who has ears to hear, let him hear.' When the blessed one had said this, he greeted them all, saying, "Peace be with you. Receive my peace to yourselves. Beware that no one lead you astray, saying, 'Behold here!' or 'Behold there!' For

<table>
<tr><td>

在這裡！』或者『看
呀在那裡！』因為這
人性之子就存在你們
之內。要求你們自己
追尋他吧！任何人追
尋他，他將找到他。
因此，你們去吧！去
高聲宣揚這天國的好
消息！

〔第九頁〕

不要制訂任何規章凌
駕於那些我所界定
的，你們也不要像立
法者頒布律法，免得
你們會被捆綁拘禁在
它裡面。」當他說完
這些話之後，他就離
開了。然而他們十分
悲傷並大聲哭泣，他
們說：「我們如何到
外邦人那裡去宣揚這
人之子的天國福音

</td><td>

ⲚⲤⲰϤ ⲚⲈⲦ ϢⲒⲚⲈ ⲚⲤⲰϤ ⲤⲈⲚⲀ
追尋它 任何人 <尋找 追尋>它 她將

ϬⲚⲦϤ ⲂⲰⲔ ϬⲈ ⲚⲦⲈⲦⲚ ⲦⲀϢⲈ ⲞⲈⲒϢ
找到它 走吧 因此 你們 去傳揚 高聲

ⲘⲠⲈⲨⲀⲄⲄⲈⲖⲒⲞⲚ ⲚⲦⲘⲚⲦⲈⲢⲞ ⲘⲠⲢ-
這好消息　　　這國度的　　不要

ⲑ

ⲔⲀ ⲖⲀⲨ ⲚϨⲞⲢⲞⲤ ⲈϨⲢⲀⲒ ⲠⲀⲢⲀ ⲠⲈⲚ
制訂 任何 規章 往上提 超過於 那些

ⲦⲀⲒⲦⲞϢϤ ⲚⲎⲦⲚ ⲞⲨⲆⲈ ⲘⲠⲢϮ ⲚⲞ-
我的界定 對 你們 也 不要給 律

ⲘⲞⲤ ⲚⲐⲈ ⲘⲠⲚⲞⲘⲞⲐⲈⲦⲎⲤ ⲘⲎⲠⲞ-
法 如同 這 立法者　　　　以

ⲦⲈ ⲚⲤⲈⲀⲘⲀϨⲦⲈ ⲘⲘⲰⲦⲚ ⲚϨⲎⲦϤ
免 他們 捆綁拘禁 你們 在其中

ⲚⲦⲀⲢⲈϤϪⲈ ⲚⲀⲒ ⲀϤⲂⲰⲔ ⲚⲦⲞⲞⲨ ⲆⲈ
當他說..後 這些 他離開 然而他們 但

ⲚⲈⲨⲖⲨⲠⲈⲒ ⲀⲨⲢⲒⲘⲈ ⲘⲠϢⲀ ⲈⲨ
他們 悲傷 他們 哭泣 很大(高值) 他們

ϪⲰ ⲘⲘⲞⲤ ϪⲈ ⲚⲚⲀϢ ⲚϨⲈ ⲈⲚⲚⲀ ⲂⲰⲔ
告 訴　　能夠 如何 我們將 走
[ⲀϢ]
ϢⲀ ⲚϨⲈ ⲐⲚⲞⲤ ⲚⲦⲚ ⲦⲀϢⲈⲞⲈⲒϢ Ⲛ-
如何 外邦人 我們 去傳揚 高聲

ⲠⲈⲨⲀⲄⲄⲈⲖⲒⲞⲚ ⲚⲦⲘⲚⲦⲈⲢⲞ ⲘⲠϢⲎ-
這好消息　　這 國度的 這 兒

ⲢⲈ ⲘⲠⲢⲰⲘⲈ ⲈϢϪⲈ ⲠⲈⲦⲘⲘⲀⲨ Ⲙ-
子 這人的 如果 任何 那兒 <他

ⲠⲞⲨⲦⲤⲞ ⲈⲢⲞϤ ⲚⲀϢ ⲚϨⲈ ⲀⲚⲞⲚ ⲈⲨ
們不寬容> 對他 能 如何 我們 他們

</td><td>

the Son of Man is within you. Follow after him! Those who seek him will find him. Go then and preach the gospel of the Kingdom.

Do not lay down any rules beyond what I appointed for you, and do not give a law like the lawmaker lest you be constrained by it." When he had said this, he departed. But they were grieved. They wept greatly, saying, "How shall we go to the gentiles and preach the gospel of the Kingdom of the Son of Man? If they did not spare him, how will they spare us?" Then Mary stood

</td></tr>
</table>

呢？如果他們連他(救主)都不寬容，他們怎麼會寬容我們呢？」瑪利亞遂起身向眾人作揖致意，她對她的兄弟們說：「不要哭泣，不要悲歎哀怨，也不要三心二意。因為他的恩澤將滿盈於世間，全然地與你們同在，並且保祐你們。讓我們讚美稱謝他博大精深的境界，因為他已陶成了你們，並已使我們成為『**真正的人**』。瑪利亞所陳述的這些話打動並轉變了他們的心進入到這至善之中。他們便開始認真討論{救主}所說過的言論。	ⲛⲁϯⲥⲟ ⲉⲣⲟⲛ ⲧⲟⲧⲉ ⲁⲙⲁⲣⲓϩⲁⲙ ⲧⲱ- 將寬容 對我們 然後 瑪利亞 振作 ⲟⲩⲛ ⲁⲥⲁⲥⲡⲉⲍⲉ ⲙⲙⲟⲟⲩ ⲧⲏⲣⲟⲩ 起身 她 作揖致意 向 他們 所有的人 ⲡⲉϫⲁⲥ ⲛⲛⲉⲥ ⲥⲛⲏⲩ ϫⲉ ⲙⲡⲣ̄ⲣⲓⲙⲉ 說 她 對她的 兄弟 不要 哭泣 < 猶豫 ⲁⲩⲱ ⲙⲡⲣ̄ⲣ̄ⲗⲩⲡⲉⲓ ⲟⲩⲇⲉ ⲙ̄ⲡⲣ̄ⲣ̄ ϩⲏⲧ 並且 不要 悲傷 也 不要 心 不決 > ⲥⲛⲁⲩ ⲧⲉϥⲭⲁⲣⲓⲥ ⲅⲁⲣ ⲛⲁϣⲱⲡⲉ 兩個 他的仁愛恩澤 因為 將 來到(世間) ⲛⲙ̄ⲙⲏⲧⲛ̄ ⲧⲏⲣ[ⲧ]ⲛ ⲁⲩⲱ ⲛⲥⲣ̄ⲥⲕⲉⲡⲁ- 與(一起)你們 全部 並且 保護 ⲍⲉ ⲙⲙⲱⲧⲛ ⲙⲁⲗⲗⲟⲛ ⲇⲉ ⲙⲁⲣⲛ̄ 你們 然 而 讓我們 ⲥⲙⲟⲩ ⲉⲧⲉϥ ⲙⲛ̄ⲧⲛⲟϭ ϫⲉ ⲁϥⲥⲃ̄ 讚美稱謝 他的境界偉大 因 他已 陶成 ⲧⲱⲧⲛ̄ ⲁϥⲁⲁ ⲛ ⲛ̄ⲣⲱⲙⲉ ⲛⲧⲁⲣⲉ ⲙⲁ- 你們 他已使我們 成為人(複) 當..後 瑪 ⲣⲓϩⲁⲙ ϫⲉ ⲛⲁï ⲁⲥⲕⲧⲉ ⲡⲉⲩϩⲏⲧ 利亞 敘述 這些 她已 轉變 他們的心 {ⲉϩ}ⲟⲩⲛ ⲉⲡⲁⲅⲁⲑⲟⲛ ⲁⲩⲱ ⲁⲩⲣ̄ⲁⲣⲭⲉ 進入 這 善 並且 他們開始 {ⲥⲑⲁⲓ} ⲛ̣ⲣ̄ⲅⲩⲙ{ⲛ}ⲁⲍⲉ ϩⲁ ⲡⲣⲁ ⲛⲛ̄ϣⲁ- 寫? 討論辯證 關於 這些言 {ϫ}ⲉ ⲙⲡ̣{ⲥ̄ⲱ̄ⲣ̄} 論 這 救主的	up, greeted them all, and said to her brothers, "Do not weep and do not grieve nor be irresolute, for his grace will be entirely with you and will protect you. But rather let us praise his greatness, for he has prepared us and made us into men." When Mary said this, she turned their hearts {to} the Good, and they began to discuss the words of the {Savior}. Peter said to Mary, 'Sister, I we know that the Savior loved you more than the rest of women. Tell us the

〔第十頁〕

伯多祿(彼得)便對瑪利亞說:「妹子,我們知道救主素來就喜愛你勝於其他的女子。(可否)從你記憶中告訴我們一些救主的言論,是我們不知道也沒有聽過的。」瑪利亞回答說:「我這就為你們講述那些秘事。」她便告訴他們說:「我在一椿神視當中看到了主。我告訴他說:『主,今天我在一個神視當中看到你。』他回答說:『妳是受祝福的!妳凝神觀注我,竟不致閃避動搖。因為那心靈(悟性)所在之處就是這寶藏。』

ΠΕΧΕ ΠΕΤΡΟΣ ΜΜΑΡΙΖΑΜ ΧΕ ΤΣШ-
說 伯多祿(彼得) 對 瑪利亞 妹

ΝΕ ΤΝ̄ΣΟΟΥΝ ΧΕ ΝΕΡΕ ΠΣШ̄Ρ ΟΥΑШΕ
子 我們知道 素來 這救主 喜愛

ΝΖΟΥΟ ΠΑΡΑ ΠΚΕ ΣΕΕΠΕ ΝΣΖΙΜΕ
多於 超過 其他 剩餘 女子們

ΧШ ΝΑΝ ΝΝ̄ШΑΧΕ Μ̄ΠΣШ̄Ρ ΕΤΕΕΙΡΕ
告訴 為我們 一些話 救主的 那是(你)

ΜΠΕΥΜΕΕΥΕ ΝΑΪ ΕΤΕΣΟΟΥΝ Μ̄ΜΟ-
<有所記憶的> 這些 那是(你) 知道

ΟΥ Ν̄ΝΑΝΟΝ ΑΝ ΟΥΔΕ ΜΠΝ̄ΣΟΤΜ ΟΥ
它們 但我們 不 也 沒 聽到過 它們

ΑΣΟΥШШ̄Β Ν̄ΣΙ ΜΑΡΙΖΑΜ ΠΕΧΑΣ
她 回答 (指) 瑪利亞 說她

[Τ Ζ]

ΧΕ ΠΕΘΗΠ ΕΡШΤΝ̄ ↑ΝΑΤΑΜΑ ΤΗΥ-
任何 隱秘 對 你們 我將 講述 你們

ΤΝ̄ ΕΡΟϤ ΑΥШ ΑΣΑΡΧΕΙ Ν̄ΧШ ΝΑΥ
(自己)予它 且 她 開始 告訴 他們

Ν̄ΝΕΪШΑΧΕ ΧΕ Α{Ϊ}ΝΟΚ ΠΕΧΑΣ ΑΙ
一些 話 我 說她 我

ΝΑΥ ΕΠΧ̄Σ ΖΝ ΟΥΖΟΡΟΜΑ ΑΥШ ΑΕΙ
看到 這主 在 一 神視 並且 我

ΧΟΟΣ ΝΑϤ ΧΕ ΠΧ̄Σ ΑΪΝΑΥ ΕΡΟΚ Μ̄-
告訴 他 主 我看 到你

ΠΟΟΥ ΖΝ ΟΥΖΟΡΟΜΑ ΑϤΟΥШШ̄Β ΠΕ-
今天 在 一 神視 他回答 說

<[原意] 妳那慧眼>

ΧΑϤ ΝΑΪ ΧΕ ΝΑΪΑΤΕ ΧΕ Ν̄ΤΕΚΙΜ ΑΝ
他 這些 受祝福的妳 妳搖擺(振盪) 不

ΕΡΕΝΑΥ ΕΡΟΕΙ ΠΜΑ ΓΑΡ ΕΤΕΡΕΠΝΟΥΣ
正在看 到我 這地方 因 那(處)心靈(悟性)

---

words of the Savior which you remember - which you know but we do not, nor have we heard them." Mary answered and said, "What is hidden from you will proclaim to you." And she began to speak to them these words: "I," she said, "I saw the Lord in a vision and I said to him, 'Lord, I saw you today in a vision.' He answered and said to me, 'Blessed are you, that you did not waver at the sight of me. For where the mind is, there is the treasure. 'I said to him, 'Lord, now does he who sees the vision see it through the soul or through the spirit?' The Savior

我又對主說：『如果現在有人看到這神視，他所看到的是在這靈魂之內或是在這神靈之內？』救主回答說：『他看到的不是在這靈魂之內也不是在這神靈之內，而是{存在}在它們之間的心靈(悟性)，那就是人們所見的神視，然而任何人..』

(缺11至14頁)

〔第十五頁〕

…它，並且這仰慕者說：『我不曾看到你降來，但是現在我卻看到你要走向天。既然妳屬於我，為什麼妳要說謊呢？』這靈魂回答說：『我看見你，但你看不到我，

ⲘⲘⲀⲨ ⲈⲢⲘⲘⲀⲨ ⲚϬⲒ ⲠⲈϨⲞ ⲠⲈⲬⲀⲒ̈
所在 正在那地方 (指)這寶藏 說我

ⲚⲀϤ ⲬⲈ ⲠⲬ̅Ⲥ̅ Ⲧ.ⲈⲚⲞⲨ ⲠⲈⲦⲚⲀⲨ ⲈⲪⲞ-
對他 主 現在 任何人看 這

ⲢⲞⲘⲀ ⲈϤⲚⲀⲨ ⲈⲢⲞϤ <ϨⲚ> ⲦⲈⲮⲨⲬⲎ <Ⲏ
神視 他 看 到它 在‥內 這靈魂 或

ⲠⲈⲠⲚ̅Ⲁ̅ ⲀϤⲞⲨⲰϢⲂ̅ ⲚϬⲒ ⲠⲤⲰⲢ ⲠⲈ-
這神靈 他回答 (指)救主 說

ⲬⲀϤ ⲬⲈ ⲈϤⲚⲀⲨ ⲀⲚ ϨⲚ ⲦⲈⲮⲨⲬⲎ ⲞⲨ-
他 他 看不 在‥內 這靈魂 也

ⲆⲈ ϨⲘ ⲠⲈⲠⲚ̅Ⲁ̅ ⲀⲖⲖⲀ ⲠⲚⲞⲨⲤ ⲈⲦϢ{ⲞⲠ}
不 在‥內這神靈 可是 這心靈(悟性) 存在

ϨⲚ ⲦⲈⲨⲘⲎⲦⲈ ⲘⲠⲈⲨⲤⲚⲀⲨ Ⲛ̅ⲦⲞ{Ϥ ⲠⲈⲦ}
在 它們之間 它們 兩個 然而 任何人

ⲚⲀⲨ ⲈⲪⲞⲢⲞⲘⲀ ⲀⲨ{Ⲱ} Ⲛ̅ⲦⲞϤ Ⲡ[ⲈⲦ
看到 這神視 並且 然而 任何人

(……………………)

ⲓⲉ̄

ⲘⲘⲞϤ ⲀⲨⲰ ⲠⲈⲬⲈ ⲦⲈⲠⲒⲐⲨⲘⲒⲀ
它 並且 說 這仰慕者

ⲬⲈ Ⲙ̅ⲠⲒⲚⲀⲨ ⲈⲢⲞ ⲈⲢⲈⲂⲎⲔ ⲈⲠⲒⲦⲚ̅
我未曾看 到 正在走 下降

ⲦⲈⲚⲞⲨ ⲆⲈ ϮⲚⲀⲨ ⲈⲢⲞ ⲈⲢⲈⲂⲎⲔ Ⲉ-
現在 但是我看 到 正在走 往

ⲦⲠⲈ ⲠⲰⲤ ⲆⲈ ⲦⲈⲬⲒ ϬⲞⲖ ⲈⲢⲈⲚⲠ Ⲉ-
天 為什麼 妳 扯 謊 既然 屬於

ⲢⲞⲈⲒ ⲀⲤⲞⲨⲰϢⲂ̅ ⲚϬⲒ ⲦⲈⲮⲨⲬⲎ ⲠⲈ-
我 她回答 (指)這靈魂 說

ⲬⲀⲤ ⲬⲈ ⲀⲒ̈ⲚⲀⲨ ⲈⲢⲞ Ⲙ̅ⲠⲈⲚⲀⲨ ⲈⲢⲞⲒ̈
她 我看到(你) 沒 看到我

---

answered and said. 'He does not see through the soul nor through the spirit, but the mind which {is} between the two - that is {what} sees the vision and it is...'

(pp. 11-14 missing)

"{. ..} it. And desire that, 'I did not see you descending, but now I see you ascending. Why do you lie, since you belong to me?' The soul answered and said, 'I saw you. You did not see me nor recognize me. I served you as a garment, and you did not know me.' When it had said this, it went away rejoicing greatly.

也不瞭解我。我存在世間（就像）是一件外衣，但是你不認識我。』她說完這些話之後，就極為歡欣地離開了。 它再次來到你們這裡，（那是）第三種能，也就是他們所稱的『無知的情境』。{它}問這靈魂說：『你正往哪兒去呢？到一種受捆綁的邪惡當中嗎？然而那受捆綁的卻不要判斷。』這靈魂便說：『為何我不判斷，而卻遭判斷呢？我不行捆綁，而卻受捆綁呢？它們不認識我，然而我認識它們──不論在這天上和地下，它們全	OYΔE MΠEEIME EPOEI NEEIⲰO- 也 　不　知道 　到我 　我　存 OΠ 　　NE ⲚϨBⲰ AYⲰ MΠECOYⲰNT 在(世間) 是 一件外衣 但 不認識 我 ⲚTAPECXE NAÏ ACBⲰK ECTEⲗHⲗ 當她說..後 這些 她離開 她 歡欣 ⲚϨOYO ‖ ΠAⲗIN ACEI ETⲚ TMEϨ 極度地 　再次 她來 到你們 第..(級) ⲰOMNTE ⲚNEϨOYCIA TETOY MOY- 三 種 　能力 　那 他們 聲 TE EPOC XE TMNT ATCOOYN {AC}P̄ 稱 對她 為 這情境 無知的 　她 EϨETAϨE ⲚTEΨYXH ECX{Ⲱ M̄} 尋問 　這靈魂 　她告 MOC XE EPEBHK ETⲰN ϨⲚ {O}YΠO- 訴 正在走 往哪裡 在..中 一邪 NHPIA AYAMAϨTE MMO AY{A}MAϨ- 惡 它們已 捆綁(擒住)你 它們已捆 TE ΔE MMO MΠ̄P̄KPINE AY{Ⲱ} ΠE- 綁 然而 你 卻不要 判斷 並且 說 XE TEΨYXH XE AϨPO EPEKP̲INE 這 靈魂 　為何 正在 判斷 MMOÏ EMΠIKPINE AYEMAϨTE 對我 我不 判斷 它們已 捆綁 MMOÏ EMΠIAMAϨTE MΠOYⲄⲰⲰ- 對我 我不 捆綁 他們不 認 ⲰNT ANOK ΔE AÏCOYⲰNOY EY 識 我 然而 我已 認識它們 它們 BⲰⲗ EBOⲗ MΠTHPϤ EITE NA Π- <化解消散> 全然地 也包括 這	"Again it came to the third power, which is called ignorance. {It (the power)} questioned the soul saying, 'Where are you going? In wickedness are you bound. But you are bound; do not judge!' And the soul said, 'why do you judge me although I have not judged? I was bound though I have not bound. I was not recognized. But I have recognized that the All is being dissolved, both the earthly things and the heavenly.'

部都會被化解消散，回歸天然。』

〔第十六頁〕

當這靈魂擺脫了這第三種能的束縛，她便飄然升騰，並遇見了這第四種能，它變化出七種形態：這第一種形態是『黑暗』，第二種是『慾望』，第三種是『無知的情境』，第四種是『致人於死的妒恨』，第五種是『肉身世界』，第六種是『肉體的不智情境』，第七種是『憤怒者的猖智』。這些就是那七種嗔怒之氣能。它們問這靈魂說：『你從何而來？殘殺人者哪裡嗎？或者，你要往

ΚΑϨ
地上的

ῑ ς

ΕΙΤΕ ΝΑ ΤΠ{Ε} ̄ΝΤΕΡΕΤΕΨΥΧΗ ΟΥ-
也包括 這天上的 當(那時)這靈魂 超脫

ⲰⲤϤ ̄ΝΤΜΕϨⲰΟΜΝΤΕ ̄ΝΝΕϨΟΥⳄΙ-
束縛 這 第 三 能力

Α ΑⲤⲂⲰΚ ΕΠⲤΑ ΝΤΠΕ ΑⲨⲰ ΑⲤΝΑⲨ
她走 往‥方向 天上的 且 她 看

ΕΤΜΑϨϤΤΟΕ ̄ΝΝϨΟΥⳄΙΑ ΑⲤ̄Ρ ⲤΑ-
到這 第 四 能力 她已作出 七

ⲰϤΕ ̄ΜΜΟΡΦΗ ΤⲰΟΡΠ ̄ΜΟΡ-
種 形態 第一種 形態

ΦΗ ΠΕ ΠΚΑΚΕ ΤΜΕϨⲤ̄ΝΤΕ ΤΕ Π̄-
是 黑暗 第 二種 是 慾

ΘΥΜΙΑ ΤΜΕϨⲰΟΜΝΤΕ ΤΜ̄ΝΤΑΤ-
望 第 三種 這情境 無

ⲤΟΟΥΝ ΤΜΕϨϤΤΟΕ ΠΕ ΠΚⲰϨ ̄ΜΠ-
知的 第 四 種 是 這妒恨(邊緣) 這

ΜΟΥ ΤΜΕϨϮ ΤΕ ΤΜ̄ΝΤΕΡΟ ̄ΝΤⲤΑΡⳄ
死亡的 第五種 是 這國度 這肉身的

ΤΜΕϨⲤΟΕ ΤΕ ΤΜ̄ΝΤⲤΑⲂΗ ΝⲤΕϬ̄Ν
第六種 是 這情境 明智 昏盹愚蠢的

̄ΝⲤΑΡⳄ ΤΜΕϨⲤⲰϤΕ ΤΕ ΤⲤΟΦΙ-
這肉身的 第七種 是 這智慧

Α {̄Ν}ⲢΕϤ ΝΟΥϬⳄ ΝΑΪ ΝΕ ΤⲤⲰϤΕ ̄Ν
之人 憤怒 這些 是 這七種

ΝΕ{Ϩ}ΟΥⳄΙΑ ΝΤΕ ΤΟΡΓΗ ΕⲨⲰΙΝΕ
能 <(of)憤怒的> 它們 尋問

̄ΝΤΕΨΥΧΗ ϪΕ ΕΡΕΝΗⲨ ϪΙΝ ΤⲰΝ
這靈魂 正在 來 自從 哪裡？

When the soul had overcome the third power, it went upwards and saw the fourth power, which took seven forms. The first form is darkness, the second desire, the third ignorance, the fourth is the excitement of death, the fifth is the kingdom of the flesh, the sixth is the foolish wisdom of flesh, the seventh is the wrathful wisdom. These are the seven po{w}ers of wrath. They ask the soul, 'Whence do you come, slayer of men, or where are you going, conqueror of space?' The soul

何處去？地域的爭服者哪裡嗎？』這靈魂回答說：『那些捆綁我的已被殺死，那些罣礙圍困我的已被超越，我的望慾已卻除，我的無知情境已死亡。我已從一個世界中被釋放，來到了（另外）一個世界之中；

〔第十七頁〕

從天那端（天堂）的一種形態進入到（另外）一種形態中；並且在有我之前，這沉睡的鎖鏈已成了時光隧道。我要攫取這時間的平安，這四季的平安，這永恆的平安，以及在寧靜中的平安。』」當瑪利亞說

ⲦⲒⲀⲦⲂⲢⲰⲘⲈ Ⲏ ⲈⲢⲈⲂⲎⲔ ⲈⲦⲰⲚ
殘殺者 人的 或 正在 走 往哪裡？

ⲦⲞⲨⲀⲤϤ ⲘⲀ ⲀⲤⲞⲨⲰϢⲂ̄ Ⲛ̄ϬⲒ ⲦⲈ-
爭服者? 地域的 她 回答 (指) 這

ⲮⲨⲬⲎ ⲠⲈⲬⲀⲤ ⲬⲈ ⲠⲈⲦⲈⲘⲀϨⲦⲈ Ⲙ̄-
靈魂 說 她 任何 捆綁

ⲘⲞⲒ̈ ⲀⲨⲔⲞⲚⲤϤ̄ ⲀⲨⲰ ⲠⲈⲦⲔⲦⲞ Ⲙ̄
我 它們已被殺死 且 任何圍困

ⲘⲞⲒ̈ ⲀⲨⲞⲨⲞⲤϤ [ϥ] ⲀⲨⲰ ⲦⲀⲈⲠⲒⲐⲨⲘⲒⲀ
我 它們已被超越 且 我的 慾望

ⲀⲤϪⲰⲔ ⲈⲂⲞⲖ ⲀⲨⲰ ⲦⲘⲚⲦⲀⲦⲤⲞⲞⲨ̄
它們已完 結 且 這情境 無知的

[ⲔⲞⲤⲘⲞⲤ]
ⲀⲤⲘⲞⲨ ϨⲚ̄ ⲞⲨⲔⲘⲞϨⲞⲤ Ⲛ̄ⲦⲀⲨⲂⲞⲖⲦ Ⲉ-
它們已死 在‥ 一 世界 他們已釋放我

ⲒⲌ

ⲂⲞⲖ ϨⲚ̄Ⲛ ⲞⲨⲔⲞⲤⲘⲞⲤ {ⲀⲨ}Ⲱ ϨⲚ̄ ⲞⲨ
< 從 > 一 世界 並且 在 一

ⲦⲨⲠⲞⲤ ⲈⲂⲞⲖ ϨⲚ̄ ⲞⲨⲦⲨⲠⲞⲤ ⲈⲦⲘ̄-
形態 < 從 > 一 形態 這

ⲠⲤⲀ ⲚⲦⲠⲈ ⲀⲨⲰ ⲦⲘⲢ̄ⲢⲈ ⲚⲦⲂ̄ϢⲈ ⲈⲦ-
邊 天上的 且 這鎖鏈 沉睡(遺忘)的

ϢⲞⲞⲠ ⲠⲢⲞⲤ ⲞⲨⲞⲒ̈Ϣ ⲬⲒⲚ Ⲙ̄ⲠⲒⲚⲀⲨ
存在 朝向[希臘文] 時間 自從 我沒 來

ⲈⲈⲒⲚⲀϪⲒ ⲚⲦⲀⲚⲀⲠⲀⲨⲤⲒⲤ Ⲙ̄ⲠⲈ-
我 將 攫取 這 平安 這

ⲬⲢⲞⲚⲞⲤ Ⲙ̄ⲠⲔⲀⲒⲢⲞⲤ Ⲙ̄ⲠⲀⲒⲰⲚ ϨⲚ̄
時間的 這季節的 這永恆的 在‥中

ⲚⲞⲨⲔⲀⲢⲰϤ ⲚⲦⲈⲢⲈⲘⲀⲢⲒϨⲀⲘ ϪⲈ
一 靜默 當‥後 瑪利亞 說出

---

answered and said, 'What binds me has been slain, and what surrounds me has been overcome, and my desire has been ended, and ignorance has died. In a {world} I was released

from a world, {an}d in a type from a heavenly type, and from the fetter of oblivion which is transient. From this time on will I attain to the rest of the time, of the season, of the aeon, in silence.'

When Mary had said this, she fell silent, since it was to this point that the Savior had spoken with her.

這些話的時候，她悠然神往，穆如清風，以致於救主向她說的這些話與她相偕在當下。然而<u>安德肋</u>（<u>安得烈</u>）對弟兄們說：「關於她所敘述的，你們有什麼評論就儘管說；但我實在不相信救主曾講過這些話，（想必）這些教導的講法另有來路。」<u>伯多祿</u>（<u>彼得</u>）也做出相同的評論。他便問他們關於救主的事，並說：「難道他會私下為一個女子開釋而不公開向我們解說？難道我們全要轉過頭來聽她的？難道他選擇了她，偏愛她勝過我們？」	

NAÏ AC KAPWC ϨWCTE N̄TAPC̄W̄P̄
這些 她 平靜 以致於 這救主已

ϢAXE NM̄MAC ϢA ΠEEIMA
說這話 在一起 和她 會 在這地方

AϤOYWϢB̄ ΔE N̄ϬI ANΔPEAC ΠEXAϤ
他 回答 然而 (指)安德肋(安得烈) 說 他

N̄NECNHY XE AXI ΠETETN̄XW
對 弟兄們 拿取 任何你們要說的

MMOϤ ϨA ΠPA N̄NENTACX[O]OY
它 關於 那些 她所說的

ANOK MEN T̄P̄ΠICTEYE AN XE
我 實在 我(行) 相信 不

AΠC̄W̄P̄ XE NAÏ EϢXE NI CBOOY-
救主曾 敘說 這些 如何會 這些 教導

E ΓAP ϨN̄ KE MEEYE NE AϤOYW-
因為 從 另外 思想 是 他 回

Ϣ B̄ N̄ϬI ΠETPOC ΠEXAϤ ϨA ΠPA
答 (指) 伯多祿(彼得) 說 他 關於

NNEEI ϨBHYE NTEEI MINE AϤ
相同的 事情 相同的 種類 他

XNOYOY ETBE ΠC̄W̄P̄ XE MHTI
他問他們 關於 這救主 難道...

AϤϢAXE MN̄ OYCϨÏME NXIOYE
他曾 說話 和 一個 女子 私下(偷偷地)

EPON ϨN OYWNϨ EBOΛ AN ENNA
對我們 在 公開 出來 不 我們將

KTON ϨWWN N̄TN̄CWTM̄ THP̄N̄
回轉 我們自己 我們 聽 全部

NCWC N̄T{A}ϤCOTΠC NϨOYO EP.ON
向她 他已 選擇 她 多過 於我們

But Andrew answered and said to the brothers, "Say what you wish to say I about what she has said. I really do not believe that the Savior said this. For certainly these teachings are from different thoughts." Peter answered and spoke concerning these same things. He questioned them about the Savior: "Did he really speak with a woman privately without opening to us? Are we to turn about and all listening to her? Did he prefer her to us?"

〔第十八頁〕

這時，<u>瑪利亞</u>潸然淚下，她（哽噎地）對<u>伯多祿（彼得）</u>說：「我的兄弟<u>伯多祿（彼得）</u>，你在想什麼啊？你認為我所說的只是從我自己心裡所想出來的嗎？或者是我對你們轉述有關救主的言論全屬謊言呢？」<u>肋未</u>（即<u>瑪竇</u>或<u>馬太</u>）對<u>伯多祿</u>說：「你素來就是一個易怒之人。眼下我就看到你對這女子嚴屬地駁斥，就如同長官一般的在教訓人。然而，如果救主已造就她堪當如此，你自己憑什麼排斥她呢？很明確地，救主非常

ΙΗ

ΤΟΤΕ	Α{Μ}ΑΡΙϨΑΜ	ΡΙΜΕ	ΠΕΧΑC	Ⲙ̄-
然後	瑪利亞	哭泣	說她	對

ΠΕΤΡΟC	ΠΑCΟΝ	ΠΕΤΡΕ	Ϭ̈ΪΕ ΕΚ-
伯多祿	我的兄弟	伯多祿	如何 你

ΜΕΕΥΕ	ΕΟΥ	ΕΚΜΕΕΥΕ	ΧΕ Ⲛ̄ΤΑϊ
想	什麼	你想	我已

ΜΕΕΥΕ	ΕΡΟΟΥ	ΜΑΥΑΑΤ	ϨⲘ̄	ΠΑ-
想	對它們	我自己	從	我的

ϨΗΤ	Η	ΕΕΙΧΙ	ϬΟΛ	ΕΠCⲰ̄Ρ ΑϤΟΥ-
心裡	或	我扯謊		關於救主 他回

ⲰⲰ̄Ḇ	Ⲛ̄ϬΙ	ΛΕΥΕΙ ΠΕΧΑϤ	ΜΠΕΤΡΟC
答	(指)	肋未 說他	對伯多祿

ΧΕ ΠΕΤΡΕ	ΧΙΝ	ΕΝΕϨ	Κ̱ⲰΟΠ	Ⲛ̄ΡΕϤ
伯多祿	自從	一向都	你(存在)做	之人

ΝΟΥϬC	ϮΝΑΥ	ΕΡΟΚ	ΤΕΝΟΥ	ΕΚΡ̄-
易怒	我看	到你	現在	你

ΓΥΜΝΑΖΕ	ΕϨΝ	ΤΕCϨΙΜΕ	Ⲛ̄ΘΕ	Ⲛ̄
討論爭辯	對抗	這女子	就如同	

ΝΙΑΝΤΙΚΕΙΜΕΝΟC	ΕⲰΧΕ ΑΠ-
訓斥人者	如果會 這

CⲰΤΗΡ	ΔΕ	ΑΑC	ΝΑϨΙΟC	Ⲛ̄ΤΚ ΝΙΜ
救主	然而	已使她	堪當(值得)	你 憑誰

ΔΕ	ϨⲰⲰΚ	ΕΝΟΧC	ΕΒΟΛ	ΠΑΝΤⲰC
但	你自己	丟棄她	出去	確實地

ΕΡΕΠCⲰΤΗΡ	COOΥΝ	Ⲙ̄ΜΟC	ΑC-
(那時)這 救主	瞭解	她	非

ΦΑΛⲰC	ΕΤΒΕ	ΠΑϊ	ΑϤΟΥΟⲰϬ̄	Ⲛ̄ϨΟΥ-
常地	因為	如此	他已喜愛她	多過

Ο	ΕΡΟΥ	ΜΑΛΛΟΝ	ΜΑΡⲚ̄ⲰΙΠΕ	Ⲛ̄ΤⲚ̄-
	於我們	然而	讓我們愧疚	我們

Then Mary wept and said to Peter, "My brother Peter, what do you think? Do you think that I thought this up myself in my heart, or that I am lying about the Savior?" Levi answered and said to Peter, "Peter, you have always been hot-tempered. Now I see you contending against the woman like the adversaries. But if the Savior made her worthy, who are you indeed to reject her? Surely the Savior knows her very well. That is why he loved her more than us. Rather let us be ashamed and put on the perfect man and acquire him for

瞭解她。因此，他喜愛她勝過喜愛我們。然而，我們該當愧疚！讓我們把這完美成全的人穿在我們身上，不斷地從我們身上活出他來。按照他所交付給我們的這道，我們去宣揚這好消息，不要頒布額外的法律規章來凌駕那救主所說的。當..後 〔第十九頁〕 …並且{他們便}開始離開了，他們就到處去傳告並宣揚（這好消息）。 根據<u>瑪利亞</u>的 好消息	† ϩⲓⲱⲱⲛ ⲙⲡⲣⲱⲙⲉ ⲛⲧⲉⲗⲓⲟⲥ <穿著·· 在··上> 我們 這人 完美成全的 <如同 此道> ⲛⲧⲛ̄ⲭⲡⲟϥ ⲛⲁⲛ ⲕⲁⲧⲁ ⲑⲉ ⲛ̄ⲧⲁϥ (不斷)我們產生 為我們 根據 這道 他已 ϩⲱⲛ ⲉⲧⲟⲟⲧⲛ̄ ⲛ̄ⲧⲛ̄ⲧⲁϣⲉⲟⲉⲓϣ 訂定交付 到我們的手 我們 宣揚 高聲 < 不 擺 上 > ⲙⲡⲉⲩⲁⲅⲅⲉⲗⲓⲟⲛ ⲉⲛⲕⲱ ⲁⲛ ⲉϩⲣⲁⲓ 這 好消息 我們放置 不 往上提起 ⲛⲕⲉϩⲟⲣⲟⲥ ⲟⲩⲇⲉ ⲕⲉⲛⲟⲙⲟⲥ ⲡⲁ- 其他 規章 也不 其他 律法 高 ⲣⲁ ⲡⲉⲛⲧⲁⲡⲥⲱⲣ ⲭⲟⲟϥ ⲛ̄ⲧⲉⲣⲉ 於 那些 這救主的 所說的 當··後 [ⲓ]ⲑ { 8± }ⲁⲓ ⲁⲩⲱ ⲁⲩⲣ̄ⲁⲣⲭⲉⲓ ⲛ̄ 並且 他們開始 去 ⲃⲱⲕ {ⲉⲧⲣⲉⲩ ⲧ}ⲁⲙⲟ ⲛ̄ⲥⲉ ⲧⲁϣⲉⲟⲉⲓϣ 走 他們就 傳告 且他們 宣揚 高聲 ⲡ[ⲉ]ⲩⲁⲅⲅⲉⲗⲓⲟⲛ 好消息 ⲕⲁⲧⲁ 根據 ⲙⲁⲣⲓϩⲁⲙⲙ 瑪利亞	ourselves as he commanded us, and preach the gospel, without laying down any other rule nor other law beyond what the Savior said. When { ..} and they began to go forth {to} proclaim and to preach. The Gospel Acording to Mariam

註：

1. 右側的英文翻譯主要參照目前流通的英文版。其主要譯者是<u>威爾森</u>(R. McL. Wilson)，並由學者<u>喬治‧馬瑞</u>(George W. MacRae) 修訂完成。

2. 第十九頁一開始的幾個字破損，但按第十八頁末，應該很容易猜出來。筆者對這幾個破損文字的重建，如下：

ρΑ ΠΕΝΤΑΠϹѠ̄Ρ ΧΟΟϤ Ν̄ΤΕΡΕ （←第十八頁末）
於 那些 這救主 所說的 當…之後

{ΛΕΥΕΙ ΧΕ Ν} ΑЇ ΑΥѠ ΑΥΡ̄ΑΡΧΕΙ Ν̄ （←第十九頁起頭）
肋未 說完 這話 並且 他們開始去

譯《瑪利亞‧瑪德蘭(林大拉)福音》後記：

　　筆者於二零零四年十二月二十六日完成這份《瑪利亞‧瑪德蘭(林大拉)福音》的譯稿。當天發生了南海海嘯，幾個小時之內吞沒了二十多萬人的身體，數不盡的人無家可歸。有感於此，便在《瑪利亞‧瑪德蘭(林大拉)福音》的標題旁加上了附題：「回歸自然之律」。並獻上一禱詞：

　　靈性永享天主恩典實境，生物苟活撇過宇宙一角，

　　生命體悟造化共融存在，消逝更待遨遊九霄雲外。

附錄三· 科普特教會所用「主禱文」

ⲬⲈ ⲠⲈⲚⲒⲰⲦ ⲈⲦ ϬⲈⲚ ⲚⲒⲪⲎⲞⲨⲒ
我們的父　那(位)　在　　眾天堂

ⲘⲀⲢⲈϤⲦⲞⲨⲂⲞ ⲚⲬⲈ ⲠⲈⲔⲢⲀⲚ
祈願　顯揚　　(意指)　祢的名

ⲘⲀⲢⲈⲤⲒ　ⲚⲬⲈ ⲦⲈⲔⲘⲈⲦⲞⲨⲢⲞ
祈願　來　(意指)　祢的　國度

ⲠⲈⲦ ⲈϨⲚⲀ Ⲕ ⲘⲀⲢⲈϤⲤⲰⲠⲒ ⲘⲪⲢⲎ† ϬⲈⲚ ⲦⲪⲈ ⲚⲈⲘ　ϨⲒⲬⲈⲚ　ⲠⲒ ⲔⲀϨⲒ
任何 旨意 祢的　祈願　承行　如同　在 天上 和 在...之上 這 地

ⲠⲈⲚⲰⲒⲔ　ⲚⲦⲈ ⲢⲀⲤ† ⲘⲎⲒϤ ⲚⲀⲚ ⲘⲪⲞⲞⲨ
我們的麵包　那 餵養 給予 我們 當日

ⲞⲨⲞϨ Ⲭ̅Ⲁ ⲚⲎⲈⲦⲈⲢⲞⲚ ⲚⲀⲚ ⲈⲂⲞⲖ ⲘⲪⲢⲎ† ϨⲰⲚ ⲚⲦⲈⲚⲬⲰ ⲈⲂⲞⲖ
並且 債 寬免　　我們 掉 如同 我們 寬免 掉

ⲚⲚⲎⲈⲦⲈ ⲞⲨⲞⲚ　ⲚⲦⲀⲚ　ⲈⲢⲰⲞⲨ
虧負　那些人 我們已經 對他們

ⲞⲨⲞϨ ⲘⲠⲈⲢⲈ ⲚⲦⲈⲚ ⲈϬⲞⲨⲚ Ⲉ ⲠⲒⲢⲀⲤⲘⲞⲤ
並且 不要讓 我捫 進入 於 這 誘惑

ⲀⲖⲖⲀ ⲚⲀϨⲘⲈⲚ ⲈⲂⲞⲖ ϨⲀ ⲠⲒ ⲠⲈⲦ ϨⲰⲞⲨ
但是　 救　出來 從 這 任何 惡
　　　(Ⲡ̅ Ⲭ̅Ⲥ̅ Ⲓ̅Ⲏ̅Ⲥ̅ ⲠⲈⲚ Ⲟ̅Ⲥ̅)
ϬⲈⲚ Ⲡ̅Ⲓ Ⲭ̅ⲢⲒⲤⲦⲞⲤ Ⲓ̈ⲎⲤⲞⲨⲤ ⲠⲈⲚ ⲞⲒⲤ
在內　　基督　耶穌　我們的 主

ⲬⲈ ⲬⲞⲔ ⲦⲈ ⲘⲈⲦⲞⲨⲢⲞ ⲚⲈⲘ ⲬⲞⲘ ⲚⲈⲘ ⲠⲒⲰⲞⲨ
因爲　祢 是 這國度　及 能力 及 光榮

ⲤⲀ ⲈⲚⲈϨ　ⲀⲘ Ⲛ
邊 無窮 阿門

附錄四· 譯文常用字索引

NOYTE = 上主，神；

N̄NET，NET =任何, 那些(人), (those who)；

N̄TET，THTN̄，THEN，TETN̄，

TWTN̄，TN̄ (受詞) = 你們；

TETNA =你們將；

ETETN̄，ETET = 當你們，如果你們；

NETM̄，NETN̄，ΠETN̄ = 你們的；

THYTN̄ = 你們自己；

ΠET，ΠETE = 任何, 那位(人), (he who)；

N̄TE = 會有，這兒有，(there is)；

N̄TE，N̄TA：(所有格)；

COYWN，COOYN = 認識，瞭悟；

ϢWΠE = 來到世間，來到，變成；

OYWT =單獨而相同，合一，惟一；

OYOEIN = 光明；

KAKE = 黑暗；

PAME，PM̄ = 人，人性；

PM̄N̄ϨHT= 有智慧的人，具慧心之人；

PM̄MAO = 富裕的人；

EIWT = 父親，天父；

ϢHPE = 兒子；

OYWϢ = 希望，渴望；

KAϨ = 地下，地堂；

ΠE = 天空，天上，天堂；

ΠHYE = 天堂(多數)；

MN̄TEPO = 國度；

MAΘHTHC = 門徒；

CNHY = 兄弟；

CWNE = 姊妹；

ϢΠHPE = 驚異；

EINE = 像 (動詞)；

KOCMOC = 世界；

KWϨT̄，CATE = 火；

MEEYE = 思想；

ANAΠAYCIC = 得安息，平安；

EIPHNH = 和平；

HEI = 房屋；

NOϬ = 大的，偉大的；

KOYEI = 小的；

NAY = 看見；

CWTM̄ = 聽到；

NOYXE = 拋擲；

TN̄TWN = 比較，比擬；

THP = 全部；

ϢIT = 特別製作；

M̄Πϣa = 值得；

ΘWMA = 身體；

MAKAPIOC = 受上主祝福的(人)；

MOYT，MOOYT = 殺，致死

EIME = 知道，曉得；

ϢINE = 尋找；

ϬINE = 找到；

CWMA = 身體；

ΠTWMA = 肉體；

ΠAPAΓE = 逝去，消逝；

OYWM = 吃，吞噬；

TAΠPO = 口，嘴；

ϨOOY = 日子，天；

CNAY = 兩個；

ϢOMT = 三個；

ϬWΛΠ = 發現，被揭露，顯現；

TWOYN = 振作；

CWϢE = 田地；

ϬEΛIT = 住在；

NAY = 看到；

EIPE = 製作，使得，執行；

ϨICE = 困難，艱苦，辛勤工作；

XWϨM̄ = 污損；

參考書目

《多瑪斯福音》中文譯文：

黃錫木譯，〈多馬福音 —— 簡介和漢譯本〉，《建道：建道學刊》(12)，1999。

羅賓遜，史密夫(James M. Robinson & Richard Smith)編，楊克勤譯，《漢語景教文典詮釋(卷上)》(香港：道風書社)，2000。

黃根春編，《基督教典外文獻 —— 新約篇，第一冊(4)》，(香港：基督教文藝)，2001。

希臘文版《多瑪斯福音》外文：

Bernard P. Grenfell and Arthur S. Hunt, "ΛΟΓΙΑ ΙΗΣΟΥ: Sayings of Our Lord", Egypt Exploration Fund, Henry Frowde, London, 1897.

Bernard P. Grenfell and Arthur S. Hunt, "New Sayings of Jesus and Fragment of a Lost Gospel From Oxyrhynchus", Egypt Exploration Fund, Henry Frowde, London 1904.

Evelyn-White, Hugh G., "The Sayings of Jesus from Oxyrhynchus", Cambridge: Cambridge University Press, 1920.

Joachim Jeremias "3. Spruchsammlungen auf Papyrus, b) Oxyrhynchos-Papyrus 1 in Edgar Hennecke & Wilhelm Schneemelcher, ed., *Neutestamentliche Apokryphen: in deutscher Übersetzung*, 3., völlig neubearbeitete Auflage, I. band *Evangelien*, pp. 66-70. J. C. B. Mohr (Paul Siebeck), Tübingen. 1959.

Wilhelm Schneemelcher (I) "3. Spruchsammlungen auf Papyrus, a) Oxyrhynchos-Papyrus 654 in Edgar Hennecke & Wilhelm Schneemelcher, ed., *Neutestamentliche Apokryphen: in deutscher Übersetzung*, 3., völlig neubearbeitete Auflage, I. band *Evangelien*, pp. 61-66. J. C. B. Mohr (Paul Siebeck), Tübingen. 1959.

Wilhelm Schneemelcher (II) "3. Spruchsammlungen auf Papyrus, c) Oxyrhynchos-Papyrus 655 in Edgar Hennecke & Wilhelm Schneemelcher, ed., *Neutestamentliche Apokryphen: in deutscher Übersetzung*, 3., völlig neubearbeitete Auflage, I. band *Evangelien*, pp. 67-73. J. C. B. Mohr (Paul Siebeck), Tübingen. 1959.

《多瑪斯福音》外文：

Jean Doresse, "Les livres secrets des Gnostiques d'Egypt", Librairie Plon, Paris, 1958.

Jean Doresse, "The Secret Books of the Egyptian Gnostics – Includes the Gospel according to Thomas", MJF Books, NY, NY, 1986. [譯自以上法文書]

Edgar Hennecke & Wilhelm Schneemelcher, ed., *Neutestamentliche Apokryphen: in deutscher Übersetzung*, 3., völlig neubearbeitete Auflage, I. band *Evangelien*, (E. Evangelien unter dem Namen eines Apostels, 2. Das Thomas-Evangelium) p. 199-223. J. C. B. Mohr (Paul Siebeck), Tübingen. 1959.

Robert McLachlan Wilson, "Studies in the Gospel of Thomas", A. R. Mowbray & Co., London, 1960.

Ernst Haenchen, "Die Botschaft des Thomas-Evangeliums", Töpelmann, Berlin, 1961.

Bertil Gartner, "The Theology of the Gospel According to Thomas", Harper, NY, 1961.

Wolfhart Schrage, "Das Verhältnis des Thomas-Evangeliums zur synoptischen Tradition und zu den koptischen Evangelien-Übersetzungen, Zeitschrift für die neutestamentliche Wissenschaft, Beiheft 29, De Gruyter, Berlin, 1964.

John Sieber, "A Redactional Analysis of the Synoptic Gospels with Regard to the Question of Sources of the Gospel of Thomas", (Ph.D. Dissertation) Claremont Graduate School, 1964.

Gilles Quispel, "Tatian and the Gospel of Thomas : studies in the history of the western Diatessaron", Brill, Leiden, 1975.

Helmut Koester & Thomas O. Lambdin, "The Gospel of Thomas (II, *2*)" in James M. Robinson, ed., *The Nag Hammadi Library: In English*, pp. 117-130. Harper & Row, Pub., San Francisco, CA, 1978.

Elaine Pagels, "The Gnostic Gospels", Vintage Books (Originally publsihed by Random House), NY, 1979.

Stevan L. Davies, "Gospel of Thomas and Christian Wisdom", Seabury Press, NY, 1983.

Erik van Ruysbeek "Een klein Thomas-evangelie", Soethoudt, Antwerp, 1985.

Jean-Yues Leloup "L'Evangile de Thomas", Albin Michel, 22, rue Huyghens, 75014, Paris, 1986.

Jean-Yues Leloup (English translation by Joseph Rowe), "The Gospel of Thomas: The Gnostic Wisdom of Jesus ", Inner Traditions, Rochester, NY, 2005. [譯自以上法文書]

John S. Kloppenberg, Stephen J. Patterson, Michael G. Steinhauser, and Marvin W. Meyer, "Q Thomas Reader", Polebridge Press, Sonoma, CA, 1990.

Marvin Meyer, "The Gospel of Thomas: The Hidden Sayings of Jesus", HarperCollins Publishers, NY, 1992.

Robert W. Funk, Roy W. Hoover, and THE JESUS SEMINAR, "The Five Gospels: The Search for the Authentic Words of Jesus", Macmillan Publishing Co., NY, 1993.

Stephen J. Patterson, "The Gospel of Thomas and Jesus", Polebridge Press, Sonoma, CA, 1993.

Stephen Mitchell, "The Gospel According to Jesus", Harper Perennial, San Francisco, 1993.

Gregory J. Riley, "Resurrection Reconsidered: Thomas and John in Controversy", Augsburg Fortress Publisher, Minneapolis, 1995.

April D. De Conick, "Seek to See Him: Ascent and Vision Mysticism in the Gospel of Thomas (Supplements to Vigiliae Christianae, Vol 33)", Brill, Leiden, 1996.

Richard Valantasis, "The Gospel of Thomas", Toutledge, NY, NY, 1997.

Stephen J. Patterson, James M. Robinsons, "The Fifth Gospel: The Gospel of Thomas Comes of Age," Trinity Press International, Harrisburg, PA, 1998.

[Jesus Seminar Meeting], "Spring 1990 meeting of the Jesus Seminar", Polebridge Press, Santa Rosa, CA, 1998.

Risto Uro (Editor), "Thomas at the Crossroads: Essays on the Gospel of Thomas (Studies of the New Testament and Its World)", T&T Clark, London, 1998.

Thomas Zöckler, "Jesu Lehren im Thomasevangelium", Brill, Leiden : 1999.

John Dart, "The Gospel of Thomas : Unearthing the lost words of Jesus", Ulysses Press, Berkeley, CA, 2000.

Stevan L. Davies, (Andrew Harvey forward) "The Gospel Of Thomas: Annotated and Explained", SkyLight Paths, Woodstock, VT, 2002.

Nicholas Perrin, "Thomas and Tatian : the relationship between the Gospel of Thomas and the Diatessaron", Brill, Leiden; Boston, 2002.

Elaine Pagels, "Beyond Belief: The Secret Gospel of Thomas", Random House, NY, 2003.

Risto Uro, "Thomas: Seeking the historical context of the Gospel of Thomas", T&T Clark, London, 2003.

Hugh McGregor Ross, "The Gospel of Thomas", Watkins, London, 2003.

Lynn Bauman, The Gospel of Thomas: Wisdom of the Twin : A Dynamic Translation With Commentary and Notes", White Cloud Press, Ashland, OR, 2003.

Stevan L. Davies, "The Gospel Of Thomas And Christian Wisdom," (2nd Ed.,) Bardic Press, CA, 2004.

Ron Miller, "The Gospel of Thomas: A Guidebook for Spiritual Practice", SkyLight Paths, Woodstock, VT, 2004.

Tau Malachi, "The Gnostic Gospel of St. Thomas: Meditations on the Mystical Teachings", Llewellyn Publication, St. Paul, MN, 2004.

福音中的比喻：

Joachim Jeremias, "Rediscovering the Parables", Charles Scribner's Sons, NY, 1966.

Jacobus Liebenberg, "The language of the kingdom and Jesus : parable, aphorism, and metaphor in the sayings material common to the synoptic tradition and the gospel of Thomas", Walter de Gruyter, Berlin; New York, 2001.

耶穌靈道與佛禪：

Thomas G. Covell "Confucius, the Buddha, and Christ : a history of the gospel in Chinese", Orbis Books, Maryknoll, N.Y. , 1986.

Bstan-Dzin-Rgya-Mtsho, Dalai Lama, Robert Kiely, "The Good Heart : A Buddhist Perspective on the Teachings of Jesus," Wisdom Publications, MA, 1998.

Kenneth S. Leong, "The Zen Teaching of Jesus", (Rev&Expand ed.), Crossroad 8th Avenue, NY, 2001.

梁兆康(Kenneth S. Leong)著，張欣雲、胡茵夢譯，《耶穌也說禪》"The Zen Teaching of Jesus"，(台灣台北：心靈工坊)，2004。[譯自以上英文書]

《瑪利亞‧瑪德蘭(林大拉) 福音》：

Jean-Yves Leloup (Jacob Needleman Foreword), "The Gospel of Mary Magdalene," Inner Traditions, Rochester, NY, 2002.

Marvin Meyer, "The Gospels of Mary : The Secret Tradition of Mary Magdalene, the Companion of Jesus," HarperSanFrancisco, CA, 2004.

靈道新語：

"A Course in Miracles", Foundation for Inner Peace, Mill Valley, CA, 1975, 1985, 1992, 1996.

若水譯，《奇蹟課程》"A Course in Miracles" (Mill Vally, CA, USA: Foundation for Inner Peace. 台灣台北：聯經出版社總經銷)，1999。

Gary R. Renard, "The Disappearance of The Universe", Fearless Books Berkely, CA , 2003.

葛瑞・雷納著，若水譯，《告別娑婆》"The Disappearance of The Universe"，(台灣台北：奇蹟資訊中心出版)，2005。[譯自以上英文書]

婁世鐘，《古今耶穌語錄初探：多瑪斯福音與奇蹟課程比對》(私人手稿：未出版，歡迎索取)，2002。

景教文件：

朱謙之，《中國景教》(北京：人民出版社)，1993。

翁紹軍，《漢語景教文典詮釋》(香港：道風書社)，1995。

Martin Palmer, "The Jesus Sutra: Rediscovering the Lost Scrolls of Toaist Christianity," Ballantine Publishing, NY, 2001.

大藏經收錄之景教文件：

http://ccbs.ntu.edu.tw/cbeta/result/app/T54/2142_001.htm
http://ccbs.ntu.edu.tw/cbeta/result/app/T54/2143_001.htm
http://ccbs.ntu.edu.tw/cbeta/result/app/T54/2144_001.htm

第一則被發現的希臘文《多瑪斯福音》(第 26 段) 影印仿本

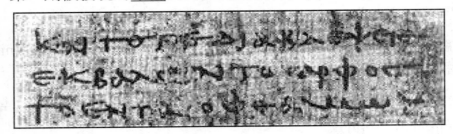

納格・哈瑪地藏書

納格・哈瑪地藏書藏書第四卷

科普特文《多瑪斯福音》首頁影印仿本　　　　末頁影印仿本